LEÇONS S

RAYMOND ARON

Leçons sur l'histoire

Cours du Collège de France

*Établissement du texte, présentation et notes
par Sylvie Mesure*

ÉDITIONS DE FALLOIS

© Éditions de Fallois, 1989.

PRÉSENTATION

Ce volume réunit, pour l'essentiel, deux cours prononcés par Raymond Aron au Collège de France, l'un en 1972-1973 *(De l'historisme allemand à la philosophie analytique de l'histoire)*, l'autre en 1973-1974 *(L'Édification du monde historique)*. Si on laisse de côté quelques articles ultérieurs, ils constituent le dernier état de la réflexion aronienne sur la question de l'histoire.

D'une certaine manière, cette réflexion, née dans les années 30 et illustrée par les deux thèses de 1938[1], n'avait cessé d'accompagner tout le cheminement intellectuel de Raymond Aron. En témoignent, de 1946 et 1960, les articles réunis en 1961 dans *Dimensions de la conscience historique*[2]. Durant l'année universitaire 1963-1964, Aron revint même, en Sorbonne, dans un cours intitulé *Histoire et philosophie*, sur les problèmes posés par la critique de la connaissance historique.

C'est cependant à partir de 1965 que semble être apparue la nécessité d'accomplir en la matière un inves-

---

1. *Introduction à la philosophie de l'histoire*, Gallimard, 1938, rééd. critique par S. Mesure, Gallimard, 1986 ; *La Philosophie critique de l'histoire*, Vrin, 1938, rééd. critique par S. Mesure, Julliard, 1987.
2. *Dimensions de la conscience historique*, Plon, 1961, rééd. (avec une bibliographie de P. Simon), Plon-Agora, 1985.

tissement théorique véritablement nouveau. Invité par l'Université d'Aberdeen à prononcer les *Gifford Lectures*, R. Aron donne, en 1965, puis en 1967, deux séries de conférences réunies sous le titre : *La Conscience historique dans la pensée et dans l'action*. Il s'y proposait deux objets :

« Reprendre l'examen des problèmes de la connaissance historique en confrontant méthode et résultats de la philosophie analytique des Anglo-Américains avec la manière de philosopher des néo-kantiens et des phénoménologues allemands dont je m'étais inspiré dans l'*Introduction à la philosophie de l'histoire* ; écrire le livre que j'annonçais à la dernière page de l'*Introduction*, qui traiterait de l'*action dans l'histoire*[1]. »

Ce projet global aurait dû donner naissance à trois ouvrages, conçus comme les trois tomes des *Gifford Lectures*. L'un, *Histoire et dialectique de la violence*, préparé, entre les deux séries des *Gifford Lectures*, par un cours d'une année sur la *Critique de la raison dialectique* de Sartre, est paru en 1973. Dans la préface, R. Aron annonce :

« La confrontation de la philosophie analytique de l'histoire et de la phénoménologie de la connaissance historique suivra dans le deuxième tome ; une théorie de l'action historique, ou de la politique dans l'histoire, terminera (ou devrait terminer si le temps m'en est laissé) la série. »

Ces deux volumes n'ont jamais été menés à bien. Ouverte par les conférences d'Aberdeen, cette nouvelle réflexion sur l'histoire n'a été prolongée que par les deux

---

1. *Histoire et dialectique de la violence*, Gallimard, 1973, pp. 7 *sq*. Nous rectifions, d'après le Syllabus des *Gifford Lectures* fourni par l'Université d'Aberdeen, les dates de ces interventions, situées dans ce texte par Aron en 1962 et 1965. A la dernière page de l'*Introduction à la philosophie de l'histoire* (réed., p. 437), une note annonçait un autre livre destiné à « permettre la compréhension » de la « situation présente de l'homme et de la philosophie ».

cours du Collège de France ici édités. Amateur de rugby, R. Aron, évoquant cet enseignement dans ses *Mémoires*, le présente comme des « essais » qui étaient destinés à être « transformés » dans des livres : non sans sévérité à l'égard de lui-même, il conclut toutefois que ces cours de 1972-1973 et 1973-1974 ne méritèrent pas, en définitive, une telle transformation[1]. Dans le chapitre suivant, évoquant l'embolie qui le frappa en 1977, il ajouta toutefois :

« A cette date, je n'excluais pas la possibilité d'écrire les deux tomes qui devaient venir après *Histoire et dialectique de la violence* et aussi un volume final sur Marx lui-même[2]. Je croyais que je disposais encore du temps et des forces nécessaires. Après avril 1977, je m'interrogeai sur le temps qui me restait et sur les forces que le maudit caillot m'avait laissées[3]. »

Le chapitre se clôt sur l'indication que, dans ces conditions nouvelles, le projet d'écrire des volumes qui, dans le domaine de la « spéculation sur l'histoire », « boucleraient la boucle » entamée en 1938, dut être abandonné, au profit d'une entreprise qui exigeait « moins de force intellectuelle » et qui devait donner lieu, en 1983, à la publication des *Mémoires*.

Il ne s'agit bien sûr pas ici, contre le jugement même de R. Aron, d'estimer que les « essais » de 1972-1973 et de 1973-1974 étaient tout prêts à être « transformés ». La distance est évidente qui sépare encore ces réflexions de la forme achevée d'un livre. C'est donc *comme tels*, en tant que témoignages de ce que fut l'enseignement de R. Aron, que ces textes se trouvent proposés à la lecture : le projet d'*Œuvres complètes* dans lequel ce volume s'intègre ne saurait correspondre à sa vocation s'il ne faisait une place à la parole vivante d'Aron professeur. Dans sa préface aux *Dix-huit leçons sur la société indus-*

---

1. *Mémoires*, Julliard, 1983, pp. 660 *sq*.
2. Ce volume aurait correspondu au cours prononcé en 1976-1977, au Collège de France, sur *Le Marxisme de Marx*.
3. *Mémoires*, pp. 688-689.

trielle, qui procédaient elles aussi, directement, d'un enseignement, R. Aron exprimait lui-même les limites, mais aussi l'intérêt irremplaçable d'une telle publication :

« Moment d'une recherche, instrument de travail pour les étudiants, ce cours suggère une méthode, il esquisse des conceptions, il apporte des faits et des idées. Il garde et il ne peut pas ne pas garder les marques de l'enseignement et de l'improvisation. Ces leçons n'ont pas été rédigées à l'avance : le style est donc celui de la parole, avec les défauts inévitables que les corrections, apportées après coup, permettent d'atténuer mais non de supprimer[1]. »

Ces remarques valent tout aussi bien pour les inédits que nous publions. Encore faut-il ajouter qu'ils s'attachent à une tentative par elle-même passionnante : près de quarante ans après l'*Introduction*, intégrer à la problématique de la connaissance historique les déplacements, au moins apparents, que les questions issues de Dilthey et de la tradition allemande auront subis dans le contexte renouvelé de l'épistémologie anglo-saxonne contemporaine. Au-delà même du souci d'une constante mise à jour, caractéristique d'une pensée ouverte à la discussion et à la rectification, il y a là les termes d'un pari : faire dialoguer, en traduisant les préoccupations de l'une dans les exigences de l'autre, deux traditions qu'apparemment tout oppose.

Le texte des cours ici rassemblés a été établi à l'aide de deux documents :

— Un enregistrement des leçons avait donné lieu à une transcription dactylographique. Celle-ci a constitué la base d'un travail soucieux de rester au plus près de la parole vivante telle qu'elle fut prononcée : les exigences

---

1. *Dix-huit leçons sur la société industrielle*, Gallimard, Idées, 1962, pp. 7 *sq*.

d'une version écrite ont imposé quelques ajustements, toujours mineurs et de portée purement rhétorique.

— Nous disposions d'autre part des notes manuscrites que R. Aron rédigeait pour la préparation de ses cours. Celles-ci contiennent tantôt des développements intégralement rédigés, tantôt (beaucoup plus couramment) des indications extrêmement elliptiques. La confrontation avec les passages développés par écrit a aidé à confirmer, parfois à préciser la version transcrite de l'oral. Surtout, ces notes de cours ont permis de pallier en partie l'absence de trois leçons pour lesquelles le dactylogramme du cours prononcé a été perdu : le texte, nécessairement embryonnaire, de ces trois leçons est ici publié en italique. A le lire et à le comparer aux autres leçons, on prendra la mesure de l'étonnante dimension d'improvisation qui caractérisait l'enseignement de R. Aron.

Les titres des chapitres sont de R. Aron lui-même : ils figurent dans ses notes de cours.

En complément, nous publions : 1) le texte français, écrit par R. Aron, du Syllabus (publié en anglais) des *Gifford Lectures* de 1965 et de 1967 ; 2) les résumés que R. Aron a établis de ses deux cours et qui sont extraits de l'annuaire du Collège de France.

Rejetée en fin de volume, notre annotation se borne pour l'essentiel à fournir les indications nécessaires sur les ouvrages mentionnés au fil des leçons.

Nous tenons à remercier Suzanne Aron et Dominique Schnapper pour l'aide amicale qu'elles nous ont apportée dans ce travail d'édition. Nos remerciements vont également, pour sa présence aussi accueillante qu'efficace à l'Institut Raymond Aron, à Élisabeth Dutartre, dont la patience nous fut précieuse pour déchiffrer les manuscrits.

Sylvie Mesure

De l'historisme allemand à la philosophie analytique de l'histoire
(1972-1973)

DE L'HISTORISME ALLEMAND
A LA PHILOSOPHIE ANALYTIQUE DE L'HISTOIRE

Je voudrais, dans cette première leçon, essayer d'indiquer le thème de ce cours intitulé *De l'historisme allemand à la philosophie analytique de l'histoire*. J'ai reculé devant un adjectif supplémentaire : philosophie analytique *anglo-saxonne*, car la philosophie analytique de l'histoire reste un monopole du monde anglo-américain et les principaux livres qui appartiennent à cette philosophie ont été publiés en anglais.

Je vais essayer de vous suggérer ce que recouvrent les deux termes : *historisme allemand* et *philosophie analytique (anglo-saxonne) de l'histoire*.

En ce qui concerne le terme *historisme*, je pense que la définition présente deux difficultés. La première est assez facile à écarter : le mot *historisme* ou *historicisme* — car il n'y a pas de distinction réelle dans l'usage courant ou philosophique entre *historisme* et *historicisme* — est employé par Sir Karl Popper dans un sens très particulier et qui ne correspond pas au sens courant qu'il revêt dans la littérature philosophique. Karl Popper a intitulé un petit livre (qui est paru en traduction française) : *Misère de l'historicisme (The Poverty of Historicism)*[1]. Dans cet ouvrage, Popper entend par *historicisme* une manière d'envisager l'histoire selon laquelle celle-ci serait commandée, déterminée, par des forces irrésistibles auxquelles les hommes seraient soumis. Il s'agit d'une représentation déterministe de l'histoire qui prendrait la forme de lois historiques, lois qui présideraient au mouvement global du devenir humain. C'est au fond la prétention de connaître l'avenir, ou encore d'établir les lois du devenir macrohistorique.

Cette interprétation du terme *historisme* n'est pas courante, et si je cite maintenant deux livres allemands, classiques dans la littérature, je vais essayer de vous montrer que ce terme peut acquérir un sens différent.

Ces deux livres sont : *Die Entstehung des Historismus (La Naissance de l'historisme)* de Meinecke, et celui, également classique, de Troeltsch : *Der Historismus und seine Probleme*[2]. Qu'il s'agisse de Meinecke ou de Troeltsch, l'*historisme (Historismus)* renvoie à une conception de l'histoire humaine selon laquelle le devenir humain se définit par la diversité fondamentale des époques et des sociétés, donc par la pluralité des valeurs caractéristiques de chaque société ou de chaque époque. Une des conséquences de cette interprétation du pluralisme serait un relativisme des valeurs, par opposition à la conception des Lumières selon laquelle il y aurait des valeurs universelles de l'humanité, liées au triomphe de la raison.

Le sens le plus courant est celui de Meinecke et de Troeltsch, mais ici commence une deuxième difficulté. En effet, si l'on peut bien dire en gros que l'on désigne par *historisme* la conception de la diversité essentielle des humanités ou de la diversité essentielle des manières de penser, de sentir, de vouloir et de juger du bien ou du mal, ce n'est là qu'un premier aspect et un aspect relativement superficiel de la façon historique de penser. En effet, à partir de la pluralité des univers spirituels réalisés à travers le temps, les historismes allemands glissent vers une certaine représentation métaphysique de l'histoire, considérée comme un devenir créateur : l'homme crée à travers le temps des univers intellectuels qui sont son œuvre et qui sont en même temps son être : l'homme est à la fois sujet et objet de l'histoire — manière prétentieuse de dire quelque chose de simple : si chacun de nous regarde le monde auquel il appartient, ce monde nous apparaît comme extérieur. En ce sens, nous sommes portés, commandés par cet univers social dans lequel nous vivons ; mais d'un autre côté, ce même univers social ou intellectuel est inséré de multiples façons dans la conscience de celui qui l'observe : je suis porté par la société française du XXᵉ siècle ; cette société française du XXᵉ siècle est de multiples manières présente dans mon esprit ou dans ma conscience, ne serait-ce que par l'intermédiaire de la langue que je parle, des concepts que j'utilise, des problèmes qui sont posés par ceux avec lesquels je dialogue.

Cette vision historiciste du devenir humain comme créateur, à travers le temps, d'univers spirituels perpétuellement changeants se trouve liée à deux autres mouvements de pensée qui ont joué un rôle considérable au XIXᵉ siècle et au XXᵉ siècle, dont l'un est ce que l'on appelle la théorie de l'herméneutique ou de l'interprétation, et le deuxième est la philosophie de type existentiel ou réflexion sur la condition de l'homme.

En ce qui concerne l'herméneutique, elle se rattache au mouvement des sciences de l'esprit *(Geisteswissenschaften)* qui traverse tout le XIXᵉ siècle. Si l'on veut donner une indication sur ce que représente le thème fondamental de l'herméneutique, on peut dire des choses de la manière suivante : le passé que nous cherchons à reconstruire ou à réanimer n'existe pour nous que par les traces qu'il a laissées, par les monuments qu'ont édifiés ceux qui nous ont précédés ou par les œuvres grâce auxquelles ils essayaient d'exprimer leur pensée. On peut donc dire que ce que nous faisons quand nous pensons l'histoire consiste à *interpréter*. Interpréter les langages qui ont été écrits par les hommes du passé ou interpréter les œuvres ou les monuments qu'ils nous ont laissés : toute connaissance historique est une connaissance de l'homme par l'homme et, pour ainsi dire, un déchiffrement ; c'est un déchiffrement de la parole cristallisée en écrits, c'est un déchiffrement de ce qui reste de la civilisation du passé, et l'on peut dire en ce sens que la philologie est un travail herméneutique.

Prise par ce biais, la connaissance historique devient essentiellement interprétation des langages des autres, que ce langage soit un langage de pierres ou un langage de mots : l'histoire de l'art, c'est l'interprétation des œuvres à travers lesquelles les hommes du passé nous parlent, et l'histoire de la philosophie est l'interprétation des œuvres philosophiques par l'intermédiaire desquelles ceux qui ne sont plus continuent de s'adresser à nous. En ce sens, l'interprétation est une tentative de dialogue. Si vous ouvrez le livre, récemment publié, de Claude Lefort sur Machiavel, vous verrez qu'il y développe toute une théorie de l'herméneutique pour introduire à une interprétation de Machiavel, et que, d'une certaine façon, il essaie d'établir un dialogue entre lui, homme du XXe siècle, réfléchissant sur les sociétés dans lesquelles nous vivons, et Machiavel, homme du XVIe siècle, vivant dans les cités italiennes et réfléchissant sur elles[3].

L'herméneutique se rattache donc à l'historisme en ceci que nous ne connaissons ou ne comprenons en dernière analyse le passé ou les univers spirituels successifs que par le travail d'interprétation. La philologie est l'aspect ou l'élément technique de cette interprétation, l'histoire tout entière étant pour ainsi dire interprétation.

La connaissance historique tendant à se confondre avec un travail d'interprétation, un problème supplémentaire surgit immédiatement : celui de l'interprète. Car l'interprète, l'historien, appartient à son tour à une époque différente de celle qu'il étudie ; il porte en lui l'esprit objectif de son temps. C'est à partir du XXe siècle, par exemple, que Lefort dialogue avec Machiavel. De là cette question : l'historiographie ou connaissance historique n'est-elle pas historique à son tour ? C'est par ce biais que se trouve formulée une des interrogations qui ont dominé la réflexion sur l'histoire : l'interprétation du passé est-elle liée au présent auquel appartient l'historien ? Est-il vrai que l'historien, à chaque époque, réécrit indéfiniment l'histoire du passé ? Chaque société se donne-t-elle un passé en fonction de son vouloir présent ? Par ce biais, on passe de la diversité historique, posée initialement, à l'historisme, à la question logique ou épistémologique de la vérité universelle ou de la réalité de la connaissance historique.

Cette analyse, si simple et si grossière soit-elle, vous donne une idée de la richesse des thèmes, notamment des thèmes philosophiques, qui se trouvent rassemblés par la formule *historisme allemand*. En effet, les thèmes sont les suivants : devenir créateur, diversité des cultures et des époques, originalité propre à chaque culture et à chaque époque ; de ce fait, spécificité de la connaissance historique en tant que connaissance interprétative ou compréhensive et, à ce titre, distincte de la connaissance appliquée aux choses naturelles ; historicité de cette connaissance et, peut-être finalement — ce qui nous amène au courant existentialiste —, historicité de l'existence elle-même.

La formule *historicité de l'existence humaine* ne signifie pas beaucoup plus que ce que je vous ai suggéré : l'homme vit à la fois dans une société et dans le changement, et dire que l'existence humaine est historique, c'est dire que chacun de nous porte en lui l'effet spécifique de l'époque à laquelle il appartient et que, simultanément, il se définit par rapport à cette époque ou par rapport à l'idée qu'il se fait du passé, que, par conséquent, sa condition d'homme le condamne à être le citoyen d'un État, l'interprète d'une culture particulière, à parler une langue entre d'autres langues, à ne voir le monde que d'une certaine façon.

Ce mouvement d'idées global n'est pas uniquement ou

exclusivement allemand, mais il s'est développé avant tout en Allemagne, il a gagné la France dans les années 30 et il s'est épanoui dans les mouvements existentialistes-historicistes après la guerre de 1945. En gros, on peut dire que l'historisme allemand a été accueilli assez largement dans les pays latins, en Italie, en Espagne, au Portugal, en France. En France, il s'est confondu avec l'existentialisme de Heidegger et la phénoménologie de Husserl pour donner la version sartrienne de la critique de la raison historique. En ce qui concerne le monde anglo-saxon, il a bien entendu connu ce mouvement historiste, soit par l'intermédiaire de la postérité de Hegel, soit par l'intermédiaire d'un ou deux philosophes qui ont été en marge du courant principal des pays anglo-saxons. On peut dire grossièrement qu'avant une date récente, les Anglais ou les Américains ont connu essentiellement l'historisme par l'intermédiaire d'un Italien : Benedetto Croce, et par celui d'un Anglais : Collingwood, dont le livre, *The Idea of History*, est typiquement influencé par la conception historiste allemande[4].

Si l'on peut circonscrire vaguement l'historisme en indiquant une thématique, il n'en va pas de même pour ce que j'ai appelé *philosophie analytique*. En effet, je ne crois pas qu'on puisse définir la philosophie analytique, telle qu'elle est pratiquée en Angleterre ou aux États-Unis, par des thèmes philosophiques comme ceux que je viens de vous suggérer. Je crois qu'il s'agit essentiellement d'une manière de raisonner, d'une manière de réfléchir. Pour l'essentiel, je pense qu'on peut dire, en simplifiant, que la philosophie analytique consiste essentiellement en un effort d'analyse du langage ou encore des langages : analyse du langage de tous les jours — c'est la philosophie oxfordienne de l'analyse du langage de la vie quotidienne —, ou bien analyse du langage scientifique — avec un effort de rigueur logique, avec la volonté permanente de déterminer les propositions qui ont un sens et celles qui n'en n'ont pas, les propositions qui sont véridiques et celles qui ne le sont pas. Tous les analystes, me semble-t-il, accepteraient probablement une telle définition : les sciences sont un langage qui dit quelque chose sur la réalité et qui porte sur elle ; la philosophie est une réflexion sur le langage qui vise la réalité. Il s'agit, si vous voulez, d'un langage sur le langage : analyse du langage qui porte sur la réalité, ou analyse du langage que nous parlons tous dans la vie quotidienne ; dans les deux cas, nous avons affaire à un langage au deuxième degré. Ou, si nous supposons que ce qui est au premier degré n'est pas un langage quelconque, mais la science, nous dirons que la philosophie analytique se veut, selon le concept aujourd'hui devenu classique, une *métascience*. Elle n'est pas du tout une science : elle est une réflexion ou une analyse du langage scientifique ou de la science elle-même. On peut citer, parmi les livres de philosophie analytique de l'histoire, deux ouvrages parus aux États-Unis : l'un de Danto, *Analytical Philosophy of History*, et l'autre de Morton White, professeur à Harvard, *The Foundations of Historical Knowledge*[5]. Ce sont des réflexions sur la nature spécifique de la connaissance historique, avec, à la différence du mode d'approche historique allemand, l'effort pour déterminer en quoi consiste le langage de l'historien lorsqu'il porte sur la réalité.

Le résultat est que, très souvent, entre les philosophes du continent et les philosophes analytiques, le dialogue est difficile. Je vais vous raconter une anecdote authentique pour illustrer la difficulté du dialogue entre quelqu'un comme moi, qui suis issu de la tradition de l'historisme allemand, et un philosophe analytique anglais : j'étais à Aberdeen où je donnais une série de conférences sur les problèmes de la conscience historique ; il y a eu un séminaire à la suite d'une de mes conférences, et un des professeurs m'a fait la remarque suivante : « Supposez que je vous dise : M. Smith, ici présent, est mort le 5 janvier 1983. Qu'est-ce que vous répondriez ? » J'ai hésité un instant et je lui ai répondu : « Je dirais que vous dites une sottise. » La discussion s'est arrêtée là, et c'est moi qui, en somme, avais dit une sottise, car, pour un philosophe analytique, ce n'est pas un problème sans intérêt que de réfléchir à la question de savoir pourquoi la proposition qui affirme en 1973 que M. Smith, qui est quelque part en face de moi, est mort le 5 janvier 1983, à 8 heures du matin, paraît dénuée de sens. Cette proposition est en effet grammaticalement impeccable et ressemble à une proposition ordinaire : il n'y a pas de différence grammaticale ou logique entre la proposition « M. Smith est mort le 5 janvier 1983, à 8 heures du matin », et la proposition « Adolf Hitler est mort le 5 ou le 6 mai 1945, à telle heure ». Grammaticalement, la proposition est la même, les termes employés sont du même ordre, et pourtant dans un cas la proposition nous donne le sentiment, en 1973, qu'elle est dénuée de sens. D'abord, il y a une première absurdité, c'est de mettre au passé un événement qu'on annonce pour l'avenir ; cela dit, il n'en résulte pas moins ce paradoxe amusant que cette proposition qui, en 1973, ne peut évidemment pas être vérifiée, pourra rétrospectivement avoir été vraie. D'autre part, il suffirait d'ôter un certain nombre de propositions pour aboutir à une proposition de fait qui ne donnerait pas cette même impression de paradoxe. A quoi ce professeur anglais voulait-il en venir ? Il voulait en venir — et vous en trouverez une démonstration très intéressante dans le livre de Danto[6] — à l'idée suivante : les propositions d'ordre historique sont inévitablement rattachées à un auditeur ou à un penseur qui se situe à un moment donné du temps. Si vous dites : « Dans le vide, les corps tombent à la même vitesse », cette proposition est vraie en 1973 comme en 1983 et le problème de la relation au temps ne se pose pas. En revanche, lorsque vous considérez une proposition qui désigne un fait historique avec sa spécification temporelle, vous ne pouvez pas faire abstraction de la relation de cette proposition au temps où elle est formulée ; il en résulte une espèce d'inconséquence logique. Tout ce que je voulais suggérer par le rappel de ce dialogue, c'est qu'un philosophe analytique n'est pas du tout impressionné par les spéculations sur l'historicité de l'être humain. En effet, il serait tenté de dire qu'il n'y a là qu'une manière grandiose de décrire quelque chose que chacun de nous est capable de comprendre et que ce n'est pas un objet de philosophie. D'autre part, celui qui vient de la tradition historiste ou existentialiste a peut-être un certain mal à voir quelles conséquences peuvent être tirées de l'impossibilité de séparer les propositions historiques du temps où ces propositions sont formulées. Au premier abord, ce genre de formulations ou d'analyses logiques le laisse plutôt indifférent.

Admettons provisoirement que la philosophie analytique consiste à analyser le langage. Il faut préciser aussitôt qu'elle se divise en deux et peut-être trois branches : l'une est l'analyse du langage de la vie quotidienne, l'autre est avant tout l'analyse du langage de la science, et la troisième est peut-être l'analyse des langages dans leur diversité. Or il vous suffit de réfléchir un instant à la formule *analyse des langages dans leur diversité* pour voir immédiatement comment la tradition analytique rejoint la tradition historiste ou herméneutique. Car l'herméneutique, c'est l'interprétation des langages parlés à travers l'histoire, et si la philosophie analytique, au lieu d'être simplement l'analyse du langage scientifique, devient l'analyse des langages parlés à travers le temps, une sorte de philosophie analytique rejoint ainsi la tradition herméneutique. C'est en effet ce qui s'est passé dans le cours du développement de la philosophie analytique, et c'est un des sujets que je traiterai dans les leçons suivantes.

Quant à ce qui nous concerne pour l'instant, c'est-à-dire la philosophie analytique appliquée à la connaissance historique, une interrogation (qui se trouve d'ailleurs formulée de multiples façons dans l'autre tradition, c'est-à-dire la tradition historiste) me semble avoir tenu une place centrale : la connaissance historique, ou plus généralement, la connaissance de la réalité socio-historique est-elle spécifique ? Présente-t-elle, par rapport à la connaissance des faits naturels, des traits originaux ? La nature du savoir historique l'oppose-t-elle à la nature du savoir scientifique ?

La tradition historiste, herméneutique ou existentielle, ne cesse d'affirmer la spécificité de la connaissance historique, qu'il s'agisse de la connaissance du devenir, du récit, ou de la nature significative des faits humains. C'est la tradition herméneutique ou phénoménologique ou historiste qui a développé l'opposition entre expliquer et comprendre, et qui a essayé de mettre en lumière ce en quoi la connaissance de l'homme par l'homme diffère de la connaissance de la nature par l'homme. Cette question fondamentale, dérivée de l'historisme, la philosophie analytique l'a reprise et, selon les cas, les philosophes analytiques lui ont donné des réponses différentes. En fait, la question de la spécificité ou de la non-spécificité de la connaissance historique s'est trouvée posée par les analystes anglais ou américains presque toujours à propos d'un exemple que vous retrouvez discuté, corrigé, rectifié à peu près dans tous les livres ; à tel point que l'on a pu écrire que la philosophie analytique anglo-saxonne était presque exclusivement un commentaire de ce que l'on appelle en Angleterre ou aux États-Unis la discussion ou la controverse Hempel-Dray.

J'indique simplement de quoi il est question. Considérons ce que les analystes appellent un événement, *event* en anglais : c'est tout simplement ce qui s'est passé à tel instant du temps, à tel endroit. Supposons que l'événement dont nous voulions rendre compte, ou l'événement que nous voulions expliquer, soit la décision prise par Hitler en 1941 d'attaquer la Russie. La question fondamentale, qui est posée sous des formes innombrables dans la littérature analytique anglo-américaine, est la suivante : l'explication d'une décision humaine, ou l'explication d'un fait humain comme la défaite de l'Allemagne hitlérienne, est-elle du même type que l'explication d'un fait naturel ? Explique-t-on la décision de Hitler comme on explique la chute des corps ?

La discussion prend des formes innombrables. Disons, en simplifiant, que l'alternative est la suivante : l'explication, dans le cas d'un fait humain, consiste-t-elle à retrouver les motifs de l'acteur, c'est-à-dire à mettre en lumière une explication téléologique, à expliquer ce que l'homme a fait par le but qu'il visait ? En ce cas, il s'agit d'une explication différente de l'explication des sciences de la nature où l'explication causale ou théorique ne suppose pas dans les phénomènes la conscience des buts ou la conscience de ce qui surviendra ultérieurement. Ou bien peut-on rendre compte d'un événement dans sa singularité, dans son unicité, par l'intermédiaire d'une proposition générale ?

La formule, attachée au nom d'un logicien célèbre, Hempel, consiste à dire que l'explication d'un événement n'est une explication scientifique que dans la mesure où la relation entre l'antécédent et le conséquent peut être déduite d'une proposition générale.

Quant à la théorie opposée, celle de Dray, elle consiste à affirmer que l'explication d'un événement singulier, lorsqu'il s'agit d'un événement humain, comporte la référence à des motifs, à des intentions et que, de ce fait, l'interprétation historique ou l'interprétation humaine diffère en nature de l'explication scientifique. Par le biais de cette discussion, la philosophie analytique a retrouvé des questions qui se posaient à l'historisme allemand. Je pourrais prendre, pour servir d'introduction, la formule que l'on trouve dans la préface de Danto : Danto dit qu'en dernière analyse la distance entre Cambridge et Saint-Germain-des-Prés n'est pas aussi grande qu'on serait tenté de le croire au premier abord. La distance entre Cambridge et Saint-Germain-des-Prés, c'est au bout du compte la question qui fera l'objet de l'ensemble du cours de cette année : dans quelle mesure est-ce par les méthodes de la philosophie analytique qu'on retrouve les problèmes de l'historisme allemand, et quel est le genre de réponses données par les analystes aux problèmes de l'historisme allemand ?

La redécouverte des problèmes de l'historisme allemand par la philosophie analytique s'opère de manière très simple. La première voie par laquelle l'analyste redécouvre le problème de l'historisme, c'est celle de l'interrogation sur la validité scientifique de l'explication d'un événement par l'intermédiaire des motifs. La deuxième voie passe par le problème des langages. En effet, l'élément commun à la tradition historiste ou herméneutique allemande, c'est une réflexion sur la pluralité historique des langages. A tel point qu'un analyste anglais, d'ailleurs contesté par la plupart de ses collègues, P. Winch, dans un livre curieux, *The Idea of Social Science*[7], a suggéré qu'il y avait une identité de nature entre l'épistémologie, qui est une réflexion sur le langage scientifique, et les sciences sociales, qui analysent les langages parlés dans les différentes sociétés, en somme la parole des différentes sociétés. Il suffit d'ajouter la radicale diversité des langages parlés, comme le fait Winch, pour aboutir à la conclusion qu'on ne peut passer d'un langage à un autre, que l'essence même des sciences sociales consiste en un effort pour renconstruire chacun de ces langages à partir d'une hypothèse ou des concepts propres à chacun d'eux.

Peut-être, à l'origine, la philosophie analytique a-t-elle été liée essentiellement au positivisme logique, et dans la mesure où elle était liée au positivisme logique, elle donnait une réponse catégorique : il n'y a qu'un seul modèle de science, c'est le modèle des sciences de la nature. Toutefois, dans son développement, la philosophie analytique est arrivée à l'extrême opposé, en suivant une pente présente dès le point de départ, à savoir l'interprétation des langages.

La conclusion qui se dégage de ces deux définitions, ou

de ces deux délimitations, de l'historisme allemand et de la philosophie analytique, c'est que le cours de cette année risque de m'entraîner vers ce que j'ai appelé la *métascience*, c'est-à-dire la réflexion analytique sur les sciences elles-mêmes, théorie au deuxième degré, qui porte non pas sur la réalité elle-même, celle que visent les sciences, mais sur ces dernières. Évidemment, la question de savoir s'il y a un seul modèle de science ou non est la question centrale de la métascience. Je vous renvoie à un livre qui a traité directement de ce problème, celui de Gérard Radnitzky qui travaille en Suède, intitulé *Contemporary schools of metascience* et qui comporte deux tomes, le premier ayant pour titre *Anglo-saxon schools of metascience*, et le deuxième, *Continental Schools of Metascience*[8]. Il s'agit essentiellement d'une confrontation du positivisme logique, qui est une des branches de la philosophie analytique, avec la tradition que l'auteur appelle simultanément herméneutique-phénoménologique-existentialiste, dérivée de l'historisme allemand et qui se développe sur le continent. Un autre livre traite du problème de la relation entre ces deux modèles de science. Il s'agit de celui de Karl Otto Apel : *Die Entfaltung der « sprachanalytischen » Philosophie und das Problem der « Geisteswissenschaften »* (*Le Développement de la philosophie analytique du langage et le Problème des sciences de l'esprit*)[9]. Cela dit, pourquoi et comment, moi qui ne suis ni un logicien de profession, ni un spécialiste de la métascience, me suis-je risqué à traiter de ce problème ? Je m'en suis occupé avant d'avoir lu les livres de Radnitzky et d'Apel, et il me paraît malheureusement inévitable de faire ici un retour biographique en arrière, pour vous expliquer pourquoi j'ai été amené, à ma propre surprise, à traiter ces problèmes incontestablement difficiles, mais que j'essaierai de rendre aussi clairs que possible.

L'origine remonte à une quarantaine d'années, vers l'année 1930 ou 1931. A ce moment-là, je sors de mes études universitaires, j'ai décroché tous les parchemins que l'Université peut accorder et je suis donc un agrégé de philosophie type, c'est-à-dire que je ne sais à peu près rien, sinon disserter de tout. Je sais peu de science, peu de mathématique et de physique, et à peu près rien de la société dans laquelle je vis. J'ai des opinions et des passions comme on en a toujours à cet âge, surtout quand on est agrégé de philosophie, mais, étant capable de faire une dissertation ou une leçon d'agrégation presque sur n'importe quel sujet, comme le normalien type d'hier, d'aujourd'hui et de demain, je ne sais pas grand-chose. Une brève tentative pour apprendre la biologie : cela dure un an, et je conclus qu'en mettant les choses au mieux, je pourrais moins bien parler de la biologie que les biologistes eux-mêmes. Sur quoi je trouve ce qui est devenu le thème de la réflexion de toute ma vie : comment peut-on connaître tout à la fois la société dans laquelle on vit et soi-même ? Ou encore : comment se déroule la dialectique entre la société qui me fait ce que je suis, et moi qui veux me définir par rapport à elle ? La dialectique entre la société hors de moi et la société en moi conduit à une interrogation sur la connaissance que l'individu peut acquérir de ce monde qui est hors de lui et en lui. C'est la question fondamentale, d'ordre philosophique, que je me suis posée toute ma vie et que je continue de me poser. J'ai trouvé ce thème un beau jour en me promenant le long du Rhin, au moment où j'étais lecteur à l'Université de Cologne, et je n'ai cessé d'y réfléchir sous diverses formes. Bien entendu, je n'ai pas passé mon temps à spéculer sur cette dialectique de l'individu et de la société, mais j'ai toujours pensé que nous vivions dans deux mondes : le monde des objets sensibles et le monde des objets sensés ou, si vous voulez, des choses sensibles et des objets sensés ou significatifs. Ce serait plus clair si je parlais allemand : il suffirait d'employer le terme *sinn-haft* qui ne comporte pas l'équivoque de *sensé* ; car si le monde historique est un monde de sens, il n'est pas nécessairement un monde sensé, au sens où l'on dit qu'un homme est sensé ou non.

Cette relation dialectique entre la société et le sujet historique m'a amené à poser, à propos du marxisme, la question globale, fondamentale, du savoir et de l'action. J'ai commencé à réfléchir à cette date sur le marxisme, mais ma réflexion était double ; il y avait d'une part une réflexion abstraite, philosophique, épistémologique, que je traduisais à l'époque, et que je traduis encore par les trois questions kantiennes : *Was kann ich wissen ?, Was soll ich tun ?, Was darf ich hoffen ?* (Que puis-je savoir ?, Que dois-je faire ?, Qu'ai-je le droit d'espérer ?). Finalement, je me suis posé ces trois questions sous une forme particulière. Je me suis demandé : que puis-je savoir de manière valable sur la société dans laquelle je vis, qui me fait ce que je suis, dont je ne peux pas me détacher, mais dont je veux me détacher pour la comprendre objectivement ? D'autre part, que dois-je faire dans une société que je connais mal, face à un avenir que, comme tout le monde, je ne peux pas prévoir ? Et, troisièmement, que puis-je espérer, non pas dans l'autre monde, mais dans ce monde, de la société qui sera celle de mon avenir, du moins de l'avenir de mes enfants ? C'est pourquoi je m'interrogeais dans ma thèse sur les limites de l'objectivité historique[10] : que puis-je savoir de manière universellement valable sur la société dans laquelle je vis, en fonction des limites de ce que je puis savoir ? Quel est le rôle du choix des valeurs ou de la décision qui interviennent à un moment donné ? Enfin, que puis-je me donner comme objectif ? Quelle est la capacité de l'individu ou de l'humanité prise globalement de transformer l'organisation sociale que nous connaissons ? Que pouvons-nous espérer de ce monde ?

Bien entendu, en ajoutant aux trois questions kantiennes les deux mots *dans l'histoire*, j'en change radicalement la signification. Cependant, ces trois questions ont été à l'origine de mon travail intellectuel, c'est-à-dire de ma réflexion épistémologique sur la nature de la connaissance historique ou historico-sociale. L'autre aspect, c'était l'analyse critique du marxisme (analyse critique au sens kantien du terme). L'analyse du marxisme ne consistait pas seulement à se demander si Marx avait tort ou raison sur tel ou tel point de ses théories, ou s'il avait été confirmé ou démenti par tel ou tel aspect de l'évolution historique du monde ; sur ce point, je serais de l'avis de Schumpeter qui a écrit quelque part, lui qui n'était pas marxiste, que tous ceux qui écrivent sur la société voudraient bien avoir le même coefficient de prévisions réalisées que Marx, pourcentage exceptionnellement favorable, même s'il n'exclut pas un nombre substantiel d'erreurs[11]. L'analyse critique était surtout pour moi l'examen des différentes parties de l'interprétation marxiste de la société : c'est pourquoi j'ai fait de l'économie politique pour comprendre le *Capital* et le discuter ; j'ai fait de la sociologie pour voir dans quelle mesure l'interprétation de la société globale menée à l'aide des concepts marxistes de forces et de rapports de production était satisfaisante. Ma réflexion sur le marxisme se situait à deux niveaux : au niveau transcendantal, en réfléchissant sur ce que l'on peut savoir et ce que l'on doit faire, et, d'autre part, au niveau de la discussion des théories ou des analyses explicites de Marx lui-même.

Cela dit, en réfléchissant à l'époque, en Allemagne, sur la pensée marxiste, j'ai rencontré la tradition historiste. Je voulais réfléchir essentiellement sur Marx et le marxisme, et j'ai découvert la tradition historiste, la tradition herméneutique, la phénoménologie et l'existentialisme, et c'est ainsi qu'il y a une trentaine d'années j'ai contribué à la « germanisation » de la pensée française. J'appartiens en effet à une génération qui a introduit dans la philosophie française un certain nombre de thèmes assez spécifiquement allemands. J'appartiens à la même génération que Sartre. Sartre est allé, sur ma suggestion, faire un séjour en Allemagne. Il y a étudié la phénoménologie parce que je lui avais suggéré que c'était la philosophie dont il avait besoin pour exprimer sa vision du monde (Simone de Beauvoir a raconté cette conversation, au café de Flore, où j'avais parlé pour la première fois à Sartre de la phénoménologie qu'il ne connaissait pas). Ayant contribué, vers les années 30, à introduire en France ces thèmes de la philosophie historiste allemande, je suis aujourd'hui non seulement dépassé par les effets de cette « germanisation », mais aussi surpris par les conséquences qui en sont tirées, et je me trouve souvent en opposition avec certaines des conclusions du mouvement historico-existentialiste. Mais nous en parlerons plus tard.

En fait, j'avais été formé, en France, dans la tradition néo-kantienne. Le seul professeur qui m'avait quelque peu influencé était Léon Brunschvicg, et je ne suis jamais sorti tout à fait de l'univers kantien. C'est ainsi que j'ai écrit ma thèse secondaire sur ceux des philosophes historicistes allemands qui se réclamaient du néo-kantisme[12] (je mentionne cette thèse secondaire, mais je n'en parlerai pas davantage, car ces philosophes ne m'intéressent plus du tout). Ces philosophes étaient Rickert, Dilthey, Simmel et Max Weber. Ils avaient en commun à mes yeux d'appartenir au mouvement historiste tel que je l'ai défini, mais, tout en appartenant à la postérité de Hegel, ils refusaient la philosophie hégélienne de l'histoire. D'autre part, ils voulaient, les uns comme les autres, appliquer à la connaissance historique un mode de réflexion plus ou moins emprunté à ce qu'avait fait Kant pour les sciences de la nature. Disons que ces quatre penseurs ont plus ou moins clairement comme projet ce que l'un d'entre eux, Dilthey, avait appelé *critique de la raison historique*.

Dilthey n'a jamais écrit cette critique de la raison historique, mais, à mon avis, il y a un homme qui l'a écrite, c'est Jean-Paul Sartre. Même si sa critique de la raison historique s'appelle *critique de la raison dialec-*

tique, il y a en fait continuité entre le thème diltheyen de la critique de la raison historique et le livre de Sartre[13]. Je n'en dirai que peu de chose ici pour la simple raison que je dois publier dans quelques semaines un livre sur l'ouvrage de Sartre, où j'essaie précisément de démontrer que la *Critique de la raison dialectique* est l'accomplissement du projet diltheyen de la critique de la raison historique[14].

Quoi qu'il en soit, ces quatre auteurs ont cherché à fonder l'objectivité de la connaissance historique : ou bien, comme Rickert, en essayant d'opposer l'organisation du monde historique à partir des valeurs à l'organisation du monde naturel à partir de concepts, de généralités et de lois ; ou bien, comme Dilthey, en s'efforçant de dégager les concepts spécifiques des sciences de l'esprit et d'élaborer ce que les Allemands avaient recherché à travers tout le XIXe siècle, à savoir une théorie de l'herméneutique ou de l'interprétation. Il est probable que le premier livre dans lequel se trouve formulée clairement, au XIXe siècle, cette recherche d'une théorie de l'herméneutique, c'est celui de Droysen : *Historik*[15]. En même temps, ces auteurs néo-kantiens me paraissaient conduire à la phase suivante du mouvement historiste, c'est-à-dire à l'historisme absolu, soit de Troeltsch, soit de Mannheim, soit encore à la phénoménologie ou à l'*Existenzphilosophie*[16]. A cette époque, en 1938, j'avais le désir d'ajouter un deuxième volume à l'ouvrage intitulé : *Philosophie critique de l'histoire. Essai sur une théorie allemande de l'histoire.* L'objet de ce deuxième volume, dont les fragments ont été perdus au moment de la guerre, aurait été la phase suivante de l'historisme allemand. D'autre part, j'avais le désir d'écrire, après l'*Introduction à la philosophie de l'histoire*, un autre livre qui aurait été une introduction aux sciences sociales, de manière à dissiper l'impression de relativisme ou de scepticisme que donnaient ces deux livres.

C'est ainsi que, cherchant à fonder la connaissance historique ou à déterminer les limites de cette connaissance, j'ai découvert l'historisme allemand et la théorie de l'herméneutique, et que j'ai été amené à esquisser dans mes deux livres quelque chose comme ce qu'on appelle aujourd'hui une *métascience*, c'est-à-dire un certain nombre d'analyses visant à dégager les caractéristiques originales de la connaissance historique ou de la connaissance socio-humaine. C'est donc par le biais d'une réflexion sur le marxisme que je suis arrivé à ce thème de l'historisme, et, à partir de ce moment-là, je n'ai jamais cessé de m'intéresser à la littérature sur la philosophie de l'histoire.

Mes livres sur la philosophie de l'histoire remontent à 1938, juste à la veille de la guerre. Depuis lors, j'ai continué à discuter les aspects concrets du marxisme, les interprétations de la société moderne, et j'ai laissé de côté à demi le problème transcendantal des limites de la connaissance ou des conditions de l'action dans l'histoire. Je les laissais de côté, mais je ne les oubliais jamais. C'est pourquoi je continuais à suivre autant que possible la littérature allemande, de plus en plus rare d'ailleurs, sur ces sujets, ainsi que la littérature anglo-américaine, en me demandant si la philosophie analytique avait renouvelé les thèmes épistémologiques que j'avais traités dans ma jeunesse, et en ne cessant de conserver à l'esprit la nécessité de mettre toujours en relation l'interprétation concrète de l'économie et de la politique avec les conditions transcendantales de la connaissance de la société par un sujet historique. Je me suis dit finalement que je voulais essayer, non pas du tout de réécrire au bout de trente-cinq ans l'*Introduction à la philosophie de l'histoire*, mais que je voudrais voir comment, aujourd'hui, des philosophes plus jeunes que moi reprennent ces problèmes que j'avais traités il y a trente ou trente-cinq ans, et je vais chercher cette année, devant vous, si j'ai quelque chose d'autre à dire sur cette question. Il y a une expérience intellectuelle ou une expérience philosophique qui m'intéresse à titre personnel. Il s'agit de l'expérience suivante : les philosophes sont les gens qui se comprennent le plus difficilement entre eux, parce que chacun a son langage. Il m'arrive de lire des dizaines de pages de jeunes philosophes pleins de talent, comme Derrida, sans même savoir de quoi ils parlent. En ce qui concerne Derrida, je suis toujours ébloui par sa virtuosité verbale, intellectuelle, par sa subtilité quand il traite d'un problème que je connais, comme par exemple l'origine de la géométrie selon Husserl[17]. La qualité de son interprétation est incontestable, sa force intellectuelle est évidente, si bien que je suis sûr que, quand je ne sais pas de quoi il parle, il doit dire des choses intéressantes — mais je ne sais pas de quoi il parle.

L'expérience à laquelle je vais procéder est la suivante : je me trouve aujourd'hui, à la faveur des circonstances, simultanément à l'aise dans deux langages philosophiques. Je me trouve à l'aise dans le langage de la philosophie existentialiste, et je me trouve relativement à l'aise dans celui des philosophes analytiques anglo-saxons parce que, alors que je ne savais pas un mot d'anglais quand j'ai écrit l'*Introduction à la philosophie de l'histoire*, je me suis imbibé, depuis une trentaine d'années, de culture anglo-saxonne. Je voudrais jouer l'un des rôles possibles d'un Français : traduire l'anglais en allemand, et l'allemand en anglais.

LE MARXISME ET LA MÉTASCIENCE

J'avais essayé la semaine dernière de vous indiquer le sujet du cours, l'expérience intellectuelle à laquelle j'entendais me livrer. Il s'agit essentiellement d'appliquer à l'histoire — réalité historique, connaissance historique — deux philosophies ou deux manières de philosopher : la philosophie de la tradition herméneutique, de style phénoménologique ou existentialiste, s'efforce de décrire, d'élaborer, de comprendre l'historicité de l'homme ; la philosophie de style analytique a commencé par la logique et s'est étendue à l'analyse de tous les langages ou discours : du même coup, elle s'est étendue aux documents et monuments comparables à un langage. On peut dire, à la limite, que ces deux traditions se rejoignent, mais je m'en tiendrai à leur opposition.

L'historicité de l'homme a trois sens :

a) L'homme, en tant qu'être social, ne se présente jamais que sous une apparence historique, marqué par cette société changeante à laquelle il appartient. Dire que l'homme est historique ou que l'homme est un être social, cela revient au même.

b) On peut mettre l'accent sur le fait que la socialisation implique que l'esprit humain soit marqué par son temps ou par le passé.

c) Enfin, il existe un sens plus fort : l'homme est historique parce qu'il a la capacité de penser son passé, de s'en détacher et de se donner un avenir. Le terme *histoire*, pris au sens fort, ne signifie pas n'importe quel changement, mais un changement tel que celui qui en est affecté en prend conscience et cherche à l'orienter.

La philosophie analytique — en tant qu'elle est une *logique de la vérité* — ne s'intéresse nullement à l'origine de la connaissance historique dans un être historique. Elle cherche si, et à quelles conditions, les propositions relatives au passé peuvent être vraies. Elle incline presque par principe à postuler : 1) que l'historien en tant que tel cherche la vérité et n'a pas d'autre objectif ; 2) que la vérité ne dépend pas de la nature de l'objet étudié (rigueur logique, relation de la proposition à l'objet). Elle ne retient de la nature de l'objet que deux particularités : les jugements historiques portent sur le passé en tant que passé ; les jugements historiques, en tant qu'ils constituent la texture même du récit, portent sur les liens ou la connexion entre les événements.

Tant que la philosophie analytique, dans sa première phase, se confond avec le positivisme logique, elle cherche à imposer à la connaissance une forme unique, considérée comme la seule forme scientifique. Elle rencontre l'obstacle que constitue le caractère téléologique de l'action humaine. Est-ce que l'historien explique l'éclatement de la guerre de 1914 à la manière dont un géologue ou un physicien explique une avalanche ? A ce moment, surgit le dialogue classique de la compréhension et de la philosophie analytique. Celle-ci élargit éventuellement le cadre théorique du positivisme logique pour tenir compte de la spécificité de l'action humaine. Plus généralement, le positivisme logique, qui veut ignorer la conscience, l'âme, et ne connaître que le monde objectif, a peine à intégrer le fait que les protocoles d'expérience, qui permettent la vérification, supposent la communication entre les personnes, l'intersubjectivité — toutes dimensions qu'il avait l'intention d'exclure.

Personnellement, j'avais appliqué les questions kantiennes à la connaissance historique interprétée selon la tradition de l'herméneutique. Je ne raisonnais pas en logicien, à la manière des analystes ou des positivistes logiques, mais selon ce que l'on appelait jadis *théorie de la connaissance*. J'acceptais donc sans difficulté la référence au sujet : soit sujet transcendantal, soit sujet historique concret.

La tradition historiste est allemande, la méthode analytique anglaise ou américaine. De quoi se compose la littérature française sur les problèmes de l'histoire ou de la connaissance historique ? Je vais diviser cette littérature en plusieurs catégories.

Commençons par distinguer les livres écrits par les historiens professionnels réfléchissant sur leur discipline, et ceux des philosophes ou des logiciens. En ce qui concerne les livres d'historiens, je les divise ensuite en deux catégories : les livres d'historiens qui ont lu les philosophes et les livres d'historiens qui n'ont pas voulu les lire, ou bien ne les ont pas compris, ou, en tout cas, n'en tiennent pas compte.

Appartiennent à la première catégorie deux livres principaux : celui de Henri-Irénée Marrou, *De la connaissance historique*, et celui, plus récent, de Paul Veyne intitulé *Comment on écrit l'histoire*[18]. Dans ce livre, Paul Veyne, s'il connaît la littérature historiste moins bien que Marrou, n'en présente pas moins la particularité de ne pas ignorer les productions des analystes américains, anglais et allemands (Stegmüller). Il aborde le problème de la connaissance historique à la fois en tant qu'historien et en tant que familier de la logique et de la philosophie de la connaissance historique.

Entrent dans la deuxième catégorie les livres d'historiens qui parlent de leur métier sans entrer dans les discussions des philosophes, comme par exemple Marc

Bloch, qui était probablement le plus grand historien du siècle, le plus grand historien du monde en ce siècle, et qui a écrit un livre intitulé *Le Métier d'historien*[19] : livre d'artisan, artisan de génie mais qui n'avait pas de conscience philosophique. Cet ouvrage mérite d'être lu, mais il est typique de la distinction entre les problèmes que se pose le philosophe et ceux qu'abordent les historiens. Appartient à la même catégorie le livre de Lucien Febvre, *Combats pour l'histoire*[20]. Il faut citer également la parution récente d'un recueil d'articles consacrés par Fernand Braudel à la connaissance historique, ainsi que le numéro spécial de la revue *Communications*, centré sur l'événement et rédigé essentiellement par des historiens[21].

Si nous abordons maintenant les livres écrits par des philosophes ou des logiciens à propos de l'histoire, nous nous apercevons qu'il existe en Angleterre, aux États-Unis et en Allemagne des ouvrages qui approchent le problème spécifique de la connaissance historique à partir de problèmes logiques généraux, mais qu'il n'en existe pas à ma connaissance en France : les logiciens français font tous de la logique pure, de la logique mathématique, mais je ne connais pas de livre d'un philosophe analytique, formé à la logique, qui, à partir d'un problème général de logique (par exemple : quelle est la nature de l'explication scientifique ?), aborde le problème de l'explication historique. C'est pourquoi, quand j'en viendrai au problème de l'explication historique, je citerai exclusivement des livres anglais, allemands ou américains.

En revanche, il y a en France des livres de philosophes qui ne sont pas spécialement des logiciens, et qui abordent le problème de la connaissance historique à partir de la philosophie générale. Au cours de ces vingt-cinq dernières années, ce genre d'approche a été largement à la mode, peut-être l'est-il moins aujourd'hui, mais, malgré tout, le fait subsiste. Les philosophes, venus à la problématique de la connaissance historique à partir de la philosophie, sont essentiellement les existentialistes : Sartre, indirectement, a développé une théorie de la connaissance historique, et, de la même façon, Merleau-Ponty est arrivé, à la fin de *La Phénoménologie de la perception*, à quelques remarques sur la connaissance historique. En outre, les deux livres qu'il a ensuite publiés — *Les Aventures de la dialectique* et *Humanisme et Terreur* — fournissent également une représentation implicite du problème de la connaissance historique à partir de la philosophie générale[22].

Deux autres livres de philosophes relèvent de la même catégorie : d'une part, le petit livre de Maritain, intitulé *Pour une philosophie de l'histoire*, et d'autre part, celui de Paul Ricœur, *Histoire et vérité*[23]. Althusser, qui, il y a quelques années, faisait fureur, appartient à la même catégorie, mais sous une forme particulière : lui aussi aborde le problème de la connaissance historique à partir d'une interprétation philosophique d'ensemble, mais on ne peut pas dire qu'il ait jamais développé une philosophie comparable à celle de Merleau-Ponty ou à celle de Sartre. En fait, il a essayé de réinterpréter le marxisme à partir de ce que j'appellerais une *métascience* ou d'une théorie déterminée. On peut dire que Sartre, Merleau-Ponty d'un côté, Althusser de l'autre, se sont livrés essentiellement à l'exercice suivant : réinterpréter le marxisme chacun à partir de sa métascience propre, c'est-à-dire à partir de la conception que chacun d'eux se fait de la connaissance historique, en fonction de sa philosophie d'ensemble.

On peut citer une troisième catégorie de livres, ceux qui abordent certains aspects de la réalité ou de la connaissance historique. Deux essais méritent à cet égard d'être lus et le sont tous les deux à des titres divers : celui de P. Vendryès, *De la probabilité en histoire*, qui étudie de manière amusante et subtile les calculs de probabilité auxquels peut se livrer l'acteur historique (il consacre plusieurs pages à un exemple fort amusant, celui du calcul rétrospectif de la probabilité qu'avait Napoléon de franchir le blocus de la côte anglaise et de débarquer son corps expéditionnaire en Égypte[24]) ; et le livre de Philippe Ariès, *Le Temps de l'histoire*[25].

On peut ranger sous une quatrième catégorie les livres qui, sans être à proprement parler des livres de philosophie de l'histoire à la manière de Hegel ou d'Auguste Comte, en constituent un substitut en ceci qu'ils présentent une vue d'ensemble du devenir de l'humanité. Parmi les livres que je situe dans la catégorie de ce que j'appelle « substituts de philosophie de l'histoire », j'en citerai deux : celui de R. Grousset, *Bilan de l'histoire*, et l'autre *La Logique de l'histoire* de Charles Morazé ; on peut ajouter aussi l'ouvrage de Pirenne, *Les Grands Courants de l'histoire universelle*[26].

Vient ensuite une cinquième catégorie de livres quelque peu incohérente. Elle comprend les ouvrages qui portent sur un domaine particulier de l'histoire : ce sont les livres qui, par exemple, abordent les problèmes de l'histoire des sciences, ou bien les livres d'histoire des sciences qui contiennent une théorie de ce que doit être une histoire des sciences ; ou bien encore il s'agit de livres d'histoire de la philosophie qui utilisent une certaine méthode d'interprétation des doctrines philosophiques et qui, de ce fait, suggèrent une philosophie de l'histoire de la philosophie.

En ce qui concerne l'histoire des sciences, deux hommes ont exercé une grande influence. Tout d'abord, Canguilhem, avec son livre sur l'histoire de la biologie, où il s'est efforcé de montrer en quoi consiste l'histoire des sciences considérée dans la spécificité de l'œuvre scientifique[27]. Ainsi indique-t-il qu'on peut faire, en ce qui concerne les problèmes historiques, une distinction fondamentale entre l'histoire des événements et l'histoire des œuvres : l'histoire des événements, c'est l'histoire de ce qui s'est passé, les batailles, les crises économiques, les États, les empires ; quant à ce que l'on appelle l'histoire des œuvres, c'est l'histoire de la création intellectuelle, la science, la littérature, la religion, qui sortent du monde des événements et ont une spécificité, liée à la nature même de l'activité scientifique, religieuse, etc. On peut citer ensuite F. Jacob et son dernier livre, *La Logique du vivant*[28], qui est une histoire de la biologie, mais qui, en même temps, est implicitement une interprétation de l'histoire de la biologie, de l'histoire des sciences, dans la mesure où il met en évidence l'idée simple mais fondamentale qu'à chaque époque, les biologistes ou les savants sont prisonniers d'un système de concepts, d'une manière de poser les problèmes ou de les résoudre qui leur permet de voir certaines choses et de ne pas en voir d'autres et qui, quelquefois, ne leur permet pas d'intégrer un certain nombre de découvertes qui, trente ans plus tard, ont des répercussions presque indéfinies. L'exemple le plus classique, le plus banal, et que vous connaissez tous, c'est la découverte des lois de Mendel par Mendel lui-même vers 1872 ou 1873. Or, au rebours de ce que l'on croit souvent, Mendel n'était nullement un homme ignoré du monde scientifique. Il est vrai que c'était un homme d'Église, mais il avait fait des travaux scientifiques, et, si les lois de Mendel n'ont pas été absorbées par la biologie de l'époque, c'est que la manière dont on posait les problèmes ne permettait pas d'intégrer les résultats qu'il avait obtenus à partir de l'étude des caractères acquis. Trente ans après, entre 1899 et 1902, trois biologistes ont redécouvert simultanément les lois de Mendel et, depuis lors, tout le monde a compris que ces lois, les lois de l'hérédité, sont la voie royale qui a permis progressivement d'analyser le principe de l'hérédité et d'aller au-delà, jusqu'à l'analyse de la matière vivante. L'exemple manifeste la discontinuité typique de l'histoire des sciences, et témoigne de ce qu'est l'interprétation de cette histoire lorsqu'elle est considérée dans sa structure spécifique d'œuvre intellectuelle.

De la même façon, il y a des livres d'histoire de la philosophie sur les différentes manières d'aborder l'histoire de la philosophie : Henri Gouhier, par exemple, a écrit deux petits livres dont l'un s'appelle *L'Histoire et sa philosophie* et l'autre *La Philosophie et son histoire*[29]. Ces deux ouvrages traitent à la fois de la connaissance en général, de la philosophie de l'histoire et, d'autre part, de la connaissance spécifique du passé philosophique et des diverses façons de l'interpréter.

Je suggérerais même que, peut-être, les discussions actuelles autour de la nouvelle critique constituent une contribution à la littérature de l'histoire : en effet les débats autour de la nouvelle et de l'ancienne critique portent essentiellement sur la question de savoir en quoi consiste l'histoire littéraire, en quoi consiste l'interprétation d'une œuvre, et ce que fait le critique ou l'historien. Ce type d'interrogations met en question la nature propre des œuvres littéraires : de la même façon que l'historien des sciences s'intéresse au caractère spécifique des sciences en tant que sciences, l'historien de la littérature, s'il ne veut pas réduire cette histoire à celle des événements littéraires — c'est-à-dire les dates de parution des livres, les influences exercées par le milieu, etc. —, s'il cherche à faire l'histoire de l'œuvre en tant que telle, ne peut pas ne pas se poser les mêmes problèmes que le savant, et doit s'interroger sur la nature spécifique de l'œuvre qu'il cherche soit à expliquer, soit à comprendre, à saisir dans sa signification propre.

En ce qui concerne ce genre d'histoire, il faut évidemment citer le livre de mon collègue Michel Foucault, qui écrit une histoire essentiellement discontinue, une histoire des œuvres, en insistant sur la discontinuité des différentes périodes de la pensée humaine[30]. Foucault reprend un certain nombre d'indications de Canguilhem, mais généralise la méthode : il ne se borne pas à définir l'état d'une discipline donnée par le système de concepts qui constituent l'objet ou par les idées qui orientent la recherche, mais il cherche à démontrer que les idées inspiratrices des trois disciplines, biologie, linguistique ou grammaire et économie politique, sont les mêmes, de telle sorte qu'il y aurait des moments de la pensée humaine et une discontinuité entre ces moments. Aussi annonce-t-il parfois la fin de l'homme, l'homme au sens où il l'entend étant une découverte récente, c'est-à-dire datant d'à peu près un siècle et demi.

Voilà l'essentiel de la littérature que vous pouvez trouver sur les problèmes philosophiques de l'histoire : ce sont les livres parus depuis vingt-cinq ans.

Une question va nous mener au problème que je voudrais envisager : l'historien d'un côté, le philosophe de l'autre, discutent-ils des mêmes problèmes ? Ce que le philosophe ou le logicien écrit sur l'histoire intéresse-t-il les historiens ? Il faut être juste : il arrive que les historiens ne s'intéressent pas passionnément à ce que les logiciens ou les philosophes leur disent de ce qu'ils font. Certains historiens prennent au sérieux les discussions des logiciens et des philosophes : j'ai donné deux exemples, Marrou et Veyne, mais je dirai que, dans l'ensemble, ils sont presque les seuls, dans la nombreuse corporation des historiens, à être dans ce cas. De leur côté, les logiciens et les philosophes ont souvent le sentiment que les historiens sont quelque peu naïfs, qu'ils ne sont pas tous sortis de ce que Kant appelle le « sommeil dogmatique ». Ils ont le sentiment que nombre d'historiens ne sont pas conscients du caractère problématique de la reconstruction historique et qu'ils s'imaginent que le récit historique est tout fait à l'avance dans la réalité.

En outre, il y a, dans le dialogue entre philosophes ou logiciens d'un côté, et historiens de l'autre, une difficulté supplémentaire qui n'existe pas entre les philosophes et les physiciens. Certes, il arrive aussi que beaucoup de physiciens ne soient pas intéressés par ce que les philosophes disent sur la physique, mais ici il y a une différence : la physique est, de toute évidence, une réussite ; elle comporte un ensemble de propositions aussi vérifiées que des propositions physiques puissent l'être. En revanche, les historiens ne disent pas tous la même chose, ils n'aboutissent pas tous aux mêmes conclusions. La physique est une réussite suffisamment vérifiée pour que la pratique du physicien fasse autorité par rapport au logicien ou au philosophe, mais, lorsqu'il s'agit de l'histoire, on ne peut pas dire qu'il en soit de même, au même degré. En effet, même si l'on admet qu'un grand nombre de faits sont établis sans l'ombre d'un doute par les historiens ou par les sociologues, on ne peut pas dire qu'il y ait en histoire un système de concepts comparable à celui de la science physique, ni même en sociologie une théorie générale qui soit par rapport à cette dernière ce qu'est la théorie de la physique. J'ai essayé l'année dernière de démontrer pourquoi la sociologie ne dispose pas d'une théorie comparable à la théorie physique, et je dirais que la sociologie ne dispose pas même de l'équivalent d'une théorie économique[31].

Par conséquent, si l'historien ou le philosophe ne se comprennent pas toujours lorsqu'ils parlent de l'histoire, ils ont cependant des excuses, l'un et l'autre : d'abord parce que celui qui se livre à une certaine activité scientifique n'est pas obligé de réfléchir sur elle, et, d'autre part, parce que le philosophe n'est pas non plus contraint d'accepter une certaine pratique historienne comme la seule pratique légitime. En dépit de ce malentendu, la conviction et la thèse que j'essaierai de développer pendant le cours de cette année, c'est que les historiens et les logiciens spéculent malgré tout sur les mêmes problèmes, bien qu'ils ne les envisagent pas toujours au même niveau d'abstraction.

Cela dit, quels sont les problèmes constitutifs de l'ensemble de la problématique relative à la connaissance historique ? Je vais simplement ici les indiquer, dans la mesure où je les développerai par la suite.

Le premier problème, qui peut-être couvre l'ensemble de ce qui fait difficulté, est le suivant : dans quelle mesure la connaissance historique, ou la connaissance portant sur certaines réalités humaines, constitue-t-elle une science spécifique ? Est-elle de même style que la connaissance portant sur les réalités naturelles ? Cette connaissance historique peut être définie ou bien par la *visée du singulier*, ou bien par *le récit*, ou encore par *le caractère significatif* des phénomènes connus. Visée du singulier : l'historien s'intéresse à la bataille de Marathon et non pas aux batailles en général. Récit : certains historiens rendent compte de ce qui s'est passé en suivant la ligne temporelle à la manière de Thucydide racontant la guerre du Péloponnèse, et la question se pose de savoir si une connaissance qui est *récit* appartient à la même catégorie et présente les mêmes caractéristiques qu'une connaissance expérimentale ou théorique comme la physique. Connaissance des phénomènes significatifs : l'historien, quand il prend pour objet une culture ou des œuvres de l'esprit, vise des réalités qui ont été pensées par des hommes et qui ne peuvent pas être saisies abstraction faite du sens que leur ont donné ceux qui les ont créées ou vécues, ou du sens que l'historien leur donne, et il se peut qu'il résulte de ce caractère significatif de l'objet certaines particularités de la connaissance historique.

Ce problème général de la connaissance historique se divise ensuite en deux grandes questions : premièrement, est-il légitime ou non, indispensable ou erroné, de distinguer ce que les positivistes logiques appellent *expliquer* et ce que les historistes appellent *comprendre* ? *Comprendre* est en effet la traduction française du mot allemand *Verstehen* qui a pris dans la tradition herméneutique depuis Droysen, et surtout chez Dilthey, un sens spécifique. J'ajoute que cette opposition entre expliquer et comprendre survit encore chez certains analystes anglo-saxons : est paru, par exemple, un livre d'un analyste finlandais, intitulé *Explanation and Understanding*, qui est une vraie discussion entre expliquer et comprendre[32].

Le deuxième ensemble de problèmes, en matière de connaissance historique, concerne tout d'abord les relations entre le singulier et le général : étant admis que l'historien s'intéresse à la singularité de la bataille de Marathon, il ne peut saisir cette bataille qu'en utilisant des concepts généraux comme, par exemple, celui de bataille en général. En outre, il y a, dans la connaissance historique, une perpétuelle oscillation ou incertitude entre ce que j'appelle le *micro* et le *macro* : si vous prenez le cas de la théorie économique, vous savez qu'actuellement on distingue la théorie *micro-économique* — celle qui remonte aux sujets économiques et établit les équations du marché à partir du consommateur ou du producteur individuel — et une théorie *macro-économique*, celle qui prend les concepts fondamentaux et les applique ou bien au produit national globalement, ou bien aux conditions de développement du produit national, de telle sorte qu'il y a une théorie *macro-économique* du développement, et que la distinction du *macro* et du *micro* est désormais classique en économie politique. Quand vous racontez une histoire, vous rencontrez le problème des relations entre l'événement microscopique et l'événement global, c'est-à-dire entre le détail des événements et les grandes lignes, et il n'y a pas de récit qui ne comporte la substitution au pullulement indéfini d'événements microscopiques d'une vue plus ou moins panoramique de l'histoire. Il exite encore, au-delà de l'opposition du singulier et du général, du *micro* et du *macro*, une troisième opposition, celle du partiel et de l'ensemble. On n'écrit jamais, en effet, que l'histoire de quelque chose : on écrit l'histoire de la littérature, l'histoire des guerres, l'histoire de l'économie, mais peut-on écrire une histoire de l'ensemble, ou, pour parler comme Sartre, une « histoire de la totalité » ? Et, dans la mesure où toute histoire est une histoire partielle, est-il vrai, comme beaucoup le disent, que l'histoire partielle est une histoire partiale ? Une histoire partielle est-elle du même coup une histoire partiale ? J'ajoute qu'une autre opposition existe entre les événements et les œuvres.

Enfin, la troisième grande question à propos de laquelle

débattent spontanément les historiens et les philosophes est celle de l'objectivité de la connaissance historique : la reconstruction du passé est-elle nécessairement liée à la perspective adoptée par un être lui-même historique, enraciné dans une certaine société, et regardant le passé à partir d'un certain point de vue ? Ou bien, comme l'affirment par définition ou par principe les analystes, la connaissance historique est-elle capable de la même objectivité, de la même validité universelle, que toute espèce de jugement vrai ?

Voilà, après l'analyse de la littérature, l'anticipation des problèmes que je vais essayer de traiter durant le cours de cette année.

Avant d'aborder ce qui sera le thème central sur lequel se rencontreront les historiens et les analystes, je voudrais évoquer un sujet qui soit moins austère et moins abstrait, et qui nous permettra de rester à l'intérieur de la vie intellectuelle française. Je vais aborder le problème de la réinterprétation du marxisme au cours des vingt-cinq dernières années dans la littérature française. Pourquoi ce problème ? C'est une manière de justifier le choix du cours. Car ce choix a été déterminé par la conviction que le mode d'interprétation de la connaissance historique retentit de manière décisive sur le sens que l'on donne aux propositions relatives au passé ou à l'interprétation du passé. Ce que je vais essayer de montrer, c'est que les propositions fondamentales du marxisme peuvent prendre des significations tout autres selon la métascience à partir de laquelle on les interprète ou, si vous préférez une expression moins prétentieuse et plus vulgaire, selon la philosophie d'ensemble à la lumière de laquelle on les interprète.

Je passerai en revue trois interprétations des propositions fondamentales du marxisme :

1. La première interprétation considère que les propositions fondamentales du marxisme se ramènent à l'affirmation des lois du devenir historique. Cette interpréta-

tion, je la trouverai dans les textes de Marx, qui, en effet, présente de temps à autre les résultats principaux de ses travaux sous forme de lois du devenir historique : loi de l'ensemble de ce devenir, loi du devenir des formations sociales ou des régimes économico-sociaux.

2. La deuxième interprétation des propositions fondamentales du marxisme est le fait des existentialistes, Sartre et Merleau-Ponty, et j'essaierai de voir ce que deviennent ces propositions à la lumière de leur réinterprétation par les traditions herméneutiques ou phénoménologiques, mais aussi spécifiquement existentialistes.

3. La troisième interprétation est celle d'Althusser, qui, à la lumière d'une autre théorie de la théorie, produit un sens encore différent.

Les propositions fondamentales du marxisme, que je prendrai pour point de départ, sont les suivantes. Partons d'un texte classique, le passage de la Postface à la deuxième édition du *Capital* où Marx cite un commentateur russe qui montre ce qu'il avait voulu faire[33] : « Une seule chose préoccupe Marx : trouver la loi des phénomènes qu'il étudie ; non seulement la loi qui les régit sous leur forme arrêtée et dans leur liaison observable pendant une période de temps donnée. Non, ce qui lui importe, par-dessus tout, c'est la loi de leur changement, de leur développement, c'est-à-dire la loi de leur passage d'une forme à l'autre, d'un ordre de liaison à un autre. Une fois qu'il a découvert cette loi, il examine en détail les effets par lesquels elle se manifeste dans la vie sociale... Ainsi donc, Marx ne s'inquiète que d'une chose : démontrer par une recherche rigoureusement scientifique la nécessité d'ordres déterminés de rapports sociaux et, autant que possible, vérifier les faits qui lui ont servi de point de départ et de point d'appui. Pour cela, il suffit qu'il démontre, en même temps que la nécessité de l'organisation actuelle, la nécessité d'une autre organisation dans laquelle la première doit inévitablement passer, que l'humanité y croie ou non, qu'elle en ait ou non conscience. Il envisage le mouvement social comme un enchaînement naturel de phénomènes historiques, enchaînement soumis à des lois qui, non seulement, sont indépendantes de la volonté, de la conscience et des desseins de l'homme, mais qui, au contraire, déterminent sa volonté, sa conscience et ses desseins. » En d'autres termes, l'interprétation consiste à dire que Marx cherche les lois, lois nécessaires du fonctionnement capitaliste et, simultanément, celles de la transformation du régime capitaliste en un autre régime. Un peu plus loin le critique russe ajoute : « Les vieux économistes se trompaient sur la nature des lois économiques lorsqu'ils les comparaient aux lois de la physique et de la chimie... Une analyse plus approfondie des phénomènes a montré que les organismes sociaux se distinguent autant les uns des autres que les organismes animaux et végétaux... Bien plus, un seul et même phénomène obéit... à des lois absolument différentes lorsque la structure totale de ces organismes diffère, lorsque leurs organes particuliers viennent à varier, lorsque les conditions dans lesquelles ils fonctionnent viennent à changer, etc. » Ce qui signifie que les lois, lois économiques ou lois de la production, sont valables pour un régime et non pour tous — selon une perspective qu'on peut désigner comme historiciste.

Dans un texte de cet ordre, la pensée marxiste est présentée comme une théorie du devenir macrohistorique ou comme la mise au jour des lois selon lesquelles fonctionnent et se transforment les régimes. Dans une telle interprétation, il y a objectivation de la réalité historique, remplacement de la réalité vécue par des rapports sociaux largement indépendants de la conscience que les hommes en prennent — donc déterminisme : la conscience et la subjectivité ne sont pas éliminées, mais elles sont réduites à un phénomène secondaire dans la mesure où l'essence des lois historiques, c'est de se dérouler selon un déterminisme inflexible, les hommes étant menés, maniés ou manipulés par ces lois et incapables de les modifier.

Le deuxième texte marxiste auquel je ferai allusion est celui de la Préface à la première édition du *Capital*, où il est question, pour saisir la nature du régime capitaliste, de l'étude de l'Angleterre. C'est un texte très connu : « Le physicien, pour se rendre compte des procédés de la nature, ou bien étudie les phénomènes lorsqu'ils se présentent sous la forme la plus accusée et la moins obscurcie par des influences perturbatrices, ou bien il expérimente dans des conditions qui assurent autant que possible la régularité de leur marche. J'étudie dans cet ouvrage le *mode de production capitaliste* et les *rapports de production et d'échange* qui lui correspondent. L'Angleterre est le lieu classique de cette production. Voilà pourquoi j'emprunte à ce pays les faits et les exemples principaux qui servent d'illustration au développement de mes théories. Si le lecteur allemand se permettait un mouvement d'épaules pharisaïque à propos de l'état des ouvriers anglais, industriels et agricoles, ou se berçait de l'idée optimiste que les choses sont loin d'aller aussi mal en Allemagne, je serais obligé de lui crier : *De te fabula narratur* (C'est ton histoire qu'on raconte)[34]. »

L'Angleterre est donc l'exemple type du mode de production capitaliste, mais l'analyse de ce mode de production à travers cet exemple typique permet simultanément de comprendre le fonctionnement essentiel du régime capitaliste. Constatation qui ne supprime pas pour autant une interrogation sur laquelle Marx a beaucoup écrit par ailleurs et qui consiste à se demander si le développement mis en lumière dans le cas de l'Angleterre est valable pour tous les pays et quelles variations sont envisageables. Le troisième texte que je prendrai pour point de départ se trouve dans la *Préface à la Critique de l'économie politique*. Marx y résume les conclusions où l'ont conduit ses études : « Voici, en peu de mots, le résultat général auquel j'arrivai et qui, une fois obtenu, me servit de fil conducteur dans mes études. Dans la production sociale de leur existence, les hommes nouent des rapports déterminés, nécessaires, indépendants de leur volonté ; ces rapports de production correspondent à un degré donné du développement de leurs forces productives matérielles. L'ensemble de ces rapports forme la structure économique de la société, la fondation réelle sur laquelle s'élève un édifice juridique et politique, et à quoi répondent des formes déterminées de la conscience sociale. Le mode de production de la vie matérielle domine en général le développement de la vie sociale, politique et intellectuelle. Ce n'est pas la conscience des hommes qui détermine leur existence, c'est au contraire leur existence sociale qui détermine leur conscience[35]. » C'est un nouvel exemple de ce que j'appelle la version *objectiviste* ou *objectivante* du marxisme : un régime social est défini par les forces de production ; à un certain niveau du développement des forces de production correspond un état donné des rapports de production ; la conscience est déterminée par l'être social de l'homme ; il y a toute une superstructure juridique, intellectuelle et morale qui s'élève au-dessus de l'infrastructure, mais, comme Marx le dit lui-même, il s'agit d'étudier l'infrastructure matérielle par les mêmes méthodes qu'emploient les sciences de la nature.

Enfin, je vous rappelle un dernier texte ; il s'agit de la formule qui se trouve au début du *Manifeste communiste* : « L'histoire de toute société jusqu'à nos jours, c'est l'histoire de la lutte des classes[36]. »

Ces textes classiques vous donnent une version également classique du marxisme qui est devenue dans une large mesure le marxisme de la deuxième Internationale et qui se retrouve, sous des formes modifiées, dans celui de la troisième. On peut le caractériser de la manière suivante : le marxisme est une science des lois du devenir historique, l'homme est capable de saisir les lois de ce devenir en objectivant la réalité historique, même si cette réalité est donnée immédiatement sous forme d'expériences vécues des sujets historiques. D'autre part, un régime économique et social est défini fondamentalement par les forces et les rapports de production, la conscience des hommes est déterminée par leur être social et, par conséquent, si nous pouvons prendre conscience des lois qui commandent notre propre devenir ou le devenir de la société à laquelle nous appartenons, nous ne pouvons pas les modifier dans la mesure où, tout au moins si l'on se réfère à ces textes, il s'agit de lois macrohistoriques ou de lois du devenir global que l'homme peut utiliser, mais qu'il ne peut transformer.

Dans ces thèmes fondamentaux du marxisme objectif ou objectivé, il reste une dualité qu'il s'agit d'articuler et que les marxistes ont réconciliée d'innombrables manières : c'est la question de savoir comment rendre compatibles l'interprétation objectivante du marxisme en termes de rapports et de forces de production (car dans les textes que je vous ai cités de la *Préface à la Critique de l'économie politique*, il n'est pas question de classes sociales), et l'interprétation de devenir historique à partir de la lutte des classes. Il est parfaitement possible, me semble-t-il, de concilier ces deux interprétations, mais on ne peut le faire qu'à partir d'une certaine métascience, ou encore, à partir d'une certaine théorie qui permette de penser simultanément l'histoire objectivée, se déroulant selon des lois inflexibles, et l'histoire commandée par la lutte des classes, c'est-à-dire, d'une façon ou d'une autre, commandée par la réaction des hommes à leur milieu. En d'autres termes, il suffit de rapprocher la formule marxiste des forces et des rapports de production et celle de la lutte des classes pour voir surgir le problème qui a obsédé les existentialistes français pendant vingt ans, à savoir celui des rapports du subjectif et de l'objectif : quel rapport s'établit entre l'histoire objectivée, soumise à des lois, et la conscience ou la volonté humaines ? Comment se combinent l'interprétation en termes de lois inflexibles du développement historique et l'histoire conçue en termes de lutte des classes ? C'est ce problème que Sartre, Merleau-Ponty et Althusser ont essayé de résoudre chacun à leur façon et chacun par une métascience différente.

LE MARXISME EXISTENTIALISÉ

J'avais abordé la semaine dernière l'étude quelque peu technique à laquelle je compte me consacrer aujourd'hui : il s'agit de montrer quel lien étroit relie l'interprétation philosophique ou épistémologique des propositions historiques et le sens même que ces propositions acquièrent à la lumière d'une telle métascience.

J'ai pris pour exemple la réinterprétation du marxisme par l'existentialisme au cours des années qui ont suivi la guerre, et la semaine prochaine j'aborderai la réinterprétation du marxisme par l'école opposée à l'école existentialiste et humaniste, c'est-à-dire l'école qu'on appelle quelquefois structuraliste et dont Althusser est le principal représentant.

Je vous avais rappelé les propositions majeures du marxisme : le marxisme est essentiellement une analyse du fonctionnement du régime capitaliste, analyse qui montre les contradictions internes à ce régime. On peut presque dire, sans donner à cette formule aucun caractère péjoratif ou critique, que le socialisme scientifique est essentiellement la science du capitalisme. Cette formule, qui a l'air paradoxale, est cependant conforme au texte de Marx, puisque Marx lui-même n'a jamais prétendu décrire en détail ce que serait le régime socialiste qui représentait l'avenir, et dont l'avènement était peut-être à ses yeux inévitable, mais dont la forme même fait l'objet d'incertitudes. Ces contradictions doivent mener à la paralysie du régime, à la révolution ou à l'explosion. Par l'intermédiaire de cette explosion, les contradictions du régime capitaliste conduisent à un régime socialiste, la propriété des instruments de production disparaît et est remplacée par la propriété collective. D'autre part, Marx a travaillé spécialement sur l'Angleterre, comme je vous l'ai rappelé en citant un texte, parce que le cas de l'Angleterre était à ses yeux exemplaire : c'était le cas le plus pur du régime capitaliste, et, conformément à la méthode scientifique, il est légitime de faire l'analyse d'un régime en l'observant dans le cas le plus favorable, c'est-à-dire dans le cas où les caractéristiques majeures de ce régime se présentent sous la forme la plus pure.

De manière plus générale, Marx distingue l'infrastructure, les conditions matérielles de la production qui dominent généralement l'ensemble de l'existence sociale : « Ce n'est pas la conscience des hommes qui détermine leur existence, c'est au contraire leur existence sociale qui détermine leur conscience », phrase empruntée à la *Préface de la Critique de l'économie politique*[37]. Enfin, le mouvement historique, qui conduit du capitalisme au socialisme, est le fruit des contradictions entre les forces de production et les rapports de production d'où résultent simultanément les luttes de classes.

Voilà les différentes propositions que chacun connaît, et il y a à mon sens deux ou trois interprétations épistémologiques diverses qui se donnent pour but de comprendre exactement ces propositions.

1. La première interprétation, qui est la plus classique ou la plus orthodoxe dans la deuxième et probablement la troisième Internationale, est celle qui apparaît sous la plume du critique russe du *Capital* et qui est reproduite par Marx avec approbation. Selon cette interprétation, le marxisme, ou la théorie de Marx, a mis en lumière les

lois du devenir historique, lois comparables à celles des sciences de la nature. Il s'agit en ce cas d'une interprétation scientiste et objectivante du devenir humain ou du passage du régime capitaliste au régime socialiste. La difficulté interne d'une telle interprétation, c'est que la loi selon laquelle le régime capitaliste conduirait au régime socialiste est une loi macrohistorique, qui désigne un mouvement d'ensemble. Or, il y a en apparence une différence de nature entre les lois de la physique ou de la chimie — la loi de la chute des corps, la loi de la gravitation, toutes lois qui sont valables pour un système scientifiquement isolé — et les lois macrohistoriques comme la loi du devenir du capitalisme au socialisme.

2. La deuxième interprétation dérive de la première, mais en atténue le caractère dogmatique : on peut considérer qu'il ne s'agit pas à proprement parler de lois macrohistoriques, comparables aux lois scientifiques, mais que l'esquisse de la société moderne, du capitalisme au socialisme, représente quelque chose comme ce que l'on appelle vulgairement les grandes lignes de l'histoire. Il s'agirait ici des caractéristiques majeures de la société moderne : Marx observe le fonctionnement du régime capitaliste en Angleterre, sans nier que ce régime pourra prendre des formes différentes dans les divers pays. Il discerne les caractéristiques fondamentales d'un régime économique fondé sur la propriété individuelle des instruments de production et sur l'anarchie du marché, et il en conclut que, à une date indéterminée, un régime de cet ordre sera paralysé par ses contradictions, par la misère des masses laborieuses, et que ce régime sera remplacé par un autre, fondé sur la propriété collective des instruments de production, la planification remplaçant le marché. Dans ce cas, il s'agit moins de lois au sens scientifique du terme que d'une perspective d'ensemble sur le devenir considéré globalement. Une telle interprétation rapprocherait les propositions majeures du marxisme de celles

que l'on trouve par exemple chez un auteur comme Toynbee.

3. Enfin, il y a une troisième interprétation possible, qui consiste à essayer de combiner l'interprétation qui met l'accent sur la contradiction entre les forces et les rapports de production et l'interprétation par la lutte des classes. Car il y a là deux versions en apparence distinctes du marxisme : la contradiction entre les forces et les rapports de production appelle une interprétation objectivante de l'histoire ; en revanche, la référence aux luttes des classes et au rôle décisif, dans la révolution, de la classe exploitée nous renvoie aux hommes et à leurs actions. La formule la plus saisissante de cette articulation entre contradiction des forces et des rapports de production d'une part, et de la lutte des classes d'autre part, se présenterait à peu près sous la forme suivante : à un certain moment du développement des forces productives, celles-ci sont paralysées ou entrent en contradiction avec les rapports de production, c'est-à-dire la propriété privée des instruments de production, et la distribution des revenus qui en résulte ; ces contradictions se manifestent par une lutte des classes plus aiguë. De cette façon, la classe agissante, le prolétariat, exécute pour ainsi dire le verdict qui peut se dégager de la nature du régime capitaliste lui-même.

Voilà les trois sortes d'interprétations qui sont toutes les trois orthodoxes dans le marxisme. Il y en a beaucoup d'autres : il y a eu un marxisme hégélien, un marxisme kantien, un marxisme imprégné de philosophie analytique... Mais ce sont là les trois formules les plus simples. J'en viens maintenant à ce qui, aujourd'hui, est mon objet, à savoir les réinterprétations existentialistes.

De quoi s'agit-il avec les existentialistes, c'est-à-dire Sartre et Merleau-Ponty ? Ce qu'ils ont cherché à faire l'un et l'autre peut être résumé, me semble-t-il, de la manière suivante : Merleau-Ponty et Sartre, l'un comme l'autre, viennent de la phénoménologie et ont été influencés par Husserl. Ils prennent tous les deux comme point de départ la « conscience » ou le « pour-soi », dans le langage de Sartre, ou encore « l'homme en situation », dans le vocabulaire à la fois de Sartre et de Merleau-Ponty. En d'autres termes, ils ont pour point de départ une philosophie de la conscience, et ils veulent retrouver les propositions fondamentales du marxisme que je vous ai résumées.

Le problème pour eux est à peu près le suivant : à quelles conditions est-il possible de retrouver les propositions fondamentales du marxisme — qui semblent impliquer une interprétation objectivante du devenir historique —, à partir d'une philosophie de la conscience, et d'une philosophie de la conscience individuelle ? Voilà la tâche à laquelle ils se sont voués, et vous trouvez les textes principaux de Merleau-Ponty dans deux livres dont l'un est *Humanisme et Terreur* et l'autre *Les Aventures de la dialectique*. Quant à Sartre, il est souvent revenu sur la question : les deux principaux textes sont « Les Communistes et la paix », série d'articles — d'ailleurs jamais terminée —, parue dans les *Temps modernes*, et surtout la *Critique de la raison dialectique*, qui est le livre majeur, la synthèse dans laquelle il s'est efforcé de réconcilier définitivement l'existentialisme et le marxisme[38].

Puisque l'un comme l'autre partent d'une philosophie de la conscience et de la phénoménologie, il va de soi qu'ils refusent tous les deux de prendre pour point de départ une *réalité sociale objectivée* ou assimilée à un objet. D'autre part, ils refusent d'admettre des lois de l'histoire qui seraient comparables à des lois de la nature : en effet, dans la mesure où le marxisme se formulerait en termes de lois comparables aux lois des sciences de la nature, il y aurait évidemment contradiction entre cette chosification ou réification du devenir historique, et la primauté de la conscience qui, bien sûr, est reconnue comme telle par une philosophie existentialiste ou phénoménologique. Il en résulte que les propositions à partir desquelles l'un et l'autre réinterprètent le marxisme peuvent se résumer de la manière suivante :

1. L'un comme l'autre posent la primauté *gnoséologique* de la subjectivité, première du point de vue de la connaissance. J'ajoute que dans le cas de Sartre, il y a au fond primauté *ontologique* de la subjectivité, de la conscience ou de la *praxis*, c'est-à-dire de l'homme agissant. En tout cas, ni l'un ni l'autre n'accepteraient la formule selon laquelle ce n'est pas la conscience qui détermine la réalité, mais l'être social qui détermine la conscience. Ce qu'ils n'accepteraient pas, c'est le verbe *déterminer* : en effet si vous dites que l'être social *détermine* la conscience, vous impliquez la non-liberté de la conscience, ce qui est évidemment contradictoire avec le principe fondamental de la philosophie sartrienne. Cependant, si ni Sartre ni Merleau-Ponty ne peuvent accepter le verbe ou le concept *déterminer*, ils reconnaissent une espèce d'action réciproque entre la situation et la conscience : chacun de nous pense le monde à partir de la situation dans laquelle il se trouve ; cette situation sollicite notre conscience et l'incite à penser d'une manière ou d'une autre. Mais ce que ni l'un ni l'autre ne peuvent accepter, c'est de substituer au terme *inciter* ou *solliciter*, qui préserve la liberté de l'homme, le verbe *déterminer*, qui la lui enlève.

2. Cette primauté du point de vue de la connaissance (la conscience vient avant la réalité objective) se prolonge, chez Sartre et Merleau-Ponty, en une *primauté ontologique*. Cela signifie que la réalité historique est constituée essentiellement par des hommes pensants et agissants, ou encore que l'histoire est faite d'hommes, de pensées, d'actes humains et de choses plus ou moins humanisées, c'est-à-dire de choses prenant des significations par rapport aux hommes. En effet, si vous vous promenez dans cette maison ou dans les rues voisines, la société se

présente à vous sous deux formes extérieures : d'une part, des hommes que vous rencontrez, que vous comprenez plus ou moins bien, et, d'autre part, un ensemble de choses, mais de choses qui portent la marque de pensées ou de volontés humaines. Toutes les maisons sont des choses humanisées ; ce sont des œuvres humaines qui n'ont de sens pour nous qu'en tant qu'ustensiles, en tant que moyens de notre existence. Il en résulte donc que même les choses qui s'interposent en permanence entre les hommes portent sur elles le sceau de la conscience ou des consciences qui les ont créées. Précisons que les choses qui se mêlent aux hommes pour constituer le tissu de la réalité historique n'existent en tant que significatives que par les intentions humaines qui les ont fait naître. On ajoutera éventuellement que si les choses sont humanisées, les hommes sont réifiés dans la mesure où ils sont esclaves des objets qu'ils ont créés et des œuvres à travers lesquelles ils vivent.

3. Sartre et Merleau-Ponty acceptent l'un comme l'autre une relation dialectique entre la situation et la subjectivité : je perçois le monde à partir de la situation que j'occupe, et ma situation n'existe comme telle que par la perception que j'en prends. J'emploie le terme de « perception » par référence à Merleau-Ponty. Si j'utilisais le langage de Sartre, je dirais que la situation que j'observe n'existe comme telle que par mon « projet », vocabulaire de *L'Être et le Néant*, ou n'existe que par ma *praxis*, selon le langage de la *Critique de la raison dialectique*. Autrement dit : la montagne que je regarde, si je me trouve dans la vallée de Chamonix, a pour moi une signification différente selon que je suis un vieil homme incapable de l'escalader et qui se borne à évoquer les années où il était capable de le faire, ou si je suis un guide professionnel pour lequel la montagne est tout à la fois une hauteur à escalader et une escalade susceptible de lui donner le moyen de vivre. Disons encore que la chose que je vois ne prend son sens que par rapport à l'intention qui

m'anime ou par rapport au projet que je veux accomplir. En langage sartrien : la situation n'existe que par mon projet ; elle n'existe que dans la mesure où je décolle de la réalité, dans la mesure où je me transforme pour me projeter vers elle.

Enfin, ce monde historico-humain, qui est fait d'actes, de pensées, de projets, est en même temps constitué par des intentions et des projets cristallisés, les choses et les institutions étant une espèce de quasi-nature, de quasi-réalité naturelle dont je suis inévitablement prisonnier. La « réification de la conscience », expression favorite du jeune Lukács, celui de *Histoire et conscience de classe*, et qui réapparaît chez les existentialistes, désigne le fait que la conscience, qui selon Sartre est libre, totalement libre, ne peut vivre que prisonnière dans un monde créé par d'autres hommes[39]. La conscience est réifiée ou aliénée. Elle reste libre, mais elle n'est libre qu'en situation, condamnée à assumer une partie de la réalité devenue objective qui l'enserre : cette réalité extérieure est devenue une part de cette conscience, mais, de ce fait même, ayant absorbé les valeurs et les exigences du milieu environnant, la conscience cesse d'être totalement libre, elle devient aliénée, chosifiée ou réifiée.

Cette analyse, qui est classique, ramène la pensée marxiste vers ses origines hégéliennes : la conscience s'extériorise en réalité objective, et à travers l'histoire, elle reprend ses aliénations jusqu'au moment où, au terme de son odyssée, elle aura réabsorbé l'ensemble des objectivations ou des aliénations possibles. Telles sont les idées philosophiques à partir desquelles Sartre et Merleau-Ponty essaient de réinterpréter le marxisme.

En ce qui concerne les polémiques que Sartre et Merleau-Ponty ont eues l'un avec l'autre, elles ont porté sur deux objets particuliers. Il y a d'abord eu une semi-polémique qui a été déclenchée par le deuxième livre de Merleau-Ponty sur le marxisme : *Les Aventures de la dialectique*. Dans ce livre, Merleau-Ponty a pris ses distances à l'égard du parti communiste, et il a refusé de lui reconnaître le privilège historique qu'il lui avait accordé dans son premier ouvrage. Il a refusé d'admettre l'équivalence entre le parti et le prolétariat, et il y a donc eu querelle politique sur la question de savoir quelle devait être l'attitude à l'égard du parti communiste. C'est une querelle que je laisserai le plus possible de côté.

Le deuxième aspect de la querelle entre Sartre et Merleau-Ponty se concentre sur le point suivant : quelle est la relation exacte entre la situation et la volonté ? Y a-t-il, comme le veut Merleau-Ponty, une dialectique intime entre situation et action ? Ou y a-t-il séparation radicale entre la situation considérée objectivement et la décision que je prends ? Cette querelle, très obscure pour les non-spécialistes de philosophie, renvoyait à une querelle semi-philosophique qui était la suivante : quelle est la relation entre la situation prolétarienne et le parti ? Merleau-Ponty reprochait à Sartre de poser la volonté comme une décision absolue, à partir de rien, de donner un privilège excessif au parti par rapport au prolétariat. Simone de Beauvoir a répondu à Merleau-Ponty[40], mais ces deux querelles, sur la relation à l'égard du parti et sur la forme exacte de la dialectique entre la situation et la décision, n'empêchent pas que l'un comme l'autre ont le même objectif : partir d'une philosophie phénoménologico-existentialiste et retrouver les thèmes fondamentaux du marxisme.

Par quel biais l'un et l'autre arrivent-ils à retrouver ce que j'appelle la tradition herméneutique, c'est-à-dire la tradition de la pensée compréhensive ou de l'interprétation ? Tout d'abord l'un comme l'autre reprennent le thème originel de la tradition herméneutique que l'on fait remonter à Vico, et qui apparaît dans toute sa pureté chez Hegel, à savoir l'idée que l'homme se retrouve lui-même dans le monde historique parce qu'il en est le créateur, parce qu'il lui a donné naissance, et que, simultanément, ce monde extérieur se trouve réintroduit, introjecté dans la conscience de l'observateur. La définition même de la réalité historique comme constituée par la subjectivité, par la *praxis*, le projet ou la perception de la conscience, a donc pour résultat que les existentialistes retrouvent ce qui est le principe fondamental de la tradition herméneutique. De ce fait, ils retrouvent une autre idée majeure de l'interprétation herméneutique de la connaissance historique, à savoir l'idée que chacun de nous pense l'histoire vécue à partir de sa situation. Il en résulte deux problèmes principaux concernant les relations entre l'existentialisme phénoménologique et le marxisme.

1. Si toute perception ou compréhension historique est fonction de l'interprète et dépend de la situation dans laquelle il se trouve, d'où vient la vérité de cette perception ou de cette interprétation ? En effet, poser que chacun vit l'histoire à partir de sa situation, ou encore interprète le monde historique à partir de la situation qu'il occupe, n'est-ce pas dissoudre la vérité historique dans une pluralité de perceptions qui, par définition, sont également valables puisque chacune est inséparable de la situation occupée par l'observateur ? Or ce perspectivisme est difficilement conciliable avec une philosophie qui pose la vérité *d'une* interprétation de l'ensemble historique.

2. La deuxième difficulté se présente comme une autre version de la première : si chacun donne *un* sens à l'histoire, d'où vient *le* sens de l'histoire ? Si le bourgeois donne un certain sens à l'histoire et le prolétaire un autre, la pluralité des sens est liée à la pluralité des observateurs et à celle des classes : sur quoi se fonde alors la vérité d'une perception ou d'une interprétation ?

La difficulté fondamentale de l'existentialisme phénoménologique dérive bien évidemment de la primauté à la fois gnoséologique et ontologique de la conscience individuelle : ayant dissous la vérité historique en une série d'expériences vécues, les existentialistes s'affrontent au problème de retrouver la vérité de l'ensemble. Autant que j'en puisse juger en me référant aux textes, Merleau-Ponty et Sartre sont tentés d'accepter la non-objectivité des interprétations de l'histoire par les sujets historiques.

Prenons un exemple d'actualité, celui du Vietnam. On peut interpréter cette guerre à partir de l'unité des deux Vietnam, à partir de la légitimité du combat mené par les Vietcongs et le Vietnam du Nord pour unifier le Vietnam. Mais d'autres partent de l'idée que le partage du Vietnam est aussi justifiable que le partage de l'Allemagne ou de la Corée, et que, par conséquent, les troupes du Nord-Vietnam commettent un acte d'agression lorsqu'elles sont au Sud. Ces interprétations contradictoires de la guerre du Vietnam ne sont pas forgées pour les besoins de la cause. J'ai des échos, dans les lettres que je reçois à longueur d'année, de la pluralité possible des interprétations : des hommes qui se croient également de bonne volonté perçoivent chacun le même événement historique à partir de présupposés qui modifient radicalement le sens de l'événement. On peut bien dire qu'il y a une vérité objective si l'on fait allusion à la réalité de tel ou tel combat, mais un récit ou une interprétation historique ne va pas sans donner un sens à l'événement : or le sens de cet événement change selon la perspective adoptée par l'un ou l'autre. Ce perspectivisme des perceptions historiques ne signifie nullement le perspectivisme de la connaissance historique en tant que connaissance scientifique. Je laisse de côté cette question que je reprendrai, mais, dans le cas de Merleau-Ponty et de Sartre, il me paraît que l'un comme l'autre pensent une homogénéité fondamentale entre l'expérience vécue de l'histoire par le sujet historique et la connaissance du passé par l'historien : l'expérience vécue de l'événement historique par le sujet historique est, d'après eux, de même nature que l'interprétation d'un événement du passé par l'historien. Or, si l'on pose cette homogénéité entre l'expérience vécue de l'histoire et la reconstruction du devenir historique par l'historien, il semble que l'on soit condamné inévitablement à reconnaître la pluralité des réinterprétations du passé, et de ce fait, il semble également qu'il y ait une contradiction entre ce relativisme des perspectives, caractéristique de l'interprétation existentialiste de l'histoire, et les propositions fondamentales du marxisme. D'où la question : comment Sartre et Merleau-Ponty peuvent-ils retrouver, à partir de ce pluralisme qui résulte de l'interprétation même qu'ils donnent de l'expérience historique, quelque chose comme *une* vérité de l'histoire ?

Dans le cas de Merleau-Ponty, la réponse est incontestée : il l'a formulée dans *Humanisme et Terreur*, où, simultanément, il reconnaît ce relativisme des perceptions historiques ou des expériences vécues de l'histoire, et ajoute que celle-ci ne présente un sens qu'à la condition de conduire à la réalisation de ce qu'il appelle « une intersubjectivité authentique ». Si vous voulez une explication plus philosophique, on peut dire que l'histoire ne présente un sens que dans la mesure où elle conduit à la reconnaissance réciproque des hommes les uns par les autres, et que c'est parce que le mouvement communiste conduit à cette reconnaissance réciproque que l'histoire présente une rationalité. D'où l'alternative : ou bien le communisme fondé sur l'expérience prolétarienne conduit à une « intersubjectivité authentique », à la reconnaissance des hommes les uns par les autres, ou bien l'histoire ne présente pas de sens et elle est une absurdité[41]. Ce qui peut se dire aussi de manière plus sommaire : ou le marxisme deviendra vrai, ou l'histoire est dénuée de sens. Autrement dit encore : ou le marxisme deviendra vrai, ou l'histoire est, selon la formule de Shakespeare, un récit plein de bruit et de fureur, raconté par un idiot et qui ne signifie rien[42].

Par ce biais — le prolétariat comme seule expérience d'universalité, la réalisation de l'« intersubjectivité authentique » par l'intermédiaire du mouvement prolétarien —, Merleau-Ponty est en mesure de donner *un* sens à l'histoire, de surmonter *les* sens que la diversité, la pluralité des sujets historiques donnent à leur expérience vécue, et de dessiner les conditions dans lesquelles ces sens multiples pourraient se ramener à l'unité d'un sens, l'unité de ce sens étant l'accomplissement de « l'intersubjectivité authentique ».

Cela dit, ce que Merleau-Ponty, pas plus que Sartre, ne peut retrouver à partir de l'individualisme radical de la conscience libre, c'est le déterminisme et la prévisibilité. Ils ne peuvent pas retrouver un marxisme déterministe, et ils ne peuvent pas non plus retrouver la prévisibilité de l'avenir parce que cette prévisibilité exigerait que l'homme soit déterminé et que l'un et l'autre veulent sauver la liberté de la conscience. Ils peuvent bien dire, selon une formule marxiste, qu'ou bien le mouvement prolétarien communiste aboutira à la reconnaissance de l'homme par l'homme, ou bien l'histoire ne signifie rien (socialisme ou barbarie) — encore reste-t-il à savoir pourquoi ce serait au XXe siècle ou au milieu du XXe siècle que cette question doit être finalement décidée plutôt qu'au milieu du XXIe ou du XXIIe : ce qu'ils ne peuvent pas retrouver, c'est un déterminisme objectivé, car seul un tel déterminisme permettrait de prévoir ce que sera l'avenir.

De plus, il y a une difficulté dans l'analyse de Merleau-Ponty : l'histoire, vue à partir d'une pluralité de sujets, n'aurait pas un seul sens mais des sens ; or il n'est pas évident que l'on puisse se contenter de la formule de la pluralité des sens.

Quoi qu'il en soit, par rapport au marxisme orthodoxe ou même au marxisme de Marx, le marxisme existentialisé ne comporte pas de lois de l'histoire, ne comporte pas et ne peut pas comporter de déterminisme global et finalement ne peut même pas parler de l'Histoire avec un grand H, dans la mesure où le terme *Histoire* implique la certitude d'un devenir du sens ou des sens à travers la durée. Quels que soient les efforts faits par les existentialistes pour retrouver l'équivalent du marxisme à partir d'une inspiration opposée, il y a une limite à la réussite :

ils ne peuvent jamais retrouver une histoire objectivée et commandée par des lois, bref le déterminisme. Il y a, aussi bien chez Merleau-Ponty que chez Sartre, une « quasi-objectivité », une « quasi-nature » créée par les actes humains cristallisés en institutions, il y a un « quasi-déterminisme » du milieu sur les consciences. Mais je dis toujours : « quasi-déterminisme », parce que la liberté au sens sartrien n'est sauvegardée que dans la mesure où le milieu *incite* ou *sollicite*, mais ne *détermine* pas. D'autre part, il n'y a pas de liberté que dans la mesure où il existe des projets ou un projet, des sens et non pas un sens.

Au point d'aboutissement, il ne reste que la formule abstraite de « l'intersubjectivité authentique » chez Merleau-Ponty. Chez Sartre, on trouve, dans la *Critique de la raison dialectique*, une formule équivalente à celle de Merleau-Ponty, formule selon laquelle chacun doit traiter l'autre en sujet et reconnaître son projet. Il y a chez Sartre toute une dialectique de l'objectivation : le regard de l'autre me fait objet, tout comme mon regard sur l'autre le fait objet. De ce fait, il y a objectivation réciproque des consciences, de telle sorte que jamais une conscience ne peut posséder l'autre car elle ne possède que l'autre objectivé. Or, dans la *Critique de la raison dialectique*, il y a l'esquisse de ce qui pourrait surmonter cette dialectique indéfinie de la conscience qui ne saisit que l'autre objectivé et qui par conséquent l'aliène soit par son regard, soit par son action : c'est à travers la coopération dans l'action que chacun reconnaîtrait le projet de l'autre.

Ce marxisme sans déterminisme est bien plutôt le marxisme de la lutte des classes que celui des forces et des rapports de production. Sartre et Merleau-Ponty n'ont jamais analysé le problème des forces et des rapports de production : Sartre reprend la formule selon laquelle les conditions matérielles déterminent en général l'ensemble de la vie sociale ; quant à Merleau-Ponty, dans *Humanisme et Terreur* aussi bien que dans *Les Aventures de la dialectique*, il se réfère pour ainsi dire intégralement au marxisme de la lutte des classes et non pas à celui des forces et des rapports de production — ce qui est au demeurant parfaitement normal : le marxisme de la subjectivité est nécessairement un marxisme de la lutte des classes, et non pas un marxisme des forces et des rapports de production, qui est un marxisme de l'objectivation.

Comment passe-t-on de la lutte des classes à ce qui donne un sens à l'histoire ? On y parvient, dans le cas de Merleau-Ponty, par l'intermédiaire des formules du jeune Marx selon lesquelles le prolétariat en tant que tel est une expérience de l'universalisme. Il y a un texte fameux de Marx, l'introduction à la *Critique de la philosophie du droit de Hegel*, où il est dit que le prolétaire, précisément parce qu'il est dépouillé de toute particularité, devient pour ainsi dire universel[43]. Merleau-Ponty reprend cette formule de l'universalité immanente du prolétaire en tant que prolétaire, ce qui assure un privilège à l'action prolétarienne par rapport à celle des autres classes, et accorde un privilège au parti communiste, ou au parti qui se trouve l'expression de l'expérience prolétarienne.

La réinterprétation existentialiste du marxisme est une variété du marxisme hégélien. Les idées essentielles de ce marxisme hégélien ont été, à mon avis, exprimées pour la première fois par Lukács, en 1923, dans *Histoire et conscience de classe*. Lukács avait en effet retrouvé, grâce à son génie, un certain nombre des idées du jeune Marx, et cela à une époque où ses textes n'étaient pas encore tous connus. Ce marxisme hégélianisé a été très à la mode dans l'Allemagne d'avant 1933, et l'école de Francfort, qui subsiste encore aujourd'hui, en est une variété, tout comme le marxisme existentialisé des Français. Il est d'ailleurs curieux que Marcuse, qui appartient à l'école de Francfort, et que j'ai connu en Allemagne avant 1933, avant Hitler, se soit trouvé, trente-cinq ans plus tard, accordé à l'humeur de la jeune génération, et qu'il soit devenu, il y a quelques années, le héros de l'avant-garde intellectuelle, alors qu'il est typiquement, par son mélange de Freud et de Marx, caractéristique de l'atmosphère de l'Allemagne de Weimar.

Cette tentative pour combiner l'existentialisme et une philosophie de la conscience avec le marxisme n'aurait au demeurant pas suscité tellement d'émotion, ni tellement de polémiques, si cette philosophie n'avait pas été exposée par Merleau-Ponty à propos de l'épuration en France et à propos des procès de Moscou. *Humanisme et Terreur* est une discussion de l'épuration en France et des procès de Moscou, et je vais essayer de vous montrer le lien entre cette réinterprétation du marxisme et le débat sur la justice politique. Une parenthèse néanmoins : à une certaine époque, on ne pouvait pas, en Occident, parler des procès de Moscou sans être suspect. Mais, depuis le discours de Khrouchtchev au XXe Congrès du parti communiste, il y a, à certains égards, une version officiellement admise de ce qui s'est passé au cours des procès et des aveux, de telle sorte qu'on peut aujourd'hui en discuter en toute sérénité, sans être suspect à aucun point de vue.

Le cas de l'épuration en France et celui des procès de Moscou étaient complètement différents : si Merleau-Ponty a rapproché le problème de l'épuration en France et celui des procès de Moscou, c'est parce que, dans les deux cas, il retrouvait ce qui était son thème fondamental, à savoir l'ambiguïté de l'histoire, l'incertitude de l'avenir et la responsabilité de l'individu. En ce qui concerne l'épuration en France, le problème était et reste encore le suivant : que signifie la justice politique ? Peut-il y avoir une justice politique qui soit autre chose qu'un règlement de comptes ? La difficulté est la suivante : entre 1940 et 1944, en tout cas entre 1940 et 1942, il y avait en France un gouvernement qui était aussi légal que beaucoup d'autres, puisqu'il avait reçu un mandat de l'Assemblée nationale, et qui était peut-être légitime dans la mesure toutefois où l'on peut déterminer la légitimité. Comment condamner alors ceux qui avaient obéi à un gouvernement légal ? Et comment pourrait-on, selon la justice, déclarer rétrospectivement ou rétroactivement illégal un gouvernement qui était légal ? En fait le problème était juridiquement insoluble, de telle sorte que ceux qui ont été condamnés pouvaient avoir le sentiment de l'avoir été injustement, la législation étant en ce cas une législation rétroactive. Que pouvait en effet signifier l'intelligence avec l'ennemi dans le cas d'un pays occupé, qui avait signé un armistice avec le vainqueur temporaire, cependant que la guerre continuait à durer ? Nécessairement, les procès et les verdicts prêtaient à des contestations indéfinies. Merleau-Ponty voulait simplement en tirer la conclusion qu'en raison de l'incertitude de l'histoire l'homme est rejeté en lui-même et a la responsabilité de ses décisions, que l'histoire est ambiguë, et qu'elle peut après coup faire apparaître comme criminelle une décision qui avait été prise éventuellement dans une intention non criminelle.

En ce qui concerne les procès de Moscou, les problèmes étaient autres, et maintenant que nous disposons du discours de Khrouchtchev, on peut bien commenter les interprétations qui ont été données en Occident des aveux faits par les grands dirigeants soviétiques au cours des procès spectaculaires qui ont eu lieu entre 1936 et 1938. Que disaient les Occidentaux à propos de ces procès ? J'appelle « procès de Moscou » les procès au cours desquels Kamenev, Zinoviev, Boukharine, Rykov et un certain nombre des grands dirigeants communistes de la première génération ont avoué leurs crimes, ont été condamnés à mort et probablement exécutés. En Occident, il y avait trois écoles d'interprétation qui ne sont pas sans intérêt :

1. Certains croyaient à la vérité effective des aveux ou des faits avoués au sens banal du terme : il n'est pas possible, disaient-ils, que des hommes avouent avoir constitué des noyaux de conspiration s'ils ne l'ont pas

fait ; tout ce qu'ils avouent, ils l'ont donc réellement fait. C'était l'interprétation la plus orthodoxe, au moins dans certains milieux. Elle se heurtait cependant à un certain nombre de difficultés : parmi les faits avoués, quelques-uns étaient censés se dérouler en dehors des frontières de l'Union soviétique ; or, après vérification, on avait constaté que ce n'était pas le cas. Mais passons sur cette difficulté : la première interprétation consistait à dire que les coupables avouent leurs crimes, ou les erreurs qu'ils ont commises.

2. La deuxième interprétation consistait à chercher et à analyser le mécanisme idéologique par l'intermédiaire duquel les accusés finissaient par avouer des crimes qu'ils n'avaient pas commis.

3. Enfin, la troisième interprétation consistait à dire que les accusés étaient simplement des opposants (quelquefois, ce n'était même pas le cas) et que, pour une raison ou pour une autre, Staline avait décidé de les éliminer.

Ce que Merleau-Ponty a fait n'avait rien d'extraordinaire, ni de tellement scandaleux : il a essayé de mettre en lumière le mécanisme psychologico-idéologique par l'intermédiaire duquel des accusés finissent par avouer des crimes qu'ils n'ont pas commis. L'hypothèse implicite, mais qui n'est pas strictement indispensable, c'est qu'ils avouaient volontairement, alors que, depuis, Khrouchtchev a dit que l'on n'avoue pas volontairement des crimes que l'on n'a pas commis. Toujours est-il que, pour qu'il puisse y avoir recherche du mécanisme psychologico-idéologique, il fallait supposer que ces aveux étaient, au moins dans une certaine mesure, volontaires.

Or le mécanisme par lequel des hommes peuvent être amenés à avouer des crimes qu'ils n'ont pas commis n'a absolument rien de mystérieux : il suffisait, pour le mettre en lumière, de retenir le dernier dialogue entre Vichynski et Boukharine, où ce dernier indiquait lui-même le mécanisme par l'intermédiaire duquel il pouvait être amené à avouer. En effet, il suffit de dire qu'un opposant agit souvent comme s'il était l'ennemi du pouvoir et que, par opposition aux hommes au pouvoir, il nuit quelquefois au régime dont il accepte les principes, ou encore qu'une opposition, si elle veut l'emporter, doit recourir à des aides extérieures. En d'autres termes, il suffit d'affirmer que celui qui s'oppose aux hommes du pouvoir agit comme un ennemi du pouvoir ; ensuite que puisqu'il agit *comme* ennemi du pouvoir, il *est* ennemi du pouvoir, et que donc, s'il est l'ennemi du pouvoir, il emploiera tous les moyens pour le renverser. Selon cette interprétation, l'opposant s'alliera donc à l'Allemagne hitlérienne, et deviendra un agent de la Gestapo pour renverser le pouvoir auquel il s'oppose.

Ce mécanisme, que j'appellerai tout simplement le mécanisme d'identification en chaîne, et qui consiste à passer du *comme si* à la réalité, à imaginer au bout des identifications en chaîne ce que les opposants pourraient faire, a été analysé par Merleau-Ponty. Il ne manquait qu'un élément à celui que j'ai indiqué : il restait à donner une raison susceptible d'expliquer pourquoi des opposants consentaient à se déshonorer en tant que révolutionnaires en avouant des connexions avec des ennemis du régime. Il y avait deux manières de franchir cette étape. La première, c'était d'utiliser le témoignage même de Boukharine : lorsqu'on est en prison et qu'on médite sur son sort, on s'aperçoit que, si l'on n'est plus dans le parti, dans le mouvement révolutionnaire, on n'a plus d'existence. Les révolutionnaires de la première génération étaient des politiques convaincus pour qui l'existence véritable était l'existence politique. Une fois dépouillés de leur identité politique, ils n'avaient plus rien, et c'est pourquoi ils voulaient rester jusqu'au bout dans le mouvement auquel ils appartenaient, auquel ils avaient donné leur vie. Ils consentaient donc à rendre un dernier service éventuel au mouvement en se transformant en kamikazes révolutionnaires, c'est-à-dire qu'ils se suicidaient moralement pour rendre un dernier service au parti, pour symboliser le fait qu'ils n'étaient pas sortis du mouvement communiste, qu'en dépit de ses fautes, le régime communiste était celui auquel ils avaient voué leur vie. De ce fait, on pouvait retrouver une espèce de volonté ou de consentement à demi volontaire dans les aveux des condamnés.

A l'époque, cette interprétation, qui n'avait rien de tellement extraordinaire, avait suscité des protestations indignées. Certains y voyaient une justification des procès. Or, on ne pouvait pas dire que Merleau-Ponty voulait spécialement justifier les procès. En fait, il voulait chercher les mécanismes idéologiques qui expliquaient les aveux de crimes non commis, et il cherchait un mécanisme qui ne fût pas un mécanisme de la pression ou de la torture, qui est celui que Khrouchtchev, peut-être en simplifiant, a indiqué lui-même. La deuxième cause d'indignation, c'est que Merleau-Ponty, voulant retrouver le marxisme à partir d'une philosophie de la conscience individuelle, procédait à cette identification, que j'ai indiquée tout à l'heure, entre marxisme et mouvement prolétarien d'un côté, raison historique de l'autre. De telle sorte qu'il semblait acculer tous ses lecteurs ou bien à accepter le mouvement qui a amené ce qu'on appelle aujourd'hui le culte de la personnalité, ou bien à se résigner à ce que l'histoire tout entière n'ait pas de sens.

Par-dessus le marché, *Humanisme et Terreur* était une réfutation de Koestler qui, dans *Le Zéro et l'Infini*, donnait au fond la même interprétation des aveux[44]. Roubachov, le héros du *Zéro et l'Infini*, ressemble en effet de très près à Boukharine. La différence entre Merleau-Ponty et Koestler est presque ironique ; elle consiste en ce que Koestler, à la différence de Merleau-Ponty, objectivait l'histoire comme une espèce de réalité extérieure qui s'imposait aux hommes : ou bien l'histoire conduisait au socialisme, où bien elle n'avait pas de sens. Aux yeux de Merleau-Ponty, Koestler était un mauvais marxiste parce qu'il posait d'un côté l'histoire objectivée, d'autre part la conscience toute seule opposée à cette histoire objective et monstrueuse. L'erreur de Koestler, selon Merleau-Ponty, est de vouloir acculer tout un chacun à l'alternative « du yogi et du commissaire », de l'histoire objectivée de la conscience solitaire, alors que l'essence même du marxisme consiste à ses yeux en une dialectique incessante entre la situation et la décision. Curieusement, acceptant au fond la même interprétation des procès que Koestler, Merleau-Ponty engageait une longue polémique contre lui à partir de sa réinterprétation du marxisme à la lumière de la phénoménologie ou de l'existentialisme : il voulait montrer cette perpétuelle dialectique, cet entrelacement indéfini d'un quasi-objet et d'une décision qui évite l'alternative rigoureuse de l'histoire objectivée et de la conscience solitaire, alternative présente également dans le cadre de la philosophie de Sartre.

Je vais vous lire quelques lignes de la *Phénoménologie de la perception* où se trouve exprimé ce thème central du marxisme existentialisé de Merleau-Ponty et qui, en même temps, est déjà opposé à Sartre. Il s'agit d'un texte qui se trouve tout à la fin de la *Phénoménologie de la perception* : « Tant que l'on pose l'un en face de l'autre, sans médiateur, le Pour Soi et l'En soi, tant que l'on n'aperçoit pas, entre nous et le monde, cette ébauche naturelle d'une subjectivité, ce temps prépersonnel qui repose sur lui-même, il faut des actes pour porter le jaillissement du temps, et tout est choix au même titre, le réflexe respiratoire comme la décision morale, la conservation comme la création. Pour nous, la conscience ne s'attribue ce pouvoir de constitution universelle que si elle passe sous silence l'événement qui en fait l'infrastructure et qui est sa naissance. Une conscience pour qui le monde "va de soi", qui le trouve "déjà constitué" et présent jusqu'en elle-même, ne choisit *absolument* ni son être, ni sa manière d'être[45]. »

Je répète cette phrase : « Une conscience pour qui le

monde "va de soi", qui le trouve "déjà constitué" » — c'est la situation dans laquelle notre conscience à chacun de nous se trouve déjà —, « ne choisit *absolument* ni son être, ni sa manière d'être. » C'était là s'opposer au choix absolu de chacun par soi, caractéristique du premier Sartre et peut-être du deuxième. Qu'est-ce donc que la liberté ? Naître, c'est à la fois naître du monde et naître au monde. Or, si ce monde est déjà constitué, il ne l'est jamais complètement : sous le premier rapport, nous sommes sollicités, sous le second, nous sommes ouverts à une infinité de possibles. Il n'y a donc jamais déterminisme et jamais choix absolu, jamais je ne suis chose et jamais conscience nue. Le texte cité est tout à fait caractéristique de la pensée de Merleau-Ponty, de la philosophie de l'ambiguïté : il n'y a pas de choix absolu (la conscience est déjà à moitié constituée lorsqu'elle naît à elle-même), il n'y a pas non plus déterminisme.

Autre texte : « Au procès de 1938, le pathétique personnel s'efface et l'on voit transparaître un drame qui est lié aux structures les plus générales de l'action humaine, un tragique véritable qui est celui de la contingence historique. Quelle que soit sa bonne volonté, l'homme entreprend d'agir sans pouvoir apprécier exactement le sens objectif de son action, il se construit une image de l'avenir, qui ne se justifie que par des probabilités, qui en réalité sollicite l'avenir et sur laquelle donc il peut être condamné, car l'événement, lui, n'est pas équivoque. Une dialectique dont le cours n'est pas entièrement prévisible peut transformer les intentions de l'homme en leur contraire, et cependant, il faut prendre parti tout de suite[46]. » Un peu plus loin : « La division n'est plus entre l'homme et le monde, mais entre l'homme et lui-même. » Et Merleau-Ponty conclut d'une manière qui aujourd'hui semble légèrement ironique : « Voilà tout le secret des aveux de Moscou[47]. » Je pense que Merleau-Ponty se trompait quand il croyait que la subtilité philosophique était la seule explication des procès de Moscou, mais je vous indique encore un autre texte : « Tant que les infrastructures n'auront pas été construites, il pourra y avoir des consciences malheureuses, des opposants qui se rallient, reviennent à l'opposition, reprennent leur place dans le travail comme par un effort volontaire plutôt que par un mouvement spontané. Les aveux aux procès de Moscou ne sont que le cas limite de ces lettres de soumission au Comité Central qui en 1938 faisaient partie de la vie quotidienne de l'U.R.S.S. Ils ne sont mystérieux que pour ceux qui ignorent les rapports du subjectif et de l'objectif dans une politique marxiste[48]. »

Ce texte de Merleau-Ponty est prodigieux. Les aveux étaient mystérieux pour d'autres raisons que nous connaissons mieux aujourd'hui, et, d'autre part, les rapports du subjectif et de l'objectif, dans ce que Merleau-Ponty appelle « une politique marxiste », sont les rapports du subjectif et de l'objectif dans un marxisme existentialisé. Je suis peut-être plus près de ce marxisme existentialisé que du marxisme orthodoxe, mais je ne suis pas sûr que tout le mystère des procès de Moscou pouvait se dissoudre simplement par une réflexion sur les rapports du subjectif et de l'objectif.

Reste qu'on voit ici comment — et c'est là ce que je voulais montrer — la réinterprétation du marxisme à partir d'une certaine attitude philosophique a pu aboutir à ce qu'a été le marxisme existentialisé de la première phase de l'après-guerre.

LE MARXISME OBJECTIVÉ

J'ai essayé la semaine dernière de résumer la réinterprétation par Merleau-Ponty des idées essentielles du marxisme et de montrer ce qu'il en retrouve, ou ce qu'il croit en retrouver. Ce qu'il en retrouve, c'est essentiellement la théorie du prolétariat telle que Marx l'avait exposée principalement dans l'introduction à la *Critique de la philosophie du droit de Hegel* : à partir de la théorie du prolétariat, Merleau-Ponty indique la direction dans laquelle l'histoire doit s'engager pour qu'elle présente un sens, c'est-à-dire pour qu'elle aboutisse à un état qui justifierait le chemin de croix de l'humanité. Ce sens de l'histoire serait accompli à partir du moment où se réaliserait ce qu'il appelle une « intersubjectivité authentique », ou encore, pour reprendre le langage hégélien, la « reconnaissance de l'homme par l'homme ».

Cette chance d'une rationalité de l'histoire globale, Merleau-Ponty la tient pour solidaire d'une dialectique de l'objectif et du subjectif, de l'histoire vécue et de l'histoire objectivée, dialectique qu'il attribue à Marx lui-même et qu'il reproche à Koestler, « mauvais marxiste », d'avoir méconnue, parce que le héros central du *Zéro et l'Infini*, à savoir Roubachov, la méconnaît et succombe à la tentation scientiste.

Vous vous souvenez de la phrase que j'ai citée, selon laquelle dans les rapports du subjectif et de l'objectif résidait pour Merleau-Ponty « tout le secret des aveux de Moscou ». Voici un autre passage où se trouve exposé clairement ce thème essentiel de l'interprétation marxiste de Merleau-Ponty :

« ... De ce fait qu'une histoire en soi (comprendre : une histoire objectivée, comme si elle était une chose ou une réalité naturelle)* est pour nous comme rien, Koestler ne conclut pas qu'il faut abandonner le mythe réaliste. Il le projette seulement dans l'avenir, et, en attendant l'heureux jour où nous connaîtrons de science certaine la totalité de l'histoire, il nous abandonne à nos divergences et à nos conflits. C'est dans un avenir très lointain que la science sera en mesure d'éliminer les éléments subjectifs de nos appréciations et de construire une représentation tout à fait objective de nos rapports avec l'histoire. "Tant qu'on n'en (sera) pas là, la politique ne (sera) jamais qu'un dilettantisme sanglant, que pure superstition et magie noire." Ce sera un pari. "Entre-temps, il faut bien agir à crédit et vendre son âme au diable dans l'espoir d'obtenir l'absolution de l'histoire". » Et là, Merleau-Ponty reprend : « Le marxisme avait vu qu'inévitablement notre connaissance de l'histoire est partiale, chaque conscience étant elle-même historiquement située, mais, au lieu d'en conclure que nous sommes enfermés dans la subjectivité et voués à la magie dès que nous voulons agir au-dehors, il trouvait, par-delà la connaissance scientifique et son rêve de vérité impersonnelle, un nouveau fondement pour la vérité historique dans la logique spontanée de notre existence, dans la reconnaissance du prolétaire par le prolétaire et dans la croissance effective de la révolution. Il reposait sur cette profonde idée que les vues humaines, toutes relatives qu'elles soient, sont l'absolu même parce qu'il n'y a rien d'autre et aucun destin[49]. »

* La parenthèse est de Raymond Aron.

Cet exposé de ce que Merleau-Ponty considère comme étant la vérité du marxisme est en réalité une expression fidèle de ce que lui-même pense. En fait, il me paraît très difficile de considérer 1) que Marx considérait toute vue de l'histoire comme située et partiale, 2) que lui-même ne croyait pas à une vérité objective de l'histoire. En tout cas, les marxistes, aussi bien ceux de la deuxième que de la troisième Internationale, n'ont jamais admis cette vision compréhensive, existentialisée du marxisme, où ce qui est l'essentiel et la réalité par excellence, c'est la dialectique de l'objectif et du subjectif d'où résulte ce que Merleau-Ponty lui-même voulait démontrer, c'est-à-dire l'incertitude de toute action : chacun ne voyant qu'une partie de la réalité est contraint en effet de s'engager sans connaître avec certitude l'avenir, et de courir le risque d'être démenti ou condamné par les événements.

Il y a un autre texte de Merleau-Ponty dans lequel se peut trouver l'origine de la polémique, développée dans *Humanisme et Terreur*, contre la version sartrienne du marxisme. Il s'agit d'un texte extrait de la *Phénoménologie de la perception*, où Merleau-Ponty exprime son désaccord avec Sartre sur un point précis : « Notre liberté, dit-on — le "dit-on" désigne bien sûr Sartre — est ou bien totale, ou bien nulle[50]. » Cette phrase se retrouve presque mot pour mot dans la *Critique de la raison dialectique* où Sartre dit que la liberté est soit totale, soit totalement aliénée[51]. L'alternative posée par l'absolutisme sartrien, par sa conception cartésienne de la liberté, est en effet que la liberté est totale ou qu'elle est nulle, et Merleau-Ponty commente : « Ce dilemme est celui de la pensée objective et de l'analyse réflexive, sa complice. Si, en effet, nous nous plaçons dans l'être, il faut nécessairement que nos actions viennent du dehors, si nous revenons à la conscience constituante, il faut qu'elles viennent de dedans. Mais nous avons justement appris à reconnaître l'ordre des phénomènes. Nous sommes mêlés au monde et aux autres dans une confusion inextricable. L'idée de situation exclut la liberté absolue à l'origine de nos engagements. » La liberté serait absolue si la décision, l'engagement venaient intégralement du dedans. Mais nous sommes de part en part à la fois la situation et nous-mêmes ; notre liberté ne pouvant être que relative, elle est liberté en situation. C'est bien sûr ce que dit également Sartre, mais Merleau-Ponty lui reproche de séparer à tel point l'objectif du subjectif qu'il ne peut se soustraire à l'alternative du tout ou rien, ce que le philosophe de l'ambiguïté refuse : « L'idée de situation exclut la liberté absolue à l'origine de nos engagements. Elle l'exclut d'ailleurs également à leur terme. Aucun engagement, et pas même l'engagement dans l'État hégélien, ne peut me faire dépasser toutes les différences et me rendre libre pour tout. Cette universalité elle-même, du seul fait qu'elle serait vécue, se détacherait comme une particularité sur le fond du monde, l'existence généralise et particularise à la fois tout ce qu'elle vise et ne saurait être intégrale. » Cette ambiguïté des relations du subjectif et de l'objectif ne peut être surmontée que dans l'action et à condition que l'histoire, en dépit de tous ses détours, aboutisse à ce qui lui donnera finalement une explication satisfaisante pour l'esprit et la conscience, c'est-à-dire à condition qu'elle aboutisse à la reconnaissance de l'homme par l'homme ou à « l'intersubjectivité authentique ».

Cette analyse de Merleau-Ponty est dirigée contre le sartrisme, accusé de méconnaître la dialectique du subjectif et de l'objectif pour poser face à face un en-soi et un pour-soi qui ne pourront jamais être en relation dialectique. Dans la phase suivante, après *Humanisme et Terreur*, et dans *Les Aventures de la dialectique*, Merleau-Ponty supprimera le privilège qu'il avait reconnu au parti communiste dans la mesure où celui-ci était censé conduire à ce qui constitue le sens de l'histoire. Ce qui signifie que Merleau-Ponty acceptait le risque que comportait son choix : partant de l'idée que toute compréhension de l'histoire est située, donc partiale, sa propre compréhension ne peut être vraie que dans la mesure où il se rattache à quelque chose qui donnera un sens ultime à l'histoire elle-même.

Les problèmes que pose le marxisme existentialisé sont du même type, qu'il s'agisse de Sartre ou de Merleau-Ponty : du moment que toute perception de l'histoire est particularisée par la situation de l'observateur, la question se pose de savoir pourquoi une des perceptions a valeur de vérité. D'où vient le privilège de la perception de la réalité historique appartenant soit à Sartre, soit à Merleau-Ponty, soit au parti communiste ? Chez Sartre, le problème est le même, avec cependant une différence : comme chez lui toute objectivation devient finalement une forme d'aliénation, comme l'homme dans le *pratico-inerte*, dans la réalité quotidienne, est hors de lui-même et étranger à lui-même, la seule manière pour lui de réaliser une « intersubjectivité authentique », ou d'être libre avec les autres, c'est l'action. Dans la deuxième partie de la *Critique de la raison dialectique*, la théorie du groupe, de la foule révolutionnaire représente une manière pour l'homme de commencer l'humanité et de sortir de l'aliénation : dans la mesure où les hommes agissent ensemble en vue d'un objectif commun, ils échappent par là même à la dialectique permanente de l'objectivation d'autrui par mon regard et de moi-même par le regard de l'autre qui fait de chacun l'enfer pour les autres.

Voilà les grandes lignes des thèmes philosophiques ou humains essentiels de cette réinterprétation existentialisée du marxisme. Il est clair que cette réinterprétation a été, aussi bien chez Sartre que chez Merleau-Ponty, dictée par des soucis de pratique ou de politique : ils voulaient fonder leur alliance ou leur affinité avec le parti communiste sans cependant sacrifier ce qui était pour eux l'essentiel de leur intellect, c'est-à-dire leur propre philosophie et herméneutique existentialiste. La conséquence a été la suivante : ils ont repris à une certaine tradition herméneutique l'idée que toute compréhension de l'histoire est partiale et partielle parce qu'elle est située. Ils ont maintenu — ce qui est d'ailleurs objet de contestation — l'homogénéité fondamentale entre la compréhension vécue d'une situation, et la reconstruction de cette situation par la connaissance historique, de telle sorte qu'ils n'ont pu surmonter la rivalité et la contradiction des perspectives qu'en supposant l'aboutissement de l'histoire à un sens ultime.

Ils ont supposé l'un et l'autre, dis-je — et je ne suis pas sûr de n'avoir pas commis dans une certaine mesure la même erreur dans ma jeunesse, dans l'*Introduction à la philosophie de l'histoire* —, qu'entre la perception de l'acteur historique ou du sujet historique contemporain d'une part, et la reconstruction des événements du passé par l'historien de l'autre, il y une parenté ou une affinité fondamentale. Je prenais la semaine dernière l'exemple de la guerre du Vietnam, et je vous disais qu'il était impossible, quand on était un acteur — et les spectateurs contemporains sont toujours jusqu'à un certain point des acteurs —, de ne pas voir cette guerre soit comme une agression du Nord-Vietnam pour prendre possession du Sud, soit comme une agression de l'impérialisme américain pour s'emparer du pays : selon le système de perception des uns ou des autres, nous donnons nécessairement à cette guerre que nous vivons, et dont la deuxième phase vient de se terminer, une signification différente. Il n'en résulte pas avec certitude que l'historien de l'avenir soit condamné à être aussi partial dans son interprétation que les spectateurs engagés, parce qu'au bout du compte, un historien de l'avenir de la guerre du Vietnam essaiera de faire ce que d'aucuns tentent de faire même de façon immédiate, c'est-à-dire de mettre en lumière l'équivoque de la situation. Selon que l'on suppose que les Sud-Vietnamiens veulent ou ne veulent pas être gouvernés par le régime de Hanoi, la part d'agressivité des uns ou des autres variera. D'autre part, un historien authentique de la guerre du Vietnam fera comprendre comment nous l'avons vécue en retrouvant les différentes manières dont nous l'avons perçue, et il n'est pas obligé de choisir une perception comme la seule vraie : il peut se faire en effet que la vérité historique de la guerre du Vietnam soit constituée par la pluralité de ces perspectives contradictoires. En d'autres termes, il n'est pas évident que l'on ait le droit de passer du caractère partial et partiel de la vue de l'acteur ou du spectateur historique à l'affirmation que la connaissance historique présente la même partialité que celle des spectateurs engagés. Or si l'on suppose qu'il y a une différence de nature entre la reconstruction par l'historien et la perception de l'acteur engagé, une bonne partie des problèmes de la relativité de la compréhension historique, sans pour autant disparaître complètement, prennent une apparence différente.

Les analystes, de leur côté, éliminent pour une large part cette sorte de problématique. La recherche d'un sens de l'histoire leur apparaît être une recherche essentiellement métaphysique, dans la mesure où on ne pourrait connaître le sens de l'aventure humaine — à condition que cette aventure en présente un — que si elle était achevée. En outre, la connaissance historique ne consiste pas à rechercher *un* sens de l'histoire, mais à reconstruire *les* sens que les acteurs ou les observateurs ont donnés à l'histoire qu'ils ont vécue. Par conséquent, le problème de savoir si l'histoire a un sens, question que se pose Merleau-Ponty, est une question métaphysique qui ne présente de sens que dans une philosophie de tradition hégélienne et qui n'est peut-être même pas légitime dans une philosophie de type existentialiste : si l'histoire-réalité est constituée par des histoires vécues, si la compréhension historique est une connaissance des expériences vécues, si elle est homogène à ces expériences, on ne peut retrouver par définition ni déterminisme, ni lois de l'histoire, ni prévisibilité de l'avenir. On n'arrivera à donner une direction et un sens à l'histoire qu'en accordant un privilège à une certaine expérience vécue, c'est-à-dire, dans le cas de Merleau-Ponty et de Sartre, au mouvement prolétarien, mais il s'agit d'un privilège proprement métaphysique qui n'intéresse pas nécessairement une philosophie analytique de l'histoire. De plus, le marxisme existentialisé présente à mon sens une autre faiblesse : la définition qu'il donne du sens de l'histoire, c'est-à-dire « l'intersubjectivité authentique », possède un caractère à ce point abstrait qu'il est pour ainsi dire impossible de passer de ce concept d'« intersubjectivité authentique » ou de reconnaissance de l'homme par l'homme, à une définition concrète de ce que serait le régime qui seul justifierait et accomplirait les aspirations des hommes.

Ce qui nous conduit à l'autre tentative de réinterprétation du marxisme, à savoir celle d'Althusser. Elle se situe à l'extrême opposé de la tentative de Sartre et de Merleau-Ponty : alors que ces derniers veulent que le marxisme soit un humanisme — tout au moins le voulaient-ils il y a une vingtaine d'années —, le *motto*, la formule que l'on pourrait mettre en épigraphe des textes althussériens serait : « Le marxisme n'est pas un humanisme. » Je vais donc essayer, non pas de vous exposer en détail l'interprétation d'Althusser, mais de vous montrer comment elle représente l'acte opposé à celui de Sartre et de Merleau-Ponty, sans toutefois revenir au marxisme scientifique ou scientiste de la tradition de la deuxième Internationale.

Quelles sont les caractéristiques de cette interprétation ? On pourrait les résumer de la manière suivante : le marxisme est une science de l'histoire, science qui procède à l'objectivation de la matière historique, mais sans reprendre les procédés des sciences de la nature et en particulier de la biologie, et qui, tout en faisant de l'objet historique ou de l'objet-histoire un objet scientifique, ne parvient pas à des lois du devenir historique.

Le schéma marxiste retrouvé par les existentialistes est le schéma de Hegel simplifié et vulgarisé : la conscience s'extériorise, s'aliène et, au terme de l'histoire, se retrouvera elle-même. La conscience s'objective dans les réalités, les institutions, les œuvres. Les objectivations sont des aliénations, et la conscience cessera d'être aliénée ou bien, comme dans la philosophie de Hegel, quand elle aura pensé la totalité de l'histoire, ou bien, comme chez les existentialistes, lorsque les consciences seront les unes avec les autres dans des relations de liberté.

Althusser, lui, veut avant tout s'opposer à la version hégélianisée de Marx. Son idée essentielle est qu'il existe depuis 1845 une coupure dans la pensée philosophique de Marx : Marx serait passé vers 1845 environ du schéma hégélien — qui entraîne ce qu'Althusser appelle l'« historicisme », l'« évolutionnisme » et l'« humanisme » — à une tout autre philosophie qu'il entend résumer par la formule : « science de l'histoire ».

Pour essayer d'être clair, je vais définir brièvement les trois termes d'*évolutionnisme*, d'*historicisme*, et d'*humanisme* qui sont pour ainsi dire les objets privilégiés de la critique althussérienne :

1. L'*évolutionnisme*, c'est la représentation du devenir historique comme obéissant à des lois comparables aux lois des sciences de la nature, et en particulier aux lois qui ont commandé le devenir des espèces vivantes ; serait *évolutionniste* la philosophie qui présenterait la succession des sociétés et des régimes économico-sociaux comme ressemblant au devenir des espèces naturelles. Les lois qui commanderaient le passage d'un régime à l'autre seraient comparables à des lois naturelles, ce qui n'interdirait pas la prise de conscience de la réalité historique, mais autoriserait à penser le devenir historique comme objectivable et objectivé, comme soumis à un déterminisme comparable au déterminisme des choses ou des êtres.

2. Althusser est *anti-historiciste*, l'historicisme étant défini, me semble-t-il, de deux manières : c'est, d'une part, l'affirmation de la diversité radicale des concepts et des

lois selon les différents régimes économiques et sociaux, et, d'autre part, la doctrine selon laquelle la pensée et les concepts seraient déterminés par la réalité historique. Selon cette dernière acception, il s'agirait de la détermination intégrale de notre façon de penser par le milieu historique dans lequel nous vivons.

3. Enfin, l'*humanisme* qu'Althusser refuse dans le marxisme est celui qui se trouve exprimé aussi bien chez Merleau-Ponty que chez Sartre. Le marxisme peut apparaître comme un humanisme à un double égard : en tant qu'il définirait la réalité historique comme constituée par les expériences vécues, les pensées et les actes des hommes ; et dans la mesure où le sens même du devenir historique serait de conduire à la maîtrise de l'homme sur lui-même, à la réalisation de l'essence de l'homme, ou, selon l'expression de Merleau-Ponty, à « l'intersubjectivité authentique », ou encore, selon une formule sartrienne, à la reconnaissance de l'homme par l'homme. En d'autres termes, l'histoire constituerait essentiellement l'avènement de l'humanité à travers le temps.

Or Althusser refuse simultanément l'évolutionnisme, l'historicisme et l'humanisme. Refusant ces trois termes, ou ces trois façons de penser le marxisme, qui sont courantes chez la plupart des interprètes de Marx, et ne voulant pas revenir au scientisme de la deuxième Internationale, il recourt à une version nouvelle de la scientificité empruntée pour une part à l'économie politique de Marx, pour une part à la théorie des systèmes, et enfin à l'épistémologie de Bachelard.

L'interprétation existentialiste du marxisme peut être dite *empirico-subjective* : *subjective*, en ce sens que c'est chacun de nous qui interprète l'histoire en fonction de la situation dans laquelle il se trouve ; *empirique*, en ce sens que l'historien, même savant, est sur le même plan et au même niveau que l'objet qu'il étudie, de telle sorte que le sujet de la connaissance est en même temps le sujet de l'action. Il y a ainsi homogénéité entre l'homme acteur de l'histoire et l'homme qui essaie de la connaître et qui, sur le plan empirique, tente de dégager du chaos des idées et des actions en face desquelles il se trouve un sens ou une direction qui lui permettent d'embrasser l'ensemble du devenir.

Althusser, lui, veut établir une différence radicale entre la perception de l'histoire que chacun de nous peut avoir en tant que sujet situé, et la connaissance de l'histoire. L'histoire est considérée comme un objet scientifique à construire de la même façon que le physicien construit l'objet de la physique, ou que le biologiste construit l'objet de la biologie : tout comme le physicien en construisant les atomes et les électrons, ou comme le biologiste en retrouvant les chromosomes et les gènes, l'historien doit substituer à la réalité perçue un objet scientifique qui diffère en nature de l'expérience empirique immédiate que nous avons du monde extérieur.

Cette conception de la scientificité est un des thèmes de la philosophie de Bachelard. Ce dernier a écrit quelque part que le point de départ de la science n'est pas l'ignorance mais l'erreur[52]. Par cette magnifique formule, il entendait signifier ceci : nous ne partons pas d'un monde qui nous est donné tel quel, et ce n'est pas à partir de ce monde empiriquement connu que nous édifions la science. Les alchimistes, dit-il encore quelque part, ont trop aimé la nature ; les objets ne sont en soi ni lourds ni légers, ils ne sont ni chauds ni froids ; entre le monde de la physique et le monde matériel vécu, il y a une différence de nature[53]. En d'autres termes, la science consiste à substituer aux objets de la perception vulgaire ou de l'expérience immédiate des entités qui sont différentes en nature des concepts par lesquels la connaissance empirique arrive à coordonner, vaille que vaille, le monde dans lequel nous sommes.

Ce qu'Althusser veut faire — le problème de savoir s'il réussit ou non est une autre question —, c'est concevoir une science de l'histoire qui serait, par rapport à la perception que nous avons tous de l'histoire, ce qu'est la physique ou l'objet de la physique par rapport au monde de sensations dans lequel nous vivons de manière immédiate. Le texte dont Althusser se sert de préférence est emprunté à l'*Introduction générale à la Critique de l'économie politique*[54]. C'est une esquisse de ce qui est devenu ensuite le *Capital*, non pas seulement du premier tome, le seul publié par Marx de son vivant, mais des trois volumes du *Capital*, y compris les deux derniers publiés par Engels après la mort de Marx. Ce texte de 1857-1858 est magnifique. A certains égards, je le préfère au *Capital*, bien que ce jugement soit probablement injuste. Il m'est arrivé de comparer l'*Introduction générale à la Critique de l'économie politique (Die Grundrisse der Kritik der politischen Ökonomie)* à ce qu'est *Jean Santeuil* par rapport au *Temps retrouvé* ou à l'ensemble de *La Recherche du temps perdu*, mais la comparaison ne vaut que partiellement[55] : les *Grundrisse* sont l'esquisse du *Capital* dans le jaillissement du génie, mais sans la forme conceptuelle rigoureuse. Si le premier volume du *Capital* a dans l'expression conceptuelle plus de rigueur et aussi plus de longueur, tous les thèmes en sont toutefois présents dans les *Grundrisse*, même s'ils sont formulés dans un langage à beaucoup d'égards différent. Le langage du texte de 1857-1858 est encore, dans une large mesure, hégélien ; ce qui prouve que la coupure épistémologique qu'Althusser situe en 1845 n'a jamais existé au sens biographique que dans sa propre imagination. Il y a certes des différences entre le Marx hégélien et le Marx de la maturité, mais la coupure radicale n'a jamais existé : les thèmes hégéliens se retrouvent dans les textes de maturité, dans les *Grundrisse*, dans la critique de la marchandise fétiche, au premier volume du *Capital*. Mais peu importe l'interprétation de Marx lui-même : ce qui m'intéresse, c'est la conception althussérienne de la réinterprétation du *Capital*.

Voici le texte qui va le plus dans le sens de ce

qu'Althusser considère comme « le vrai Marx » : « Il est apparemment de bonne méthode de commencer par le réel et le concret, la supposition véritable ; donc, dans l'économie, par la population qui est la base et le sujet de l'acte social de la production dans son ensemble. Toutefois, à y regarder de près, cette méthode est fausse. La population est une abstraction si je laisse de côté, par exemple, les classes dont elle se compose. Ces classes sont à leur tour un mot vide de sens, si j'ignore les éléments sur lesquels elles reposent, par exemple le travail salarié, le capital, etc. Ceux-ci supposent l'échange, la division du travail, le prix, etc. Si donc je commençais par la population, je me ferais une représentation chaotique de l'ensemble ; puis, par une détermination plus précise, en procédant par analyse, j'aboutirais à des concepts de plus en plus simples ; ce point atteint, il faudrait faire le voyage à rebours, et j'aboutirais de nouveau à la population. Cette fois, je n'aurais pas sous les yeux un amas chaotique, mais un tout riche en déterminations, et en rapports complexes. Historiquement, c'est le premier chemin suivi par l'économie naissante. Les économistes du XVIIIe siècle, par exemple, commencent toujours par l'ensemble vivant, la population, la nation, l'État, plusieurs États, etc. ; mais ils finissent toujours par découvrir, au moyen de l'analyse, un certain nombre de rapports généraux abstraits, qui sont déterminants, tels que la division du travail, l'argent, la valeur, etc. Dès que ces moments particuliers ont été plus ou moins fixés et abstraits, on a vu surgir les systèmes économiques qui s'élèvent du simple, tels que travail, division du travail, besoin, valeur d'échange, jusqu'à l'État, l'échange entre les nations et le marché mondial. Cette dernière méthode est manifestement la méthode scientifiquement exacte. Le concret est concret, parce qu'il est la synthèse de nombreuses déterminations, donc unité de la diversité[56]. »

Tel est le texte fondamental à partir duquel on peut

comprendre l'interprétation d'Althusser : pour élaborer une science de l'économie ou de l'histoire, il ne faut pas partir de la réalité concrète telle que nous la saisissons dans la connaissance vulgaire du premier genre, comme aurait dit Spinoza. Pour penser le concret, il faut partir de l'abstrait. Pour comprendre scientifiquement l'histoire concrète, un régime économico-social concret, il faut repartir des concepts les plus abstraits tels que ceux de valeur, travail, prix, plus-value, et c'est à partir de tels concepts que la reconstruction d'un régime économique et, finalement, de la réalité concrète, devient scientifiquement possible.

Vous voyez que, par là, la démarche philosophique qui commande l'interprétation althussérienne est exactement opposée à celle des existentialistes ou même à celle de la tradition herméneutique. Les existentialistes partent de l'expérience vécue, et ils essaient de retrouver la totalité et le sens à partir de la pluralité des expériences vécues. Althusser, qui veut édifier une science de l'histoire, ne prend pas pour point de départ la pluralité des expériences vécues et la connaissance vulgaire de l'histoire, mais entend partir des concepts abstraits à l'aide desquels il devient possible de reconstruire et de retrouver le concret, c'est-à-dire, comme dans toute bonne philosophie hégélienne, la totalité. La totalité, chez Sartre et chez Merleau-Ponty, ne peut résulter que du décret empirique et praxéologique, une perspective et une action portent en soi le sens du tout, et l'on ne peut donc passer de la pluralité des expériences à la vérité de la totalité que par un décret de l'homme d'action ; en revanche, Althusser, s'il a raison et s'il parvient à cette science de l'histoire, retrouve l'ensemble à partir de l'abstrait et le retrouve, cette fois, scientifiquement élaboré, scientifiquement compris, devenu un objet scientifique et non pas du tout simplement une pseudo-totalité résultant du privilège accordé à une perspective historique par rapport aux autres.

Si l'on admet que cette sorte de reconstruction conceptuelle de l'histoire constitue la théorie ou la science marxiste de l'histoire, il devient vrai qu'il y a une coupure radicale dans l'évolution intellectuelle de Marx entre le marxisme hégélianisé de sa jeunesse ou des existentialistes, et le « vrai marxisme » tel que le conçoit Althusser, c'est-à-dire le marxisme comme « science de l'histoire ». Dans cette perspective scientifique, le marxisme hégélianisé devient typiquement une idéologie : il devient une version préscientifique du devenir historique.

Encore une fois, au point de vue de l'interprétation de Marx lui-même, il est incontestable que la coupure qu'Althusser s'efforce de penser, Marx ne l'a jamais conçue totalement ; il est manifeste qu'il n'y a jamais eu de contradiction entre la science des régimes économiques et sociaux d'une part, et, d'autre part, la prise de conscience de la réalité historique par le prolétariat ou par les savants, ainsi que l'action grâce à laquelle les hommes se réconcilient avec leur milieu : le marxisme de Marx ne fait pas le choix entre le marxisme hégélianisé et le marxisme objectivé d'Althusser. Jusqu'au bout, il y a ces deux tendances dans la pensée et dans le texte de Marx, et, par exemple, dans la critique de la marchandise fétiche, on retrouve le thème hégélien selon lequel les hommes sont aliénés par le fait que les relations entre eux sont devenues impossibles, que les relations des hommes sont médiatisées par les choses, et que l'homme retrouvera le contact avec son semblable dans la mesure seulement où la médiatisation des choses sera éliminée et où le contact, la relation, l'échange seront directs entre l'homme et l'homme.

Mais, encore une fois, laissons de côté le marxisme de Marx lui-même, et posons à propos du marxisme objectivé la même question qu'à propos du marxisme existentialisé : que peut-on retrouver par l'intermédiaire de cette réinterprétation ? On peut d'abord, à coup sûr, éliminer l'évolutionnisme : dans le marxisme althussérien, chaque régime économique et social constitue un objet scientifique, une totalité pensée dont le propre est de se reproduire soi-même. Il n'y a donc pas d'évolutionnisme au sens des lois de succession des différents régimes économiques et sociaux les uns à la suite des autres.

Cette élimination de l'évolutionnisme s'opère par le procédé suivant : il y a dans Marx une idée banale qui se trouve exprimée à plusieurs reprises, celle de la contradiction entre les forces productives et les rapports de production, dont l'une des interprétations les plus courantes est que cette contradiction est une des causes majeures de la rupture révolutionnaire qui fera passer d'un régime à l'autre. L'accumulation des moyens de production, le développement des forces productives donnent en effet sa direction au cours de l'histoire, et, à partir d'un certain moment, pour reprendre les expressions de Marx, les rapports de production, la distribution des revenus ou la nature de la propriété, constituent un frein et ne permettent plus aux forces productives de continuer à se développer. A partir de ce moment, on entre dans une période révolutionnaire, et le développement des forces productives fera sauter le frein que les rapports de production lui opposent ; apparaîtra ainsi un régime nouveau.

Pour éliminer cette version évolutionniste du marxisme (l'interprétation des lois du devenir historique en fonction de la contradiction entre les forces et les rapports de production), Althusser et les althussériens trouvent une formule tout à fait satisfaisante pour l'esprit, mais tout à fait dénuée de sens. Ils présentent la loi de la correspondance entre les forces et les rapports de production sous la forme d'une loi de correspondance ou de non-correspondance entre les forces et les rapports de production. Or il va de soi qu'à partir du moment où forces et rapports de production peuvent se correspondre ou ne pas se correspondre, nous n'avons plus affaire à une loi, mais à une proposition radicalement dénuée de sens. A partir de ce moment-là, le danger d'un évolutionnisme à propos de la contradiction entre forces et rapports de production disparaît, mais au prix d'une loi qui n'en est pas une et n'a évidemment aucune signification.

L'élimination de l'évolutionnisme présente pourtant un avantage subsidiaire, celui d'éviter l'objection banale selon laquelle le fait que la révolution ait eu lieu dans un pays où le capitalisme n'était pas pleinement développé est en contradiction avec les principes fondamentaux du marxisme. Il y a des textes où Marx avait envisagé lui-même que la révolution pût avoir lieu, non pas dans le pays industriellement le plus avancé, mais dans un pays en retard. Trotsky, et peut-être aussi Lénine, mais peu importe, avaient d'ailleurs inventé la formule du « maillon le plus faible de la chaîne ». Or, du fait que l'on élimine la version évolutionniste du marxisme, l'objection tirée du devenir historique tombe d'elle-même : le marxisme, dans cette réinterprétation, devient essentiellement la théorie de l'autoreproduction ou de la reproduction permanente du régime capitaliste, et non pas une théorie de son autodestruction. Sur ce point, il y a une différence fondamentale entre l'interprétation la plus couramment donnée du *Capital* par les marxistes, et l'interprétation althussérienne.

Les marxistes allemands avaient discuté indéfiniment du problème de l'autodestruction du capitalisme : la question était de savoir à partir de quel moment l'autoreproduction du régime capitaliste serait paralysée et, de ce fait, cesserait de fonctionner. Rosa Luxemburg avait inventé une théorie, d'ailleurs non acceptée par Lénine, selon laquelle le capitalisme avait besoin des pays coloniaux et des pays sous-développés pour fonctionner, parce que autrement il deviendrait incapable de réaliser la plus-value. Il y eut aussi un marxiste allemand, Grossmann, qui écrivit un gros livre, comme seuls les marxistes du temps jadis étaient capables d'en écrire, de 700 à 800 pages, où il étudia indéfiniment les modèles de reproduction du capital, et découvrit que si le capitalisme pouvait fonctionner pendant un certain nombre de circuits, quand on arrivait au dix-huitième ou au vingt-cinquième, cela ne fonctionnait plus du tout[57].

Tous ces problèmes disparaissent dans le marxisme althussérien, qui devient une théorie de l'autoreproduction permanente du capitalisme, ou encore une théorie scientifique de la synchronie et non pas de la diachronie. J'emploie les termes de « synchronie » et de « diachronie » parce qu'ils sont courants aujourd'hui dans le vocabulaire de la linguistique, et parce que si l'interprétation althussérienne emprunte à Bachelard l'idée de coupure épistémologique et de construction de l'objet scientifique, elle emprunte également à la linguistique de Saussure l'opposition entre la synchronie et la diachronie, entre l'étude du système et celle des lois de transformation. Si l'on combine l'idée de synchronie avec l'idée de système, on aboutit à ce qui est l'essentiel de l'interprétation althussérienne : tout régime économico-social constitue un système, au moins en ce sens faible que chacun des éléments à l'intérieur de ce système est en relation avec les autres éléments, et que si l'on se donne tous les éléments moins un, le dernier ne sera pas quelconque. Je m'exprime avec prudence parce que dans le marxisme synchronique d'Althusser il n'est pas indispensable que l'état d'un élément détermine avec rigueur l'état de tous les autres ; il importe seulement, mais il importe essentiellement, que la relation de ces éléments soit telle qu'elle ne soit pas quelconque, et que l'état déterminé d'un élément entraîne des conséquences pour les autres.

J'ajoute qu'Althusser veut aller plus loin que ce sens faible de la notion de système. Il reprend les principes du matérialisme historique et il attribue aux relations de production un rôle déterminant pour l'explication de la structure d'un système. Il introduit une distinction entre deux concepts qui ne se trouvent pas chez Marx, celui de « régime économique » et celui de « formation sociale », et, de manière à maintenir la primauté de l'élément économique, il introduit, pour la reconstruction de toutes les formations sociales et de tous les régimes économiques, l'idée suivante : c'est l'économie ou les relations de production qui déterminent en dernière analyse quelle est, pour un régime déterminé, l'instance décisive[58]. Voici ce que veut dire Althusser : si vous considérez le régime féodal, ce régime a pour condition de fonctionnement la suprématie politico-militaire de la classe noble ; cette domination est indispensable pour que les possesseurs féodaux du sol puissent prélever sur les travailleurs la plus-value ; dans le cas d'un régime féodal, c'est donc l'instance politique qui est le facteur déterminant et qui permet le prélèvement de la plus-value par une minorité privilégiée. Mais pourquoi est-ce, dans le régime féodal, l'instance politique qui est déterminante ? Réponse : parce qu'en dernière analyse, c'est l'instance économique qui est déterminante. C'est en effet en raison du mode de production et du rapport entre les producteurs directs et la classe féodale que le prélèvement de la plus-value ne peut s'effectuer que par l'intermédiaire de la suprématie de la classe politique. Pour la même raison, en sens contraire, ce qui définit un régime capitaliste ou un régime moderne, c'est que le prélèvement de la plus-value, en raison de la nature de ce régime, s'opère directement dans le processus économique, sans passer par l'intermédiaire de l'instance politique. Ce qui donne la formule : l'instance économique est toujours en dernière analyse déterminante, puisque c'est elle qui détermine celle des instances qui, dans chaque formation sociale, joue le rôle majeur. On peut ainsi combiner la vieille idée traditionnelle du marxisme, à savoir le rôle déterminant joué par l'instance économique, et en même temps introduire la diversité des régimes économiques, la diversité des formations sociales, selon le rôle propre à chacune des instances dans les différents régimes.

A partir de cette théorie générale, Althusser emploie un

certain nombre de concepts à l'aide desquels il pense que l'on peut reconstruire, comme dans une combinatoire, les divers régimes économiques et sociaux, ou les différentes formations sociales. Les concepts fondamentaux qu'Althusser et ses élèves utilisent sont les suivants[59] :

1. le concept de travailleur ;

2. les moyens de production, qui se divisent en : *a)* objets de travail, et *b)* moyens de travail ;

3. les non-travailleurs, avec deux relations différentes : *a)* relations de propriété, et *b)* appropriation réelle. La distinction entre la relation de propriété et l'appropriation réelle est aisément intelligible : la relation de propriété est strictement juridique ; l'appropriation réelle, c'est la capacité effective de tel ou tel de prélever sur le travailleur immédiat ou sur le travailleur direct la plus-value.

Tels sont donc les concepts fondamentaux : travailleur, moyens de production, objets de travail, moyens de travail, non-travailleur, relations de propriété, appropriation réelle. La science de l'histoire, si elle était achevée, pourrait à l'aide de ces concepts fondamentaux reconstruire la structure propre de chacune des formations sociales ou de chacun des régimes économiques, et cela en fonction des relations que nouent les uns avec les autres ces cinq concepts fondamentaux, expression des cinq relations essentielles qui, à chaque moment de l'histoire, déterminent 1) la structure du mode de production, 2) l'organisation générale de la formation sociale.

DU MARXISME OBJECTIVÉ A L'ANALYSE

Je vous avais la semaine dernière exposé le marxisme objectivé d'Althusser, ou ce qu'il appelle « théorie de la science de l'histoire », ou encore « pratique théorique ». En effet, Althusser a tendance, pour réconcilier sa propre interprétation avec la lettre de l'interprétation orthodoxe, à employer les mots qui conviennent le mieux à cette tâche : au lieu de dire « théorie », il dit volontiers « pratique théorique », ce qui semble du même coup supprimer l'opposition entre la théorie et la pratique. Ce qu'en tout cas il appelle « science de l'histoire », c'est la considération théorique de la diversité des régimes économiques et sociaux tels que nous pouvons les observer à travers le devenir. Et le but de toute cette interprétation est, nous l'avons vu, de réfuter la conception historiciste et évolutionniste de Marx.

L'un des points qui me paraissent essentiels, et que j'ai commencé à élucider, c'est l'effort qu'Althusser accomplit afin de réconcilier l'idée fondamentale de la détermination en dernière instance de toutes les formations sociales par l'économie ou par les rapports de production, avec la diversité d'organisation des diverses instances selon les régimes. Pour parler son langage : chaque formation sociale ou chaque mode de production est défini par une articulation spécifique des différentes instances constitutives de tout mode de production, ou encore : il est possible de recomposer et de comprendre les différents modes de production à partir d'un petit nombre d'éléments dont les rapports varient selon le régime économico-social. Ces éléments fondamentaux, ce sont d'abord le travailleur, ensuite les moyens de production, les objets de travail et les moyens de travail, et enfin les relations de propriété et l'appropriation réelle. Pour donner un exemple plus concret de la portée de ces distinctions abstraites, il me suffit de reprendre ce qui constitue le thème fondamental de l'interprétation marxiste des différents modes de production, à savoir la distinction entre les deux processus de la transformation de la matière par le travail et de la mise en valeur économique du capital.

Il est absolument conforme à la lettre même du texte de Marx, du *Capital* et des autres textes, de distinguer ces deux processus. L'un des deux processus est le processus matériel : le travail transforme un certain objet, une certaine chose en une autre chose, et la production consiste à prendre des matières et à leur donner une forme donnée. Ce processus matériel de transformation est évidemment commun à tous les modes de production : si nous considérons l'économie moderne, il va de soi que le passage du capitalisme au socialisme ne supprimerait pas le processus matériel de transformation de la matière, qui existe aussi bien en régime socialiste qu'en régime capitaliste. Ce sur quoi porterait la transformation, selon le changement du mode de production, c'est sur le processus de mise en valeur du capital. La question, en termes marxistes ordinaires, est de savoir qui serait le profiteur de la plus-value, c'est-à-dire de l'écart entre la valeur produite par le travailleur et la valeur reçue par ce dernier sous forme de salaire. On peut toujours, conformément aux thèses marxistes, considérer que ce qui spécifie un mode de production déterminé, c'est le rapport qui existe entre le processus matériel et le processus de mise en valeur du capital. Mais qu'est-ce qui constitue l'originalité du mode de production capitaliste par rapport à d'autres modes de production ? C'est que ces deux processus sont confondus : le détenteur des moyens de production met le travailleur en rapport avec la matière afin qu'il la transforme, et, au terme de ce processus, survient un produit dans lequel se trouve incarnée la plus-value, c'est-à-dire le surplus de la valeur du produit par rapport à la valeur que représente le salaire. Il en résulte donc que, dans le cas du régime capitaliste, il n'y a pas de séparation physique ou temporelle entre les deux processus de transformation matérielle et de mise en valeur du capital. En revanche, si nous envisageons un régime féodal, le travailleur qui travaille sur le sol commence par produire la récolte et, ensuite, intervient le possesseur du sol, le noble ou le féodal, qui soustrait à la production réalisée une partie qui correspond à la plus-value. Il en résulte que dans un régime féodal l'instance qui est nécessaire à la répartition de la plus-value est l'instance politique. La théorie selon laquelle l'instance économique est en dernière analyse déterminante, mais que, dans chaque régime, il y a une instance qui paraît l'emporter, trouve ainsi une expression et une illustration claires : c'est parce qu'il y a un mode d'expression déterminé qui est le mode féodal que la politique intervient pour le prélèvement de la plus-value à un autre moment que celui qui correspond au processus de transformation matérielle ; et c'est en raison de la nature du mode de production capitaliste que ces deux processus sont confondus. Ce qui permet à Marx d'ajouter que le mode de production capitaliste est à la fois le dernier mode de production antagoniste, et celui qui dissimule de manière la plus parfaite le phénomène fondamental de la plus-value : dans un régime capitaliste le propriétaire des moyens de production loue la force de travail au prix de la force de travail, de telle sorte que tout paraît se passer conformément à l'égalité, à l'équité, à la légitimité. En fait, il continue à y avoir un processus de prélèvement de la plus-value par le détenteur des moyens de production, processus confondu avec le processus de transformation matérielle et qui est l'équivalent du prélèvement par le seigneur féodal d'une partie de la récolte ; mais comme ce prélèvement se fait au moment même du processus de transformation matérielle, il est beaucoup plus difficile à l'observateur qui n'est pas marxiste de comprendre l'essence du régime capitaliste défini précisément par la plus-value.

Voici un texte qui illustre ce que je viens de vous dire : « Dans des structures différentes, *l'économie est déterminante en ce qu'elle détermine celle des instances de la structure sociale qui occupe la place déterminante*[60]. » Pour employer le jargon : l'instance économique exerce en dernière instance une causalité structurale, et elle exerce sa causalité en ceci qu'elle détermine celle des instances qui, dans le régime considéré, exerce la causalité principale. Ce qui signifie que, dans un régime féodal, c'est en raison de l'organisation économique que la politique a l'air d'être déterminante ou est déterminante. Ou encore : « Dans le mode de production capitaliste, il y a coïncidence "dans le temps et dans l'espace" des deux procès » — le procès de transformation matérielle et de mise en valeur du capital —, « *ce qui est un caractère intrinsèque du mode de production* (de l'instance économique) ; cette coïncidence est elle-même l'effet de la forme de *combinaison* entre les facteurs du procès de production propre au mode de production capitaliste, c'est-à-dire de la forme des deux rapports de propriété et d'appropriation réelle. Alors les "formes transformées" correspondantes dans cette structure sociale, c'est-à-dire les formes du rapport entre les classes, sont *des formes directement économiques* (profit, rente, salaire, intérêt), ce qui implique notamment que, à ce niveau, *l'État n'y intervient pas.* » Dans ce cas, la propriété et l'appropriation coïncident, en ce sens que le propriétaire des moyens de production a la possibilité de s'approprier la plus-value par l'intermédiaire du procès économique propre. Cette coïncidence des deux procès permet la non-intervention de l'instance politique, de l'État, dans le prélèvement de la plus-value. En revanche, « dans le mode de production féodal, il y a *disjonction*, "dans le temps et dans l'espace", des deux procès, ce qui est toujours un caractère intrinsèque du mode de production (de l'instance économique) et un effet de la forme de combinaison qui lui est propre (le rapport de propriété y apparaît sous la forme double de la "possession" — "propriété"). Alors le surtravail ne serait pas extorqué sans raisons "extra-économiques", c'est-à-dire sans "Herrschafts- und Knechtschaftsverhältnis". Nous pouvons en conclure, avant même de les avoir analysées pour elles-mêmes, que les "formes transformées" dans le mode de production féodal seront, non des formes transformées de la base économique seule, mais du "Herrschafts- und Knechtschaftsverhältnis". *Non pas directement économiques, mais directement politiques et économiques, indissolublement.* »

Voilà expliqué aussi brièvement que possible ce qui me paraît être l'intention majeure d'Althusser en tant qu'il élabore une science de l'histoire. Cette science de l'histoire est une science soit des différents modes de production, soit des différentes formations sociales — chaque formation sociale étant caractérisée par l'articulation entre elles des différentes instances. La formule marxiste de la prédominance de l'instance économique se retrouve sous la forme suivante : c'est la nature de l'instance économique qui détermine l'intervention ou la non-intervention des autres instances, en particulier de l'instance politique, dans le jeu des rapports de production. Bien entendu, la condition d'une science de l'histoire ainsi définie est qu'il soit possible de délimiter d'une manière universellement valable les instances dont les articulations déterminent les différents modes de production ou formations sociales, et simultanément il faut que les articulations entre ces instances permettent de trouver ce qui se passe d'essentiel dans chacun de ces modes de production ou chacune de ces formations sociales. Je dis toujours : « formation sociale » et « mode de production », parce qu'Althusser distingue ces deux concepts. Mais si le concept de « mode de production » existe chez Marx, le concept de « formation sociale » n'y est pas, même si l'on peut certainement l'y ajouter ou l'imaginer. Le concept de « formation sociale », dans la pensée d'Althusser, si je la comprends exactement, consiste à essayer de réconcilier les formules générales du matérialisme historique avec des réalités plus complexes, en ajoutant qu'un mode de production ne détermine que l'organisation propre du procès économique dans son double caractère de transformation matérielle et de processus de mise en valeur du capital, et que la relation entre ce mode de production et les autres instances, en particulier l'instance politique, constitue ce qu'il appelle la « formation sociale ».

Le premier problème que pose cette interprétation, et qui a été posé avec une passion particulière par Jean-Paul Sartre, est celui de savoir que devient la *praxis*, l'action ou la révolution, dans une telle interprétation du marxisme objectivé où chaque formation sociale ou mode de production paraît caractérisé non pas seulement par une articulation spécifique des diverses instances, mais par une capacité indéfinie d'autoreproduction. Bien entendu, je vous l'ai indiqué, on peut atténuer la disparition relative de la *praxis* en utilisant le terme « pratique » pour désigner toutes les activités : il suffit de dire que la science est la « pratique scientifique », que la théorie des formations sociales est une « pratique théorique », et il semble que l'on revienne à l'identification de la théorie et de la pratique. En fait, il y a chez Althusser, de manière relativement explicite, une théorie de la révolution, mais c'est une théorie de la révolution qui est différente de la théorie classique du marxisme, ou tout au moins qui est une des interprétations possibles de la théorie du marxisme.

L'idée la plus courante, au moins avant 1917, c'était que la révolution, sans être intégralement déterminée par les contradictions du mode de production, dérivait, à un moment difficile à déterminer, des contradictions du mode de production. Or, en fonction de la conception althussérienne de l'analyse synchronique du mode de production et de sa capacité d'autoreproduction, on ne peut pas faire sortir la révolution des contradictions du régime : sinon, on retomberait en effet dans ce qu'Althusser veut éviter, c'est-à-dire une théorie évolutionniste et historiciste. La révolution surviendrait à un moment où les contradictions internes au régime capitaliste atteindraient un point de rupture, et du coup nous serions de nouveau dans la philosophie évolutionniste et historiciste qui a été couramment celle de Marx, mais qu'Althusser veut éviter pour des raisons philosophiques ou politiques qui lui sont propres. C'est pourquoi il introduit une autre conception de la révolution en utilisant un concept qui est également à la mode aujourd'hui, et qui dérive de la psychanalyse, c'est-à-dire le concept de « surdétermination »[61].

La révolution est « surdéterminée » : cela signifie qu'elle ne peut pas être expliquée, parce qu'elle n'est pas déterminée par une contradiction unique, par un état précis des forces de production ou de la contradiction entre les forces et les rapports de production. La révolution est « surdéterminée » en ce sens qu'elle surgit à un moment où il y a une crise générale de la formation sociale, cette crise générale de la formation sociale pouvant être tout aussi bien une crise de l'État, une crise du régime politique ou une guerre. L'avantage de cette théorie d'une « surdétermination » de la révolution est qu'elle est évidemment compatible avec n'importe quel devenir historique. A partir du moment où l'on dit que la révolution est « surdéterminée », et qu'elle peut avoir pour origine aussi bien une perte de confiance dans le régime politique que la prolongation de la guerre, la transformation des manières de penser, ou encore le côté anachronique du régime existant — et c'est une allusion à tout ce qui existait effectivement en Union soviétique —, il n'y a aucune difficulté à réconcilier la révolution, lorsqu'elle arrive réellement, avec une telle théorie générale de la révolution. La « surdétermination » de la révolution signifie que l'on ne peut pas la prévoir à partir d'une instance unique, ni à partir d'une contradiction spécifique entre forces et rapports de production, mais que la révolution — ce qui d'ailleurs me paraît conforme au bon sens et à l'expérience — surgit dans une conjoncture complexe où un ensemble de facteurs conspirent à créer une situation dans laquelle les gouvernants n'osent plus commander et les gouvernés refusent d'obéir, pour reprendre une citation célèbre, quelque peu modifiée, de Lénine lui-même.

La deuxième modification que la théorie générale d'Althusser introduit concerne l'idéologie. Je vais m'attarder un instant sur ce problème. Bien entendu, il n'est pas question, à l'occasion d'Althusser, de reprendre l'ensemble de la problématique de l'idéologie, qui est extraordinairement complexe, mais je vais m'efforcer d'en indiquer certains éléments qui me paraissent essentiels.

Partons de l'idée banale qui se trouve dans tous les exposés du marxisme, à savoir l'opposition entre les idéologies et la science. Le marxisme est le socialisme scientifique, ou, comme je dis, le marxisme est ou se veut être une théorie scientifique du capitalisme. En quoi la science se différencie-t-elle de l'idéologie ? Ou encore : par quels traits peut-on définir l'idéologie pour l'opposer à la science ?

Je crois, en simplifiant, qu'il y a trois démarches par lesquelles on peut mettre en lumière le caractère spécifique de l'idéologie : ou bien on définira l'idéologie par ses effets, son efficacité, par l'action qu'elle exercera ou qu'on veut qu'elle exerce, ou bien on la définira par ses origines ou par ses causes, ou bien encore par sa structure intrinsèque. Il se peut que cette énumération des trois définitions — par les effets, les causes ou la structure intrinsèque — soit exhaustive, mais je n'en suis pas sûr.

Si l'on définit l'idéologie par les effets, les implications, les conséquences ou l'efficacité, on dira qu'une doctrine est idéologique dans la mesure où elle sert soit à la justification d'un régime existant ou destiné à exister, soit à la condamnation de ce régime. En d'autres termes, l'idéologie est une idée efficace dans la lutte des partis, dans le combat social, et qui exalte les uns, condamne les autres. Cette définition de l'idéologie par l'effet, les conséquences ou l'efficacité est parfaitement possible, mais elle ne permet pas d'établir une distinction valable entre les idées marxistes et les idées libérales. Il est incontestable que les théories les plus abstraites de l'équilibre économique peuvent être utilisées pour justifier un régime capitaliste, et en ce sens on pourrait dire que l'utilisation de l'équilibre walrassien ou parétien dans la lutte des partis est un usage idéologique d'une théorie économique. Mais, de la même manière, l'utilisation de la théorie de la plus-value de Marx est un usage idéologique qui, au lieu de vouloir justifier le régime capitaliste comme le fait l'équilibre walrassien ou parétien, équivaut à le condamner. Par conséquent, dans la mesure où l'on se réfère à l'effet des idées, il est extraordinairement difficile d'établir une distinction rigide entre idée, idéologie, science, car rien n'empêche que des idées vraies aient une efficacité dans la bataille des partis. La volonté de différencier idéologie et science simplement par leurs implications ne peut donc pas réussir, puisque toute idée, vraie ou fausse, sert les uns ou dessert les autres, au moins lorsqu'il s'agit d'idées qui portent sur la réalité sociale elle-même.

Selon la deuxième définition, l'idéologie serait l'idée qui résulte du milieu social, et l'on se réfère alors à la formule marxiste que j'ai déjà citée : « Ce n'est pas l'idée qui détermine la réalité, c'est l'être social qui détermine la conscience. » Là encore, la définition de l'idéologie par ses origines ou par le milieu qui la détermine ne permet pas d'arriver à une distinction satisfaisante entre le marxisme en tant que science et les idées des autres en tant qu'idéologie. En effet, si la formule a un caractère général, elle s'applique au marxisme lui-même : si c'est toujours l'être social qui détermine l'idée, l'idée marxiste, comme les autres, est déterminée par l'être social. Si l'on part de la proposition que toutes les idées sont déterminées par l'être social, il n'y a pas de différence à cet égard entre les idées marxistes et les autres. Par conséquent, si l'on veut obtenir une différenciation valide entre le marxisme en tant que science et vérité et les idées concurrentes en tant qu'idéologie, il faut dire que l'origine sociale des idées ne détermine pas leur vérité ou leur fausseté — en ce cas cette proposition s'applique également aux idées concurrentes, et certaines des idées déterminées socialement peuvent être valables comme d'autres pas. Si, au contraire, la détermination sociale de l'idée a pour résultat qu'il ne peut y avoir que des perspectives et qu'une vue objective de la réalité est impossible, ce qui est la formule du relativisme intégral de Mannheim dans *Idéologie et Utopie*[62], on arrive à une double difficulté : d'une part, il n'y a plus que des idéologies ; d'autre part et par-dessus le marché, cette théorie se contredit elle-même selon le principe élémentaire de la logique : elle pose qu'il ne peut pas y avoir d'idées vraies, et, simultanément, elle affirme la vérité de la proposition en vertu de laquelle il ne peut pas y avoir d'idées vraies. C'est la contradiction élémentaire dans laquelle s'empêtre de toute évidence le relativisme ou le perspectivisme intégral de Mannheim, lorsqu'il aboutit à cette formule qu'il n'y a qu'une seule vérité universelle, à savoir qu'il ne peut pas y en avoir. C'est là une réfutation aussi banale que celle du scepticisme.

D'où la troisième manière de définir l'idéologie, qui est la seule possible en profondeur, du moins dans le cadre du marxisme, si l'on veut maintenir la distinction entre la science et l'idéologie. A coup sûr, le marxisme d'Althusser est un de ceux qui donnent la solution la plus satisfaisante du problème posé par la distinction entre science et idéologie à l'intérieur du marxisme. La démarche qu'il entreprend est relativement simple : elle consiste à affirmer, pour commencer, que dans toutes les formations sociales il y a une instance dite idéologique, de la même façon qu'il y a une instance économique ou une instance politique. L'instance idéologique, c'est l'ensemble des idées destinées à agir sur l'esprit des hommes, à consolider, justifier le régime existant, ou à le critiquer, le condamner au nom d'un autre régime. Toutes ces idées liées au combat politique sont en profondeur des idées-instruments, des idées-armes du combat politique, ce qui amène Althusser à dire que dans le régime socialiste réalisé, en particulier en Union soviétique, l'idéologie en tant que telle n'a pas disparu. Dans la conception althussérienne, l'interprétation évolutionniste ou historiciste de Marx est en effet elle-même une idéologie destinée à convaincre les hommes des sociétés capitalistes ou socialistes que l'histoire se déroule selon un certain rythme, qu'il y a un devenir historique, etc.

En revanche, la science de l'histoire, c'est-à-dire la combinatoire des instances ou des éléments dont les articulations diverses caractérisent les différents modes de production, se distingue intrinsèquement de ces idéologies à vocation de persuasion ou de conviction. Althusser parvient donc, grâce à son marxisme objectivé ou structuralisé, à une distinction radicale ou apparemment radicale entre la théorie ou la pratique théorique du régime capitaliste — la théorie du mode de production, la confusion spatiale et temporelle des deux processus de transformation matérielle et de mise en valeur du capital, la théorie de la plus-value, la théorie des instances et de leurs relations à l'intérieur du régime capitaliste —, et l'humanisme, l'évolutionnisme, bref les versions non althussériennes du marxisme, qui deviennent d'un coup des idéologies à usage soit du grand public, soit des normaliens, des intellectuels ou des non-marxistes.

Cette distinction de l'idéologie et de la science à l'intérieur du marxisme structuralisé est au fond assez proche de ce que pensait Marx lui-même, avec cette réserve que Marx n'a pas analysé en détail le problème. Sans entrer dans une discussion qui ne mènera pas très loin, je dirai que Marx n'a jamais douté de la vérité scientifique ; il n'a jamais douté un instant qu'il y eût des idées vraies scientifiquement, vraies pour tous les hommes, quelle que fût leur position de classe. Il n'a jamais été mannheimien, si je puis dire ; il n'a jamais été, à l'avance, ni disciple de Mannheim, ni de Lukács. Il n'a jamais cru, comme l'écrit mon ami Isaiah Berlin, que nous sommes tous condamnés à voir la réalité historique chacun de notre point de vue et qu'il n'y a pas de point de vue supérieur à la diversité de ces points de vue, tous commandés par la position que nous occupons soit dans le champ social, soit dans le devenir historique[63]. Marx a vécu une époque où l'on croyait à la science. Il a cru au darwinisme, il a cru à la science économique, et il était convaincu que la science du capitalisme telle qu'il l'a développée était une vérité scientifique. Et s'il accusait les économistes anglais, en particulier les disciples vulgaires de Ricardo comme Stuart Mill qu'il poursuivait avec une grande passion, d'être des idéologues et non des savants, c'est simplement en ce sens qu'il considérait 1) que leur interprétation du capitalisme était fausse et que la sienne était vraie, 2) que les économistes ne voyaient pas la vérité du capitalisme en raison de la place qu'ils occupaient dans l'économie et dans la société, et en raison des intérêts qu'ils avaient à ne pas voir cette vérité. Il ne doutait pas cependant qu'un individu né bourgeois et vivant bourgeoisement fût capable de saisir la vérité du capitalisme. En d'autres termes, il n'était pas mannheimien et ne s'enfermait pas dans la contradiction consistant à dire que toutes les vues sont partielles, sauf celle qui affirme qu'il n'y a que des vues partielles. Marx était, à mon avis, beaucoup plus scientifique et bien meilleur philosophe, et en ce sens Althusser, jusqu'à un certain point, retrouve la conception majeure de Marx en ce qui concerne les rapports de l'idéologie et de la science, avec la réserve que Marx n'a jamais établi une distinction radicale, comme le fait Althusser, entre les lois synchroniques du fonctionnement du régime capitaliste et les lois diachroniques du devenir du régime capitaliste à un autre. On peut, si l'on veut, dire, à partir des textes, qu'il aurait dû établir cette distinction, mais il ne l'a jamais établie, et la meilleure preuve en est, dans la Préface à la deuxième édition du *Capital*, la citation de l'économiste russe où ce dernier parle des lois du devenir. Il n'y avait pas de raison d'ailleurs que Marx ne crût pas à des lois du devenir historique, puisqu'il était à cette époque, dans la deuxième partie de sa vie, profondément influencé par le darwinisme, et qu'il croyait qu'il pouvait y avoir des lois du devenir historique plus ou moins comparables à celles du devenir biologique.

J'ajoute que la solution althussérienne du problème posé par la distinction entre science et idéologie diffère de celle donnée par Lukács ou Sartre, et est à mon avis, avec la réserve que je viens de faire, au fond plus proche de la pensée véritable de Marx. Chez Lukács, la solution du problème consiste à dire que la vision de la société et de son devenir par le prolétariat est la seule vraie parce que le prolétariat voit l'avenir et qu'étant conscient des contradictions du régime capitaliste, il connaît le régime qui lui succédera. En ce sens, la vision prolétarienne du devenir historique est une vision englobante, et pour ainsi dire totale, par rapport à la vision partielle des bourgeois. Il y a comme une opposition entre la vue partielle et limitée des bourgeois s'accrochant au régime tel qu'il est, et la vue supérieure des prolétaires et de leurs interprètes qui voient le capitalisme dans le devenir et par conséquent décèlent en lui le caractère contradictoire qui le mènera au régime suivant.

Chez Sartre, la distinction est encore plus difficile, parce que, comme toute vue de l'histoire est intrinsèquement liée à la situation de celui qui la voit, comme cette vue de l'histoire est partie d'un projet liée à une conscience, et ensuite comme, chez le Sartre de la *Critique de la raison dialectique*, il n'y a finalement que des consciences individuelles, la question se pose de savoir pourquoi la perception de l'histoire liée au projet révolutionnaire est, en tant que telle, vraie par rapport aux perceptions non révolutionnaires. Sartre en donne toutes sortes de raisons et il n'y en a pas une que l'on ne puisse trouver chez lui. Si toutes les vues de l'histoire sont purement et simplement des projets individuels, il y en aurait un parmi eux qui serait en tant que tel la vérité ou la science, cependant que les autres seraient des idéologies. Il y a bien l'idée de totalisation, mais comme nous totalisons tous et que l'essence de la dialectique sartrienne réside dans le fait que si autrui me « totalise » dans sa perception du monde, je le « totalise » à mon tour dans la mienne, le problème reste toujours le même de savoir comment, dans ce jeu de miroir des consciences où chacune objective et totalise l'autre, une conscience serait par essence détentrice de la perception privilégiée.

En d'autres termes, le marxisme structuralisé d'Althusser me paraît à cet égard un retour à certains des thèmes fondamentaux du marxisme, cela contre l'interprétation hégélianisante ou existentialisante qui a été à la mode en France dans les années 45-60. La mode, dans les années 60 et 70, a été structuralisante ; je ne sais pas ce qu'elle sera dans les années suivantes, mais tout ce que l'on peut dire, c'est que Sartre d'un côté, Althusser de l'autre, représentent, si on considère leurs démarches dans leur signification philosophique, les deux versions extrêmes de l'interprétation du marxisme. On ne peut en effet aller plus loin dans la combinaison de l'existentialisme et de l'individualisme avec le marxisme que ne l'a fait **Sartre**, de même qu'on ne peut aller plus loin qu'Althusser dans une réinterprétation du marxisme éliminant l'humanisme, l'évolutionnisme et l'historicisme : chacun des deux, comme il convient à de bons philosophes français, a été jusqu'au bout d'une des deux interprétations possibles. J'ajouterai, pour terminer, que le marxisme d'Althusser comme celui de Sartre apparaîtraient aux analystes dont je vais commencer à parler ne pas viser la connaissance historique au sens courant et ordinaire du terme, mais plutôt consister en une réinterprétation métascientifique d'une philosophie spéculative de l'histoire.

Avant de passer au thème suivant, à savoir la définition de ce que l'on appelle « connaissance historique » ou « science historique » selon l'herméneutique d'une part, selon les analystes de l'autre, je voudrais conclure cette séquence par quelques remarques rapides sur les caractéristiques de la science de l'histoire telle que la conçoit Althusser.

1. Il s'agit bien davantage de ce qu'on appelle une sociologie que d'une histoire, c'est-à-dire d'une théorie des modes de production ou à la rigueur des formations sociales. Les modes de production et les formations sociales sont pour ainsi dire projetés par hypothèse sur le présent ou dans le présent, avec un effort pour élaborer les instances décisives et les relations entre ces instances ; il s'agit donc de saisir le mode de fonctionnement de chaque mode de production, et non pas de dégager les lois du devenir.

2. D'autre part, il s'agit de savoir ce que l'on peut tirer des éléments retenus, et si ces éléments suffisent à définir un mode de production ou une formation sociale.

3. Il manque à ce qu'Althusser appelle « science de l'histoire » ce que l'on entend d'ordinaire sous ce nom : la connaissance historique, telle que la pratiquent les historiens, comporte rarement une combinatoire à l'aide de laquelle on reconstruit les différents modes de produc-

tion. Il s'agit chez Altusser d'une science théorique de l'histoire, mais je dirais plutôt que c'est une science *possible* de l'histoire, mais non existante pour l'instant. En allemand, je dirais : « eine Grundlegung zu einer möglichen Theorie der historischen Wissenschaft, die noch nicht existiert », et en français : fondement théorique d'une science possible de l'histoire qui n'existe pas encore.

La connaissance historique telle que l'historien la pratique consiste à reconstituer ce qui s'est passé, et cela en deux sens : d'une part, il essaie de reconstituer ce que j'appellerais, sans le définir pour l'instant, les événements : les batailles, les dynasties, les rois, les crimes, les exploits, etc., et ensuite il tente de reconstituer et de comprendre les expériences vécues, ou encore : il tâche de reconstituer simultanément les institutions, les événements et la façon dont les hommes ont vécu ces institutions, ces événements. Si vous faites l'histoire de la guerre de 1914 à la manière dont tous les historiens la font, vous obtiendrez un récit des événements entrecoupé de l'interprétation des intentions des acteurs, de la compréhension de ceux qui ont agi et souffert de ces événements. Je pense que, d'après Althusser, ce genre d'histoire, l'histoire-récit, n'est pas une science, et je crois qu'il a probablement raison si l'on entend par là que l'histoire-récit n'est pas une science comme la physique. Mais je vais traiter tout de même dans une large mesure de cette sorte de connaissance historique parce que l'histoire doit bien avoir quelque relation avec ce que font les historiens, et que, malgré tout, les historiens se livrent à ce genre d'exercice. Les historiens en tant que tels, non pas toujours, mais souvent, respectent l'ordre temporel : ils mettent les événements les uns à la suite des autres selon la flèche du temps. Or, s'il est essentiel à la notion d'histoire au sens de connaissance historique que soient déterminées la date à laquelle les événements ont eu lieu, et la suite temporelle des événements, il est bien clair que, dans les sciences théoriques, la physique ou la chimie, cette référence à la localisation temporelle et spatiale ne se retrouve pas, pas plus que ne se retrouve la connexion temporelle entre les événements.

J'ajoute que, si le marxisme structuralisé d'Althusser n'a pas grande relation avec l'histoire telle que la pratiquent les historiens, le marxisme existentialisé de Sartre et de Merleau-Ponty lui est également étranger pour les raisons suivantes, que j'ai indiquées brièvement à différentes reprises :

1. Le postulat implicite ou explicite des livres de Merleau-Ponty sur la connaissance historique, aussi bien dans *Humanisme et Terreur* que dans *Les Aventures de la dialectique*, c'est celui de l'homogénéité fondamentale entre la perception de l'acteur historique et celle de l'historien. Or, si l'on posait la question à un historien, qui d'ordinaire ne se la pose pas, sa réponse serait évidemment négative. Il dirait que l'acteur historique voit, bien entendu, l'histoire à sa façon, mais que l'historien a pour tâche la reconstitution des différentes manières d'envisager l'histoire, reconstitution qui diffère en nature de la perception de l'acteur historique. Je ne dis pas que les historiens ont tort ou raison, mais je dis qu'ils n'admettraient pas cette identité de nature entre la perception spontanée que nous avons de l'histoire vécue, nous autres témoins ou acteurs, et la perception rétrospective de l'histoire qu'ils acquièrent en travaillant sur les archives. Au moment où j'ai publié, il y a très longtemps, l'*Introduction à la philosophie de l'histoire*, mon ami Gouhier, très spontanément, et d'ailleurs pas nécessairement pour me critiquer, m'a écrit, dans une lettre personnelle, que, bien entendu, nous avons tous, quand nous lisons notre journal, une perception historique qui est une espèce de philosophie de l'histoire, mais que l'historien n'exerce pas la même activité que les lecteurs quotidiens du journal, philosophes de l'histoire sans le savoir — la lecture quotidienne du journal étant, selon le mot fameux de Hegel, « la prière du matin dans le siècle historique ».

2. Les historiens professionnels diraient spontanément, comme me l'a dit un de mes amis historiens à propos de mon dernier livre sur la politique extérieure des États-Unis[64], qu'il n'y a pas d'histoire contemporaine, parce que les archives ne sont pas ouvertes, et que l'historien professionnel travaille sur des archives. Il est incontestable que si l'on essaie de raconter une histoire contemporaine, par exemple l'histoire de la politique extérieure des États-Unis depuis vingt-cinq ans, il y a un certain nombre de points où l'on dit, quand on est honnête : « Je ne sais pas. » Si l'on considère des questions qui historiquement seront très longtemps discutées, par exemple la question de savoir qui a pris la décision du franchissement du 38e parallèle par les armées nord-coréennes, nous n'en saurons rien aussi longtemps que nous n'aurons pas les archives soviétiques ; nous pouvons spéculer autant que nous le voulons, il nous manquera toujours le savoir. Je précise que les historiens ajouteraient au manque des archives le manque de distance. Ils diraient que pour se livrer à une activité scientifique comparable à celle de l'historien professionnel, il faut de la distance par rapport à l'événement, ce qui peut s'interpréter de deux manières. Cela peut vouloir dire, tout d'abord, qu'un historien de l'époque contemporaine sera toujours trop engagé au sens politique et psychologique du terme. C'est là, en fait, un mauvais argument, parce qu'il n'est pas évident que les historiens français d'aujourd'hui soient moins engagés à l'égard de la Révolution française que tel ou tel historien à l'égard de tel ou tel événement contemporain. De même, l'engagement au sens psychologique du terme peut se trouver chez les historiens futurs et être absent chez les historiens contemporains. Mais il existe une deuxième argumentation qui, elle, est plus solide : le manque de distance temporelle est une infériorité substantielle, parce que nous sommes incapables de saisir les conséquences des événements. Le déroulement, dans l'avenir qui n'est pas encore, des événements dont nous

sommes témoins donnera seul sa véritable perspective à la reconstitution à laquelle nous nous livrons aujourd'hui.

3. Enfin, la troisième objection des historiens à l'égard de la réinterprétation phénoménologico-existentialiste de l'histoire porterait, me semble-t-il, sur l'usage que Sartre et Merleau-Ponty font du concept de sens.

QU'EST-CE QUE L'HISTOIRE ?

Je vais aborder aujourd'hui la partie centrale, probablement la plus ingrate, et par moments la plus technique de ce cours. Le point de départ de l'exposé d'aujourd'hui sera simplement la question : que signifie le mot histoire ? Ou encore : que désigne le mot histoire ?

Chacun sait que le mot histoire, aussi bien en allemand qu'en français ou en anglais, présente une ambiguïté, puisque le mot désigne la réalité et la connaissance que nous en prenons. Dans ces trois langues aussi, il existe des mots qui permettent de faire la distinction. Les Anglais utilisent le terme *history*, mais ils emploient également celui de *story* ; ce qui donnerait, si l'on voulait énoncer une définition de l'histoire : *history is the story of the dead told by the living*, ou en français : l'histoire est le récit ou l'histoire des morts racontée par les vivants. Les Allemands font une différence entre *Geschichte* et *Historie* : le mot *Geschichte* désigne aussi bien la réalité que la connaissance que nous en prenons, le mot *Historie* ne désignant que la connaissance ou la manière de reconstituer, de raconter ou d'écrire ce qui s'est passé. En France, nous pouvons à la rigueur employer le mot *historiographie*, qui désigne la manière dont nous écrivons l'histoire, pour l'opposer au terme ambigu d'histoire, mais en fait, dans la plupart des livres consacrés à la théorie de l'histoire ou à la méthodologie de l'histoire, le mot *histoire* est utilisé alternativement, et quelquefois sans distinction claire, aussi bien pour désigner le phénomène subjectif de la connaissance historique, que le phénomène supposé objectif ou supposé objectivé. J'ajoute que, dans la *Critique de la raison dialectique*, il n'est pas toujours facile de savoir, quand Sartre utilise le mot histoire, s'il désigne l'objet ou la connaissance que nous en prenons.

La première définition, souvent donnée, du terme *histoire* est la suivante : l'histoire est la connaissance du passé humain. J'utilise le terme de « passé humain », mais je reviendrai tout à l'heure sur la question de savoir si l'histoire désigne aussi un mode de connaissance de la nature. Si nous supposons que l'on donne comme définition de l'histoire au sens subjectif la connaissance du passé humain, l'interrogation surgit immédiatement : pourquoi l'ensemble du passé humain constituerait-il l'objet d'une discipline unique ? Il y a deux réponses affirmatives possibles : l'une suppose une version biologique de l'unité du passé humain, et l'autre une version théologique plus ou moins sécularisée dans diverses philosophies de l'histoire.

Le passé humain peut être considéré comme une unité dans la mesure où l'on raconte les étapes successives de l'hominisation à partir de tel ou tel singe dont l'humanité descend. On peut en effet raconter l'histoire de l'hominisation, on peut raconter l'histoire de l'humanité considérée comme une espèce naturelle, et il existe d'ailleurs en anglais plusieurs livres qui s'appellent *History of Men* racontant l'histoire des 50 000 ou 100 000 ou 300 000 années de la curieuse aventure de l'humanité, et qui se terminent volontiers dans le style humoristique des Anglo-Saxons : au moment de prendre congé de l'homme et de l'humanité, on lui souhaite bonne chance pour les quelques centaines de milliers d'années qui lui restent encore à vivre sur cette terre.

En considérant l'humanité comme une espèce humaine, on peut en effet raconter de cette manière les étapes successives qui constituent ce que j'appelle l'ensemble du passé humain. Cela dit, le récit de l'aventure humaine, telle que peuvent la décrire les ethnologues ou les anthropologues, ne peut rester une histoire-une que dans la mesure où l'ethnologue, l'anthropologue ou l'historien n'entrent pas dans le détail des formes diverses revêtues par l'humanité. Car l'homme, à partir d'un certain moment, en tout cas à partir de la révolution néolithique, ne nous apparaît qu'à l'intérieur de groupes humains ; l'homme tel que nous le connaissons, en tant qu'être de culture, est un être qui se soumet à un certain nombre de prohibitions, notamment la prohibition de l'inceste, et qui reproduit sur les murs des cavernes l'image de ses dieux ou de ses animaux. L'homme est donc un animal particulier qui, d'une part, diffère considérablement dans ses manières de vivre d'un groupe humain à un autre groupe humain, et qui, en tant qu'espèce, se différencie à un point tel que, d'une société humaine à une autre, le sentiment d'étrangeté ou d'hostilité peut être plus spontané ou plus fort que le sentiment de communauté. Lévi-Strauss raconte d'ailleurs que certaines tribus ont le même mot pour désigner à la fois l'homme et elle-même, les individus appartenant à une autre tribu n'étant pas considérés comme des hommes. La confusion entre soi, sa manière d'être, sa culture, son histoire et l'humanité en tant que telle, est, peut-on dire, le péché originel de l'homme social, c'est-à-dire, d'une certaine façon, le péché originel de l'homme lui-même ; ce qui signifie que dès lors que l'on commence à raconter, en entrant dans le détail, la diversité des humanités sociales telles que nous pouvons les reconstituer, l'impression d'unité, qui peut subsister aussi longtemps que l'on suivrait l'hominisation de l'homme et des outils successifs qu'il a utilisés, tend nécessairement à disparaître. Une histoire-une de l'espèce humaine serait donc condamnée à ne retenir des activités humaines qu'un petit nombre d'entre elles dans leurs traits les plus simples. En d'autres termes, le passé humain ne constitue à l'évidence une unité que dans la mesure où l'on restreint étroitement ce à quoi l'on s'intéresse dans ce passé. Du même coup, la formule de l'unité biologique du passé humain disparaît aux yeux des historiens au sens ordinaire du terme.

La version théologique de l'unité du passé humain, nous la connaissons tous : il suffit de se référer à la théologie chrétienne, de se représenter l'humanité comme créée à un certain moment du temps. L'histoire commence avec la chute, avec le péché, et l'histoire de l'humanité est une sorte de chemin de croix qui conduit soit au salut des individus, soit à un salut collectif. La version chrétienne de l'unité de l'aventure humaine n'est toutefois pas la seule à concevoir l'histoire de l'humanité comme une unité : dans les versions sécularisées — philosophie du progrès ou philosophie marxiste —, les phases typiques de la représentation chrétienne de l'histoire deviennent des moments de l'aventure collective de l'humanité. J'entends par là qu'on pose à l'origine le communisme primitif et qu'il y a une chute de ce communisme primitif dans les sociétés de classes, ces sociétés de classes étant à la fois une chute par rapport au communisme primitif et une phase nécessaire au-delà de laquelle on se représente la reconstitution de l'unité humaine à la fin des temps. Les Juifs se représentaient probablement quelque chose comme la reconstitution de l'unité humaine au moment du relèvement du temple de Jérusalem, et dans la version primitive ou originelle du marxisme, il y a la trace d'une telle unité : le régime capitaliste est le dernier régime antagoniste, et le régime qui lui succédera mettra un terme aux luttes des classes, puisque le socialisme, se développant sur la base de moyens de production démesurément étendus, sera en mesure d'assurer à tous les hommes les conditions d'une existence décente, et surtout, ce qui est l'essentiel de l'idée de salut humain, substituera à la lutte de l'homme contre l'homme une humanité réconciliée.

Cette deuxième version de l'unité de l'objet historique n'est pas non plus très convaincante, ou tout au moins, en l'état actuel de notre connaissance ou de notre information, la version théologique, même sécularisée, de l'unité de l'aventure humaine ne représente qu'un effort ou qu'une possibilité. Si l'on pose comme une évidence que nous sommes situés à un moment du temps et que nous ne connaissons pas ce que sera l'avenir, nous sommes obligés de conclure que nous n'avons pas le droit de poser l'unité de l'ensemble du passé humain en fonction de l'avenir que nous ignorons ; puisque cette réconciliation des hommes entre eux, puisque cette unité de l'humanité au-delà de la division en classes et en nations ne représente qu'une perspective d'avenir, on ne peut pas au nom d'une perspective d'avenir qui échappe à nos prises postuler l'unité de l'ensemble du passé humain. J'en conclus que, si nous définissons l'histoire par la connaissance de l'ensemble du passé humain, il n'y a aucune raison de considérer que l'histoire ainsi définie constitue une unité. Ou, tout au moins, l'unité, en ce cas, lui viendrait de la méthode, de la question ou de la perspective, mais pas de l'objet. En d'autres termes, il n'y a aucune raison d'affirmer que le passé humain considéré globalement constitue une unité en soi qui, de ce fait, donnerait elle-même une unité à la connaissance que nous en prenons.

J'ajouterai que la connaissance historique n'est pas toujours mise en place du passé selon la flèche temporelle. Tout le monde connaît de grands livres d'histoire qui sont la reconstitution d'une époque, et non pas le récit d'une suite d'événements. Pour ne donner que deux exemples parmi les plus grands livres d'histoire, *La Civilisation de la Renaissance en Italie* de Jacob Burckhardt n'est pas le récit d'une suite d'événements, mais la reconstitution de l'unité d'une culture ou d'une civilisation ; de même, pour prendre un livre du xxe siècle, le grand ouvrage de Marc Bloch sur la société féodale est un récit — dans la mesure où le mot récit couvre la description d'une société ou l'organisation d'une société —, mais ce n'est pas le récit d'une suite d'événements : c'est l'effort pour retrouver le sens, la structure, l'organisation, le système des valeurs d'une certaine société[65].

Mieux vaut, me semble-t-il, au lieu de définir la connaissance historique par rapport à l'ensemble du passé humain, prendre un point de départ plus simple, plus modeste et immédiatement donné : nous tous, hommes d'une société actuellement existante, nous conservons autour de nous des traces de ce qui a été ; nous conservons ce que nous appellerons des documents ou des monuments à partir desquels nous pouvons plus ou moins reconstituer ce qu'ont vécu ceux qui nous ont précédés. En ce sens, la connaissance historique, ou l'histoire en tant que connaissance, est reconstruction ou reconstitution de ce qui a été, à partir de ce qui est. C'est la reconstitution de ce qui a été à un certain endroit et en un certain temps. J'insiste un peu sur cette formule simple, car il ne s'agit pas d'une reconstitution du passé dans l'abstrait, mais de la reconstitution d'un passé situé dans l'espace et dans le temps. Cette connaissance, cette reconstitution d'un passé se détache de notre propre expérience du présent : nous vivons à la fois nos traditions, nos coutumes, et chacun de nous, quand il y réfléchit, a le sentiment de les avoir reçues, de vivre en même temps nos coutumes et partiellement celles des autres. D'où une double façon de vivre l'histoire au sens de la réalité historique : nous vivons le passé dans la mesure où il est encore nôtre, et, à propos de cette expérience du passé en tant que nôtre, nous pouvons nous interroger sur ses origines, sur ce qu'il a été pour d'autres que nous.

Je suis en train de vous indiquer grossièrement la définition que la tradition herméneutique donne à la connaissance historique. La tradition herméneutique, ou, si vous voulez, la philosophie herméneutique sous sa forme existentialiste, prend pour point de départ, en vue de la définition de la connaissance historique, l'expérience vécue par nous tous en tant qu'être sociaux et, par là même, en tant qu'êtres historiques.

Pour passer de l'histoire vécue dans la naïveté, c'est-à-dire de l'histoire telle que nous la vivons sans en avoir conscience, à la connaissance du passé en tant que telle, on peut suivre deux voies. Il y a une voie que j'avais suivie dans ma jeunesse, et que de ce fait je ne suivrai pas. On peut partir en effet, comme je le faisais dans l'*Introduction à la philosophie de l'histoire*, de la connaissance de soi, aller à la connaissance d'autrui, puis analyser l'esprit objectif qui me permet, moi, de comprendre l'autre : de la compréhension de l'esprit objectif, on passe alors sans difficulté à l'essai de reconstitution du passé. Je préfère ici prendre très sommairement une autre démarche, qui est celle de mon ami Alfred Schütz et dont j'ai déjà cité le livre, *Der sinnhafte Aufbau der sozialen Welt*[66]. Le monde vécu par chacun de nous est un monde significatif ou un monde compris. Si vous voulez vous représenter ce que signifie la compréhension spontanée du monde dans lequel vous vivez et dans lequel nous vivons, il vous suffit, par opposition, de songer à l'expérience directe d'un monde étranger. Il suffit d'aller au Japon ou en Inde pour qu'un certain nombre des comportements, des conduites, des gestes, des manières de parler de ceux avec lesquels nous sommes, nous deviennent totalement incompréhensibles. Si nous imaginons un instant que nous puissions être transportés dans la Rome du IIe siècle ou dans l'Athènes du Ve siècle avant notre ère, nous sommes convaincus qu'un grand nombre des gestes de ceux qui nous entoureraient nous seraient totalement incompréhensibles, alors que chacun de nous ici sait ce que fait l'autre, sait à quoi servent les ustensiles, et dispose dans la vie courante d'un stock de connaissances qui permet de donner à chacun des objets que nous voyons le caractère, non pas d'une tache de couleur, mais celui d'un instrument utile à telle ou telle chose. De la même façon, il suffit que nous prononcions le mot « autobus » pour que nous sachions qu'il s'agit d'une signification, d'un ustensile ou d'un instrument destiné à une fin donnée. Le monde dans lequel nous vivons naïvement, le monde de la vie quotidienne est en effet un monde peuplé de choses signifiantes, de personnes signifiantes : le receveur d'autobus est un fonctionnaire (au sens de celui qui remplit une fonction sociale) que nous comprenons immédiatement. En d'autres termes, chacun de nous dispose, dans la société au sein de laquelle il vit, d'un stock de connaissances qui lui permet de comprendre les hommes au milieu desquels il se trouve. Bien entendu, si nous allons dans telle ou telle entreprise financière ou économique, il peut se faire qu'un grand nombre de gestes qu'accomplissent les gens que nous rencontrerons nous deviennent d'un coup mystérieux ; ce qui signifiera que le stock de connaissances vulgaires nécessaires pour comprendre cette curieuse agitation de fourmis parlantes nous manque. En gros, dans la société qui est la nôtre, nous comprenons normalement ce que font les gens que nous rencontrons. Comprendre ce qu'ils font ne signifie pas que nous pénétrons leur conscience en profondeur, et que nous sommes capables de participer à l'expérience vécue des autres ; cela signifie que nous voyons d'ordinaire la finalité des activités de celui qui remplit une fonction sociale ou qui exerce une activité saisissable de l'extérieur.

Cette connaissance vulgaire du monde dans lequel nous sommes, nous ne l'avons pas lorsqu'il s'agit des sociétés du passé. A partir de cette connaissance, nous pouvons édifier à coup de concepts les sciences sociales. Après tout, l'économie politique a été édifiée à partir de ce que l'on appelle *l'homo œconomicus*, et, aujourd'hui, un grand nombre des concepts de la science économique fait partie du stock de connaissances vulgaires avec lequel nous comprenons le monde dans lequel nous sommes. Ce monde est fait à la fois des connaissances que nous acquérons progressivement par le fait même de vivre dans une certaine société, et de la vulgarisation progressive des connaissances scientifiques ou quasi scientifiques élaborées sur la société. D'où une perpétuelle dialectique : tels ou tels concepts à une certaine époque sont considérés comme réservés aux spécialistes d'une certaine discipline, et quelques années plus tard, même s'ils sont d'ordinaire mal compris, font partie du langage courant. De la même façon qu'un certain nombre des concepts de la psychanalyse sont aujourd'hui dégradés et employés non seulement dans le langage des salons, mais aussi au café du commerce, un certain nombre des concepts des sciences sociales est entré dans le stock de connaissances vulgaires à partir duquel nous sommes en mesure de comprendre la société dans laquelle nous vivons.

La connaissance historique se détache de cette connaissance qu'Alfred Schütz appelle le *Mitwelt* (le monde qui est autour de nous) pour essayer de retrouver le *Vorwelt* (le monde de ceux qui nous ont précédés) : cette connaissance vulgaire, qui nous paraît facilement accessible lorsqu'il s'agit du *Mitwelt*, nous voudrions extraordinairement l'obtenir lorsqu'il s'agit de ceux qui ne sont plus. Ce qui nous manquera toujours quand nous voulons reconstituer le passé, c'est l'expérience directe de la manière dont les autres hommes ont vécu les institutions ou les systèmes que nous reconstruisons vaille que vaille à partir des traces qu'ils nous ont laissées ou des monuments qu'ils ont édifiés.

Voilà une des voies que suivrait une définition herméneutique de l'histoire, afin de montrer le passage de cette connaissance spontanée du monde qui nous entoure à la reconstitution des sociétés qui ont été et qui ne sont plus.

Les analystes, eux, adopteraient un point de départ tout à fait différent. Puisque ce sont essentiellement des philosophes qui se posent des problèmes logiques, ils poseraient au point de départ la question suivante : qu'est-ce que le discours de l'historien ? De quoi se compose un livre d'histoire ? La réponse évidente est tout simplement celle-ci : un récit ou un discours d'historien est constitué par un grand nombre de propositions qui se réfèrent à des événements antérieurs au moment où l'historien énonce ces propositions. En d'autres termes, un discours d'historien, qui, comme tout discours, vise à la connaissance vraie, se réduit à un ensemble de propositions. On pourrait objecter que les propositions de la connaissance historique proprement dite ne sont pas les seules à viser le passé, et que les propositions scientifiques, par définition, portent sur ce qui a été et ne visent pas le présent en tant que tel. Je pense que cette objection serait mauvaise. Non pas que les propositions scientifiques ou théoriques visent le présent en tant que tel, mais les propositions scientifiques d'ordre théorique ne visent ni le présent, ni le passé, ni le futur ; ce sont des propositions valables universellement et qui utilisent des entités qui ne sont pas, en tant que telles, situées à un moment du temps ou à un endroit de l'espace. Lorsque vous considérez les propositions relatives aux relations entre la pression et la température, ou bien les propositions de la physique relatives aux électrons ou à la gravité, les notions employées sont des notions radicalement différentes de celles de la connaissance vulgaire, et les propositions relatives à ces entités ou à ces variables ne sont spécifiquement liées ni à notre présent, ni à notre passé, ni à notre avenir. Nous supposons que les relations mathématiques que nous établissons entre ces variables ont pu être découvertes à un moment donné de l'histoire, mais qu'elles étaient valables avant même que nous les ayons établies, leur vérité, dans notre représentation logique, n'étant pas liée au moment où elles ont été formulées pour la première fois. En tant qu'il y a une histoire de la science, les propositions établies à un moment donné sont elles-mêmes situées dans le temps, mais il s'agit là précisément de l'histoire de la science et non pas de la vérité de la proposition scientifique, qui est supposée en théorie avoir été la même avant qu'elle ne fût établie. Je ne dis pas qu'il n'en résulte pas un certain nombre de difficultés, si l'on se demande où se situaient ces vérités non encore établies : s'il n'y avait pas de cerveaux pour les penser, comment concevoir l'idée d'une vérité déjà donnée et non encore établie ? Laissons cette question, peut-être pseudo-question, peut-être véritable question, et bornons-nous à constater ceci : les sciences théoriques portent sur des relations autant que possible mathématiques entre des variables, et non pas sur des événements situés.

Je vais vous donner un exemple facile pour illustrer la distinction de ces deux types de propositions : il vous suffit de vous rappeler l'expédition d'Apollo qui a eu un accident, une explosion s'étant produite dans la salle des machines. Après cette explosion, il était impossible, en fonction des lois de la mécanique céleste, de ramener le vaisseau Apollo sur la Terre sans que, pour commencer, il ait fait le tour de la Lune, les propositions d'ordre scientifique relatives à la mécanique céleste déterminant ce qui était possible et ce qui ne l'était pas. D'un autre côté, quand on a raconté ce qui s'est passé, on a raconté une histoire de l'expédition d'Apollo qui était radicalement différente en nature de l'ensemble des propositions de la mécanique céleste : il y avait les propositions de la mécanique céleste d'une part, et, de l'autre, il y a eu l'explosion dans la salle des machines à tel endroit de l'espace, à tel moment du temps. Les hommes, dans le centre de Houston, ont calculé immédiatement quelle était la trajectoire nécessaire pour pouvoir récupérer l'engin, etc. On peut donc raconter l'histoire de l'expédition d'Apollo, ce qui est le type même d'une histoire au sens fort du terme, plus humaine que naturelle, bien qu'il faille utiliser les sciences de la nature pour comprendre comment le vaisseau Apollo a été ramené sur la Terre.

C'est donc typiquement un fragment d'une histoire, celle de la conquête de la Lune, et les propositions qui constituent cette histoire sont par essence des propositions d'ordre historique radicalement différentes des propositions d'ordre théorique qui déterminaient pour les contrôleurs des vols le possible et l'impossible, et qui commandaient les décisions qui ont été prises par ces contrôleurs en fonction de leur connaissance théorique de la mécanique spatiale.

Ce qui signifie que la connaissance que nous appelons historique porte sur ce que les Anglais appellent *an event*. La traduction normale du terme *event* serait événement, mais comme il y a eu une école historique qui refusait de faire de l'histoire événementielle, *événement* a pris dans le langage de l'historiographie actuelle le sens d'un accident, d'un hasard, d'une rencontre, sens fort que Cournot utilisait dans ses livres sur l'histoire. J'utiliserai souvent événement pour traduire *event* en vous demandant de deviner chaque fois s'il s'agit de ce sens fort (= ce qui s'est passé de surprenant par rapport à ce qui précédait, ou par rapport aux intentions des hommes, comme par exemple l'explosion dans la salle des machines) ou du sens plus faible, où le mot désigne tout simplement ce qui s'est passé à un endroit déterminé de l'espace, à un moment donné du temps.

L'analyste dirait que la connaissance historique est composée de propositions relatives à des événements, mais, comme il n'y a aucune science qui soit simplement constituée par une collection de propositions disjointes, la connaissance historique est certes connaissance d'événements, mais d'événements rattachés les uns aux autres. Selon cette définition, la connaissance historique est la connaissance des événements et de leurs connexions, ce qui aboutit à peu près à dire que l'histoire est la connaissance du passé raconté, ou encore que la connaissance historique est composée de propositions narratives. Je vous parlerai plus tard de ce que les analystes anglais et américains appellent « proposition narrative ».

En quoi cette définition analytique de la connaissance historique diffère-t-elle de la définition herméneutique, philosophique ou phénoménologique que j'ai esquissée tout à l'heure ? Il me semble qu'un phénoménologue ou un représentant de la tradition herméneutique dirait que la définition analytique de la connaissance historique ne retient que le noyau, le minimum nécessaire pour que l'on puisse parler d'histoire, mais qu'on comprend mieux la connaissance historique lorsqu'on ne la réduit pas à une collection de jugements narratifs. A quoi l'analyste répondrait que, naturellement, toute histoire écrite comporte plus que ce noyau logique, mais que, dans la mesure où il entend édifier une logique de la connaissance historique, il doit la définir par ce qu'elle comporte exclusivement en tant que noyau logique, à savoir comme l'ensemble des propositions relatives aux événements et à leurs connexions.

Je laisse provisoirement l'alternative ouverte ou le dialogue sans conclusion, puisque l'ensemble des leçons qui suivra a comme objectif de voir la part de vérité que comportent l'une et l'autre manières d'aborder la connaissance historique.

A partir de là, je voudrais reprendre trois questions classiques :

1. Quelle est la distinction entre l'histoire humaine et l'histoire naturelle ?

2. Quelle est la relation entre ce que l'on appelle société historique et la connaissance historique ?

3. La « chronique » des événements diffère-t-elle en nature de la connaissance historique ? C'est la vieille question traitée chez beaucoup d'auteurs, en particulier chez Croce, de la distinction entre ce que l'on appelle « chronique » et ce que l'on appelle « histoire »[67] : comme vous pouvez le deviner, l'analyste dira que la chronique des événements ne diffère pas en nature de la connais-

sance historique, cependant que l'herméneute ou le phénoménologue affirmeront qu'ils les distinguent.

Tout d'abord, histoire naturelle et histoire humaine : les jugements relatifs au passé naturel diffèrent-ils en nature des jugements relatifs au passé humain ?

Je n'irai pas très loin dans cette discussion classique, mais je ferai tout de même quelques remarques : il n'est pas douteux qu'il y a, dans les disciplines qui visent la réalité naturelle, des secteurs ou des branches dont l'objet propre est la reconstitution des états passés de la nature ; il y a une science historique du système solaire ou une reconstitution historique des étapes successives par lesquelles est passé le système solaire. Kant a esquissé une théorie de l'histoire cosmologique. D'autre part, les biologistes s'efforcent de reconstituer les étapes successives par lesquelles est passée la vie, le devenir des espèces ; les anthropologues et les ethnologues essaient de reconstituer ce que j'appelais tout à l'heure « l'hominisation » de l'homme. Donc il n'est pas douteux que si on appelle connaissance historique toute connaissance du passé en tant que passé, ou d'événements du passé et de leurs connexions en tant que tels, il y a des fragments des sciences naturelles qui relèvent de la connaissance historique. Là encore, Cournot l'a expliqué de manière tout à fait satisfaisante en établissant l'opposition entre les disciplines théoriques et les disciplines historiques[68]. *A fortiori*, si l'on prétend, comme le fait Paul Veyne dans son dernier livre, que l'essence de la connaissance historique, c'est d'être une connaissance descriptive du singulier, y a-t-il des disciplines qui décrivent les singularités naturelles au lieu de construire des théories.

Il reste cependant une question que poseraient les phénoménologues, mais que l'analyste ne se poserait probablement pas. Le phénoménologue ou l'homme de la discipline herméneutique diraient que, bien entendu, il y a dans les sciences de la nature des disciplines qui consistent à reconstituer des états passés de telle ou telle entité naturelle, par exemple les étapes successives de la planète Terre ou celles du système solaire, mais que la question reste de savoir si, entre la reconstitution des états successifs d'une entité naturelle et le récit de la Révolution française, il y a une différence de degré ou de nature. J'ai dit tout de suite que l'analyste ne se poserait probablement pas cette question, ou la considérerait comme mal posée, parce qu'il s'interrogerait sur ce que l'on appelle « une différence de degré ou de nature ». Il dirait que désigner une différence de degré ou de nature, c'est une affirmation purement subjective ou arbitraire.

Ne prétendons pas trancher cette question ; indiquons seulement de quoi dépendrait la réponse. Bien entendu, si l'on considère, à une extrémité, l'histoire des espèces telle que la raconte un biologiste, et, à une autre, l'histoire de la Révolution française, l'histoire du 10 Août, ou même l'histoire du Jour le plus long, l'histoire du débarquement, il semble qu'entre une histoire naturelle réduite aux phases successives par lesquelles sont passées les espèces vivantes et le récit du détail des événements dans une journée historique, il y ait vraiment un tel intervalle que cela ne peut pas relever de la même discipline. Il faut ajouter cependant que le degré de singularité jusqu'auquel pénètre le récit historique dépend de multiples circonstances : sans parler de la connaissance des détails d'une journée historique, on peut concevoir par exemple la reconstitution présente des différents modes de production. Et si l'on pouvait décrire une histoire qui serait celle des étapes principales par lesquelles est passée l'organisation de la vie économique, la distance entre une histoire humaine des modes de production ou une histoire humaine des phases de la technologie et l'histoire des espèces serait non pas supprimée, mais réduite.

Quelle différence subsisterait-il malgré tout ? Ce qui détermine en dernière analyse la réponse dans un sens ou dans un autre, c'est ceci : si l'histoire, si la connaissance du passé humain est possible en faisant abstraction de ce qui se passe ou de ce qui s'est passé dans la subjectivité des hommes, savoir que, lorsqu'il s'agit des modes de production, on va un peu plus loin dans le détail que lorsqu'on prend pour objet les espèces vivantes, n'introduit après tout qu'une différence secondaire. En revanche, s'il n'y a pas de connaissance historique qui ne fasse intervenir à un moment donné ce que les hommes ont pensé, senti, voulu, s'il ne peut pas y avoir, en d'autres termes, de connaissance historique behavioriste, il y a dans ce cas une différence, que je me garderai d'appeler « de nature » ou « fondamentale », mais en tout cas « significative » ou « substantielle », entre une histoire qui consiste à rapporter les états successifs d'une entité naturelle regardée de l'extérieur, et la reconstitution du passé visant à retrouver, même sous une forme simplifiée ou abstraite, les expériences vécues, les intentions, ou les pensées des hommes. La distinction entre histoire naturelle et histoire humaine dépend de la réponse à la question suivante : peut-il y avoir une histoire des hommes abstraction faite de ce qui se passe dans leur conscience ? S'il ne peut pas y avoir une histoire du passé humain abstraction faite de ce qui se passe dans la conscience des hommes, il y a certainement une distinction significative entre l'histoire naturelle et l'histoire humaine.

Quant à la relation entre connaissance historique et société historique : les phénoménologues ou les philosophes de la tradition herméneutique mettent volontiers en relation le discours de l'historien avec l'historicité des sociétés — soit l'historicité de la société à laquelle appartient l'historien, soit l'historicité même des sociétés sur lesquelles porte son discours. Qu'entend par « historicité » ou « société historique » la tradition issue de Dilthey ? Il me semble que l'on entend par « sociétés historiques » des sociétés qui changent et qui ont une certaine connaissance ou interprétation d'elles-mêmes et de leur propre passé. Cette interprétation peut être plus ou moins légendaire, plus ou moins mythologique, mais ce n'en sont pas moins des sociétés conscientes de leur changement, conscientes d'avoir un passé et de vouloir un avenir.

Lévi-Strauss a introduit la distinction entre « les sociétés chaudes » et « les sociétés froides », en fonction de l'allure à laquelle les sociétés changent : il a mis l'accent sur le fait que beaucoup de sociétés dites « archaïques » changent moins vite que les sociétés dites « historiques », et que, d'autre part, lors même que ces sociétés archaïques changent, elles ont en permanence la tendance à reconstituer leur système d'organisation et à se penser elles-mêmes comme immuables. A l'inverse, les sociétés historiques, dont le prototype se trouve dans les sociétés modernes, ont perpétuellement tendance à se penser elles-mêmes dans le temps ou, dirais-je encore, à se penser elles-mêmes comme ayant essentiellement un avenir ou se voulant un avenir. A coup sûr, les Grecs constituaient une société historique et avaient un sens de l'historicité, même si ce n'est pas celui de nos sociétés modernes. Il suffit d'évoquer celui que je tiens pour le plus grand historien du monde entier, Thucydide, et son récit de la guerre du Péloponnèse, pour voir à quel point il avait un sens permanent à la fois de la société à laquelle il appartenait, du passé qui a conduit à faire la guerre du Péloponnèse et de la signification historique que représentait pour l'ensemble du monde hellénique la guerre, à ses yeux sans précédent, à laquelle il avait pris part, et dont il avait été exclu du fait d'être arrivé en retard en face de la ville qu'il devait conquérir. Si l'on veut aujourd'hui écrire sur la guerre du Péloponnèse, on dispose du discours de Thucydide, mais on peut, ce qui montre le redoublement historique de la connaissance historique, l'utiliser de deux manières. Tout d'abord, on peut considérer le livre de Thucydide comme une source pour reconstituer ce qui s'est effectivement passé : l'ennui, c'est alors que beaucoup des événements de cette guerre ne sont connus que par le récit de Thucydide, et que nous avons beaucoup de peine à corriger le récit, faute d'autres sources. Toute histoire racontée par un historien devient, automatiquement, une source pour un récit futur, supposé pouvoir la confronter à d'autres sources. Je viens de publier un livre sur la politique extérieure des États-Unis depuis vingt-cinq ans, et je le considère comme une source pour les historiens qui écriront la même histoire d'ici vingt-cinq ou cinquante ans, et qui auront la supériorité de connaître beaucoup plus de sources que moi. Peut-être en effet les archives du Kremlin seront-elles ouvertes ce jour-là et ces historiens auront-ils la possibilité, qui me manque par définition, de savoir si tel ou tel événement auquel j'ai donné de l'importance parce que je l'avais vécu n'était qu'un épisode sans conséquences ou s'il avait une signification durable. La différence entre ce que Hegel appelle « histoire immédiate » et « histoire réfléchie », c'est que, par définition, quand on raconte une histoire toute proche, la distance manque.

Thucydide est donc d'abord pour nous une source pour reconstituer ce qui s'est passé dans la guerre du Péloponnèse, mais il est aussi un objet de la connaissance historique. On peut en effet envisager le récit de la guerre du Péloponnèse comme un objet de l'histoire de l'historiographie, et, dans ce cas, ce récit est l'objet à connaître : c'est sur lui que portent les jugements relatifs aux événements et à leurs connexions. Par exemple, si l'on considère ce récit comme un objet de la connaissance de l'historiographie grecque, les jugements mettront en relation le malheur de Thucydide comme général avec sa conversion au rôle d'observateur, et, d'autre part, il faudra chercher à quel moment il a écrit les différentes parties de l'histoire : l'on s'affrontera alors à tous les problèmes de discussion philologique que vous connaissez.

Au-delà, même si on ne rectifie pas le discours de Thucydide, il est à la fois document et objet pour nous qui voulons connaître comment les Grecs ont eux-mêmes pensé leurs querelles. Thucydide dit qu'il veut écrire un livre qui soit une construction à tout jamais valable. Il faut que le livre qu'il écrit soit instructif pour l'humanité future parce que, dit-il, les hommes restent toujours les mêmes, et que si une autre guerre du même type devait éclater à nouveau, les mêmes phénomènes se produiraient. A travers Thucydide, on peut donc essayer de saisir la conception qu'au moins certains Grecs se faisaient de la constance humaine, de la nature des conflits entre les cités, et l'interprétation qu'ils donnaient de ce qui sortirait de la guerre du Péloponnèse.

Il y a probablement un sens plus poussé et plus philosophique de la notion de « société historique » et d'« historicité ». Si vous lisez Heidegger réinterprétant Dilthey, vous verrez que pour lui les sociétés historiques ne sont pas simplement celles qui tiennent un discours sur leur passé, ou qui ont conscience de la distinction entre le présent et le passé, mais que ce sont des sociétés qui par essence se définissent par un projet, ont un projet. L'idée se trouve implicitement chez Dilthey, elle est élaborée dans *Sein und Zeit*, et Sartre l'a reprise très longuement dans la *Critique de la raison dialectique*. Heidegger, lui, a élaboré la catégorie transcendantale de l'*historial*. Pour ne pas entrer dans le jargon philosophique, disons qu'au lieu de se borner à observer les sociétés telles qu'elles sont, en tant que sociétés historiques, changeantes et conscientes de changer, on dira (tel est le sens de la catégorie d'*historial*) que l'homme est un être historique parce qu'il se définit par un projet, et c'est à partir de cette catégorie transcendantale de l'*historial* que l'on comprendra l'historicité de l'homme et des sociétés.

Que dirait l'analyste à propos de ce discours heideggerien ? Il se bornerait probablement à dire qu'il s'agit de descriptions, formulées dans un langage philosophiquement compliqué, de données assez simples, en ce sens qu'il est vrai que l'homme est un animal social et culturel ; il est vrai aussi que, dans chaque société, les hommes ont une certaine représentation d'eux-mêmes et de ce qu'ils devraient être ou de ce qu'ils doivent être, et que, par conséquent, une des formes de la socialisation, ou un des aspects de tout homme intégré dans une société, consiste à viser un certain nombre d'objectifs, à posséder un certain nombre de valeurs. Si l'on pose que cette volonté d'un avenir donné, ou que ce projet d'être est constitutif d'une certaine humanité, si l'on pose également que c'est cette volonté d'un certain projet qui définit l'historicité, l'analyste dirait que, traduite dans un langage simple, cette proposition veut dire que l'homme est un être de projet, et qu'il est un être qui se donne des objectifs. Nous sommes tous des êtres de projet, et nous pouvons, avec un peu d'imagination, prêter à une collectivité donnée un projet collectif, bien qu'en général chaque collectivité se caractérise par une pluralité de projets plus ou moins contradictoires. Ainsi peut-on admettre qu'une certaine représentation de l'égalité fait partie du projet fondamental des sociétés modernes. On peut traduire également cette idée dans le langage des valeurs en disant que les hommes des sociétés modernes reconnaissent une certaine forme minimale d'égalité comme faisant partie des obligations fondamentales de la société. En ce sens, vous pouvez dire que l'historicité de l'homme se manifeste, dans chaque époque ou dans chaque société, par des projets définis, et, si vous aimez les catégories transcendantales, vous direz que l'homme est historique parce qu'il y a une catégorie de l'*historial*. L'analyste dirait de son côté qu'il ne veut pas discuter de mots, et qu'il est plus intéressant de voir à quoi aboutit la connaissance historique lorsqu'on se trouve en présence d'un historien qui a envie de formuler des jugements vrais sur ce qui s'est passé.

CHRONIQUE ET HISTOIRE

Je vous avais indiqué au cours de la dernière leçon que j'allais aborder trois problèmes : celui de la relation entre histoire humaine et histoire naturelle, celui du lien entre société historique et connaissance historique, et enfin celui de savoir si l'on peut distinguer « chronique » et « histoire ». J'avais traité au moins sommairement les deux premières questions, et je vais commencer aujourd'hui par examiner la troisième : y a-t-il lieu de distinguer comme essentiellement différentes les deux espèces d'histoire ?

Je vais traiter le sujet de la manière suivante : je vais me reporter au début de ce que l'on appelle *La Raison dans l'histoire* ou *La Philosophie de l'histoire* de Hegel, et analyser les relations qu'il établit entre trois sortes d'histoire. J'utiliserai ensuite un des livres classiques de la philosophie analytique américaine, celui de Danto — *Analytical Philosophy of History* —, où l'auteur essaie de démontrer qu'il y a un noyau fondamental de la connaissance historique que l'on retrouve dans tout ce qui peut s'appeler connaissance historique ou science historique, et que, par conséquent, la distinction entre « chronique » et « histoire », distinction souvent faite par Croce et que l'on retrouve également dans Max Weber, est une distinction non logique ou impossible à justifier en rigueur[69].

A propos de Hegel, je parle indifféremment de *La Raison dans l'histoire* ou de *La Philosophie de l'histoire*, car ce que l'on appelle couramment *Die Geschichtsphilosophie von Hegel* désigne tout simplement des cours faits par Hegel à l'Université de Berlin, et qui ont été publiés après sa mort, de telle sorte qu'il y en a diverses versions avec annotations marginales de ses étudiants. Le titre donné à ce cours sur la philosophie de l'histoire est en général *Leçons sur la Philosophie de l'histoire*, mais dans une édition de poche[70] le titre donné est *La Raison dans l'histoire*, ce qui correspond effectivement à une des intentions de Hegel, étant bien entendu que Raison traduit *Vernunft*, et non pas *Verstand*. *Verstand* veut dire, dans la traduction courante, entendement ou intelligence ; *Vernunft* est ce qui se situe au-dessus, au niveau du concept, et la philosophie de l'histoire telle que nous allons la définir dans un instant a pour principe, pour hypothèse de base que la Raison, la *Vernunft*, commande le cours des événements.

Hegel distingue trois histoires. D'abord, l'histoire que j'appellerais « originelle ». Le traducteur de Hegel, qui est mon ami Kostas Papaioannou, traduit « histoire originale ». Je pense qu'« originel » vaut mieux — le mot allemand est *ursprünglich* — car, bien qu'« original » et « originel » aient la même origine et signifient fondamentalement la même chose, il s'agit d'un doublet dont l'usage actuel fait qu'il vaut mieux dire « originel ». La deuxième sorte d'histoire, c'est « l'histoire réfléchie » — *reflektierte Geschichte* — et la troisième, « l'histoire philosophique ».

L'histoire originelle, telle que la définit Hegel, a pour représentants par excellence les historiens grecs qu'il admirait par-dessus tout : Hérodote et peut-être surtout Thucydide. L'« histoire originelle » a pour signification ou pour caractéristique de transformer les événements, les actes, les situations de l'actualité en une œuvre de représentation. Disons, en un langage légèrement différent, que l'« histoire originelle » est celle qu'un individu qui a pris part aux événements racontés transpose du niveau de l'expérience vécue à celui de la représentation ou au premier niveau de la pensée. Il en résulte que cette « histoire originelle » racontée par des témoins ou des hommes qui appartiennent à la civilisation dont ils font le récit est nécessairement une histoire limitée. Par définition, « l'histoire originelle » qu'élabore un acteur ou un témoin ne peut porter que sur la civilisation ou la société à laquelle appartient cet historien. Il en résulte donc une caractéristique fondamentale de cette sorte d'histoire, caractéristique qui a une portée logique pour ceux qui réfléchissent sur la connaissance historique : il y a une communauté de culture entre celui qui raconte et ceux dont il raconte les actes, ou encore une communauté de culture entre l'historien et l'objet de son récit ou l'objet de son élaboration.

Pourquoi cette communauté de culture entre l'objet et le sujet a-t-elle une importance fondamentale ? C'est d'abord que l'un des problèmes les plus difficiles de la connaissance historique est de déterminer jusqu'à quel point l'homme d'une culture peut comprendre l'homme d'une autre culture, et dans quelle mesure la transposition d'une culture dans le système conceptuel d'une autre culture n'aboutit pas à donner à ce qui a été vécu une signification différente de celle que lui donnaient ceux qui l'ont vécu. L'« histoire originelle » échappe à la difficulté fondamentale du dialogue. On peut dire encore, en utilisant l'idée de mon ami H.-I. Marrou, que si l'histoire est par excellence la recherche de l'autre, dans le cas de l'« histoire originelle » il n'y a pas de recherche de l'autre puisqu'il y a une communauté de culture entre l'objet et le sujet. Cette sorte d'histoire, nous dit Hegel, suppose que les acteurs aient conscience d'eux-mêmes, de leurs intérêts, et de leurs buts, et il ajoute que l'auteur doit donc laisser parler les acteurs[71]. Je vous lis un passage :

« Ainsi lisons-nous chez Thucydide les discours de Périclès, l'homme d'État le plus profondément *cultivé*, le plus *authentique*, le plus noble, ainsi que les discours d'autres orateurs, ambassadeurs, etc. Dans ces discours, ces hommes expriment les maximes de leur peuple, de leur personnalité propre, la conscience de la situation politique comme de leur nature éthique et intellectuelle, les principes de leurs buts et de leur manière d'agir. L'historien n'a pas eu à réfléchir pour son propre compte ; ce qu'il fait apparaître à travers les discours des orateurs n'est pas une conscience étrangère et qu'il leur aurait prêtée, mais leur propre civilisation et leur propre conscience. Si l'on veut connaître l'histoire substantielle et saisir l'esprit des nations, si l'on veut participer à leur vie, il faut étudier à fond ces historiens originaux et s'attarder auprès d'eux — et l'on ne s'y attardera jamais trop. Si l'on ne veut pas devenir un historien de métier, mais tirer plaisir de l'histoire, on peut largement se limiter à cette lecture[72]. »

Je suis d'accord avec cette formule ; je considère que rien n'est aussi instructif ni aussi éducatif, pour celui qui voudrait devenir un homme politique ou simplement pour celui qui voudrait comprendre les hommes, que de lire un historien comme Thucydide. Dans un texte de jeunesse d'Élie Halévy, j'ai trouvé une formule : « Je viens de finir *La Guerre du Péloponnèse*, c'est parfait. *La Guerre du Péloponnèse* reste une œuvre parfaite précisément parce que s'expriment dans une telle œuvre à l'état pur, original, authentique, immédiat les façons de penser, les façons d'agir d'une certaine civilisation, et la meilleure façon de faire apparaître l'originalité, l'authenticité d'une certaine civilisation, c'est de lui donner la parole[73]. »

Hegel cite encore parmi ces historiens César, Xénophon, ainsi que Frédéric II et le Cardinal de Retz. Bien entendu, comme j'ai eu l'occasion de vous le dire, ce genre d'histoire, « l'histoire originelle », ne dit pas un certain nombre de choses que l'historien réfléchi sera obligé de dire s'il traite de la même période, parce que l'historien qui raconte les événements de sa civilisation suppose connues des évidences propres à cette civilisation. Pour lui, par exemple, l'histoire de Thucydide devient un document pour comprendre la civilisation grecque, cependant que l'histoire réfléchie a besoin de reconstruire à travers le document les évidences que Thucydide ne formule pas. Une histoire originelle de la politique extérieure des États-Unis a, de la même manière, la possibilité de supposer connu par les lecteurs d'aujourd'hui un certain nombre des façons de penser et d'agir des contemporains, de telle sorte qu'une histoire de cet ordre, même quand elle n'est pas écrite par un acteur comme l'était Thucydide, présente le même caractère de proximité par rapport à l'événement, ce qui en fait à la fois à demi un document vécu, à demi une histoire authentique.

J'ajoute un autre passage de Hegel. C'est celui où il justifie le discours que Thucydide prête aux acteurs, et où il explique, bien avant Jean-Pierre Faye, qu'il n'y a pas de distinction entre la parole et l'action :

« Dans la mesure où l'esprit de ce monde politique est formé et élaboré, (le chef politique ou militaire qui en devient l'historien) est lui aussi conscient de soi. Un aspect essentiel de sa vie et de son action a été précisément la *conscience* qu'il a eue de ses buts et de ses intérêts ainsi que de ses principes ; un aspect de son action, la manière dont il s'est *expliqué* devant les autres pour *influencer* leur jugement et mettre en mouvement leur volonté. En ce sens, les discours sont des *actes* et même des actes *tout à fait essentiels* et *très efficaces*. Certes, on entend souvent des hommes se justifier en disant : "Ce n'étaient que des paroles." Si cela est vrai, s'il ne s'agit que de mots, leur innocence est établie ; en effet, de tels discours ne sont que de purs *bavardages* et le bavardage jouit du privilège de l'innocence. Mais les discours entre peuples ou bien ceux qui s'adressent à des peuples et des princes sont des *actes* et en tant que tels ils constituent un objet essentiel de l'histoire, en particulier de l'histoire antique[74]. »

Il y a eu certainement de nos jours un acteur historique dont la parole a été acte, dont la parole a été efficace : c'est bien évidemment le général de Gaulle. Il n'y a pas d'homme d'État qui ait, au même degré, agi par la parole : il a agi par la parole dans la première phase de sa carrière, parce qu'il était séparé du peuple auquel il s'adressait, et même quand il a été réuni à ce peuple, à partir de 1958, il y aurait lieu d'étudier chez lui — et peut-être le ferai-je un jour — une technique de parole qui était une technique d'action, et en particulier l'usage de formules dénuées de sens clair pour faire franchir une étape à une politique nécessaire. Le jeu de l'ambiguïté, le jeu de la suggestion a été partie intégrante d'une stratégie (et j'entends ici stratégie presque au sens militaire) qui était une stratégie de la parole. Du même coup, je dirais qu'une grande partie des discours que Jean-Pierre Faye étudie dans son livre *Les Langues totalitaires* n'étaient que des bavardages, et des bavardages d'intellectuel en dehors de l'action, cependant que les paroles de Hitler étaient des actes historiques parce qu'il s'adressait à un peuple, et qu'il le faisait par l'intermédiaire ou avec le concours d'un parti organisé[75]. Cela dit, l'historien originel grec restitue le langage des acteurs qui ne diffère pas de son propre langage, mais, à notre époque, il y a sans doute une plus grande difficulté à le faire parce que la particularité de nos langages politiques, c'est d'être multiples, et qu'il n'est pas sûr qu'il y ait un langage unique ou encore que le système des valeurs, les principes ou bien encore les maximes des différents acteurs sur la scène mondiale soient les mêmes.

Qu'est-ce que le logicien peut retenir de ces remarques de Hegel sur l'histoire originelle ? Le logicien pur peut à la rigueur faire abstraction de la distinction entre « histoire originelle » et « histoire réfléchie ». Il pourrait dire qu'en dernière analyse, l'« histoire originelle » se compose elle aussi de *statements*, de propositions relatives à des *events*, que ces propositions sont vraies ou fausses, et qu'elles ne sont pas une simple juxtaposition d'événements, mais établissent une connexion entre parole et action, entre événements, entre décision et conséquences — et que, par conséquent, ce qui constitue le noyau auquel s'intéresse le logicien est le même dans l'« histoire originelle » et l'« histoire réfléchie ».

Cela dit, si nous nous élevons au-dessus de la logique pure qui réduit le discours historique à une série de propositions relatives à des événements, si nous posons le problème épistémologique de la compréhension des hommes les uns par les autres ou celui de la compréhension des civilisations les unes par les autres, je pense que la distinction hégélienne, que nous retrouverons par des procédés logiques, est parfaitement justifiée, et cela pour la raison que je vous ai indiquée : dans le cas de l'« histoire originelle », il y a une parenté en profondeur entre celui qui raconte et celui qui est l'objet du récit, ou entre celui qui comprend et celui qui est l'objet de la compréhension. Qu'en est-il lorsqu'il y a deux cultures profondément différentes ? Y a-t-il l'équivalent de cette compréhension immédiate ? Ou encore : jusqu'où va la compréhension de l'homme par l'homme ? Y a-t-il des limites absolues à la possibilité de la compréhension ?

Je passe à la deuxième sorte d'histoire dont traite Hegel : l'« histoire réfléchie ». Hegel distingue dans l'« histoire réfléchie » quatre genres ou quatre espèces particulières. Bien entendu, ces distinctions sont partiellement des distinctions épistémologiques, partiellement des distinctions de genres historiques ; ce sont des distinctions qui suggèrent la manière dont on doit écrire l'histoire.

La première catégorie d'« histoire réfléchie » est celle qui vise l'ensemble d'une civilisation : lorsqu'on suit le chemin de l'« histoire originelle », on aboutit nécessairement, logiquement, à la première sorte d'« histoire réfléchie » qui est celle qui porte sur l'ensemble d'une civilisation. L'« histoire originelle » ne peut pas porter sur l'ensemble d'une civilisation, parce qu'elle se situe à l'intérieur d'une civilisation. On ne peut donc saisir une civilisation globalement que de l'extérieur, ce qui signifie, puisque l'histoire se situe dans le temps, rétrospectivement. On retrouve la vieille idée du privilège philosophique de la rétrospection : si vous êtes grec, vous pouvez raconter une histoire originelle de la guerre du Péloponnèse, vous ne pouvez pas écrire l'histoire de la civilisation grecque ; vous ne le pouvez que lorsqu'elle est morte, lorsqu'elle est finie. Cela implique — et c'est ce qui fait naturellement la difficulté fondamentale de la philosophie totale de l'histoire — qu'il faut être autre pour comprendre l'ensemble. Puisqu'il faudrait être autre pour comprendre l'histoire tout entière, puisqu'il faudrait être en dehors, l'on a d'ailleurs prêté quelquefois à Hegel l'idée qu'il pensait se situer à la fin de l'histoire, et qu'il était donc, par rapport à l'histoire humaine considérée globalement, comme nous pouvons l'être à l'égard de la civilisation grecque.

En ce qui concerne l'histoire réfléchie relative à l'ensemble d'une civilisation, Hegel met l'accent sur deux idées qui sont encore aujourd'hui logiquement valables. La première, c'est que l'historien doit se méfier de l'anachronisme, et il oppose la médiocrité de Tite-Live à la grandeur de Thucydide. Il explique que Tite-Live fait, à de nombreuses reprises, parler des personnages comme s'ils étaient des avocats contemporains de sa propre époque, donc sans se méfier de l'anachronisme. La deuxième remarque, beaucoup plus importante et logiquement fondamentale, est que l'historien réfléchi doit se débarrasser de l'illusion qu'il peut sympathiser, *mitempfinden*, avec tous les sentiments et toutes les croyances des hommes du passé. En d'autres termes, dit en un style différent, on ne peut pas revivre les civilisations du passé, on ne peut que les reconstruire et, lors même qu'on les comprend au sens fort, on ne les éprouve pas de la même manière qu'on éprouve les évidences de sa propre société. Lorsqu'il s'agit d'une civilisation du passé, l'historien va vers l'intelligence, la représentation et l'abstraction, et il ne doit pas se donner lui-même l'illusion, et chercher à communiquer cette illusion par des détails concrets, qu'il a une espèce de participation affective aux expériences vécues qui en profondeur lui sont devenues étrangères, et Hegel cite ici comme exemple telles ou telles croyances grecques que nous sommes incapables aujourd'hui de revivre, même si nous les reconstituons abstraitement.

La deuxième sorte d'histoire réfléchie est l'« histoire pragmatique ». L'« histoire pragmatique » se définit par la volonté de l'historien de donner de l'actualité au passé. L'une des manières d'y parvenir est de vouloir tirer de l'histoire des leçons pour les hommes d'État et pour notre propre temps. C'est un point sur lequel Hegel formule des propositions qui me paraissent parfaites, propositions qui ont été formulées avant lui et qui se sont peut-être répétées indéfiniment après lui : ce n'est pas en prétendant donner des conseils à ceux qui nous gouvernent que l'on rend de l'actualité au passé, car s'il y a une chose que l'on apprend de l'histoire, c'est que l'on n'apprend jamais rien d'elle. Pourquoi n'apprend-on jamais rien de l'histoire ? Parce que les civilisations sont autres, et que l'on se trompe tout aussi bien en voulant appliquer les conseils que suggère une expérience du passé qu'en oubliant les leçons du passé. Hegel condamne donc l'histoire pragmatique en ce sens vulgaire, mais il y a un sens dans lequel l'histoire pragmatique, au sens du projet de rendre de l'actualité au passé, est valable : il s'agit, dans la mesure où chaque époque a son concept, sa signification essentielle, à la fois de saisir l'unité d'une société ou d'une civilisation en son originalité, et — mais, là, on sort de la science historique — de saisir l'Idée *(Begriff)* telle qu'elle se présente dans l'histoire elle-même.

La troisième forme d'histoire, je n'en dirai qu'un mot

très rapidement, est l'« histoire critique ». Hegel loue les Français d'appliquer d'une manière valable la méthode critique, et il blâme les Allemands qui substituent à l'histoire authentique la seule critique, comme si la critique était l'histoire même.

Enfin, la quatrième sorte d'histoire est constituée par l'« histoire spéciale ». L'« histoire spéciale » naît du fait que les civilisations comportent une multitude d'activités humaines et d'œuvres, et que l'historien s'applique légitimement à ces diverses activités. Chacune en son concept spécifique — art, religion, science, constitution, droit, propriété —, ces histoires spéciales ou sectorielles sont non seulement légitimes, mais nécessaires, puisque chacune de ces activités ou de ces œuvres a sa nature propre, son concept propre. L'histoire générale, cependant, recherche, au-delà de ces histoires sectorielles, l'unité ou la totalité d'une civilisation.

Voilà les quatre formes d'histoire réfléchie distinguées par Hegel. La question la plus intéressante pour la réflexion logique est de savoir comment saisir l'unité de ces histoires spéciales dans l'unité d'une civilisation : comment embrasser l'Idée qui commande l'ensemble d'une civilisation ? Le conseil qui garde le plus de valeur, c'est celui d'éviter l'anachronisme, la traduction des expériences vécues par les autres dans notre propre système conceptuel ou dans notre propre philosophie.

En ce qui concerne l'« histoire philosophique », je n'en parlerai guère, puisqu'en principe, elle sort du champ que je veux parcourir cette année : l'« histoire philosophique », ou la considération philosophique de l'histoire, revient non pas à rechercher la généralité dans l'histoire, mais à approcher la réalité du passé avec une seule idée, l'idée qu'apporte la philosophie en tant que telle, à savoir l'Idée de la Raison. Le postulat, l'idée directrice de la considération philosophique de l'histoire, c'est que la Raison gouverne le cours des événements, et qu'il incombe au philosophe de retrouver à travers le chaos des événements, la diversité indéfinie des manières de vivre et de penser, l'Idée propre à chaque civilisation et à chaque société. Il lui incombe finalement de retrouver à travers le temps le devenir de l'Idée qui aboutira à la philosophie de Hegel, philosophie qui devient philosophie de l'histoire entière, ou encore l'élaboration du rôle de la Raison dans l'histoire. En simplifiant, on pourrait dire que, si la formule extrême du scepticisme historique se trouve dans le titre d'un livre de Théodore Lessing : *Die Geschichte als Sinngebung des Sinnlosen* (l'histoire en tant qu'art de donner un sens à ce qui n'en a pas), ou bien encore dans la phrase de Shakespeare que tout le monde connaît par cœur, à l'autre extrémité se situe la thèse de Hegel selon laquelle le philosophe n'apporte à l'histoire qu'une seule idée, à savoir que c'est la Raison qui gouverne l'histoire[76]. Ce qui signifie qu'hormis cette hypothèse, une bonne partie de ce que Hegel appelle philosophie de l'histoire se compose d'éléments que le logicien n'hésiterait pas à considérer comme faisant partie de la connaissance.

Cela dit, logiquement, il est formidable d'admettre que la Raison gouverne l'histoire. Ce n'est pas d'ailleurs chez Hegel un postulat ; c'est le résultat de sa philosophie tout entière, qui est à elle-même sa propre démonstration — mais ceci nous mènerait trop loin. Disons que nous éliminons la considération philosophique de l'histoire de notre propre considération, et que nous retenons de ces distinctions hégéliennes l'opposition entre « originel » et « réfléchi », que nous aurons à réfléchir sur la découverte de l'autre, sur la nécessité ou l'opportunité de faire parler les acteurs. Nous ajouterons qu'au fur et à mesure que l'ampleur de la visée s'élargit, le récit historique s'élève vers une abstraction de niveau plus élevé : moins on est proche du détail des événements, plus l'on veut embrasser une civilisation tout entière, et plus on reconstruit, choisit, sélectionne, en d'autres termes, plus la connaissance historique s'éloigne du vécu ; elle devient pensée. De ce fait, la qualité de l'histoire ou de la connaissance historique dépend de la conceptualisation tout autant que de l'exactitude des faits, et, finalement, il reste à savoir si la pluralité des histoires partielles peut être unifiée et surmontée dans une histoire globale.

J'en viens à la philosophie analytique de l'histoire pour essayer de trouver la définition minimale de ce en quoi consiste la connaissance historique ou l'histoire dans son acception subjective. Je vais m'appuyer ici sur le livre de Danto parce qu'il me semble que Danto est le plus accessible des philosophes analystes de l'histoire, et que son ouvrage est, de tous ceux de cette école, celui que je préfère. Mais je crois connaître presque tous les livres de cette école, et la plupart des idées que je vous présente comme caractéristiques de cette philosophie analytique de l'histoire ne se trouvent pas seulement chez Danto, mais également chez tous les autres.

La première proposition qu'il convient de ne jamais oublier lorsque nous trouvons une opposition entre la tradition herméneutique et la tradition analytique, c'est que, selon les analystes, il convient de distinguer radicalement entre la psychologie de l'historien et la logique du discours historique. Logiquement, comme le diraient tous les analystes, que l'on écrive l'histoire pour son plaisir, pour celui des lecteurs, pour l'ennui de la foule, pour instruire les princes, ou pour décourager les peuples, cela n'intéresse à aucun degré le logicien. Le logicien s'intéresse à la logique du discours historique et l'intentionnalité de l'historien au sens psychologique du terme lui est indifférente ; la seule intentionnalité qu'il lui prête par définition est l'intention de vérité. Cela dit, si l'on estime, comme le fait mon collègue et ami Michel Foucault, qu'il faut une fois pour toutes se débarrasser de la mythologie de la distinction entre le vrai et le faux, le logicien rend immédiatement les armes. Il dirait qu'à partir du moment où l'on refuse de distinguer le vrai et le faux, il ne saurait, en tant que logicien, plus très bien ce qu'il veut dire.

Pourquoi cette distinction entre la psychologie de l'historien et la logique du discours historique ? Parce que (deuxième proposition) l'historien, selon la définition la plus stricte, est l'homme qui a pour objectif d'énoncer des propositions vraies sur des événements du passé. Il en résulte (troisième proposition) qu'il faut supposer que les propositions relatives au passé peuvent être soit vraies soit fausses, quelles que soient les intentions des historiens.

Quatrièmement, considérés logiquement, toute histoire, tout récit historique consistent en propositions qui prétendent à la vérité et qui disent le vrai à propos de faits, d'événements, ou de connexions d'événements. Si donc cette définition logique de l'histoire est admise, toutes les distinctions entre les espèces d'histoires, y compris la distinction des histoires établie par Nietzsche dans les *Unzeitgemässe Betrachtungen*, ou celle que je viens d'emprunter à Hegel, sont extérieures à la logique[77]. Pour le logicien, il n'existe que cette définition minimale de l'histoire.

Aux yeux du logicien, cette définition stricte de l'histoire est évidemment valable pour la raison suivante : que vous vouliez instruire le prince ou le peuple, que vous vouliez distraire ou ennuyer, si vous écrivez une histoire, vous formulez une série de propositions, que vous prétendez vraies, sur des événements et sur leurs connexions. Par conséquent, tout le reste, tout ce que vous prétendez atteindre au-delà de la vérité de ces propositions, est extérieur à ce qui constitue l'objet propre de la réflexion du logicien.

Bien entendu, cette définition stricte de l'histoire a peut-être pour résultat que la philosophie analytique de l'histoire, aux yeux de quelqu'un qui vient de la tradition phénoménologique, n'est pas terriblement intéressante, parce que, par définition, elle se donne un objet logique limité. Mais si nous voulons être bienveillants à l'égard des philosophes analystes de l'histoire (le mot qui me vient aux lèvres est *fair*), il faut partir de ce qui est leur définition de l'histoire telle que je viens de la formuler.

Comment pourra-t-on choisir finalement entre l'approche analytique et l'approche phénoménologique ou herméneutique ? Nous le verrons dans la suite, mais je vous indique tout de suite l'expérience intellectuelle que je veux faire : en prenant en considération les travaux des analystes, nous verrons si nous ne sommes pas amenés à retrouver les problèmes de l'herméneutique et de la phénoménologie ; il ne s'agit pas d'éliminer les réflexions des analystes, mais de montrer que ces réflexions impliquent une démarche qui va au-delà de leurs problèmes et de leurs résultats. C'est ce que j'essaierai de faire dans les prochaines leçons.

Pour vous donner un exemple introductif de la méthode des analystes, je vais résumer rapidement l'argumentation par laquelle Danto essaie de démontrer qu'il n'y a pas de différence logique ou substantielle entre ce qu'on appelle « chronique » et ce qu'on appelle « histoire ». Il prend pour point de départ une proposition que tous ceux qui ont réfléchi sur la connaissance historique accepteront immédiatement et sans hésitation : il n'y a de connaissance parfaite et totale d'aucun événement et, *a fortiori*, il n'y en a pas non plus de l'ensemble d'une culture ; toute connaissance est une connaissance partielle d'une réalité inépuisable, ou encore : toute connaissance est condamnée à retenir certains aspects de la réalité et à ne pas reproduire la totalité de cette réalité. L'argument est employé par les relativistes et les phénoménologues aussi bien que par les analystes. Il prend chez les analystes la signification suivante : n'impliquant ici aucun relativisme, l'argument tend à la réfutation d'une conception naïve de la connaissance, conception selon laquelle la connaissance serait le reflet de la réalité ou la reproduction du réel. Disons que cette proposition des analystes équivaut à peu près à un principe kantien : la connaissance historique partage avec toute connaissance scientifique le caractère d'être reconstruction du réel, et non reproduction ou reflet, et, par définition, elle est sélective et partielle. Ajoutons qu'un analyste dirait immédiatement que la confusion souvent faite par les relativistes entre « partial » et « partiel » est une absurdité, car, si toute connaissance scientifique est partielle, il n'en résulte pas qu'une connaissance partielle ne soit pas vraie ; ce qui est un des points du débat entre analystes et phénoménologues.

Beaucoup d'historiens ou de philosophes ont voulu opposer la « chronique » à l'« histoire ». Danto emploie ces deux expressions, mais il emprunte également au livre du philosophe anglais Walsh — *An Introduction to Philosophy of History* — la notion de *plain narrative*[78]. Il montre que la distinction établie par Croce entre « chronique » et « histoire » est équivoque, et que de temps en temps cette distinction revient à opposer l'actualité, la partie du passé qui a encore une signification ou une vie pour nous, à ce qui est mort. Aux yeux de Danto, cette distinction n'a pas de caractère logique, car une distinction de cet ordre nous renvoie à la psychologie ou à l'expérience vécue de l'historien, et non pas au contenu de vérité du discours historique. L'autre distinction entre « chronique » et « histoire », entre *plain narrative* et quelque chose de plus, consisterait à dire que lorsqu'il y a simplement récit ou description, il manque quelque chose de la connaissance historique authentique, qui est interprétation. Chez Max Weber par exemple, on trouve à plusieurs reprises l'idée que seuls les Occidentaux ont développé le genre historique au sens profond du terme, et que la civilisation chinoise avait des chroniques, mais non pas une histoire[79]. Je pense que Danto répondrait qu'elle avait une certaine forme d'histoire, qui est loin de la forme scientifique, mais dans laquelle on retrouverait la définition minimale proposée au point de départ : toute histoire rapporte des événements qui se rattachent les uns aux autres.

Adoptons une méthode tout à fait dans le style des analystes. Supposons que je vous dise : il y a eu en 1967 une guerre entre Israël et les pays arabes, le professeur Samuelson a obtenu le prix Nobel d'économie politique en 1970 et M. Henry Kissinger s'est rendu à Pékin en 1971 et en 1973. Vous ne doutez pas un seul instant que ces trois propositions jointes ne constituent pas de la connaissance historique. Pourquoi ? Parce que ce sont des propositions qui sont vraies, mais qui ne présentent aucun lien les unes avec les autres. En revanche, si je disais : au mois de mai 1967, le président Nasser a décrété qu'il fermait le golfe d'Akaba, quelques jours après il a massé des divisions égyptiennes dans le Sinaï, puis encore quelques jours après les armées israéliennes ont attaqué les armées égyptiennes, vous auriez, sous une forme grossière et simplifiée, les éléments d'un récit, c'est-à-dire une série de propositions se rapportant à des *events*. La définition minimale de l'histoire vise précisément ces propositions vraies sur des événements dont on montre en même temps la connexion : une connexion entre les événements est nécessaire pour qu'il y ait ce minimum qui rend un récit signifiant.

Cela posé, Danto examine certains exemples donnés par ceux qui veulent distinguer « chronique » et « histoire » afin de montrer que de tels exemples ne permettent pas d'établir une distinction logique. Par exemple, Walsh, le professeur écossais (il enseigne à Edinburgh), pour opposer ce qu'il appelle *plain narrative* ou « chronique » à l'histoire véritable, prend deux exemples : d'une part la peinture grecque, et d'autre part l'histoire politique du XIXe siècle[80]. Il dit que d'un côté, il y a une série de dates, de faits difficiles à relier les uns aux autres et, de l'autre, une continuité des événements, et une compréhension des événements et de leurs connexions.

L'exemple est évidemment mal choisi, car l'analyste

(les analystes réfutent volontiers des exemples mal choisis) n'a aucune peine à montrer que ce qui fait l'opposition entre l'histoire de la peinture grecque et l'histoire politique du XIXe siècle, c'est essentiellement que, dans le cas de la peinture grecque, les documents dont nous disposons sont extraordinairement pauvres, que nous sommes incapables d'établir un récit continu pour la bonne raison que nous n'avons pas les documents qui nous permettraient de reconstituer la suite. En outre, il y a une deuxième différence qui tient à la distance conceptuelle entre la peinture grecque et notre peinture, et, d'autre part, à la proximité conceptuelle entre la politique du XIXe siècle et celle du XXe siècle. Il suffit de réfléchir un moment pour comprendre que l'on retrouverait la même proximité conceptuelle entre la politique grecque racontée par Thucydide et la politique d'aujourd'hui ; ce qui suffit à montrer que la distance ou la proximité conceptuelle n'est nullement proportionnelle à la distance temporelle. Il peut y avoir proximité conceptuelle lorsqu'il s'agit d'un type d'événements dont le concept n'a pas changé en profondeur. Mais ce qui fait la difficulté pour une histoire continue de la peinture grecque, c'est d'une part la pauvreté et l'incohérence de notre documentation, et, d'autre part, le fait que, lorsqu'il s'agit du concept de peinture ou du concept d'art, nous avons affaire à un concept moins évident, et qui comporte probablement plus de diversité à travers les civilisations que les concepts nécessaires à la compréhension de la politique. Nous n'avons aucune difficulté à comprendre les discours stratégiques des Athéniens, nous n'avons aucune difficulté à comprendre Alcibiade en tant que stratège, nous avons certainement plus de difficulté lorsqu'il s'agit de comprendre ce que les Grecs pouvaient entendre par un artiste ou ce que signifiait l'art pour eux. En d'autres termes, l'opposition que l'on voulait illustrer par deux cas particuliers se révèle simplement liée à l'hétérogénéité des documents d'une part, et à celle des concepts d'autre part.

Que veut démontrer Danto ? Que tout récit en tant que récit, que tout discours historique dans la mesure où il est discours historique, comporte un minimum d'explication ou d'interprétation insérée dans le récit lui-même : sans un minimum d'interprétation, il n'y a plus en effet de récit du tout. Si vous considérez la chronique de la guerre du Péloponnèse par Thucydide, il n'y a pas de théorie des guerres, pas de théorie stratégique, mais vous ne comprenez le récit que parce que la suite des événements est présentée de manière telle qu'implicitement il y a une interprétation-explication de la suite de ces événements ; or s'il n'y a pas ce minimum de connexions, il n'y a plus d'histoire du tout. Ce qui revient à dire que l'opposition entre la narration pure *(plain narrative)* et l'explication n'est qu'une distinction relative et logiquement non tenable. En ce sens, selon Danto, tout récit contient en lui, dans la succession de ces propositions, des éléments d'explication ou d'interprétation, ou encore : tout récit choisit, sélectionne, met en relation, et le *plain narrative*, ou la narration pure, présente déjà toutes les caractéristiques de ce que l'on appelle la connaissance historique.

Une deuxième question mérite d'être posée : que choisit l'historien ? Quels sont les fondements de la sélection ? L'analyste retrouve ici le problème dont les philosophes critiques de l'Allemagne ont discuté indéfiniment, et qui est celui de savoir ce que l'historien retient, dans sa reconstruction, du monde infini des faits. Sur ce point, l'analyste dit simplement que l'historien doit retenir ce qui est *relevant* et qu'en ce qui concerne le récit, la sélection de ce qui doit être retenu appartient à plusieurs catégories[81]. Par exemple, on peut retenir un certain nombre d'événements parce qu'on leur donne une certaine signification morale ; on peut en retenir d'autres parce qu'ils illustrent ou confirment une théorie : Marx racontera ainsi les révolutions françaises du XIXᵉ siècle pour mettre à l'épreuve et pour appliquer sa conception de l'histoire. On peut retenir certains événements en raison des conséquences considérables qu'ils ont développées, et on peut retenir des événements qui en apparence n'ont pas grande signification pour en tirer des conclusions qui, elles, en ont une considérable. Par exemple, le fait que Descartes ait été vivre en Hollande peut nous permettre de mettre en lumière la menace de persécution qui pesait sur les intellectuels français de l'époque.

Ces principes de sélection, que Danto énumère en passant, ne se contredisent pas les uns les autres : la sélection peut utiliser simultanément plusieurs de ces principes de *relevance*, et l'analyste ajoute qu'il ne prétend pas donner une liste exhaustive. Tout ce qu'il veut démontrer par là, c'est que le récit en tant que tel — si nous supposons que l'histoire est un récit — comporte par définition la plupart des éléments que l'autre école d'interprétation de l'histoire considère comme la marque du relativisme, et qu'il ne peut pas en être autrement. L'histoire est par définition reconstruction et choix par rapport à un grand nombre d'événements, mais il est bien entendu que l'historien, s'il veut dire le vrai, doit découvrir un rapport significatif avec la partie du passé qu'il veut nous raconter. Ce qui est essentiel pour le logicien, c'est la phrase suivante où aboutit l'analyse que je vous ai grossièrement résumée : « *What cannot be represented as a factual disagreement is irrelevant to history* » (« Ce qui ne peut pas être représenté comme un désaccord relatif aux faits est sans rapport ou est *"irrelevant"* par rapport à l'histoire »)[82]. Conclusion que, me semble-t-il, on pourrait déduire sans difficulté de la définition qui a été posée au point de départ : si la connaissance historique en tant que telle ne se compose que de jugements prétendant à la vérité sur des faits et sur leurs connexions, si l'on décide par définition ou par hypothèse d'éliminer de la connaissance historique tout ce qui va au-delà des jugements vrais et des propositions vraies sur les faits et sur leurs connexions, il en résulte que tout désaccord entre les historiens qui ne se résout pas en un désaccord sur les faits ne concerne pas le logicien. Mais, comme souvent lorsque je lis les analystes, je trouve une extrême subtilité pour démontrer une évidence, parce que la conclusion me paraît dérivée d'une manière inflexible, impitoyable, de la définition posée au point de départ.

Retenons cependant cette définition que beaucoup d'historiens considéreraient comme valable. Mon ami Paul Veyne par exemple formule, dans son dernier livre, une proposition de cet ordre, qui n'est d'ailleurs pas tellement en accord avec le reste de l'ouvrage. Il prétend en effet qu'entre un marxiste et un non-marxiste, il y a des désaccords philosophiques, mais que, quand ils écrivent l'histoire, ils écrivent la même histoire, à condition de procéder à l'élimination de beaucoup d'éléments qui figurent dans le discours historique.

A partir de là, nous allons arriver au thème central de la philosophie analytique de l'histoire, qui est celui de la nature de l'explication scientifique. Nous avons exposé la première étape de la philosophie analytique : la distinction entre la psychologie et la logique, la définition de la connaissance historique sous sa forme minimale et contraignante, l'insertion inévitable de l'explication dans le récit. Nous en arrivons maintenant à la deuxième étape : qu'est-ce que l'explication historique ?

Le problème de l'explication historique chez les analystes va m'occuper pendant plusieurs leçons. Si on le réduit à l'essentiel, il se formule de la manière suivante : les propositions historiques sont relatives à des faits situés spatialement et temporellement, ou à des événements localisés et situés dans le temps. D'autre part, l'une des formes préférées de l'histoire est le *récit*, c'est-à-dire la succession de ces événements. Ces événements, dans la connaissance historique, sont par définition *uniques* (ils ne se sont passés qu'une seule fois, il n'y a eu qu'une bataille de Marathon) et *singuliers* (chacun de ces événements présente certains traits qui ne se retrouvent pas dans les autres).

Qu'est-ce que l'explication historique ? L'explication historique est l'explication d'un événement unique et singulier, et l'explication d'un événement unique et singulier par ses antécédents. D'où la question centrale à propos de laquelle les analystes ont dépensé des tonnes d'encre : comment peut-on expliquer un événement puisqu'en tant qu'historique il est unique et singulier, et que, par définition, l'explication scientifique dans les sciences de la nature, et même dans les sciences humaines, ne rend pas compte de l'événement en tant qu'unique et singulier ?

A partir de là, toute la problématique classique, y compris celle de la phénoménologie, peut se retrouver, car s'il n'y a pas de lois générales pour expliquer une consécution singulière, ne faudra-t-il pas recourir aux intentions des acteurs ? L'explication par les intentions des acteurs est-elle scientifique ou non scientifique ? Ne sort-on pas de la science si l'on explique les événements par les intentions des acteurs ?

Toute la problématique de la connaissance historique peut ainsi ressurgir de ce que l'on appelle, dans la littérature analytique, la discussion entre Hempel et Dray, deux philosophes analytiques dont l'un essaie de démontrer que l'explication historique est une modalité de l'explication scientifique, et l'autre que l'explication historique est, par essence, différente de l'explication scientifique.

L'EXPLICATION HISTORIQUE

Le discours historien est composé de propositions relatives à des événements et à leurs connexions. Dans la mesure où ce discours est *récit*, il ne doit pas ressembler au discours des enfants. Le récit des enfants se présente en effet sous la forme : « Il arriva ceci, et puis ceci et puis ceci. » Or, il est clair que le discours de l'historien ne devient scientifique que dans la mesure où il y a une connexion plus ou moins nécessaire, ou tout au moins intelligible, entre les événements que l'on raconte et leurs antécédents.

La nécessité d'une connexion entre les événements étant posée, deux modèles de connexion ont été présentés, élaborés, discutés indéfiniment : le modèle Hempel ou modèle déductif, ou encore le *covering-law model*, modèle de la loi qui couvre la connexion singulière, et le modèle Dray. Le modèle Hempel se présente sous la forme suivante : il n'y a explication scientifique que dans la mesure où la connexion entre les événements singuliers peut se déduire d'une proposition générale. Ce qui peut encore s'exprimer dans les termes suivants : l'explication historique n'est scientifique que si elle repose sur un postulat déductif. Le modèle Dray est le modèle que l'on appelle aussi *rationnel* : un événement est expliqué, rendu intelligible, lorsqu'on arrive à saisir l'objectif visé par l'acteur, et à expliquer le moyen choisi en fonction de la fin visée. Il va de soi que le modèle de l'explication rationnelle ne peut s'appliquer qu'à une action humaine, et que, par conséquent, le modèle Dray implique la spécificité de l'histoire humaine par rapport à l'histoire naturelle. Le modèle Dray ne peut pas en effet être mis en lumière s'il s'agit d'une suite d'événements naturels, puisque l'on ne peut pas supposer que l'eau qui gèle a l'intention de geler, ni que la pluie qui tombe a l'intention de tomber. En revanche, il est facile de supposer que Hitler, en attaquant la Russie, ou Bismarck, en truquant la dépêche d'Ems, ou les Américains, en dévaluant il y a quelques jours le dollar, visaient un objectif donné.

Voilà comment est posé le problème de l'explication historique, et, avant d'entrer dans une analyse plus détaillée de ces deux modèles, je voudrais me demander si cette manière de poser le problème de l'explication historique est légitime. Je vais présenter quelques remarques sur ce sujet :

1. La position du problème, à savoir la recherche de la connexion entre les événements, n'est légitime que dans la mesure où l'on se souvient que les événements que l'on veut expliquer ne sont pas les événements tels qu'ils se sont passés, ni même tels qu'ils ont été vécus, mais les événements *construits* par l'historien. Il n'y a jamais dans le récit historique ni événements purs, ni réalité phénoménale pure, mais substitution au concret d'un certain nombre de propositions qui constituent une description ou une délimitation de ce qui s'est passé. En d'autres termes, ce que l'on cherche à expliquer n'est pas l'événement brut, ni le phénomène brut, mais l'événement construit par l'historien, et, je l'ajoute immédiatement, les analystes supposent cette construction ou description de l'événement déjà opérée avant de se poser le problème de la connexion entre cet événement construit et ses antécédents.

Du même coup, on peut dire qu'ils retrouvent implicitement les idées que développaient longuement les autres interprètes de la connaissance historique, et, en particulier, il est facile de reprendre l'exemple favori des criticistes allemands, c'est-à-dire l'exemple de la bataille. Il est clair que la bataille que l'on voudra expliquer, ou dont on voudra expliquer le déroulement, ou encore dont on voudra expliquer l'issue heureuse pour tel ou tel camp, figurera dans le récit historique sous la forme d'une série de propositions, et que cette bataille pensée ou racontée diffère fondamentalement de la bataille telle qu'elle a été vécue soit par les soldats, soit par les généraux. L'histoire pensée ou racontée par l'historien n'est pas un reflet ou une reproduction de la bataille vécue, c'est une *reconstruction* ou une *reconstitution*. Ce serait pure illusion que de supposer que le récit, reconstruction ou reconstitution, est simplement le reflet de ce qui s'est passé.

J'ajouterai que cette reconstruction ou reconstitution suppose nécessairement l'intervention de concepts. Il suffit d'ailleurs de dire « la bataille de Marathon » pour utiliser un concept, car la bataille est un concept, et quand on dit « la bataille de Marathon », on suppose que ce qui s'est passé ce jour-là, à 42 kilomètres d'Athènes, appartient à la même classe que ce qui s'est passé un jour de décembre 1805 à Austerlitz. En d'autres termes, quand on dit « bataille d'Austerlitz » ou « bataille de Marathon », on substitue déjà à une série d'impressions vécues par les acteurs une réalité construite, et qui n'est construite que par la représentation ou par les concepts. J'ajoute que c'est par l'historien que la bataille de Marathon ou la bataille d'Austerlitz reçoit son unité. On peut dire que, dans le cas de la bataille de Marathon ou dans celui de la bataille d'Austerlitz, l'unité était pour ainsi dire préfigurée dans ce qui a été vécu, mais il y a beaucoup de cas où les événements construits reçoivent leur unité de l'historien, sans que ces événements aient été vécus par les acteurs comme constituant une unité. L'exemple le plus célèbre est celui de la guerre du Péloponnèse racontée par Thucydide. Dans une large mesure, c'est Thucydide qui a créé l'unité de la guerre du Péloponnèse ; c'est lui qui a pensé que la première partie de la lutte entre Athènes et Sparte, puis l'armistice de Nicias, puis la dernière partie de la guerre ne constituaient qu'un événement unique, qu'un ensemble unique, la bataille du Péloponnèse. De la même façon, il n'est pas exclu de dire, comme l'a dit un jour le général de Gaulle, que les deux guerres du XXe siècle, 14-18 et 39-45, ne sont qu'une guerre de trente ans : c'est la même guerre qui a été livrée deux fois avec un armistice de vingt ans. Ce à quoi je veux tendre, c'est à une idée simple et fondamentale : il n'y a pas de différence essentielle entre l'événement et l'ensemble. Un événement comme la bataille de Marathon peut se décomposer en une série d'actions particulières, et, de la même façon, une guerre peut se décomposer en une série de batailles. Donc les unités historiques ne sont pas atomiques, mais sont pour ainsi dire des *ensembles*, et la construction des ensembles, qui est présupposée dans la réflexion analytique sur les connexions, est un élément, et un élément fondamental, de la reconstitution de l'histoire humaine par l'historien.

On peut naturellement se demander — question que ne se posent pas les analystes — à laquelle des histoires vécues ressemble le plus l'histoire racontée par les historiens. Il est vraisemblable que dans la majorité des récits historiques, l'histoire racontée ressemble davantage à celle qu'ont vécue les généraux qu'à celle qu'ont vécue les soldats. Cela dit, il y a des récits qui veulent reproduire la confusion des événements et réduire au minimum le rôle des chefs, comme il y a des récits qui s'efforcent de montrer les événements soumis à la volonté lucide de ces mêmes chefs. Si vous voulez avoir des exemples de ces deux extrêmes, considérez les manuels scolaires et la description de la bataille d'Austerlitz, et, en contrepartie, le roman de Tolstoï et son récit de la bataille de la

Moscova, destiné, dans sa pensée, à réduire à presque rien le rôle des grands hommes, des stratèges, des Clausewitz, et à montrer que la bataille n'était qu'une épouvantable boucherie, où, finalement, c'était, sinon le hasard, du moins la masse, la pesanteur, la résistance qui finissaient par l'emporter, et qu'il n'y avait pas de place pour la volonté souveraine des chefs. Vous connaissez les effets littéraires de la guerre vue par en bas : Stendhal et la bataille de Waterloo, Zola et la débâcle sont les récits d'événements historiques vus par les acteurs victimes, et non par les acteurs prétendument souverains.

Cette analyse des modalités de la reconstruction ou de la reconstitution pourrait occuper l'épistémologie et devrait l'occuper. Les analystes font abstraction de tout cet aspect du travail de l'historien puisqu'ils prennent pour point de départ la formule simple : l'événement dont nous voulons rechercher la connexion avec ses antécédents est décrit par une série de jugements que formule l'historien sur ce qui s'est passé à tel endroit et à tel moment.

2. Si l'analyse précédente est exacte, la distinction du micro-événement et du macro-événement n'est qu'une distinction relative. La rencontre d'un soldat français et d'un soldat russe à la bataille d'Austerlitz est un micro-événement, mais si la bataille tout entière est déjà relativement un macro-événement par rapport à l'événement parcellaire, elle n'est elle-même qu'un micro-événement par rapport à l'ensemble de la campagne, tout comme l'ensemble de la campagne est également un micro-événement par rapport à l'ensemble des guerres de Napoléon. Disons, pour reprendre sous une autre forme la même idée, qu'il n'y a pas de différence essentielle entre le *micro* et le *macro*, entre l'événement et l'ensemble : tout récit historique nous présente une série d'ensembles (*Zusammenhänge*) (je dis « ensemble » pour éviter le terme anglais de *Whole*). La distinction entre l'événement et l'ensemble est donc toute relative et il y a pour ainsi dire un emboîtement de poupées russes : le

micro s'insère, s'intègre dans un *macro* sans que l'on puisse jamais trouver ni l'atome ni le tout. Le tout serait la totalité de l'histoire humaine, pour nous inaccessible ; l'atome serait un événement rigoureusement localisé dans un point de l'espace et dans un moment du temps, et il est tout aussi impossible d'atteindre l'atome rigoureusement délimité que de saisir la totalité.

Cela étant posé, on pourrait faire une objection à la manière dont les analystes anglo-américains mettent en place le problème de l'explication. Ce serait l'objection que formulerait probablement Althusser, et dont vous trouvez certaines expressions dans ses livres : Althusser affirmerait qu'il est erroné de prendre pour point de départ un événement quelconque et d'en chercher les connexions avec ses antécédents ; il dirait, d'une part, que se reporter directement à l'événement tel qu'il s'est produit suppose une espèce d'empirisme, et que, d'autre part, cela témoigne de la méconnaissance d'une condition de la scientificité authentique, à savoir la saisie, avant le fait, ou avant l'événement, de l'ensemble dans lequel cet événement prendra place. A la limite, il soutiendrait que la science de l'histoire implique la saisie théorique des ensembles, et que ce n'est pas en partant de l'élément, de l'événement parcellaire, que l'on peut reconstituer le système ou l'ensemble significatif dans lequel l'événement trouvera son sens et sa signification.

A quoi, personnellement, je répondrai par deux arguments pour justifier la démarche des analystes :

A. Le micro-événement n'est pas le phénomène brut, et il n'y a pas nécessairement davantage d'empirisme à commencer par le micro-événement qu'à partir d'un ensemble plus étendu. Le micro-événement, si nous le pensions correctement, est lui aussi une reconstruction ; lui aussi suppose des concepts et un minimum de théorie.

B. Mais naturellement il y a une différence de degré considérable entre ce qu'implique de théorie ou de conceptualisation la saisie d'un micro-événement et ce que requiert celle d'un mode de production. On peut bien sûr dire qu'il n'y a pas de différence fondamentale, pas de différence d'essence entre l'ensemble « bataille » et l'ensemble « mode de production », mais, malgré tout, dans un cas nous avons un référent clair, que nous pouvons vérifier, cependant que lorsqu'il s'agit d'un mode de production, nous sautons tout de suite à un ordre d'abstraction et de conceptualisation tel que la question se pose de savoir dans quelle mesure cet objet construit résulte de l'arbitraire du savant ou se trouve plus ou moins déterminé dans la réalité humaine. Disons simplement que si l'on part du micro-événement, et si l'on en cherche les connexions avec les antécédents, on procède de manière plus modeste que lorsque l'on s'efforce de commencer par la saisie d'ensembles aussi démesurés qu'un mode de production. Mais je m'empresse de dire qu'il n'y a pas d'objection philosophique à l'avance contre la tentative de mettre en place les événements dans un système, et que chacun des domaines de l'histoire peut comporter la recherche d'un système : soit un système historiquement défini, soit un système plus abstrait comme le mode de production, qui est plutôt un modèle qu'un système.

3. De la même façon que l'événement est mis en place dans un système, lorsqu'il y a récit, il faut qu'il y ait une entité dont on s'efforce de saisir à la fois le devenir et la continuité. En d'autres termes, quand on raconte l'histoire de la France, ou l'histoire de la philosophie, un problème conceptuel extraordinairement difficile, et cependant indispensable, se pose, qui est de déterminer une entité dont on essaie de retracer les étapes successives. Après tout, la question se pose de savoir dans quelle mesure il y a quelque chose qui correspond à ce que nous appelons l'entité France. Écrire l'histoire de France, n'est-ce pas simplement une fiction des manuels qui supposent la permanence, à travers des états successifs, d'une certaine entité politique ? La question de savoir quand commence

l'histoire de France est une question qu'il est légitime de poser. Il existe une autre version du même problème : Toynbee, au début de *A Study of History*, s'interroge sur ce qu'il appelle « les champs intelligibles de recherche », et il s'efforce de montrer que ni l'Angleterre, ni la France, ni l'Allemagne ne constituent un « champ intelligible de l'histoire »[83]. Ce qui signifie que l'ensemble qui permettrait de rendre intelligible le devenir n'est pas l'ensemble qui aurait pour entité en devenir la France ou l'Angleterre, mais ce qu'il appelle la « civilisation » ou une société. On peut donc se demander comment, si l'on veut suivre les états successifs d'une entité, déterminer cette entité et en penser la continuité ou la permanence à travers le temps.

4. La dernière remarque, que je fais en passant, parce que j'y reviendrai, est que je crois qu'il importe de distinguer, dans la théorie de l'explication historique, deux concepts que j'appelle respectivement l'événement et l'œuvre. J'appelle événement ce qui se passe à un moment du temps, à un point de l'espace, ou, s'il s'agit de l'histoire humaine, un événement humain situé et daté. L'œuvre, à sa naissance, est un événement : l'histoire du Péloponnèse a été écrite par Thucydide à un moment donné, pendant la guerre du Péloponnèse, et on discute encore pour savoir à quelle date les différents livres ont été écrits. Donc, en tant que surgissement, le livre *La Guerre du Péloponnèse* est un événement, mais une fois l'œuvre détachée de son auteur, une fois le Parthénon construit, ou *La Guerre du Péloponnèse* rédigée, il s'agit d'une œuvre, c'est-à-dire de quelque chose qui est création humaine, mais qui ne se confond ni avec les intentions, ni avec les expériences vécues de son auteur. Le monument artistique est l'exemple de l'œuvre, mais une connaissance scientifique, ou un livre d'histoire, sont également des œuvres qui se distinguent conceptuellement de ce que j'appelle les événements. J'essaierai de montrer en effet que l'explication ou l'interprétation de

l'événement et celle de l'œuvre ne se déroulent pas de la même manière.

Ces réserves émises, essayons de formuler rigoureusement les deux modèles en commençant par le modèle Hempel, celui du postulat déductif. L'idée de Hempel est en elle-même très simple : si nous considérons deux événements singuliers, comment pouvons-nous expliquer que l'événement B devait se produire, ou comment pouvons-nous expliquer l'événement B ? Il semble que nous aurons le sentiment d'avoir expliqué l'événement B si nous pouvons trouver une loi générale selon laquelle, à chaque fois que A est donné, B en résulte, et ensuite si nous pouvons, par des jugements de fait, singuliers, découvrir que l'événement A était donné avant l'événement B que nous voulions expliquer.

Prenons un exemple très simple : pourquoi le radiateur de ma voiture a-t-il sauté ? Parce que, nous le savons tous, l'eau gèle lorsque la température tombe au-dessous de zéro, et nous savons d'autre part que le volume de la glace est supérieur au volume de l'eau, de telle sorte que les tuyaux sauteront si l'eau gèle. Supposons que mon radiateur ait sauté un jour où il faisait très froid, et nous avons ce qui est nécessaire pour le modèle Hempel : deux propositions qui sont des lois — l'eau gèle lorsque la température tombe au-dessous de zéro, le volume de la glace est supérieur au volume de l'eau. Et il nous suffit de savoir, condition initiale, que la température ce jour-là était effectivement au-dessous de zéro, qu'en plus il n'y avait pas d'antigel dans l'eau de mon radiateur, pour produire une explication tout à fait satisfaisante du type Hempel. En effet, nous avons : 1) il y avait de l'eau sans antigel dans le radiateur, 2) la température est tombée au-dessous de zéro — ce sont les deux conditions initiales — ; d'autre part, deux lois universelles : l'eau gèle quand la température tombe au-dessous de zéro ; le volume de la glace est supérieur au volume de l'eau. Avec les propositions générales et la situation de fait qui existait ce jour-là, nous pouvons expliquer pourquoi le radiateur a sauté. C'est le type même de la proposition Hempel : une ou plusieurs propositions générales qui déterminent que lorsque E est donné, F s'ensuit ; la constatation que dans une situation particulière E est donné, et, par là même, l'explication de F. Pour avoir le modèle Dray, continuons de nous intéresser au radiateur, au gel et au manque d'antigel. Supposons que quelqu'un me demande : pourquoi ton radiateur a-t-il sauté ? Je ne répondrai pas : parce que l'eau gèle quand la température tombe au-dessous de zéro (il le sait aussi bien que moi, et ce n'est évidemment pas la raison pour laquelle mon radiateur a sauté). Je vous laisse le choix entre deux réponses possibles. L'une des réponses est : parce que mon idiot de garagiste a oublié de remettre de l'antigel après avoir vidangé le radiateur ; la deuxième : parce que Jean, dont j'avais écorné la voiture l'autre jour, a voulu se venger, et s'est amusé à vider mon radiateur qui contenait de l'antigel et l'a remplacé par de l'eau sans antigel. Dans les deux cas, l'explication de l'événement « le radiateur a sauté », ce n'est plus que l'eau gèle, ce n'est pas le volume respectif de l'eau et de la glace, que nous connaissons tous, mais c'est l'acte d'une personne.

J'ai mentionné ces deux réponses possibles parce qu'elles sont de deux types. Le premier type : « le garagiste a oublié », mobilise un acte non intentionnel qui est une explication possible, mais qui ne rentre pas dans le modèle Dray, c'est-à-dire *le modèle rationnel*. En revanche, la deuxième explication : « parce que l'autre a voulu se venger en vidant mon radiateur et en y mettant de l'eau sans antigel », est le type même de l'explication rationnelle et du modèle Dray. Vous allez trouver que c'est une drôle de rationalité. En fait, c'est parfaitement rationnel : il voulait atteindre un certain objectif, qui était de se venger du tort que j'avais fait à sa voiture. Il a utilisé un moyen qui était à sa disposition : il a porté un dommage à ma propre voiture en créant des conditions où le radiateur allait sauter. Il s'agit donc, dans ce cas, de ce que l'on appelle *une explication téléologique* ou *rationnelle*, puisque, le but étant donné, il a choisi un moyen qui était logiquement, rationnellement, lié à la fin ; il a choisi un moyen qui lui a permis d'atteindre son objectif.

On appelle aussi cette sorte d'explication rationnelle *le syllogisme pratique*. Le syllogisme pratique se formulerait de la manière suivante :

— A veut atteindre l'objectif X ;

— A se trouve dans la situation où le moyen pour atteindre l'objectif X est la décision Y ;

— Donc il prend la décision Y.

Ou encore : Bismarck voulait déclencher une guerre contre la France en 1870 pour unifier les États allemands ; la crise à propos de l'Espagne et la démarche de l'ambassadeur de France auprès du roi de Prusse lui a offert une occasion ; il a truqué la dépêche d'Ems pour obtenir le but visé, la guerre, et cela dans des conditions favorables, c'est-à-dire dans un cas où la France semblerait être l'agresseur. Qu'il s'agisse de tirer vengeance d'un chauffeur ou qu'il s'agisse de déclencher la guerre, nous obtenons le même syllogisme pratique qui revient à ceci : l'auteur qui vise un certain objectif se trouve dans une situation donnée, où le moyen qui s'offre à lui est tel ou tel ; donc il choisit le moyen qui s'offre à lui parce que c'est celui qui conduit à la fin visée.

Nous avons analysé de manière très grossière les deux modèles sous leur forme pure. Sous sa forme pure, le modèle Hempel permet de déduire l'événement de propositions générales à partir d'antécédents donnés. Le modèle Dray, de son côté, permet d'expliquer l'événement à partir des intentions ou de l'objectif de l'acteur dans une situation qui lui est offerte. Ajoutons que j'ai pris volontairement l'exemple de la voiture, parce qu'il permet de saisir que, dans certains événements de la vie quotidienne, les deux types d'explication, ou les deux sortes de modèles, peuvent être utilisés simultanément. Si nous songeons à la récente tragédie du C.E.S., nous y trouvons l'explication téléologique par l'acte délibéré de quelques jeunes gens, mais il faut aussi mentionner le développement rapide du feu, plus rapide que prévu, développement qui représente un phénomène d'ordre naturel, probablement explicable à partir de certaines propositions générales jointes à des situations particulières[84]. On ne dirait pas que la cause de l'incendie est qu'on a mis le feu à l'essence, parce que c'est là la cause au sens matériel du terme ; on commencerait par remonter aux actes délibérés : toutefois, si l'on veut avoir une explication totale, il faut aussi intégrer les événements naturels déduits d'un certain nombre de propositions générales.

Voilà les deux modèles extrêmes, et l'exemple un peu dérisoire que j'ai pris peut sans difficulté être transposé, élargi en prenant des exemples historiques. Si nous évoquons par exemple la décision hitlérienne d'attaquer la Russie, l'explication, selon le modèle Dray, consisterait à chercher l'objectif visé par Hitler, et à expliquer la décision de lancer ses armées à la conquête de la Russie comme le moyen que Hitler concevait comme le meilleur ou le seul possible pour atteindre l'objectif qu'il visait, et qui était probablement la conquête de l'ensemble de l'Europe.

Cela dit, pourquoi la discussion entre ces deux modèles a-t-elle tenu une telle place dans toute la littérature analytique américaine ? Les raisons m'en paraissent être les suivantes :

1. Si le modèle Hempel est valable, la conséquence serait que la connaissance historique ne diffère pas en nature de la connaissance naturelle. La raison pour laquelle en effet la majorité des analystes anglo-américains ont essayé de retrouver le modèle Hempel dans les explications historiques, c'est que ce modèle est une manière de confirmer ou de vérifier une des thèses de l'école analytique : l'unité de la connaissance scientifique, abstraction faite de l'hétérogénéité des objets sur lesquels

porte cette connaissance. Si l'explication historique est celle qui est définie par le modèle déductif, il n'y a plus de différence d'essence entre la connaissance de l'homme par l'homme et la connaissance de la nature par l'homme. Ce que veulent, au bout du compte, les tenants de l'école Hempel, c'est démontrer la nature fondamentalement homogène de toute explication scientifique. Il en résulte que beaucoup de ceux qui soutiennent la thèse adverse s'efforcent de retrouver, par la méthode analytique, la conception herméneutique ou phénoménologique de l'histoire, c'est-à-dire s'efforcent de démontrer que la connaissance de l'histoire humaine diffère *en nature* de la connaissance de la nature.

2. Les analystes tenant de l'école de Hempel ont le sentiment que l'explication par l'intention, ou par l'objectif que visait l'acteur, introduit un élément qui est étranger à l'essence de l'explication scientifique. C'est le cas au premier chef, parmi les analystes, de l'école de l'objectivisme intégral qui, partant de l'idée qu'on ne peut jamais observer de l'extérieur ce qui se passe dans la conscience des acteurs, nie qu'il soit légitime de se référer à ce qui se passe dans la conscience de ces acteurs. Mais, en fait, la majorité des analystes se rend bien compte qu'il est impossible de raconter l'histoire humaine en faisant abstraction de ce que les hommes ont pensé ou voulu, et, par conséquent, ils ne poussent pas la théorie objectiviste jusqu'au point extrême. Cependant, moins ils ont recours à l'explication par les intentions et la conscience, plus ils ont le sentiment de rester sur le terrain solide de la science.

3. Le modèle Dray réintroduit manifestement ce que les Allemands appelaient le *Verstehen*, la compréhension, qui est la notion centrale de l'école herméneutique. Dray, qui est un professeur canadien, ne semble pas conscient, autant qu'il m'en souvienne, du fait qu'il retrouvait par une autre méthode ce que Max Weber, sinon Dilthey, avaient exprimé d'une manière parfaitement claire. On

trouve en effet sans difficulté dans la *Wissenschaftslehre* de Max Weber la théorie de l'explication par la rationalité de la décision en vue d'un but donné. Mais, à ma connaissance, Dray ne cite jamais Max Weber, ce qui est un exemple, entre beaucoup d'autres, du fait qu'aujourd'hui la majorité des professeurs sont prisonniers de leur spécialité : Dray a suivi une formation philosophique, et, comme Max Weber n'est pas de son côté un philosophe de formation, il ne fait pas partie des lectures de Dray ; ce dernier ne semble pas avoir soupçonné qu'un certain nombre des idées qu'il défend avaient déjà été exposées un siècle auparavant dans une autre langue, et par un homme qui n'était pas officiellement un philosophe.

Cela dit, le dernier livre paru sur le sujet est celui d'un Finlandais, G. H. von Wright, qui raisonne à la manière analytique, mais qui appartient à la dernière école des analystes, c'est-à-dire à celle qui retrouve la tradition des *Geisteswissenschaften*. G. H. von Wright reprend la théorie de l'explication humaine selon le modèle Dray, mais il est conscient que ce modèle n'est rien de plus qu'une modalité de la théorie du *Verstehen*. Dans son livre intitulé *Explanation and Understanding*, Wright examine le dialogue Hempel/Dray et prend position pour le modèle Dray sous une forme modifiée ; il dit explicitement qu'il s'agit de retrouver le sens spécifique que les auteurs allemands donnaient à la notion de *Verstehen*, de comprendre.

Dans ce dialogue Hempel/Dray, beaucoup de positions possibles se laissent repérer :

a) On peut dire d'abord que les historiens écrivent l'histoire le plus souvent conformément au modèle Dray, mais qu'ils ont tort : ils se figurent expliquer alors qu'ils n'expliquent pas. Selon cette position, le « modèle téléologique » ou le « syllogisme pratique » n'est pas une explication au sens scientifique du terme, même si on reconnaît que beaucoup d'historiens utilisent ce modèle comme s'il était valable.

b) On peut soutenir que les historiens, souvent, expliquent selon le modèle Dray — et que d'ailleurs ils ne peuvent pas faire mieux —, mais qu'il en résulte que l'histoire n'est pas une science. C'est la position qu'adopte le dernier livre qui ait été écrit sur le sujet en France, celui de Paul Veyne qui souligne avec force que l'histoire telle qu'il la conçoit n'est pas une science, parce qu'elle vise le singulier ; elle veut décrire, mais elle n'explique pas au sens scientifique du terme.

c) On peut enfin dire aussi que le modèle Dray s'applique à certaines fractions de la connaissance historique, mais qu'il ne constitue pas une explication suffisante et qu'il faut essayer le plus souvent possible de chercher et d'utiliser les propositions générales pour compléter les explications de type téléologique par des explications de type déductif.

Nous verrons laquelle de ces attitudes vaut le mieux. Pour l'instant, notons d'abord qu'on a essayé de rapprocher de diverses manières les deux modèles, et surtout qu'on a essayé de rapprocher le modèle Hempel pur de la pratique de la connaissance historique ou même de la pratique de l'explication dans les sciences de la nature, en atténuant la forme rigoureuse de la déduction. Au lieu de dire que l'explication n'est satisfaisante que dans la mesure où l'on a une proposition générale dont on peut déduire ce qu'il faut expliquer à partir des conditions initiales qui sont données, on peut dire qu'on n'a pas *une*, mais plusieurs propositions générales, qu'on n'a pas *un* antécédent, mais un grand nombre d'antécédents, et donc qu'on n'a pas un déterminisme rigoureux entre les antécédents et l'événement à expliquer, mais simplement une plus ou moins grande probabilité. Si nous envisageons une situation concrète, par exemple d'ordre météorologique, si nous cherchons à expliquer un phénomène de verglas à tel ou tel endroit, nous connaissons, dans l'abstrait, les conditions dans lesquelles se forme le verglas, mais nous savons aussi que le verglas peut se former dans un certain nombre de situations d'humidité, de froid, etc., qui ne sont pas exactement les mêmes. Par conséquent, l'explication, dans un cas de cet ordre, consiste plutôt à dire, comme le font les météorologues, qu'il y a risque de verglas dans une région donnée en fonction d'un certain nombre de circonstances, qu'il y a probabilité de l'événement, et non pas déterminisme nécessaire. On peut substituer à la déduction rigoureuse à partir de la proposition générale une probabilité de prédiction à l'avance et une probabilité d'explication après coup en fonction d'une multiplicité de circonstances, d'une multiplicité d'antécédents et d'une pluralité de propositions générales.

Nous conservons ainsi l'idée du modèle Hempel selon lequel la généralité est la condition de l'explication scientifique de la connexion singulière, mais nous substituons la probabilité à la détermination ou à la nécessité. Par exemple, lorsqu'il s'agit de mutation génétique, les biologistes ne peuvent que constater ces mutations et éventuellement déterminer les circonstances qui les rendent plus fréquentes ; il y a donc une explication probabiliste d'une mutation singulière, il n'y a pas une déduction rigoureuse de l'événement (la mutation) à partir d'une proposition générale.

On pourrait citer d'autres exemples, mais cela nous mènerait trop loin. Il y a des événements d'un caractère particulier, ce sont ceux qui représentent un raté d'une machine finalisée. Lorsque, par exemple, une automobile faite pour fonctionner d'une certaine façon a une panne, il se produit un événement qui constitue un raté d'une machine finalisée. Or il serait intéressant de comparer l'accident-raté d'une machine finalisée avec le fonctionnement des machines finalisées d'un type particulier, à savoir les machines qui tendent à supprimer toute finalité, comme c'est le cas de la roulette. La roulette est une machine qui est organisée de telle sorte que chaque coup en particulier soit imprévisible. C'est la création volontaire, finalisée, du hasard à l'état pur, c'est-à-dire de l'indétermination de chaque élément singulier, avec la possibilité seulement de déterminer les fréquences en fonction de l'égale chance de la sortie de chaque numéro.

L'intervention de la probabilité substituée à la nécessité rend sans doute un peu plus facile l'introduction de propositions générales dans l'explication d'un événement historique. Prenons par exemple le cas de l'attaque de Hitler contre la Russie. On peut dire que cette attaque est rendue probable en se référant à une proposition d'ordre général du type suivant : toute puissance européenne qui veut établir sa domination sur l'ensemble du continent est condamnée à éliminer tout rival terrestre. Or, Hitler avait en 1940 éliminé les rivaux terrestres de l'Ouest, et si, par conséquent, son objectif était véritablement l'empire sur l'Europe, on peut dire que la proposition, qui s'est déjà vérifiée sous Napoléon, selon laquelle un conquérant européen est condamné à aller à Moscou, représente une espèce de proposition générale, une loi que l'on peut utiliser pour rendre, non pas nécessaire, mais intelligible la décision prise par Hitler, donc pour, en quelque sorte, l'expliquer. On pourrait trouver une autre formule et dire qu'étant donné la puissance de l'Allemagne en 1941, étant donné la nature du IIIe Reich, il était conforme aux précédents historiques que la guerre s'étendît et se généralisât.

Voilà le genre de propositions générales (qu'on peut appeler macro-politiques) susceptibles d'être utilisées, non pour en déduire avec rigueur la décision prise par Hitler, mais pour en produire une espèce d'intelligibilité supplémentaire. L'ennui, c'est que, si Hitler avait pris une autre décision, on pourrait aussi trouver des propositions générales contribuant à la rendre intelligible. Après tout, on aurait pu dire que les Allemands s'étaient juré, après la guerre de 1914-1918, de ne jamais plus livrer une guerre sur deux fronts. Or, en 1941, c'est précisément ce que la décision hitlérienne a entraîné. Mais laissons ce doute, qui nous rappelle simplement que ces probabilités rétrospectives ou ces explications d'une décision singulière par une proposition générale ont l'avantage ou l'inconvénient d'être toujours possibles après coup et qu'elles sont souvent erronées lorsqu'elles sont formulées à l'avance.

Il y a un deuxième type de propositions générales que les analystes anglo-américains utilisent volontiers ; ce sont les propositions qu'ils appellent « dispositionnelles » ou les propositions relatives au caractère, au tempérament, à la manière d'être et d'agir de l'acteur. Les analystes insistent beaucoup sur ce point, car ils veulent soutenir que ce qui explique une décision, ce n'est pas qu'elle soit rationnelle en fonction d'un but visé, mais que l'individu qui prend cette décision soit tel que le fait qu'il se conduise rationnellement est normal. En d'autres termes, ce qu'ils veulent, c'est que, même dans le cas d'une décision rationnelle, ce soit la personnalité de l'acteur qui constitue la proposition générale d'où ils déduisent la proposition particulière.

Les propositions générales que l'on peut utiliser pour rendre compte d'un micro-événement constitué par une décision particulière d'un acteur peuvent donc être de deux types :

— Il peut s'agir de propositions macropolitiques relatives au système : par exemple, dans l'ordre international, si nous sommes en présence d'un système bipolaire comme nous en avons connu un pendant longtemps, nous pouvons dire que chacun des deux Grands s'efforcera de limiter l'expansion de l'autre, et que les décisions particulières des États-Unis et de l'Union soviétique deviennent intelligibles en fonction des propositions générales relatives au mode de fonctionnement d'un système bipolaire. C'est un premier type de généralité constitué par les propositions générales relatives à l'ensemble dans lequel s'insère la conduite de l'acteur considéré.

— Mais il existe aussi un deuxième type de propositions

générales, celles qui définissent le caractère de l'acteur. Dans cette perspective, on dira que ce qui explique la conduite de l'acteur en une circonstance particulière, c'est essentiellement ce qu'il est. Dans le cas de la décision hitlérienne, on dira que, Hitler étant un homme d'ambitions illimitées, animé par une passion anticommuniste, il devait inévitablement prendre la décision qu'il a prise, c'est-à-dire essayer de détruire l'Union soviétique avant l'intervention américaine. Ce sont ici les dispositions de l'acteur considéré qui rendront compte de la décision, plutôt que l'analyse rationnelle de la situation et des objectifs. Si vous appliquiez le même système à Napoléon, vous trouveriez un certain nombre de décisions s'expliquant mieux par les propositions « dispositionnelles » que par la rationalité. Par exemple l'idée, en elle-même curieuse, de Napoléon de placer ses frères sur les différents trônes d'Europe. Il s'agit là, vraiment, de l'homme Napoléon, du sens du clan, de la passion corse de la famille, et il est plus facile de déduire ces décisions particulières de l'homme Napoléon que du stratège pur.

Les éléments qui contribuent à atténuer le modèle Hempel sont donc les suivants : pluralité de propositions dites générales, propositions qui sont moins des lois que des généralités plus ou moins vagues, indétermination des circonstances dans lesquelles l'événement va se produire ou s'est produit, propositions probabilistes, propositions dispositionnelles. Le point d'aboutissement de toutes ces précisions, c'est la formule qu'emploie Hempel et qui est devenue classique : l'explication historique n'est pas conforme au modèle pur initialement exposé, mais constitue *an explanation sketch*, un schéma d'explication[85]. Quelquefois, la proposition générale est explicite ; quelquefois, elle ne l'est pas : on a alors un schéma réduit d'explication, le modèle Hempel constituant, lui, le modèle de ce que serait une explication historique parfaite.

EXPLICATION HISTORIQUE
ET COMPRÉHENSION

Nous avons donc deux modèles d'explication : le modèle Hempel, ou modèle de la subsomption, de la déductibilité, selon lequel il est possible de déduire la connexion singulière à partir d'une relation générale, et, d'autre part, le modèle Dray qui est le modèle de la connexion rationnelle entre une situation et une décision ou une action.

Pour confronter ces deux modèles et pour arriver à la discussion qui devrait être décisive pour l'ensemble de ce cours, je reviens sur le modèle Hempel qui, plus ou moins modifié, est celui auquel la majorité des analystes demeure fidèle. Peut-être devrais-je toutefois mettre cette phrase à l'imparfait, car il semble qu'il y ait une évolution dans l'école analytique anglo-saxonne, et que le nombre de ceux qui, en passant par l'analyse, retrouvent la philosophie allemande des sciences de l'esprit augmente. On parle en effet volontiers, dans le monde anglo-saxon, de retrouver Dilthey par l'intermédiaire de Wittgenstein. Mais laissons cette question purement historique et revenons au modèle.

Le modèle Hempel comporte trois sortes de difficultés :
1. Quelles sont les généralités dont disposent les histo-

riens pour expliquer les événements ? Ou encore : quelles sont les régularités ou les propositions générales d'où l'on peut déduire la connexion singulière ? A partir de là, toute une série de questions est évoquée par les analystes : s'agit-il de lois ou simplement de régularités empiriques ? Comment distinguer les lois, au sens propre du terme, des régularités empiriques ? S'agit-il de propositions générales du type : « tous les corbeaux sont noirs » ? Ou s'agit-il, comme le pensent certains analystes, de propositions triviales du type : « la mère de famille en colère donnera facilement une gifle à son enfant » — exemple bien connu parce qu'il se trouve dans Max Weber et indirectement dans Jaspers ? Ou encore : ces propositions générales sont-elles ce que j'ai appelé la semaine dernière des propositions « dispositionnelles », c'est-à-dire des propositions qui portent sur le tempérament, le caractère, le mode d'action de l'agent considéré ?

Ce premier ensemble de problèmes est essentiellement logique, puisque pour les résoudre il faudrait construire une théorie logique de la loi scientifique, différenciée de la régularité empirique : il faudrait distinguer la nécessité naturelle de la régularité empirique (qui ne présente pas le caractère de nécessité) et de la nécessité logique.

2. Le deuxième ensemble de problèmes est également classique, et on peut l'appeler « le problème Hume ou Stuart Mill ». Le « problème Hume ou Stuart Mill » est le suivant : les causes sont-elles autre chose que les antécédents ? Quand nous expliquons un événement, nous trouvons un ensemble d'antécédents parmi lesquels nous devons distinguer les causes contributives, c'est-à-dire les causes qui sont un des antécédents nécessaires à la production de l'événement considéré, et les causes suffisantes. C'est là un débat qui a été classique dans la logique et qui l'est encore à un certain point : la cause est-elle simplement l'antécédent régulier, ou l'ensemble des antécédents ? Faut-il parmi les antécédents en choisir un et le considérer comme cause par excellence ? Pour trouver

une discussion de ces problèmes dans un auteur des sciences sociales, il suffit de se reporter aux œuvres de Simiand, qui, partant de la discussion de Stuart Mill sur les antécédents et les causes, essaient de l'appliquer au cas des relations économiques[86].

Ces deux sortes de problèmes intéressent les logiciens plus que les historiens proprement dits, ou encore : ils intéressent surtout les historiens qui se trouvent accidentellement avoir du goût pour les problèmes spécifiquement logiques. En revanche, il y a un troisième groupe de problèmes qui, lui, est central pour l'historien.

3. La difficulté, cette fois, résulte de la confrontation directe entre le modèle de la consécution régulière ou nécessaire, d'où l'on déduit la connexion singulière, et le modèle de la rationalité du rapport entre la situation et l'action. Car, dans ce cas, il s'agit de deux modèles qui sont radicalement différents. Dans un cas, le modèle est celui-ci : les antécédents étant donnés, l'événement était nécessaire, et je ne peux déduire cette nécessité de la connexion singulière qu'à condition de la déduire d'une ou plusieurs propositions générales. En revanche, si je prends une situation et si je dis que l'action de l'agent était rationnelle, qu'il y avait une rationalité de la relation entre la situation et l'action, vous avez un modèle d'explication par la rationalité de l'agent qui est différent en nature du modèle scientifique. C'est pourquoi les analystes anglo-saxons ont discuté indéfiniment le problème n° 3, car ce problème, implicitement, entraîne le choix ou bien en faveur d'un modèle unique de toutes les sciences, sciences humaines comprises, ou bien introduit la possibilité d'un modèle spécifique des sciences humaines, puisque ce n'est que dans la mesure où l'objet considéré comporte une intentionnalité qu'il est possible de trouver le modèle de l'explication rationnelle. Cette question, qui a l'air subsidiaire, secondaire, qui semble être une subtilité de logicien, met en question le problème le plus général de la théorie des sciences : y a-t-il ou non deux

modèles de sciences ? Ou encore, pour être moins ambitieux : y a-t-il dans les connaissances portant sur l'homme des traits spécifiques qui tiennent à l'intentionnalité des agents que l'on veut comprendre ou expliquer ?

Je vais concentrer mon attention sur le troisième ensemble de problèmes, parce que je ne suis pas un logicien professionnel. Les deux premiers ensembles de problèmes m'intéressent, et indirectement j'en dirai quelque chose, mais c'est la troisième qui m'intéresse par-dessus tout parce qu'il conduit au rapprochement entre la philosophie analytique et l'herméneutique ou la phénoménologie dans l'interprétation des sciences humaines. L'exemple que je vais prendre est incontestablement un exemple favorable à la thèse que je veux défendre : cependant il n'est pas illégitime pour moi de prendre cet exemple puisqu'il est constamment pris par les analystes eux-mêmes, y compris par ceux qui arrivent à la conclusion opposée à la mienne.

Nous prenons donc un exemple d'une décision ou d'une action singulière d'un personnage historique. Je choisis celui que je trouve dans le livre de Morton Kaplan *On Historical and Political Knowing*[87] : Bismarck et la dépêche d'Ems — exemple banal que tout le monde connaît : un jour donné, Bismarck, ayant appris que l'ambassadeur de France avait fait une nouvelle démarche auprès du roi de Prusse pour obtenir la confirmation du retrait de la candidature d'un Hohenzollern au trône d'Espagne, a falsifié la dépêche d'Ems qui reproduisait l'événement, de manière à lui donner un caractère offensant, agressif, pour l'opinion française, et à provoquer une expression de fureur dans cette opinion et, du même coup, la guerre.

En quoi consiste l'analyse d'une décision de cet ordre ? Si l'on n'est pas logicien, et si l'on ne sait rien du dialogue entre Hempel et Dray, que fera-t-on pour rendre compte de l'événement ? Il semble que l'on s'interrogera sur l'objectif que Bismarck voulait atteindre, et il est assez clair, d'après les témoignages que nous possédons, que son objectif était de provoquer la guerre entre l'Allemagne et la France. Subsidiairement, il voulait obtenir non seulement la guerre, mais dans des conditions où la France aurait l'apparence de l'agresseur, et où, par conséquent, l'opinion dans le monde entier, et en particulier en Allemagne, serait favorable à la cause prussienne.

Pourquoi a-t-il pris cette décision de falsifier la dépêche d'Ems ? Si l'on veut en rendre compte, il faut, comme je l'ai déjà dit, tenir compte de l'objectif qu'il voulait atteindre, mais aussi d'un grand nombre d'autres considérations. Avant de prendre cette décision, il s'est enquis par exemple auprès du chef d'état-major de l'armée prussienne de la relation des forces ; il lui a demandé s'il était convaincu que l'armée prussienne triompherait de l'armée française, et l'on peut supposer que le général Moltke lui a donné des précisions sur les forces numériques relatives de l'armée française et de l'armée prussienne, etc. De plus, il lui a certainement dit qu'il considérait que l'armée prussienne était supérieurement conduite, entraînée, équipée, et que donc, selon toute probabilité, la Prusse gagnerait la guerre. On peut naturellement élargir cette interprétation de la conduite de Bismarck en remettant cette décision particulière dans le cadre de l'ensemble de la politique qu'il avait adoptée depuis des années : Bismarck avait comme objectif global une certaine forme d'unité allemande, excluant l'Autriche. Pour obtenir cette unité, il avait besoin de triompher des résistances des États de l'Allemagne du Sud ; il considérait qu'il n'arriverait à bout de la résistance de ces États qu'en créant une solidarité des Allemands contre quelque chose ou contre quelqu'un. Par conséquent, l'interprétation de cet acte singulier deviendra de plus en plus satisfaisante pour l'esprit au fur et à mesure que l'on donnera plus de témoignages, plus de détails sur le calcul de Bismarck lui-même, sur sa psychologie, dans la mesure où l'on remettra l'acte singulier dans la continuité d'un récit historique, ce que, me semble-t-il, font tous les historiens, qu'ils croient à la théorie de Hempel ou qu'ils n'y croient pas. Seuls seraient opposés à cette reconstitution du travail historique ceux des logiciens qui, fort peu nombreux, au moins à la première époque de la philosophie analytique, souhaiteraient une connaissance du passé humain radicalement objective, en ce sens qu'elle ne comporterait aucune référence ni au comportement des acteurs, ni à ce qui se passe dans le conscient. Mais le fait est que cette reconstruction radicalement objective du passé humain n'a jamais été pratiquée par aucun historien, parce que ce passé n'aurait pas de sens si l'on ne se référait pas à ce que les acteurs eux-mêmes ont pensé, voulu, senti, souffert, etc. Cela posé, l'explication comportant en fait cette reconstitution de la situation, de la personnalité de Bismarck, de ses objectifs et de ses calculs, sur quoi porte la discussion ?

Ceux qui sont opposés au modèle Dray formulent deux objections que je trouve dans le livre de Morton A. Kaplan :

1. La notion de rationalité est une notion équivoque ; il y a diverses sortes de rationalité, et il n'est pas clair de savoir en quel sens on peut dire que la falsification de la dépêche d'Ems par Bismarck était un acte rationnel. Je suis tout prêt à accepter que la notion de rationalité présente des sens multiples, et j'accorde qu'il vaudrait mieux éviter d'employer la notion de « connexion rationnelle », mais il ne me paraît pas difficile de dire qu'il y a une « connexion intelligible » entre l'objectif visé par Bismarck et le moyen choisi dans la situation considérée. J'emploie l'expression « intelligible » pour réserver la question de savoir s'il s'agit d'une connexion rationnellement nécessaire, qui n'existerait que si le moyen choisi en vue d'atteindre la fin, la guerre, avait été le seul moyen possible au moment considéré.

Laissons de côté la question de la rationalité pour y revenir en une autre circonstance. Admettons la pluralité des formes de rationalité et écartons cette première objection : la deuxième objection est beaucoup plus importante.

2. A supposer, dit Kaplan, que Bismarck se soit conduit rationnellement en falsifiant la dépêche d'Ems — la rationalité consistant à choisir le moyen adapté dans la conjoncture considérée —, il n'en résulterait pas que cette rationalité de l'action soit une explication : ce qui explique logiquement l'action ou la décision, c'est le fait que Bismarck ait été un homme de nature à se conduire rationnellement. En d'autres termes, c'est une « proposition dispositionnelle » sur Bismarck, c'est-à-dire la rationalité de Bismarck, qui serait la proposition générale d'où se déduirait l'explication de sa conduite. Nous sommes là au centre du débat : faut-il dire que ce qui explique la décision, c'est l'adaptation du moyen considéré à la fin visée, ou la nature de l'homme Bismarck ?

Si l'on choisit le deuxième terme de l'alternative, on retrouve la formule de la proposition générale d'ordre dispositionnel : c'est parce que Bismarck est un homme rationnel que l'on peut expliquer la décision qu'il a prise en falsifiant la dépêche d'Ems par la rationalité de la connexion. En d'autres termes, ce qui constitue le nœud de l'explication, est-ce la rationalité, l'adaptation de la décision, ou le caractère rationnel de l'homme Bismarck ?

Remarquons d'abord, en ce qui concerne l'interprétation de Dray, qu'il n'est pas nécessaire de faire intervenir la question de la nécessité. Lorsque Dray veut retrouver la nécessité dans la rationalité, il se trompe, à mon avis, parce qu'il veut retrouver, par le biais de l'interprétation de la conduite, l'équivalent de la nécessité naturelle. Or, à mon sens, ce qui fait l'essence de l'explication par l'acteur et ses calculs, c'est que, précisément, on ne retrouve pas la nécessité. On retrouve l'intelligibilité et non la nécessité. Je veux dire simplement ceci : l'explication d'une conduite par les intentions de l'agent permet de comprendre sa conduite sans que l'on découvre pour autant que l'agent ne pouvait pas se conduire autrement ; on trouve toujours qu'il aurait pu se conduire autrement. Personnellement, je pense que l'historien reconstitue les calculs de l'acteur, qu'il analyse la situation telle que ce dernier la voyait, et que, simultanément, dans sa reconstitution de la conduite de l'acteur, il fait entrer nécessairement des éléments qui comportent une certaine rationalité de l'agent lui-même. En d'autres termes, il n'y a pas à mon sens de distinction entre la reconstitution de la décision particulière et la reconstitution de la personnalité, parce que l'historien de la politique considère de manière évidente l'acteur politique comme un homme rationnel. Disons encore que l'historien, pour comprendre un acteur politique, essaie de reconstituer l'univers mental ou politique de cet acteur, ou encore : il essaie de ressaisir la manière dont l'acteur considéré pensait le monde.

Voici un exemple qui peut paraître plus simple parce qu'il s'applique à l'histoire contemporaine : lorsque j'ai essayé de reconstituer la conduite de ceux qui ont dirigé la diplomatie américaine entre 1945 et 1971 ou 1972, je me suis efforcé de reconstituer, à travers les témoignages, l'univers mental de ces acteurs. J'ai essayé de saisir, de comprendre la manière dont ils voyaient le monde, et c'est à partir de cela qu'il devient possible de comprendre comment les Américains se sont engagés au Sud-Vietnam afin de défendre un gouvernement non communiste, bien que l'intérêt économique ou stratégique du Sud-Vietnam soit à peu près nul. Mais si l'on reconstitue la manière dont les Américains ont pensé le monde et la stratégie qu'ils ont suivie, celle de « l'endiguement », on comprend comment ils se sont engagés dans la défense du Sud-Vietnam en fonction de la représentation qu'ils avaient du monde et des intérêts qu'ils devaient y défendre.

Dans le cas particulier de Bismarck et de la falsification de la dépêche d'Ems, peut-on aller plus loin et dire que la conduite était rationnelle en ce sens qu'elle était la chose ou la seule chose à faire ? Je dirai qu'on peut le dire à condition d'ajouter : si Bismarck voulait atteindre son objectif, la guerre, à ce moment-là, la falsification de la dépêche d'Ems est en effet le meilleur moyen, et peut-être le seul ; elle était l'occasion qu'il devait saisir s'il considérait que le moment était le plus favorable pour atteindre le but qu'il s'était proposé depuis longtemps, tout au moins depuis la guerre contre l'Autriche, c'est-à-dire une guerre rapide contre la France en vue d'atteindre l'unité allemande.

Est-ce que l'on aboutit ainsi à ce que les logiciens appellent un « syllogisme pratique » ? Le syllogisme pratique, dans le cas de la décision de Bismarck, serait le suivant :

— Majeure : Bismarck voulait une guerre avec la France afin de surmonter les résistances à l'unité des États de l'Allemagne du Sud ;

— Mineure : la falsification de la dépêche d'Ems était le seul moyen de provoquer cette guerre ;

— Conclusion : donc il a falsifié la dépêche.

Si ce syllogisme pratique est vrai, alors on peut dire que la relation entre le moyen et la fin est nécessaire et rationnelle. En revanche, il suffirait de modifier légèrement le syllogisme et de dire que Bismarck, voulant une guerre avec la France afin de surmonter la résistance des États de l'Allemagne du Sud, la falsification de la dépêche d'Ems apparaissait comme un moyen entre d'autres possibles d'obtenir cette guerre, pour que nous ayons une intelligibilité qui n'implique ni nécessité, ni absolue rationalité : dans ce cas, il y a simplement, dans une situation donnée, le choix d'un moyen adapté.

On peut d'ailleurs avoir un autre syllogisme pratique d'une forme différente :

— Majeure : Bismarck voulait l'unité allemande ;

— Mineure : il considérait que la guerre avec la France était le moyen et le seul moyen de réaliser l'unité ;

— Conclusion : donc il a provoqué la guerre ; il a donc choisi le seul moyen qui conduisait au but.

Deuxième syllogisme pratique qui se distingue du premier, en ce sens que le premier s'applique à l'action datée, la falsification de la dépêche d'Ems, cependant que l'autre considère une durée plus longue. Dans les deux cas, on explique par Bismarck et par la conjoncture à la fois les moyens et la fin, sans que l'on soit forcé d'aboutir à une connexion nécessaire.

Encore une fois, cernons le débat entre Hempel et Dray : ce qui explique, est-ce le fait que Bismarck était rationnel, ou le fait qu'il voyait d'une certaine manière le monde et la conjoncture ?

En ce qui concerne l'interprétation de Dray, je pense que sa reconstruction suggestive de l'explication par les raisons souffre d'un défaut logique fondamental, résultant de l'idée que ces sortes d'explication peuvent être fondées sur des « principes d'action » plutôt que sur des lois générales. Dray fait explicitement une distinction entre les « principes d'action » et les lois générales en se fondant sur la notion de « la chose à faire », telle qu'elle doit apparaître dans une circonstance donnée — et c'est là, me semble-t-il, que réside le point central de la discussion : montrer qu'une action était la chose appropriée ou rationnelle à faire dans des circonstances données n'est pas un moyen d'expliquer pourquoi, en réalité, la chose a été faite[88]. Indiquer que l'action était rationnelle ou adaptée n'équivaut pas à expliquer la conduite. Il n'y a pas de principe normatif d'une évaluation spécifiant quelle sorte d'action est appropriée dans les diverses circonstances, et pouvant servir à expliquer pourquoi une personne a agi d'une manière particulière. Ou encore, autre formule : l'explication par référence à un principe d'action ou à une « bonne raison » n'est pas, en tant que telle, une explication, car une raison peut être une « bonne raison », au sens d'un principe auquel on pourrait se référer pour justifier sa conduite, sans que ce principe ait en fait la moindre influence sur nous.

Voilà donc résumé le nœud du débat entre les deux écoles d'analystes. D'un côté : expliquer une conduite singulière, c'est retrouver la relation entre la situation, les objectifs visés par l'acteur et les moyens choisis — cela, qu'il s'agisse de reconstituer la conduite de Bismarck, ou la politique américaine depuis vingt-cinq ans, car il n'y a pas de différence fondamentale entre l'explication d'une décision particulière et celle d'une stratégie. Personnellement, je pense qu'effectivement ce qui est explicatif, c'est la reconstruction de ces calculs de l'acteur, de ses façons de penser, et de la relation entre les décisions et la situation. Mais, de l'autre côté, certains analystes maintiennent que ce n'est pas cette relation intelligible entre la situation, les objectifs et la décision qui constitue l'explication, mais que ce sont les propositions générales relatives à la personnalité de l'agent ou à la situation.

Quand il s'agit d'une discussion de cet ordre, qui, au premier abord, paraît subtile, difficile, et où les tenants des deux thèses opposées répètent indéfiniment les mêmes arguments sans arriver à se convaincre, il doit bien y avoir une raison pour laquelle ces deux écoles n'arrivent pas à s'accorder.

Il faut d'abord se poser la question : comment peut-on vérifier, démontrer ou justifier le choix d'un des modèles de préférence à l'autre ? Parce que, après tout, si l'on discute du modèle logique, la question se pose de savoir comment, si l'on veut parvenir à une conclusion, arriver à justifier en logique un modèle plutôt qu'un autre ?

Je pense qu'il y a trois références possibles pour choisir entre ces deux modèles :

— Tout d'abord, la référence à la pratique des historiens et à l'idée qu'ils ont eux-mêmes de ce qu'ils font : or, si l'on part de l'idée que les historiens se font de leur propre travail, je pense que l'on penchera du côté du modèle de l'intelligibilité singulière et spécifique.

— Ensuite, la référence au postulat selon lequel un modèle et un seul est logiquement valable et fournit une explication authentique : si l'on pense qu'une explication n'est logiquement valable que dans la mesure où la connexion singulière est déduite d'une proposition générale, l'historien aura beau dire qu'il n'utilise pas de propositions générales, le logicien pourra toujours lui répondre : ou bien vous utilisez des propositions générales sans le savoir, ou bien, si vous n'utilisez pas de propositions générales, ce n'est pas une explication. C'est évidemment ici, en faveur du modèle Hempel, une pétition de principe, mais, si on l'accomplit, on sera obligé de dire que, même si l'on utilise l'autre modèle, cela ne garantit pas que ce dernier soit pour autant explicatif.

— Peut enfin intervenir une référence plus ou moins métaphysique, implicite dans ce débat, savoir qu'expliquer la conduite humaine par l'intentionnalité des acteurs, c'est suggérer que la connaissance d'un objet humain est différente de la connaissance d'un objet naturel. Du même coup, c'est aussi suggérer que la conduite humaine, au moins dans un cas particulier, aurait pu être différente de ce qu'elle a été.

Pourquoi suis-je en définitive porté à considérer le modèle Hempel comme non satisfaisant ? Je suis en fait convaincu que l'intérêt d'un récit historique n'est pas de montrer que les choses n'auraient pas pu se dérouler autrement qu'elles se sont déroulées, mais que ce qui fait l'intérêt d'un tel récit, c'est précisément de montrer que, à chaque instant, elles auraient pu se dérouler autrement. Ce pourquoi je suis amené à penser que vouloir subsumer une connexion singulière ou une décision d'un individu sous une proposition générale est une démarche fictive, car on ne trouvera jamais de proposition générale d'où l'on puisse déduire la nécessité de cette décision qui, en fait, aurait pu être autre qu'elle n'a été. En revanche, on peut parfaitement montrer l'intelligibilité de la décision prise en fonction de la situation et de l'intentionnalité de l'agent. Si les références qui décident du choix en faveur de l'un ou l'autre modèle sont la pratique de l'historien, les théories du logicien, ou la métaphysique plus ou moins implicite de celui qui réfléchit sur le problème, mon choix relève donc des arguments un et trois : à mon sens, non pas exactement le modèle Dray, mais le modèle Dray modifié est à la fois adéquat à la pratique des historiens, et conforme, non à une métaphysique prétentieuse et globale, mais à ce que j'appellerais la métaphysique dans laquelle nous vivons tous, la métaphysique de la vie quotidienne.

Notre métaphysique de la vie quotidienne consiste en effet à poser que, quand je prends une décision après délibération, j'opère quelque chose comme un calcul ; je me suis demandé quel était l'objectif que je voulais atteindre, et même si je n'ai pas délibéré de manière explicite, j'ai agi en fonction de ma vision de la réalité, en fonction de l'efficacité que j'attribue à telle ou telle décision. Et quand je me demande si je vais faire ceci ou cela, je n'ai pas l'idée que je suis contraint de faire ceci ou cela. Quand je décide de faire un cours sur la philosophie analytique de l'histoire, je n'ai pas le sentiment que je ne pourrais pas faire un cours sur autre chose, et, de la même façon, il n'y a pas un homme d'État qui, réfléchissant sur ce qu'il doit faire dans une situation donnée, n'ait été amené à se dire qu'il y a des arguments en faveur de ceci ou de cela, et qui, finalement, ne choisisse après une délibération. Et si ensuite quelqu'un lui dit : je peux déduire la décision que vous avez prise d'une proposition générale, et que la décision devient nécessaire en fonction de cette loi générale, c'est là une fiction : il n'existe pas de proposition générale d'où l'on peut déduire la nécessité d'une décision dont l'acteur lui-même avait le sentiment qu'elle aurait pu être autre. Tout ce que l'on peut dire — mais, dans ce cas, la proposition générale n'explique plus —, c'est qu'on peut trouver une proposition générale qui rende plus ou moins probable la décision qui a été prise, de même qu'elle rendrait tout aussi probable une autre décision. A partir de ce moment le prétendu avantage de la proposition générale disparaît, car le seul avantage de l'explication par une proposition générale, c'est de rendre la connexion singulière nécessaire. Or, si l'on déduit cette connexion singulière d'une proposition générale qui la rende seulement plus ou moins probable, on se retrouve exactement dans la situation de l'interprétation par les motifs.

C'est pourquoi je pense que l'explication — appelons-la provisoirement ainsi — d'une décision singulière de l'homme d'État Bismarck ne consiste pas à chercher des propositions générales ou dispositionnelles sur l'homme Bismarck, mais à approfondir la conception que l'homme d'État Bismarck se faisait du monde dans lequel il vivait, des moyens qu'ils considérait comme légitimes d'employer, des objectifs qu'il voulait atteindre. Et c'est à partir de cet approfondissement de la personnalité politique de Bismarck, et du monde historique vu par lui, que la décision prise à un moment donné atteint au maximum d'intelligibilité, mais non pas à la nécessité au sens où, rétrospectivement, on pourrait dire qu'il n'aurait pas pu en prendre une autre. On arrive ainsi à retrouver l'équivalent de ce que Max Weber appelait « la rationalité finale » : en fonction du but dont on sait que Bismarck le visait, la décision qu'il a prise était adaptée et conduisait au but.

Du même coup, l'on peut écarter l'objection selon laquelle la rationalité de la relation entre la décision et le but ne suffirait pas à expliquer, dans la mesure où il faudrait ajouter la rationalité de l'homme Bismarck. Cette distinction entre la rationalité de la décision particulière et la disposition de l'homme me semble artificielle, parce qu'on ne parvient à retrouver la relation entre la situation, les buts et la décision qu'en considérant la manière dont l'acteur lui-même pensait le monde et, du même coup, en se donnant les dispositions de l'homme Bismarck. De sorte que la distinction entre l'adaptation des moyens au but et la disposition à agir rationnellement ne tient pas : la reconstitution de la conduite des acteurs historiques comporte simultanément la personnalité des acteurs et les décisions qu'ils prennent.

Cela dit, j'ajoute qu'il est rare qu'on arrive à démontrer que le moyen choisi ou la décision prise étaient les seuls possibles, et par conséquent qu'on arrive rarement à la nécessité. Même sur le plan de la rationalité, nous ne trouvons que des relations intelligibles, et, finalement, lorsqu'il s'agit d'un récit historique comme celui de la politique de Bismarck entre le moment où il est devenu le conseiller du roi de Prusse et le moment de l'unité allemande, la reconstitution consiste à rendre intelligible un fragment de l'histoire politique de l'Europe. On rendra cette histoire d'autant plus intelligible qu'on insérera dans le récit davantage d'éléments, que l'on ne se bornera pas à la simplification diplomatique, mais que l'on mettra en jeu tout ce qui peut contribuer à rendre intelligible la manière dont Bismarck s'est conduit et dont ses différents interlocuteurs, adversaires et partenaires, se sont comportés.

Ma conclusion est donc que j'admets la position que von Wright a formulée dans son livre *Explanation and Understanding*. Son modèle est celui qu'il appelle « le syllogisme pratique », dont je vais vous donner une forme abstraite, et non plus une forme concrète appliquée à un cas particulier[89].

Le syllogisme pratique le plus général est le suivant :

— Majeure : A, l'acteur A, a l'intention de produire l'état de choses B (je traduis par « produire » le terme anglais *bring about*).

— Mineure : A pense qu'il ne peut pas provoquer cet état de choses à moins qu'il ne fasse a.

— Conclusion : donc A se décide *(sets himself)* à faire a.

Voilà le syllogisme pratique le plus simple, qui est le

schéma de l'explication, ou plutôt de l'interprétation d'une conduite intentionnelle dans l'histoire humaine. Rien n'empêche qu'un certain nombre de propositions générales entrent à titre d'éléments dans ce syllogisme pratique. En effet, pour déterminer la relation entre le moyen et la fin, très souvent l'acteur est amené à utiliser un certain nombre de propositions générales : par exemple, Bismarck savait quel était l'état des forces en France ; il avait une certaine idée de la manière dont les Français réagiraient à la dépêche d'Ems, et par conséquent on peut dire qu'il a choisi ce moyen parce qu'il savait — et c'est là une proposition générale — comment les Français réagissent lorsque leur amour-propre est blessé. On peut donc parfaitement accorder qu'interviennent des propositions générales dans les calculs des acteurs. Mais ce qui est l'élément fondamental de cette sorte d'explication/interprétation, c'est que l'interprétation d'une conduite intentionnelle — je ne dis pas que toute l'histoire se réduise à l'interprétation de conduites intentionnelles — n'a pas pour nature de déduire la consécution singulière de propositions générales, mais de retrouver l'intelligibilité du comportement d'un acteur donné dans une situation particulière, en fonction des buts visés par cet acteur.

Bien entendu, il ne s'agit pas de prêter à l'acteur nos propres objectifs ; il ne s'agit pas d'interpréter sa conduite en supposant qu'il vise les mêmes objectifs que nous, ou qu'il voit le monde comme nous le voyons. Le travail de l'historien consiste précisément à retrouver comment les acteurs historiques voyaient le monde et comment, en fonction de cette vision du monde, ils ont pris telle ou telle décision. Si aujourd'hui une partie de la jeunesse américaine n'arrive plus à comprendre pourquoi les États-Unis se sont engagés au Vietnam, c'est que précisément elle n'arrive plus à voir le monde de la manière dont les dirigeants américains l'ont vu depuis vingt ans. Aujourd'hui, les Américains voient le monde autrement et ils vont se conduire autrement parce que ce qui leur paraissait évident à l'époque ne le leur paraît plus aujourd'hui. De la même façon, Bismarck pouvait considérer qu'une guerre avec la France était une petite expédition sans grand danger qui serait terminée en quelques semaines, et c'est parce qu'il avait cette représentation d'une guerre avec la France qu'il pouvait choisir ce moyen pour accomplir l'unité allemande. Il ne serait pas pensable qu'aujourd'hui un homme d'État allemand puisse se donner un moyen du même ordre, parce qu'il sait que la signification en serait tout autre. Il ne faut donc pas du tout croire que cette reconstitution interprétative de la conduite historique peut être obtenue sans l'exploration des archives, des documents, et de l'ensemble des témoignages dont on dispose. Il n'y a aucune évidence à retrouver la manière dont les acteurs ont choisi leur destin, et je prétends que, pour comprendre une conduite comme celle de Bismarck, on ne peut pas faire autre chose que de reconstituer son univers et de saisir l'intelligibilité de sa conduite.

Pourquoi et dans quelle mesure cette théorie de l'explication historique, ou plus précisément, dans mon vocabulaire, cette théorie de l'interprétation historique, nous ramène-t-elle de la philosophie analytique à l'herméneutique ? Pourquoi le choix du modèle de l'intelligibilité de la connexion singulière représente-t-il un moment décisif dans le glissement de la philosophie analytique, à partir de la tradition de l'objectivisme scientifique, vers la tradition opposée des sciences de l'esprit ?

Tout d'abord, une première remarque : celui qui, en 1957, dans la littérature anglo-américaine, a défendu le modèle rationnel, c'est-à-dire Dray, jeune professeur de philosophie du Canada, n'était pas du tout conscient qu'en choisissant le modèle de la connexion rationnelle, il allait entraîner le glissement de l'école analytique dans la direction de l'herméneutique et des sciences allemandes de l'esprit. Dans son livre, il n'y a pas de référence aux auteurs allemands, et il n'a pas conscience que le choix du modèle rationnel entraîne, si l'on en suit toutes les implications, l'acceptation de certains traits spécifiques des sciences humaines. En revanche, von Wright, à la différence des auteurs d'outre-Atlantique, a une culture philosophique totale, c'est-à-dire qu'il connaît tout aussi bien la philosophie hégélienne que la philosophie des sciences de l'esprit et Dilthey. Von Wright, lui, est parfaitement conscient que le choix du modèle Dray modifié entraîne finalement l'acceptation de certains traits caractéristiques de la philosophie allemande des sciences de l'esprit et un rapprochement avec la tradition herméneutique. Je dirais volontiers que le choix du modèle Dray modifié implique l'acceptation d'une version analytique de la notion allemande du *Verstehen* ou de la compréhension. On sait que la traduction allemande de *Verstehen*, compréhension, a été utilisée d'abord par Droysen et ensuite par Dilthey pour désigner un mode de connaissance différent de celui qui est appliqué dans les sciences de la nature. L'acceptation de l'interprétation historique que je viens de suggérer nous conduit, non pas à restaurer la théorie allemande du *Verstehen*, mais à restaurer certains éléments de cette théorie. Pourquoi ?

Si mon analyse est exacte, le nœud de l'explication n'est plus la déductibilité de la connexion singulière, mais son intelligibilité. Il n'en résulte pas que nous saisissions intuitivement ce qui s'est passé dans la conscience de l'acteur ; ce serait là une théorie fausse de la compréhension. La théorie de l'interprétation que je viens d'esquisser n'implique rien qui soit comparable à ce qu'on appelle *Einfühlung* en allemand, ou *empathie* en français : la théorie logique de l'interprétation par l'intentionnalité n'implique pas une participation de la conscience de l'interprète à celle de l'acteur. Cette théorie ne requiert nullement que nous ayons une saisie intuitive de la conduite ou de la façon de penser de l'acteur, et je dirais tout au contraire que la théorie de l'interprétation n'est scientifiquement valable que dans la mesure où nous avons exploré le monde de l'acteur, ce qu'était l'acteur lui-même, ce qu'il voulait. Par conséquent, il n'est pas question de dire que nous saisissons intuitivement ou immédiatement ce qui se passe dans la conscience d'un acteur historique. La théorie de la compréhension qui résulte de mon schéma de l'interprétation est une théorie strictement intellectuelle, sinon intellectualiste. C'est une théorie qui consiste simplement à supposer qu'au moins une partie des événements historiques résulte d'actions délibérées des acteurs historiques, et qu'au niveau du micro-événement intentionnel, la seule forme d'explication dont nous disposons, c'est l'interprétation, consistant à reconstituer le monde dans lequel vivait l'acteur et la personnalité de l'acteur lui-même.

Cela dit, il est bien entendu qu'il y a des actions historiques qui n'ont pas comporté de délibération antérieure. C'est en ce sens que mon exemple est particulièrement favorable, car nous savons que Bismarck a délibéré avant de falsifier la dépêche, nous savons qu'il a discuté avec le général Moltke pour être tout à fait sûr de la supériorité des forces de l'armée prussienne. C'est donc pour ainsi dire un cas idéal, où il y a une similitude entre la délibération de l'acteur et la reconstitution de l'historien. Mais, même dans le cas où il existe une parenté entre la délibération de l'acteur et la reconstitution de l'historien, il n'y a nullement confusion, c'est-à-dire que l'interprétation ici ne se borne pas à reproduire le dialogue entre Bismarck et Moltke. Elle consiste aussi à remettre la décision singulière dans le cours de l'histoire, à remettre la personnalité de Bismarck dans le cours de l'histoire prussienne, c'est-à-dire à faire entrer dans l'interprétation et dans l'intelligibilité que nous créons beaucoup d'éléments qui n'étaient pas donnés dans la conscience de l'acteur, parce que ce dernier se bornait à des arguments simples, directement adaptés à la conjoncture, et que nous voulons ajouter une intelligibilité supplémentaire en replaçant la décision particulière, singulière, dans un cadre plus vaste.

Cela dit, et telle sera, pour aujourd'hui, ma conclusion provisoire, pourquoi nos analystes ont-ils choisi, pour démontrer leur thèse, l'exemple le plus défavorable ? Pourquoi ont-il examiné un micro-événement, et, qui plus est, un micro-événement intentionnel ? Car si l'on veut soutenir la thèse qu'un événement historique ne s'explique que si on peut le déduire d'une proposition générale, il vaudrait mieux prendre un événement comme une inflation. Dans ce cas en effet, il n'y a pas grande difficulté à déduire l'inflation survenant à telle date particulière d'une proposition générale sur les conditions dans lesquelles se produit l'inflation. Il y a en fait beaucoup d'événements, et même de micro-événements, que l'on peut déduire de propositions générales et auxquels le modèle Hempel pourrait s'appliquer sans trop de difficulté, et l'on peut donc se demander pourquoi les analystes se sont attachés au micro-événement, et au micro-événement intentionnel.

Ce n'est pas tout à fait par hasard. Car s'ils ne peuvent pas insérer le micro-événement dans leur schéma, il y a alors une faille dans le modèle de science qu'ils veulent maintenir. On peut dire, naturellement, que le micro-événement intentionnel n'est pas important dans l'histoire. Pourtant, c'est lui qui fait fonctionner une institution, et il y a des micro-événements intentionnels qui ont eu des suites considérables. En réalité, ce n'est pas par maladresse que les analystes se sont attachés au micro-événement intentionnel : ils ont choisi le cas où leur modèle s'applique le plus difficilement et ils ont pensé que si le cas où leur modèle s'applique le plus difficilement peut être réduit au schéma général, alors, du même coup, la thèse générale serait acquise. Mais précisément je crois que, comme il arrive très souvent, ils ont choisi le cas à ce point le plus défavorable à leur thèse qu'ils ont donné des arguments, non pas pour la réfuter de manière générale, mais pour en montrer les limites. Car les limites de cette thèse de la déduction de la connexion singulière à partir de généralités, c'est précisément le micro-événement intentionnel. Cette limite a une importance considérable : car à partir du moment où l'on accorde une des formes d'explication ou d'interprétation par la mise en lumière de l'intelligibilité de la conduite humaine, on ouvre un champ considérable d'exploration, qui constitue une partie du domaine des sciences humaines. Car, finalement, interpréter la conduite de Bismarck, c'est la replacer dans le monde politique de l'époque, et, de la même façon, interpréter ou comprendre une société, c'est reconstituer le monde intellectuel ou le monde des valeurs dans lequel ont vécu d'autres sociétés que la nôtre. On s'aperçoit du même coup que ce qui fait l'importance de cette discussion, c'est qu'à partir d'elle on comprend, non pas seulement que lorsqu'il s'agit d'un micro-événement il faut interpréter plutôt qu'expliquer, mais aussi qu'une des fins du travail historique, c'est précisément de comprendre comment d'autres hommes et d'autres sociétés ont vécu. En d'autres termes, la reconstruction de l'intelligibilité d'une société n'est pas un moyen en vue d'une explication scientifique, c'est la fin même du travail historique. Le travail historique ne consiste pas seulement à comprendre les événements, mais à comprendre les hommes et à comprendre également que ces hommes du passé ont été différents de ce que nous sommes. C'est pourquoi j'ai consacré une telle place à cette discussion des deux modèles : à partir du choix du deuxième modèle s'ouvre une théorie positive et rationnelle des sciences de l'esprit qui retient ce qu'il y a de valable dans la tradition des *Geisteswissenschaften* sans tomber le moins du monde ni dans le mysticisme, ni dans le spiritualisme.

COMPRÉHENSION ET NARRATION

J'avais terminé la dernière leçon sur l'idée suivante : la controverse relative à l'explication du micro-événement intentionnel nous ramène à la problématique allemande de la compréhension (*Verstehen*), elle-même intimement liée à la tradition de l'herméneutique. Si les conclusions auxquelles je suis arrivé sont exactes, l'explication ne consiste pas à subsumer une connexion singulière sous une proposition générale ou à la déduire d'une loi, mais à faire ressortir l'intelligibilité intrinsèque des événements, intelligibilité qui se réfère aux consciences humaines capables de les penser. Mon choix entre les deux théories est philosophique, et c'est ainsi que j'ai tenté de vous le présenter la semaine dernière. J'entends par là que ce choix philosophique ne me paraît pas susceptible d'une démonstration rigoureuse à la manière dont une proposition logique et une proposition de fait peuvent être vérifiées. Si le logicien maintient que par définition toute explication implique la possibilité au moins de déduire la connexion singulière d'une proposition générale, sa position devient irréfutable, puisque tout exemple contraire sera baptisé par lui non explicatif. On peut simplement lui répondre qu'en fait, la plus grande partie du travail accompli par les historiens et une très grande partie du travail accompli par les sociologues ne répondent pas aux exigences de ce que le logicien appelle explication, alors qu'en revanche ce travail peut être mis aisément en accord avec ce qui se déduit de la thèse philosophique que j'ai choisie. A partir de là, il faudrait esquisser une théorie générale de la compréhension, ce qui dépasserait de beaucoup le cadre d'une année entière. Je vais me borner aujourd'hui à présenter un certain nombre de remarques plus ou moins dispersées, qui toutes ensemble contribueront peut-être à faire mieux saisir ce que l'on peut entendre dans l'ordre logique par la compréhension.

Les logiciens formulent, contre ce qu'ils appellent la théorie de la compréhension, un certain nombre d'objections. La première, qu'ils expriment couramment, c'est que la compréhension est tout au plus une procédure heuristique, un moyen de trouver, qui peut rendre des services, mais qui présente un caractère psychologique, et qui, par conséquent, n'a pas de valeur logique. Cette objection suppose qu'ils entendent par compréhension quelque chose comme une intuition sympathique qui se nouerait entre un observateur et la personne observée. Or, il s'agit, dans ce cas, de ce que les Allemands appellent *Einfühlung*, de ce que les Français appellent *empathie*, et nullement de ce que j'appelle compréhension dans le cas particulier d'une conduite intelligible. Ce que j'ai appelé compréhension est une démarche proprement intellectuelle, une reconstruction intellectuelle de la conduite ou de la personnalité d'une personne, et ne suppose à aucun degré une expérience sympathique à l'expérience vécue d'une autre personne. Je dirais même que cette participation sympathique m'est refusée par rapport aux expériences vécues de mon passé ; je me sens parfaitement incapable de sympathiser avec l'état d'esprit que j'ai un vague souvenir d'avoir éprouvé il y a vingt-cinq ou trente ans. *A fortiori*, je n'ai nullement l'impression de pouvoir penser de l'intérieur ou de sympathiser intimement avec les expériences vécues d'une personne dont par ailleurs je me sens parfaitement capable de comprendre la conduite.

Je vais prendre l'exemple d'un auteur que je cite souvent parce je suis en train de travailler sur lui, à savoir Clausewitz. Je lisais récemment un article d'un auteur américain qui lui était consacré et où il était dit que Clausewitz était manifestement un névrosé. La preuve en serait, soulignait l'article, que cet homme qui avait eu en somme une carrière inespérée a terminé sa vie désemparé, avec le sentiment d'avoir raté son existence. Sa femme, en parlant de sa mort, avait d'ailleurs affirmé qu'il n'avait plus la force de vivre, qu'il ne pouvait plus supporter le monde dans lequel il se trouvait et qui lui avait réservé tant de déceptions et de déboires. Cet auteur américain se demande pourquoi Clausewitz a terminé sa vie dans une espèce de désespoir, alors qu'en somme, lui qui était de toute petite noblesse, qui avait épousé Marie von Brühl issue d'une grande famille, qui avait été reconnu comme l'esprit le plus remarquable de la Prusse par tous les grands chefs de son temps, n'aurait pas dû concevoir une telle impression d'échec. Je répondrai que je n'en sais absolument rien, et que je suis tout à fait incapable de comprendre de l'intérieur l'impression d'échec éprouvée par ce grand homme à la fin de sa vie. Bien sûr, si l'on me poussait, je ferais un certain nombre d'hypothèses psychologiques en fonction des connaissances psychanalytiques que je possède ou que je ne possède pas, mais cette incapacité de sympathiser de l'intérieur avec une autre existence ne m'empêche absolument pas de comprendre, c'est-à-dire de reconstituer intellectuellement quelques-unes des décisions les plus caractéristiques de la vie de Clausewitz. Par exemple, au moment où Napoléon a attaqué la Russie, Clausewitz a décidé d'aller se mettre au service du tsar plutôt que de rester dans l'armée prussienne afin d'éviter soit d'être envoyé dans le corps prussien qui faisait partie de l'armée napoléonienne, soit de rester inoccupé en Prusse pendant que les Russes se battaient pour ce qu'il appelait à l'époque « la liberté de l'Europe entière ». Si je lis les textes de Clausewitz, notamment ses lettres, je reconstitue sans difficulté la passion à demi prussienne, à demi nationale qui l'animait. Je reprends les textes où il cite Machiavel et où il montre en Machiavel l'éducateur des peuples et de la liberté, et je n'ai pas de difficulté à reconstituer intellectuellement les démarches qui devaient amener un homme de cet ordre à choisir de se mettre au service du tsar et à manquer à l'obéissance qu'il devait à son souverain[90].

Je pourrais prendre encore un autre exemple qui serait plus frappant et plus particulier : la Convention de Tauroggen, c'est-à-dire la convention par laquelle le général von York commandant le corps prussien s'est déclaré neutre et a conclu un accord avec les Russes. Cette convention a été menée en grande partie par Clausewitz négociant au nom des Russes avec le général prussien von York, resté fidèle au roi de Prusse. Il en résulte donc que, dans ce cas, le général prussien qui avait combattu sous les ordres de Napoléon retrouvait une espèce de parenté, d'affinité morale avec l'officier prussien qui avait fait le choix opposé, avec celui qui avait préféré l'appel du patriotisme ou la haine de Napoléon à la fidélité ou l'allégeance à son roi. Prenons maintenant un cas à certains égards comparable : en Syrie, en 1941, les Français libres intégrés dans l'armée anglaise combattent des troupes françaises obéissant aux ordres de Vichy. Or les Français de Vichy n'auraient jamais accepté de négocier avec un Français libre ; ils les détestaient plus qu'ils ne détestaient les Anglais. Dans ces cas analogues, je comprends également les deux attitudes. Je comprends qu'entre celui qui avait été servir le tsar et celui qui était resté fidèle au roi de Prusse, le sentiment de communauté l'emportait sur l'opposition née d'une autre décision de conscience. Dans le cas des Français de Vichy et des Français libres, il s'était créé en revanche une espèce de climat de guerre civile : les uns et les autres s'accusaient réciproquement de trahison, ou tout au moins, ils en étaient arrivés à un point de haine intestine qui l'emportait sur un sentiment de nationalité commune. C'est pour cette raison qu'en 1942, lorsque les Anglais et les Américains ont débarqué en Afrique du Nord, ils ont décidé de ne mettre aucun Français libre dans le débarquement, en partant de l'idée, vraie ou fausse, que les Français de Vichy résisteraient davantage à des Français libres qu'à des Anglais ou des Américains. Dans les deux cas, je comprends, mais en aucune façon je ne participe affectivement à l'état d'esprit du Prussien du début du XIXe siècle, ou à celui des Français pendant la Seconde Guerre mondiale. Je ne participe affectivement ni à l'état d'esprit des Français libres de 1941, ni à celui des Français de Vichy, car je n'avais pas à l'époque une psychologie de guerre civile, ce qui me mettait en dehors des deux camps. Mais je peux parfaitement comprendre, par reconstitution intellectuelle, comment les uns et les autres en sont arrivés à un état d'esprit tel qu'ils étaient devenus incapables de communiquer. Cet exemple est uniquement destiné à démontrer qu'entre la reconstitution de la logique d'une conduite — ce qui est, dans ma conception, l'essentiel de ce que l'on appelle compréhension — et la participation affective à une expérience vécue ou à une personnalité, il y a une différence fondamentale. Bien entendu, on finit par avoir une impression de participation affective, dans le cas extrême et le plus favorable où l'on est arrivé à reconstituer de manière aussi complète que possible la manière de penser et même de sentir d'une personnalité ou d'une communauté. Peut-être le psychanalyste, au terme d'une psychanalyse, a-t-il lui aussi le sentiment d'une participation affective à l'expérience vécue ou à la biographie dramatique de son patient. Je pense cependant que, même en ce cas, la part de reconstruction intellectuelle utilisant des concepts, tirant les conséquences que le patient lui-même n'a pas tirées, est essentielle et probablement plus frappante que celle de participation affective ou de connexion directe de conscience à conscience.

Bien entendu, et c'est le deuxième point, quand nous sommes à l'intérieur d'une société et dans la vie courante, nous avons très souvent l'impression que nous comprenons l'état d'esprit ou l'intentionnalité d'un visage ou d'une personne que nous rencontrons. Mais cette compréhension immédiate suppose en fait une expérience et, comme dirait mon ami Schütz, un stock de connaissances Pour illustrer le fait que la compréhension de l'état d'esprit d'autrui nous apparaît comme immédiate alors qu'elle suppose un certain stock de connaissances, même relativement abstraites, il suffit de faire une expérience que la plupart d'entre vous ont faite et que j'ai faite moi-même de manière très accentuée, celle qui consiste à se trouver au milieu d'une société radicalement différente de la nôtre. Si vous êtes allés au Japon, ou si vous connaissez les Japonais, vous savez que les expressions de leur physionomie ne signifient absolument pas ce qu'elles signifieraient si elles venaient de nous. Le sourire d'un Japonais, par exemple, n'a absolument pas la même signification que celle que nous sommes tentés de lui prêter. Autrement dit, même ce que, dans une société donnée qui est la nôtre, nous avons le sentiment de comprendre d'une manière absolument intuitive et directe, a pour condition un ensemble de connaissances, d'expériences de la diversité, qui se dévoile dès que l'on franchit les limites, sinon de sa société nationale, du moins d'une culture. Il va de soi que lorsqu'il s'agit de gestes ou de conduites, ces mêmes gestes ou conduites peuvent avoir selon les sociétés des significations relativement différentes qu'il faut apprendre. Le premier jour où je suis arrivé au Japon, j'ai appris quelque chose que je n'ai jamais pu oublier ensuite : on m'avait offert un déjeuner plantureux, et, lorsqu'à la fin du repas on vous offre du riz, la politesse consiste à en prendre le minimum pour montrer qu'auparavant on a goûté des mets merveilleux.

Or, en France, faire honneur à un repas, c'est manger au-delà de son appétit ; je me suis conduit comme un Français et mon hôte m'a dit d'un ton pincé : « On voit que vous avez un bon appétit. » J'avais manqué grossièrement à la politesse japonaise parce que je n'avais pas compris qu'il y avait deux façons de faire honneur à un repas, dont l'une était évidente en France, et l'autre au Japon. A partir de ce moment, on s'aperçoit que, pour comprendre, il ne suffit pas d'ouvrir les yeux, de regarder et de deviner, mais que cela nécessite un élément de savoir, un stock de connaissances courantes grâce auxquelles nous pouvons nous orienter dans le monde actuel. J'ajoute qu'il est extrêmement facile de trouver un certain nombre de récits ou de contes qui, en prenant un homme d'un siècle passé et en le projetant dans un autre, mettent en lumière ce que je suis en train de vous expliquer de manière pédante, c'est-à-dire que l'on ne peut se retrouver dans le monde où l'on vit que si l'on dispose d'un certain nombre de connaissances qui font tellement partie de notre propre intériorité que nous n'en n'avons plus conscience.

La deuxième objection souvent formulée à l'encontre de la théorie de la compréhension est que les relations compréhensives sont, dit-on, simplement une hypothèse qui demande confirmation ou vérification. Moi-même, dans mon premier petit livre, lorsque j'ai essayé d'expliquer la théorie de la compréhension de Max Weber, j'ai mis l'accent sur le fait que la relation plausible ou intelligible en tant que telle n'était pas encore démontrée. « Toute relation intelligible, écrivais-je, est par essence hypothétique : il s'agit là d'une équivoque fondamentale. A une même situation extérieure, des individus différents réagissent de manière autre. Les motifs que l'individu se donne peuvent être prétextes ou justifications : à l'intérieur de la conscience de chacun, il y a encore équivoque. Enfin, dans une même situation, les individus sont aux prises avec des désirs contradictoires[91]. »

Tout cela n'est pas faux, mais exige des précisions ou des corrections. Il va de soi que l'interprétation plausible en tant que telle d'une décision n'est pas encore vérifiée ; il faut savoir quelle est la logique de la situation perçue ou pensée par l'acteur. Dire que, lorsque quelqu'un est en colère, il va donner une gifle à la personne qui est en face est en soi plausible, mais si c'est une prédiction, elle risque d'être démentie, et si, rétrospectivement, il s'agit d'une explication, ou, comme on dit, d'une « rétrodiction », il n'est pas certain qu'elle soit vraie ; encore faut-il savoir quel était l'ensemble de la situation, comment l'acteur la pensait et l'analysait, quel était son caractère, et pourquoi, l'ensemble de ces données étant pris en considération, il s'est conduit comme il s'est conduit. C'est dire que la relation abstraite — un homme offensé veut se venger — n'est qu'une relation plausible, bien qu'elle soit intelligible. En revanche, si l'on aboutit, après avoir analysé l'acteur et la situation, à une relation intelligible, on a fait tout ce qu'il fallait faire en pareil cas. La relation intelligible — Clausewitz, patriote allemand et prussien passionné, ne pouvait pas supporter de rester passif alors que Napoléon attaquait la Russie et de ne pas être du côté où l'on combattait l'empire napoléonien — ne nécessite pas en tant que telle une vérification. J'ai donné le maximum de plausibilité, d'intelligibilité à une décision singulière, et la déduction à partir d'une loi générale n'ajouterait rien : de nombreux patriotes prussiens et allemands sont restés au service du roi de Prusse, tandis que d'autres l'ont quitté pour le tsar, et, par conséquent, on a rendu l'interprétation aussi intelligible que possible en analysant de manière aussi convaincante que possible la situation telle que la pensait Clausewitz et sa personnalité. Au-delà, il reste le mystère de la décision de la personne, mystère qui nous interdit de prévoir avec certitude, mais qui rend possible cependant une interprétation après coup. Il nous suffit de savoir ce que l'acteur a fait pour trouver que cela était à l'avance plausible, mais entre le plausible et le démontré, il reste un intervalle que seul le fait, l'événement, peut combler.

Il est vrai que si l'on prend une proposition générale comme : « un homme offensé ou un homme de ressentiment cherchera à faire du mal aux autres », cette proposition générale est une hypothèse chaque fois que l'on veut l'appliquer à un cas singulier. En revanche, lorsque la relation intelligible est le résultat de l'analyse intégrale d'une situation et d'un acteur, aucune vérification n'intervient après cette reconstitution ; elle comporte en elle-même toute la vérité ou la probabilité dont elle est capable. La conception que je défends est probablement assez proche de celle de Weber, bien qu'il l'ait formulée dans beaucoup de textes de manière quelque peu différente. Je pense que l'origine de la conception wébérienne était la distinction que vous trouvez dans la *Psychopathologie générale* de Jaspers[92]. La distinction jaspersienne est la suivante : si vous expliquez une névrose à partir d'un traumatisme de jeunesse, vous trouverez dans la biographie de la personne une structure intelligible, qui, sans être assimilable à la relation de moyens à fin, comporte une intelligibilité intrinsèque. En revanche, si vous expliquez un trouble de conduite par une lésion cérébrale, vous pouvez démontrer que cette connexion est vraie dans la mesure où vous arrivez à établir que ce trouble spécifique est régulièrement précédé ou déterminé par la lésion cérébrale que vous avez observée. Entre une lésion cérébrale et un trouble de conduite, il y a une connexion régulière, et peut-être arrivera-t-on un jour à découvrir une relation plus générale d'où l'on pourra déduire la connexion entre la lésion cérébrale et les troubles de conduite. Mais il n'y a pas de relation intelligible entre la lésion cérébrale et le trouble de conduite comme il peut y en avoir une entre la colère et le coup de poing, entre un certain traumatisme et l'attachement à une personne, ou encore dans l'histoire d'une névrose ou d'un individu.

C'était le thème central de Jaspers, et c'est de là que

Max Weber avait tiré l'idée que, dans les sciences humaines, nous ne nous contentons pas d'établir des consécutions régulières entre les antécédents et les conséquents, mais que le but de la connaissance est toujours d'arriver à saisir quelque chose de plus, c'est-à-dire l'intelligibilité intrinsèque du lien entre antécédent et conséquent, intelligibilité qui tient à la nature humaine de l'objet étudié. Le thème fondamental me paraît le même : il y a une intelligibilité propre aux conduites humaines qui permet d'interpréter ou d'expliquer l'état singulier sans le déduire d'une proposition générale, ou encore : qui permet à l'interprétation du cas singulier d'avoir une probabilité supérieure à la proposition générale d'où l'on prétend la déduire. Ce qui n'exclut pas que, pour reconstituer le cas singulier, il faille à peu près toujours des connaissances générales. Une théorie, sinon complète, en tout cas moins incomplète, de la compréhension telle qu'elle est pratiquée aujourd'hui comporterait l'analyse et la mise au jour de trois types d'intelligibilité différents :

1. La compréhension *psychanalytique* est celle que vous trouvez chez Freud ou chez Adler et qui suppose toujours l'utilisation de concepts, la connaissance de relations régulières fréquentes, et également un élément de récit. La compréhension psychanalytique ne passe pas simplement en effet par l'intermédiaire de concepts (la psychanalyse freudienne), mais suppose dans chaque cas singulier quelque chose de comparable à l'histoire de la personne. Que vous preniez comme exemple la biographie de Flaubert ou toute tentative de biographie psychanalytique appliquée à des personnages historiques, il s'agit là d'un certain type de compréhension qui est manifestement reconstitution intellectuelle : dans le cas où cette psychanalyse est appliquée à des personnages historiques, ou dans celui d'une cure psychanalytique, il peut y avoir un élément de participation affective, mais ce n'est pour ainsi dire que la suprême récompense du déchiffrement progressif d'un mystère individuel.

2. La compréhension la plus couramment baptisée *herméneutique* est celle d'un texte et de tout ce que l'on peut assimiler à un texte. La compréhension de type herméneutique me paraît avoir pour problématique fondamentale celle qui est désignée par la formule du cercle herméneutique. On entend par là que la compréhension d'un élément d'un texte suppose une compréhension de l'ensemble, et, inversement, que l'on ne peut comprendre l'ensemble du texte qu'à partir de la compréhension de ses éléments. D'où le fait que la compréhension appliquée à un texte implique un va-et-vient entre l'élément et l'ensemble. Ce cercle cependant n'est pas vicieux ; appliqué à une société donnée, il signifie que vous ne comprenez la psychologie d'un officier prussien comme Clausewitz que si vous vous donnez la peine de lire suffisamment de textes de l'époque pour voir quel était le système de pensées ou de sensibilité des hommes de ce temps, pour connaître le sens qu'ils donnaient aux mots, et que, d'un autre côté, vous ne pouvez découvrir le sens général de ces mots et de l'univers dans lequel ces hommes vivaient qu'à partir de l'analyse des textes particuliers. Tout ce qui est texte comporte toujours une compréhension circulaire et un effort de totalisation qui permet, non pas de supprimer le cercle, mais de le surmonter en acte. Si vous essayez par exemple de comprendre Machiavel ou le sens de son œuvre, vous êtes obligés de vous livrer à une double enquête : une enquête détaillée sur ce qu'il a écrit, et une enquête élargie sur les sens que les hommes de son temps donnaient aux mots ; vous ne comprenez Machiavel que par son temps, mais vous ne pouvez comprendre son temps que par Machiavel. Certains en concluent qu'il n'y a pas de différence entre comprendre Machiavel dans son temps et le comprendre dans le nôtre, ce qui, je crois, est une conséquence fausse. Il est probablement vrai que jamais nous ne retrouverons la compréhension que les contemporains pouvaient avoir de Machiavel lui-même, mais il y a une différence logique,

effective et psychologique entre essayer de comprendre ce que Machiavel pouvait vouloir dire à ses contemporains et le sens que, quelques siècles après, nous pouvons donner à ses propos.

3. Le troisième type de compréhension est le plus simple, mais aussi peut-être le plus fondamental. C'est celui que j'avais choisi comme exemple à la suite des analystes anglo-américains, et qui concerne la relation moyen-fin en fonction de la connaissance de la situation par l'acteur considéré. C'est l'exemple favori de Max Weber, et le philosophe logicien anglais Sir Karl Popper en a donné plus ou moins implicitement une formule équivalente ; il a parlé, dans le cas de l'explication d'une conduite humaine, de « la logique de la situation »[93]. Popper croit que l'explication singulière se déduit d'une proposition générale, mais laissons la question de côté. Il a vu très clairement que l'une des procédures qu'adoptent les historiens consiste à retrouver la logique d'une situation pensée par l'acteur, et qu'à partir de cette logique de la situation, on peut comprendre la décision prise, c'est-à-dire retrouver l'intelligibilité intrinsèque du lien entre la situation telle que la percevait l'acteur et la décision qu'il a prise.

Le chapitre le plus intéressant d'une théorie de la compréhension en concernerait peut-être l'application au cas des sociétés archaïques. Car le problème — qui n'est jamais traité en profondeur ni en France, ni même dans les pays anglo-saxons à propos de l'ethnographie ou de l'ethnologie — est au fond celui de savoir jusqu'où va notre capacité de reconstituer la logique de la situation telle que la voient les hommes des sociétés archaïques. Et en particulier, l'un des thèmes de discussion chers aux Anglo-Américains est précisément celui de savoir dans quelle mesure : 1) nous réussissons à comprendre les hommes des sociétés archaïques, et 2) nous avons le droit d'appliquer à ces hommes nos propres catégories logiques.

Je vais faire allusion à un débat qui a tenu une grande

place dans le monde anglo-américain et qui se poursuit encore. L'objet de ce débat est celui de savoir si nous avons le droit d'appliquer nos propres catégories logiques, celle de la non-contradiction par exemple, à la reconstitution de l'univers mental des hommes des sociétés archaïques, ou si ces hommes ne doivent être compris qu'à l'intérieur de leur propre système intellectuel. Un philosophe anglais, P. Winch, a soutenu cette dernière thèse dans son livre *The Idea of a Social Science*; il a poussé jusqu'au bout l'idée qui se trouve dans la dernière phase de la philosophie de Wittgenstein, idée selon laquelle on ne comprend un langage qu'en restant à l'intérieur des règles du jeu de ce langage et qui souligne l'impossibilité d'appliquer à un autre langage les règles qui ne sont valables que dans le nôtre. Appliquée au cas des sociétés archaïques, l'idée est que nous n'avons pas à nous demander si la manière dont ces cultures expliquent ou interprètent les phénomènes est contradictoire avec nos règles logiques, mais que pour les comprendre nous devons reconstituer les règles de leur langage. Par là même se trouve posée la question de savoir jusqu'où va la compréhension. Car même si cette compréhension n'est pas, comme j'ai essayé de le montrer, une participation affective, elle suppose la possibilité de reconstituer la logique des situations vues par les acteurs. Or, si la logique de la situation perçue par ces derniers est radicalement étrangère à notre propre logique, il y a probablement un fossé infranchissable pour la compréhension. Ce problème posé par la compréhension des archaïques est, si vous voulez, celui de l'unité de la nature humaine, de l'unité de l'esprit humain.

Pour illustrer le problème, j'ai consulté par hasard les livres de l'ethnologue anglais Evans-Pritchard, et j'ai trouvé deux exemples : le premier met en lumière un type de compréhension qui ne présente pas de difficulté, puisqu'il concerne la relation de moyen à fin et que l'explication est absolument comparable à celle que l'on pourrait donner de nos propres pratiques ; le second illustre bien le problème, évoqué à l'instant, des limites de la compréhension, dans la mesure où il s'agit de sorcellerie.

Le livre dont je parle ici est intitulé *Les Nuer. Description des modes de vie et des institutions politiques d'un peuple nilote*[94]. Voici ce que Evans-Pritchard écrit à propos des combats auxquels se livrent les Nuer : « Actuellement, c'est à cause du bétail qu'ils adoptent une attitude hostile et soupçonneuse vis-à-vis du gouvernement, non pas tant en raison des impôts d'aujourd'hui que des procédés d'hier : les tournées des collecteurs ne se distinguaient guère des razzias de bétail et des expéditions de villages perpétrées au temps de l'administration égyptienne. Livrant aux Dinka une guerre entièrement offensive ou peu s'en faut, les Nuer visaient à s'approprier des troupeaux et à annexer des pâturages. Le bétail est le principal motif des différends entre Nuer ; quand ils ont réussi une razzia chez les Dinka, ils s'affrontent entre eux pour le partage du butin. Pis, les tribus Nuer font des descentes les unes chez les autres. Ainsi les Leek vont chez les Jikany, les Rengyan et d'autres tribus de l'Ouest, et la razzia de bétail est chose courante le long de toutes les frontières tribales : car "voler" (*kwal*) les bêtes d'une autre tribu, c'est une entreprise louable[95]. » Nous comprenons tout de suite que le bétail est la richesse principale de cette population et que c'est à propos de ce bétail que les Nuer se font la guerre. Nous n'avons pas besoin de nous référer à une façon de penser différente de la nôtre : élargissez les dimensions, augmentez le nombre, modifiez les enjeux, et nous sommes en plein dans les querelles des grandes puissances. La compréhension ici ne fait pas de difficulté. Une fois de plus, il s'agit d'un exemple, que j'ai très souvent retrouvé, de la quasi-permanence des sentiments ou des impulsions que les spécialistes de la politique sont amenés à utiliser.

En revanche, le cas est différent lorsqu'il s'agit de

sorcellerie. Voici comment Evans-Pritchard interprète la manière dont les Nuer utilisent la sorcellerie pour expliquer les phénomènes nocturnes : « Parfois les bols et les tabourets qu'il sculptait se fendaient durant son travail, accident que l'on imagine sans peine en pareil climat. On a beau choisir les bois les plus durs, on a beau être un artisan soigneux, on a beau connaître à fond les règles de l'art, il arrive que le matériau se fende en cours de taille ou en finissage. Quand la chose arrivait aux bols et aux tabourets de notre artisan, il accusait la sorcellerie de cette disgrâce et ne manquait pas de me tenir des discours sur la rancune et la jalousie de ses voisins. Je lui répondais qu'à mon avis il se trompait et que les gens étaient bien disposés à son égard : il me tendait le bol ou le tabouret fendu comme une preuve concrète de ce qu'il affirmait. Si les gens n'ensorcelaient pas son travail, alors comment pouvais-je expliquer *cette chose-là* ? De même, si les pots se fêlent durant la cuisson, le potier en accuse la sorcellerie[96]. » Ici, l'une des questions possibles est de se demander si nous avons affaire à une mentalité logique ou non logique ?

Voici l'explication parfaitement rationnelle qu'en donne Evans-Pritchard, explication par laquelle il retrouve une théorie formulée par Bergson dans *Les Deux Sources de la morale et de la religion* : « Ce qu'ils expliquaient par la sorcellerie, c'étaient certaines situations particulières, dans une chaîne de causation qui reliait un individu aux événements naturels en telle façon qu'il subissait un préjudice. Le garçon qui avait heurté du pied une souche de bois ne rendait pas raison de la souche en se référant à la sorcellerie ; il ne donnait pas à entendre qu'en toute occasion où quelqu'un heurtait une souche du pied, ce fût nécessairement affaire de sorcellerie ; il n'expliquait pas la coupure en disant que la sorcellerie en était cause, car il savait fort bien que c'était la souche qui l'avait faite. Ce qu'il attribuait à la sorcellerie, c'était qu'en cette occasion particulière, alors qu'il ne faisait pas moins attention que d'habitude, il avait donné du pied contre une souche, et que pourtant il ne le faisait pas en cent autres occasions ; c'était aussi qu'en cette occasion particulière, la blessure, à laquelle il ne pouvait que s'attendre, s'était envenimée, alors qu'il en avait reçu des douzaines qui ne s'étaient pas envenimées. A coup sûr, ces conditions particulières réclament une explication[97]. »

Le mécanisme d'explication est ici parfaitement rationnel : cet homme a fait de nombreuses fois un travail dans des conditions où il ne se passait rien ; un jour, il se passe quelque chose, et ce quelque chose a pour lui une signification humaine comme la blessure ou le fait d'être malade après avoir mangé des bananes. Alors, dit Evans-Pritchard, il a vu dans cet événement non régulier et qui l'affecte personnellement un surplus d'événements à comprendre, et ce surplus doit s'expliquer par la sorcellerie. Nous retrouvons ici l'équivalent de l'explication par la mauvaise chance, par la fortune ou par la superstition selon laquelle il ne faut pas allumer trois cigarettes avec la même allumette, superstition qui prendrait dans ce cas la forme de la prédiction et non plus de la rétrodiction. Bien entendu, on peut se demander si celui qui refuse d'allumer la troisième cigarette y croit ou n'y croit pas, comme de la même façon on peut s'interroger sur la réalité de la croyance d'un Azandé quand il invoque la sorcellerie. A quoi croit-il exactement ? Si je ne craignais pas d'être impertinent, je poserais une question analogue à propos des rites, des croyances et des religions d'aujourd'hui, et la réponse serait presque aussi difficile à donner. Dans le cas qui nous occupe, l'explication fournie par Evans-Pritchard est une explication de type rationnel. Par opposition, le type d'explication que fournirait quelqu'un comme Lévy-Brühl ferait jouer des éléments affectifs et non plus rationnels. Quant à Lévi-Strauss, son explication consisterait à trouver une rationalité d'une autre nature, inconnue des acteurs.

Tout cela revient à dire qu'à partir de l'interprétation

la plus simple de l'intelligibilité intrinsèque de la relation entre moyen-fin concernant un acteur particulier placé dans une situation donnée, une théorie complète de la compréhension nous mènerait au problème de la compréhension des manières de penser l'avenir qui sont les plus éloignées de la nôtre. Conclusion provisoire : il y a dans les sciences historiques, et en particulier dans les sciences humaines, un grand nombre de travaux qui ont pour but, non pas une explication au sens scientifique de la construction d'un système de propositions générales ou de lois, mais la reconstitution d'un paysage historique, la compréhension des manières de vivre d'une population donnée ou de l'organisation d'une société. *La Société féodale* de Marc Bloch et d'autres grands livres d'histoire n'ont pas en effet d'autre objectif que de reconstituer la logique interne d'un certain type de société, et non pas de l'expliquer par des lois. Il s'agit en ce cas de la compréhension d'une organisation spécifique de la vie en commun, et s'il s'y introduit des éléments de récit afin de montrer comment une certaine logique s'y est développée. Le point essentiel dans une théorie de la compréhension me paraît être de souligner que lorsque l'on a abouti à retrouver la logique d'une certaine organisation — que ce soit la logique du capitalisme ou celle de la société féodale —, nous avons atteint l'un des objectifs majeurs, si ce n'est l'objectif majeur, de toute science historique, même si nous n'avons pas la possibilité d'expliquer scientifiquement à partir de lois pourquoi une logique de cet ordre s'est déployée. Il est possible en revanche d'améliorer la compréhension de la logique de la société féodale par une confrontation avec d'autres logiques de la vie en commun. Et dans la représentation idéale de ce que serait la macrosociologie, il serait également permis d'avoir un système de toutes les logiques possibles des organisations de la vie économique, politique, etc., et de déterminer quels sont les liens, les régularités entre ces différentes logiques ; ce serait, si vous voulez, la combinatoire idéale de la macrosociologie, mais pour l'instant il ne s'agit que d'une vue de l'esprit parce que nous sommes très loin de pouvoir constituer quoi que ce soit qui ressemblerait à une combinatoire générale de toutes les organisations possibles de la vie en commun.

Je vais passer maintenant à ce qui devait être le deuxième thème de cette leçon : la théorie du récit ou de la narration telle qu'on la trouve dans le livre de Gallie, le philosophe anglais, intitulé *Philosophy and the Historical Understanding*[98]. L'objectif de ce livre est de retrouver la tradition herméneutique allemande et de mettre en lumière la spécificité de l'histoire à partir du récit ou de la narration considérés comme le caractère propre de l'histoire par rapport aux sciences de la nature. Je n'aurai le temps que d'aborder la partie négative de ce livre, qui est consacrée à une réfutation. Gallie, dans son premier chapitre, part de la notion de « philosophie critique de l'histoire », qu'il m'attribue. En effet, *La Philosophie critique de l'histoire* est le sous-titre que j'avais donné à ma thèse secondaire consacrée aux néo-kantiens allemands qui se sont occupés, à la fin du XIXe siècle, d'élaborer une critique transcendantale de la connaissance historique ; ceux que j'avais classés dans la philosophie critique de l'histoire étaient, par ordre logique et chronologique à la fois, Dilthey, Simmel, Rickert et Max Weber. Le point de départ de Gallie est de dire que ces philosophes allemands de l'histoire ont à juste titre eu le sentiment que la connaissance historique présentait, par rapport aux sciences de la nature, un certain nombre de traits spécifiques, mais qu'aucun d'eux n'a donné une solution satisfaisante au problème qu'ils s'étaient posé. Je dois dire que son examen critique et sa réfutation sont extrêmement rapides. J'ajoute qu'il met dans la liste des philosophes qu'il étudie et qu'il réfute Cournot, qu'il semble connaître, et Collingwood, le philosophe anglais, qui s'est occupé de la philosophie de l'histoire et qui est le plus connu dans le monde anglo-américain parce qu'il est l'un des rares à appartenir à la tradition herméneutique.

La réfutation de ces auteurs se fait de la manière suivante. Cournot est le premier visé : il a eu l'idée juste d'une distinction entre deux sortes de sciences — les sciences « théoriques » et les sciences « historiques » —, mais il n'a défini les sciences « historiques » que par les accidents, les rencontres de séries, et il n'a nullement montré comment, à partir des rencontres de séries, se développe le récit ou la narration historique — ce qui, pour Gallie, constitue l'essentiel.

En ce qui concerne Rickert, l'objection de Gallie peut se résumer ainsi : Rickert a cherché, parmi l'indéfini de la réalité informe, le principe de la sélection de la matière historique dans le rapport aux valeurs, mais la notion de rapport aux valeurs est restée extraordinairement abstraite. D'autre part, il s'est référé à un système universel de valeurs, et rien dans ses livres ne permet de rendre compte de la manière dont, effectivement, l'historien opère la sélection soit de son objet, soit (moins encore) de la suite des événements qui constituent le récit.

A propos de Dilthey, Gallie souligne simplement que celui-ci a pensé le problème, qu'il l'a posé à de multiples reprises, mais qu'il ne l'a pas résolu.

Puis vient Collingwood à propos duquel il est plus indulgent. Collingwood considère qu'il n'y a d'histoire que dans la mesure où l'historien se pose un problème et essaie de le résoudre. D'autre part, il ne peut résoudre un problème d'explication ou d'interprétation qu'en résolvant les questions que se sont posées les acteurs eux-mêmes, ce qui implique que l'historien véritable, authentique, celui qui ne procède pas seulement avec des ciseaux et de la colle, est capable de revivre la pensée des acteurs historiques, de leur rendre l'actualité en la repensant dans sa propre conscience. L'idée de Collingwood est assez proche de celle de Croce, à laquelle j'ai fait allusion à d'autres moments : l'historien est celui qui rend l'actualité à ce qui a été vécu dans le passé, et l'histoire, selon une expression que j'ai déjà employée, est conçue comme l'histoire des morts racontée par les vivants — les morts ne conservant une signification que s'il y a des vivants pour les interpréter, les comprendre et du même coup leur rendre la vie.

Cela dit, une telle définition de l'histoire ne permet pas, selon Gallie, de saisir ce qui fait précisément la spécificité de la connaissance historique, à savoir la continuité du récit, la connexion des événements et le caractère décisif de l'ordre dans lequel ils se sont déroulés. Ce qui, pour lui, constitue l'histoire, ce n'est pas seulement ce qui s'est passé à un moment donné, c'est le lien entre tels événements et leurs suites, et par conséquent l'historien doit essayer de suivre le mouvement en avant qui, d'événement en événement, a conduit à un point donné, éventuellement celui auquel nous nous situons.

En ce qui concerne les analystes, Gallie en parle à peine, si ce n'est pour dire qu'ils ne se sont intéressés à la connaissance historique qu'à partir de leurs préoccupations logiques, ce qui est d'ailleurs vrai. Il dit que les analystes anglo-américains, en particulier Hempel, ne s'intéressaient pas à l'histoire mais à la logique, et qu'ils voulaient avant tout mettre à l'épreuve leur théorie de l'explication ou de la causalité dans des circonstances où cette théorie ne semblait pas s'appliquer. C'est ce que je vous ai expliqué la semaine dernière en vous disant que s'ils ont choisi précisément l'exemple le plus défavorable, c'est que, s'ils parvenaient à en triompher, la thèse générale en aurait été du même coup démontrée.

Dans la partie positive de son ouvrage, Gallie soutient que ce qui constitue l'originalité de la connaissance historique par rapport aux sciences de la nature, et ce dont il faut rendre compte, c'est ce qu'il appelle *narrative*, et ce que j'appellerai de mon côté *narration* ou *récit*. Je ne crois pas qu'il y ait logiquement de différence entre la narration ou le récit. On pourrait dire, si l'on voulait, qu'on emploie le terme narration pour désigner un exercice que l'on imposait jadis aux enfants, et qui consistait à leur demander de raconter quelque chose qui leur était arrivé sans recourir à des propositions générales ou à des lois. Or, la forme la plus primitive de la narration (« et puis, et puis, et puis ») comporte déjà un élément essentiel du récit, tel que le conçoivent les philosophes issus de l'école analytique, à savoir la continuité temporelle et le fait que l'ordre dans lequel les événements se sont déroulés a une signification décisive. Effectivement, l'idée que Hitler intervient après la Première Guerre mondiale est essentielle pour quiconque écrit l'histoire de Hitler ; en revanche si l'on faisait une théorie de la personnalité psychologique de Hitler, l'ordre dans lequel les événements se sont déroulés ou les circonstances dans lesquelles Hitler est arrivé au pouvoir seraient peut-être sans signification. Mais dans la reconstitution proprement historique que nous appelons récit, l'ordre dans lequel les événements se sont déroulés représente un élément important de l'explication elle-même : il y a une explication par la narration, par le fait que l'événement dont on veut rendre compte s'est passé non seulement en un point de l'espace, mais à un moment du temps.

Le récit est devenu l'un des thèmes essentiels de réflexion des analystes anglo-américains, et cela quelle que soit leur tendance. Vous trouvez par exemple un chapitre sur le récit dans le livre de Danto, *Analytical Philosophy of History*, ainsi que dans celui de Morton White, *The Foundations of Historical Knowledge*. En fait, les analystes ayant commencé par prendre pour thème fondamental la connexion singulière, c'est-à-dire la relation entre un événement et ce qui l'a précédé comme objet de réflexion sur l'explication, sont ensuite passés à la suite des événements et ont considéré qu'une philosophie analytique de l'histoire ne devait pas seulement rendre compte de la connexion entre deux événements, mais qu'elle devait essayer d'en suivre la succession dans le temps, cette succession fournissant elle-même un élément d'interprétation. Et il est certain que si l'on considère l'histoire au sens étroit du terme, le récit est l'une des formes majeures de la connaissance historique. J'en discuterai la semaine prochaine, avec immédiatement deux réserves que je formulerai à l'avance : la première, c'est que tous les grands livres d'histoire ne sont pas des récits ; *La Société féodale* de Marc Bloch ou *La Civilisation de la Renaissance en Italie* de Burckhardt ne sont pas des récits. D'autre part, je retournerai la proposition : s'il est vrai qu'il n'y a pas d'histoire sans récit, il n'y a pas de récit sans connexion intelligible entre les événements, de telle sorte que je ne vois pas que le point de départ du récit soit, en tant que tel, supérieur à celui de la consécution singulière. Je vois même des raisons pour lesquelles il est logiquement meilleur de prendre pour point de départ la consécution singulière, parce que si l'on part, comme je l'ai fait, de la connexion singulière, on peut rendre compte aussi bien de la connaissance des structures que de la structure du récit, cependant que si on limite la théorie de l'histoire à une théorie du récit, on laisse en dehors de celle-ci un grand nombre d'éléments qui appartiennent à l'ordre de la connaissance historique.

STORY AND HISTORY[99]

Je vous avais indiqué la semaine dernière que je chercherai dans le livre de Gallie, Philosophy and the Historical Understanding, *la théorie du récit. En fait, pour aller plus vite, je considérerai en même temps les chapitres que les deux livres les plus typiques de l'école analytique — celui de Danto et celui de Morton White — consacrent à la théorie du récit.*

Comment définir le récit ? Les Anglais ont la possibilité de jouer sur les deux mots story *et* history *(Gallie, en particulier, joue sur les deux mots). Il dirait volontiers que l'histoire, en tant que mode de connaissance, raconte une histoire vraie. Mais la notion d'une* histoire *ressemblant à une* romance, *avec un début, un milieu et une fin, n'est pas logiquement satisfaisante.*

Je pense que l'on pourrait dégager les idées suivantes :

I. Définition minimale :
A. *Nous appellerons* propositions narratives *les propositions qui se réfèrent à des événements séparés dans le temps et selon un ordre de succession : la lecture de Hume a réveillé Kant de son sommeil dogmatique ; le traité de Versailles a réveillé le nationalisme allemand ; la plupart*

des thèmes romantiques apparaissent déjà chez Jean-Jacques Rousseau. Ces diverses propositions supposent un ordre temporel et posent déjà quelques problèmes logiques.

B. Dans la mesure où les propositions narratives se rapportent à la succession des événements, ne retrouvons-nous pas purement et simplement le problème de Hume ? Au temps t1 un certain sujet se trouvait dans l'état X et au temps t2 dans l'état Y : qu'est-ce qui a déterminé le passage de l'état X à l'état Y ?

Exemple : Louis XIV est mort impopulaire. Buckingham et le mariage espagnol.

Si l'on retrouve dans le problème du changement au niveau atomique ou microscopique le problème de Hume, le problème devient celui de la causalité et du choix entre les antécédents.

C. Si l'on prend le niveau non plus atomique, mais moléculaire ou macroscopique (White), le problème devient celui de ce qui doit figurer dans un écrit moléculaire quand le sujet est une entité baptisée philosophie. L'histoire des États-Unis (exemple de Morton White). Ce qui n'est pas nécessairement un problème logique.

D. Gallie

Story. Au fond, il n'arrive pas à définir une histoire. Mais on voit bien ce qu'il veut.

II. *Les analystes partent de l'explication. Partant de l'explication, ils opposent la thèse de la* déductibilité *ou de la* subsomption *à celle de la* rationalité *ou de l'*intelligibilité. *(Intelligibilité : pas toujours moyen/fin. Pas nécessité.)*

Gallie, lui, part du récit *ou de la* narration, *et considère l'explication comme intervenant au moment où il y a un arrêt, une sorte de raté du récit. Mais en quoi consiste celui-ci ? Il rapporte des événements datés, entrelacés, et dont certains sont surprenants. Gallie veut que l'histoire ait une consistance, un début et une fin. Tout cela est bel et bon, mais les problèmes demeurent.*

Prenons une connaissance historique type : le récit de la crise internationale qui a conduit à la guerre de 1914. Ultimatum à la Serbie, répliques successives. Logique de la situation, généralités implicites, jamais nécessité. Sont-ce des platitudes ou des généralités de bon sens ? Décision du tsar : la mobilisation partielle est impossible. Décision allemande : un seul plan. On ne peut pas ne pas attaquer la France. Théorie de l'administration.

Qu'est-ce que je veux démontrer en ce cas ? Que mon histoire, limitée dans le temps et dans l'espace, découvre sa logique propre au niveau du micro-événement. *C'est dans la mesure où le micro-événement diffère dans son explication ou explicitation de la tempête ou du tremblement de terre que l'histoire humaine comporte sa logique propre. Je retrouve ma proposition banale : c'est dans la mesure où l'homme est un acteur conscient que la reconstitution du passé humain dans sa suite temporelle présente des traits spécifiques. Mais on retrouve certaines de ces spécificités en se référant simplement aux propositions narratives.*

Morton White : passage du micro *au* macro *ou de l'atomique au moléculaire. Quel est le sujet qui persiste à travers le temps ? Discussion sur la sélection. Le caractère intentionnel du micro-événement. Le fondement logique de la spécificité du régime. Il n'en résulte pas que l'intention des acteurs offre l'explication. La théorie de la causalité. Comment font effectivement les historiens ?*

Danto : la réinterprétation du passé. Bergson : c'est le présent qui découvre les signes annonciateurs de ce qui est venu après. Danto : ce qui manquait, c'est le concept. Idée hégélienne. Histoire réfléchie. Exemple de la philosophie.

Deux idées au fond différentes :
— La création, l'inventivité, le concret. L'œuvre.
— Le contingent. L'événement.

Sartre : je peux changer le sens de mon passé tant que je vis. Quand je suis mort, seuls les autres peuvent le changer, il est devenu nécessaire.
Intention. Résultats.
Bismarck, Hitler dans un ensemble plus vaste.
Impossibilité d'une histoire anticipée.
Le détail. Le sens.

DE L'ANALYSE CAUSALE

Je vais consacrer cette leçon aux problèmes multiples que pose l'analyse causale en connaissance historique. Le problème de la causalité historique présente une complexité exceptionnelle pour de multiples raisons : tout d'abord — et c'est peut-être la raison la plus profonde —, les logiciens, les épistémologues et les savants eux-mêmes ne sont pas toujours d'accord sur l'usage que l'on peut et doit faire de la notion de cause dans les sciences, y compris dans les sciences de la nature. A certaines périodes de l'histoire de sciences, en particulier au début du siècle, Russell considérait que la notion de cause était d'essence et d'origine anthropologiques, et que de ce fait elle avait un caractère métaphysique et ne pouvait plus jouer de rôle dans les sciences arrivées à maturité. De ce fait, il était tenté de ne conserver comme concept fondamental que celui de loi ou de corrélation, ou, si l'on prenait des successions d'événements, la notion de succession régulière ou, plus généralement, de régularité. Dans la tradition issue de la philosophie de Hume, il n'y a pas de cause décelable, c'est-à-dire de lien intrinsèque entre l'antécédent et le conséquent, mais seulement la possibilité de saisir la régularité ou les consécutions régulières ; décréter qu'un antécédent est cause, c'est, pour ainsi dire, l'hypostasier, lui donner une signification différente de celle des autres antécédents, et, de ce fait, sortir de la pratique scientifique. Auguste Comte excluait également le concept de cause de l'analyse scientifique et il enjoignait de s'en tenir à la notion de loi qui équivalait chez lui à celle de régularité, les lois pouvant être soit *statiques*, soit *dynamiques*, c'est-à-dire soit des lois de corrélation constante à l'intérieur d'un système, soit des lois de consécution régulière ou constante pour des événements situés à des moments différents du temps.

Le modèle Hempel d'explication se rattache à la tradition de Hume ou à celle d'Auguste Comte, et bien qu'il ait un lien avec la tradition des empiristes anglais et avec leur théorie de la causalité, je me suis efforcé de l'analyser sans utiliser la notion de cause. J'ai laissé de côté ce problème fondamental de l'usage ou du non-usage de la notion de cause dans les sciences de la nature, parce que ce problème nous renverrait à un ensemble de questions relatives à la logique des sciences naturelles qui se situeraient hors de mon domaine. Une deuxième école élimine elle aussi la notion de causalité dans la connaissance historique pour une raison à la fois parente et contraire : pour une raison parente, en donnant une signification plus ou moins métaphysique à la notion de cause ; pour une raison contraire en ce sens que, selon cette école, la nature propre des événements humains exclut l'utilisation de la notion de causalité. Je pense en particulier aux philosophes de la tradition idéaliste de l'histoire, par exemple à Croce qui a dit explicitement qu'il fallait une fois pour toutes éliminer la notion de cause de la connaissance historique. Cette attitude adoptée par Croce dérive en dernière analyse de la tradition hégélienne : si l'on considère que les différents moments du devenir historique se rattachent les uns aux autres par des liens soit logiques, soit conceptuels, il devient naturel d'en exclure la notion de cause dans la mesure où cette notion est considérée comme l'équivalent du déterminisme naturel.

Voici, en développant quelque peu, l'idée que je veux suggérer : ceux qui, appartenant à la tradition hégélienne, herméneutique, ou à celle de Vico, éliminent le concept de cause de la connaissance de l'histoire humaine, affirment que penser le devenir humain en termes de causes et d'effets revient à substituer à la logique propre des actions ou même à celle de la succession des époques — logique conceptuelle, logique contradictoire ou logique dialectique — une relation comparable à celle de deux boules de billard qui se rencontrent, à celle d'une étoffe qui prend feu, ou encore à celle du gaz qui s'échappe d'un tuyau et qui fait exploser un appartement.

Je laisserai également de côté cette deuxième école, celle qui essaie de retrouver dans le devenir historique quelque chose comme une logique conceptuelle ou dialectique ; je me bornerai aujourd'hui à quelques brèves remarques, inévitablement superficielles.

L'interprétation non causale de l'histoire humaine équivaut à la généralisation de la démarche que j'avais analysée à propos de ce que j'avais appelé les micro-événements intentionnels. L'explication des micro-événements intentionnels revenait à mettre au jour la logique d'une situation et la réplique d'une conscience ou d'un acteur face à cette situation. Cette mise au jour de la logique d'une situation équivalait à dégager une intelligibilité qui n'impliquait pas nécessité et encore moins déterminisme. Or la philosophie de l'histoire de cette école idéaliste a pour ainsi dire pour objet de transposer au niveau macrohistorique l'équivalent de l'intelligibilité que les historiens essaient de dégager au niveau micro-événementiel : s'il y a, entre le capitalisme et le socialisme ou entre la féodalité et le capitalisme, des liens intelligibles analogues à ceux qui rattachent deux concepts les uns aux autres, il y aurait dans la réinterprétation macrohistorique quelque chose de comparable à l'intelligibilité des micro-événements, bien que dans ce cas le lien intelligible ne renvoie pas à l'intention d'une conscience. Ceux d'entre vous qui connaissent la *Critique de la raison dialectique* de Sartre savent que s'il n'y a pas compréhensibilité au niveau macrohistorique, il y a malgré tout intelligibilité, c'est-à-dire que dans un cas il y a renvoi à l'intention d'une *praxis* ou d'une conscience, et que dans l'autre il y a un lien intelligible sans référence à l'intentionnalité d'une conscience.

La deuxième remarque que je ferai est que l'interprétation non causale ou l'interprétation intelligible du micro-événement intentionnel n'exclut nullement l'étude des consécutions régulières ou l'étude de la causalité à un niveau supérieur. D'abord, toutes les actions historiques ne sont pas intentionnelles, cela va de soi ; d'autre part, même si une action est intentionnelle, rien n'exclut que le fait historique ou social créé par l'accumulation d'actions se prête à une interprétation causale différente de l'interprétation par l'intentionnalité de la conscience. Pour vous expliquer brièvement par un exemple banal la distinction que j'ai dans l'esprit, il est possible d'étudier les cas individuels de suicide et de dégager la logique de la décision prise par un individu de s'enlever la vie. Dans ce cas, nous avons une interprétation intelligible d'une conduite par la relation entre la situation dans laquelle se trouve une conscience et la décision prise par cette conscience. On peut accepter sans trop de difficulté que le suicide, considéré individuellement, est intelligible et éventuellement même compréhensible sans être de ce fait nécessaire, c'est-à-dire que dans la majorité des cas l'individu se trouve dans une situation où il prend la décision de s'enlever la vie, sans que l'on puisse ni doive dire qu'il était condamné par cette situation à le faire — la meilleure preuve en étant que certaines organisations viennent quelquefois en aide à ceux qui veulent se suicider et parviennent à les sauver. D'autre part, il est parfaitement clair que si vous considérez une statistique des suicides, vous pouvez trouver un certain nombre de corrélations entre la fréquence des suicides dans un pays donné, dans une classe donnée, dans une ville donnée, et des circonstances données, et que la relation que vous établissez entre les situations qui provoquent une augmentation ou une diminution du taux de suicide et ces taux de suicide peut être, selon les logiciens, appelée facteur de causalité. Raymond Boudon par exemple a écrit une thèse tout entière, intitulée *L'Analyse mathématique des faits sociaux*, en réinterprétant les statistiques durkheimiennes du suicide, et vous voyez que, dans un cas de cet ordre, il n'y a pas de contradiction entre d'une part la cause sociale de la fréquence d'un phénomène comme le suicide, permettant d'établir des corrélations avec éventuellement des relations causales au sens où celles-ci favorisent ou rendent plus ou moins fréquent, et d'autre part l'analyse intelligible de la conduite individuelle du suicide[100]. Ces deux démarches ne sont pas contradictoires. J'ajoute qu'il existe une littérature aussi nombreuse sur une approche que sur l'autre. Il y a des livres qui, à la manière de celui de Durkheim, font des analyses de corrélation statistique sur les circonstances favorisant ou défavorisant la fréquence des suicides ; il y a d'autre part des ouvrages qui écrivent l'histoire biographique du suicide individuel.

Le problème que j'étudierai l'année prochaine est de savoir dans quel cas l'une des deux voies est plus instructive que l'autre, mais il faut bien comprendre que ces deux études différentes — l'une du micro-événement intentionnel, l'autre de la fréquence d'un phénomène devenu générique — ne sont pas contradictoires mais constituent deux approches d'un même fait. Il reste simplement ceci, qui nous ramène à la métaphysique des faits humains : la consécution entre l'échappement de gaz, l'étincelle électrique et l'explosion me paraît d'une autre nature que la relation entre l'anomie sociale et le suicide. On peut bien dire qu'au niveau *macro* on trouve une corrélation que l'on peut, si l'on veut, traduire en termes de cause, mais au niveau du *micro* ce qui se déroule est différent dans les deux cas : dans le cas de l'explosion de gaz, il y a en effet une relation entre des phénomènes naturels qui suggère, et qui probablement impose, l'idée de nécessité, tandis que le micro-événement garde un caractère événementiel, c'est-à-dire non nécessaire par rapport à l'agent.

Conclusion : il y a deux éliminations possibles de la notion de causalité en histoire : l'élimination *positiviste* selon laquelle le concept de causalité est étranger à la science authentique, et l'élimination *idéaliste* pour laquelle la structure ontologique du monde humain exclut l'utilisation du concept de causalité, celui-ci étant considéré comme s'appliquant, au sens strict du terme, uniquement à des phénomènes naturels. J'ajoute que les historiens professionnels ne portent qu'un intérêt limité à ces deux théories extrêmes, et selon toute probabilité ils continueront à utiliser le terme « cause » dans des sens différents. Vous trouverez toujours des livres qui s'appelleront *Les Causes de la Révolution française* ou *Les Causes de la Première Guerre mondiale*, bien que les historiens ne sachent pas avec certitude ce qu'ils appellent la cause d'un événement, ou à quelles conditions leur recherche de la causalité est logiquement satisfaisante. Max Weber, lui, a opposé ce qu'il appelle la recherche causale à l'interprétation compréhensive. Cette dernière, chez lui, englobait à la fois la compréhension de l'intentionnalité d'une conscience singulière et l'intelligibilité au sens où j'ai défini ce terme. Autant que j'en puisse juger, il n'a pas fait explicitement de distinction entre compréhension et intellection, le premier terme renvoyant à l'intentionnalité d'une conscience, le deuxième suggérant une intelligibilité comparable à la compréhensibilité sans référence à l'intentionnalité d'une conscience. Mais il est arrivé à la notion de causalité dans la recherche historique par le biais suivant : il a considéré que les relations intelligibles que nous pouvons mettre au jour ne sont encore que des hypothèses, qu'elles sont seulement plausibles ou vraisemblables aussi longtemps que nous n'avons pas vérifié qu'elles se réalisent effectivement. Ce qui est probablement vrai dans le cas de relations intelligibles au niveau macrohistorique, alors qu'il n'est pas sûr qu'au niveau microhistorique nous ne trouvions pas simultanément l'intelligibilité du micro-événement et les raisons d'admettre l'interprétation compréhensive.

D'autre part, il a plus ou moins clairement élaboré la théorie qui joue aujourd'hui un rôle important chez les analystes anglo-américains et qui est celle des *counterfactual conditions*, des conditions contraires aux faits. Cette expression savante signifie tout simplement ceci : supposons qu'un événement ne se soit pas produit ou qu'il ait été autre qu'il n'a été, et posons la question de savoir ce qui se serait passé. Par exemple, il est légitime de se demander : la guerre de 1914 aurait-elle éclaté au mois d'août si la politique de Poincaré avait été différente de ce qu'elle a été ? Si nous concluons qu'en tout état de cause elle aurait éclaté même avec une politique différente de celle de Poincaré, nous dirons que celle-ci n'était pas une condition nécessaire de la guerre. En revanche, si nous risquons l'hypothèse qu'avec une politique différente la guerre n'aurait pas éclaté, il en résulte que la politique de Poincaré a été une condition nécessaire. Condition nécessaire ne signifie pas encore cause nécessaire, ni encore moins cause unique. Weber avait pris l'exemple de la bataille de Marathon et il avait posé la question : que se serait-il passé si les Grecs avaient perdu la bataille de Marathon ? Sa réponse était que si les Grecs avaient perdu la bataille de Marathon, le développement rationnel à l'intérieur des cités grecques ne se serait pas déroulé comme il s'est déroulé.

Les historiens anglais, surtout américains, ont fait une série d'études sur le principe des *counterfactual conditions* ; ils se sont demandés par exemple si le développement de l'économie américaine aurait été le même dans l'hypothèse où l'on n'aurait pas construit les chemins de fer, et ils ont fait toute une série de spéculations sur le développement économique qui aurait été possible avec d'autres moyens de transport[101]. D'une façon ou d'une autre, ces questions sont posées par les historiens, mais les historiens professionnels en général n'aiment pas qu'elles soient explicitement posées parce qu'ils pensent très justement que la plupart du temps on ne peut pas donner de réponse catégorique à des questions de cet ordre. On peut naturellement se demander : que se serait-il passé si... ? Mais comment répondre, à moins de disposer d'une série de lois ou de consécutions régulières qui nous permettent d'indiquer soit, à propos de la condition irréelle, les conséquences qu'elle aurait développées, soit, à propos des antécédents qu'on ne modifie pas, les modifications que ces derniers auraient entraînées ? Les économistes sont en meilleure situation pour se livrer à ce genre d'exercice sur l'histoire irréelle parce qu'ils disposent jusqu'à un certain point d'une théorie macro-économique. Ils peuvent donc sans trop d'arbitraire modifier un des éléments, par exemple les moyens de transport, et arriver à des conclusions probables sur les substituts au chemin de fer que l'on aurait trouvés ; connaissant les facteurs de la croissance, ils peuvent arriver à des hypothèses vraisemblables sur « ce qui se serait passé si... ». En revanche, dans le cas de l'histoire que l'on appelle événementielle, au niveau micro-événementiel, on peut avec une assez grande probabilité dire qu'en modifiant un petit nombre de micro-événements, on en modifie certains autres, mais il est difficile d'aller très loin dans la reconstruction de l'histoire qui n'a pas eu lieu. On peut citer ici le livre *Uchronie* écrit par Renouvier[102]. Il va de soi qu'il ne s'agit que d'un exercice philosophique, mais c'est un exercice logique ou historique que de modifier les événements par la pensée, et de faire des hypothèses plus ou moins plausibles sur ce qui se serait passé en ces hypothèses irréelles.

J'arrive aux problèmes de la causalité qui sont discutés par les historiens et les logiciens, et sur lesquels je vais présenter quelques remarques.

Les discussions qui se déroulent entre les logiciens portent d'abord sur la notion de causalité appliquée aux problèmes propres de la connaissance historique, essentiellement à l'explication d'événements singuliers et datés. Les questions qui se posent à cet égard sont du type : comment un événement (mettons la guerre) a-t-il été possible ? Ou encore : comment la guerre est-elle devenue nécessaire ? Les Anglais et les Américains disent : *How possible ? Why necessary ?* Ce qui renvoie à la distinction des conditions suffisantes et des conditions nécessaires. D'où résulte, à la suite de cette distinction, la vieille question que vous trouvez chez tous les auteurs : le choix de la cause parmi les antécédents présente-t-il un caractère arbitraire ? Qu'est-ce qui est cause d'un événement ? Est-ce l'ensemble des antécédents ou un antécédent entre plusieurs ? Si nous décidons que c'est un antécédent plutôt que tel autre, est-ce que notre choix est logiquement fondé ?

De cette réflexion logique ou théorique sur le choix d'un antécédent parmi les autres, on peut passer à la pratique des historiens eux-mêmes et y confronter les réflexions des logiciens. Parmi les études consacrées à ce problème dans la littérature analytique, celles qui m'ont paru les plus intéressantes et auxquelles je renvoie ceux que ce sujet intéresse sont les chapitres consacrés au problème de la causalité par von Wright *(Explanation and Understanding)* et par Morton White *(The Foundations of Historical Knowledge).* Si j'avais eu plus de temps, j'aurais montré comment ces deux auteurs, qui viennent de deux traditions différentes, finissent dans les détails par se rejoindre ou par s'accorder sur la plupart des points en litige.

Je ne vais pas vous présenter une théorie totale, mais une série de remarques ou d'analyses qui esquisseront ce que serait une théorie de la causalité historique.

Prenons d'abord l'exemple d'un événement physique, le dérapage d'une auto sur du verglas ou l'éclatement du radiateur d'une auto par le fait du froid. Il est clair que, dans un cas de cet ordre, l'événement comporte des antécédents multiples et qu'entre certains des antécédents et l'événement lui-même, il y a des régularités et même des lois, si l'on emploie ce terme dans le sens ordinaire de la logique des sciences naturelles (le gel à partir de telle température). Reprenons l'exemple de l'accident. Quand un événement de cet ordre entre en relation avec les hommes, la notion de cause que nous utilisons prend un caractère pragmatique, et dans une très large mesure le choix de la cause nous renvoie ici au sens initial qu'il prenait chez les Grecs, un sens quasi juridique. Il désigne plutôt l'argument que l'on emploie devant un tribunal que la cause au sens scientifique du terme. Or si nous disons que la cause du dérapage de la voiture a été que le conducteur est allé trop vite, il s'agit dans une très large mesure d'un choix pragmatique et presque juridique, c'est-à-dire que nous n'excluons pas par la pensée les autres antécédents, mais que nous mettons l'accent sur l'un des antécédents en raison de l'intérêt que nous prenons au fait de la vitesse qui est plus ou moins consciemment, dans notre pensée, celui des antécédents qui dépendait de l'acteur, ou bien celui dont nous pensons qu'il est plus ou moins coupable de la part de l'agent. Mais cet antécédent n'a pas le caractère d'une cause au sens absolu du terme ; il m'est arrivé une fois d'avoir un accident, la voiture ayant dérapé sur une plaque de verglas, et, comme tout bon juge, j'ai dit au chauffeur qu'il allait trop vite. En fait, il allait à 45 km/h, mais étant donné l'état de la route, il allait effectivement trop vite. Ce qui ne signifie pas que dans toutes les circonstances l'accident se serait produit, mais que dans ce cas nous choisissons parmi les antécédents celui qui nous paraît à la fois contrôlable et imputable à un agent. Il ne me paraît pas douteux que les historiens, consciemment ou inconsciemment, appliquent très souvent ce même genre de raisonnement — non valable aux yeux des savants purs — à la recherche des causes parmi les antécédents d'un événement. Je ne doute pas que l'on n'aurait pas écrit autant de livres sur les causes de la guerre de 1914, interprétées comme antécédents immédiats, si l'on n'avait pas eu le désir de mettre en lumière des décisions ou des actes contrôlables dont certains individus ont été responsables. Mais dans ce cas il importe de comprendre que l'acte que nous voulons culpabiliser en le désignant comme cause n'est coupable qu'au sens précis de l'imputation juridique ou morale, imputation qui ne devient légitime que si nous nous référons aux normes politiques, juridiques ou morales de l'époque où l'événement a lieu. Par exemple, à la veille de la guerre de 1914, aucun des hommes d'État ne se considérait comme moralement ou politiquement coupable d'accepter un risque de guerre. Il y a donc dans les polémiques sur les responsabilités après coup un élément d'erreur historique qui consiste à supposer que l'homme qui a pris une certaine décision, dont nous savons qu'elle est partiellement responsable d'une série d'événements détestables, est coupable. Or, en fait, ceux qui ont accepté le risque de guerre en 1914 ont cru à peu près tous que la guerre serait terminée en quelques mois et qu'elle ne serait pas plus grave que les conflits qui s'étaient déroulés au XIXe siècle. En d'autres termes, si nous cherchons une causalité dans l'acte d'un agent, encore faut-il, si nous voulons en tirer une condamnation historique ou morale, tenir compte des normes de l'époque et non pas de nos propres normes.

Ma deuxième remarque est qu'il est évidemment tentant de comparer l'accident d'automobile à la guerre de 1914 ; je viens de le faire d'une première façon avec l'idée du choix pragmatique de l'antécédent en fonction de la notion de responsabilité ou de culpabilité, mais on peut également appliquer aux deux cas le raisonnement probabiliste qui était celui de Max Weber. En effet, la causalité, telle que la comprenait Max Weber, était essentiellement la détermination de la probabilité d'un événement. Si j'applique ce raisonnement à l'accident d'automobile, je dirai, en termes de logique probabiliste, que la vitesse à laquelle la voiture était conduite créait une probabilité d'accident étant donné l'état de la route. Dans ce cas, vous pouvez dire qu'il y avait une causalité probabiliste d'un antécédent donné, causalité qu'il est possible de transposer au monde humain. Si vous opérez cette transposition au cas de la guerre de 1914, vous trouverez à l'origine l'ultimatum de l'Autriche à la Serbie ou le refus par l'Autriche d'accepter la réponse serbe. Vous verriez que quand l'Autriche-Hongrie a envoyé un ultimatum à la Serbie, le gouvernement de Vienne savait parfaitement bien qu'il lançait un défi à la Russie, qui s'était déclarée depuis plusieurs années protectrice des Slaves du Sud ; il savait également que, par le jeu des alliances, si la Russie était entraînée dans la guerre à cause de la Serbie, la France elle aussi entrerait dans le conflit. Les Allemands savaient aussi, en fonction de leur plan d'état-major, que s'ils étaient en guerre avec la Russie, ils devaient commencer par attaquer la France. Par conséquent, il est légitime de dire que ceux qui ont lancé l'ultimatum à la Serbie et refusé d'accepter la réponse serbe ont créé une probabilité de guerre, à la manière dont ceux qui conduisent à 50 à l'heure sur une route glacée créent une probabilité d'accident. Il est possible en effet d'employer ce genre de raisonnement, et on peut à partir de là construire des notions de causabilité probabiliste qui d'ailleurs sont plus ou moins confirmées par les raisonnements à partir de conditions contraires au fait dont je vous ai parlé tout à l'heure.

L'étude des causes supposerait implicitement des raisonnements de probabilité, et bien évidemment, dans les livres d'histoire, les deux argumentations — l'argumentation en quête de la culpabilité et l'argumentation en quête de la probabilité — se mêlent plus ou moins. Si l'on se demande par exemple si la responsabilité majeure de la guerre de 1914 incombe aux empire centraux en fonction de l'ultimatum à la Serbie, la réponse ne peut venir que d'un jugement de probabilité sur le lien entre les ultimatums et la guerre. Or, à coup sûr, l'ultimatum créait une possibilité de guerre ; tous ceux qui ont vécu ces jours de juillet-août 1914 savent que, le lendemain de l'ultimatum de l'Autriche à la Serbie, toutes les chancelleries ont considéré que la guerre devenait possible, sinon probable. Le degré de responsabilité se mesure alors par le degré de probabilité que l'on attribue rétrospectivement à la guerre à partir de l'ultimatum. Cela dit, les historiens, en général, mêlent deux questions : jusqu'à quel point l'ultimatum autrichien était-il légitime étant donné les coutumes diplomatiques ? Jusqu'à quel point cet ultimatum créait-il une probabilité d'une guerre générale ? Ou : quel est le degré de probabilité d'une guerre générale créée par l'ultimatum ? De manière supplémentaire, les historiens se demandent quelles étaient les intentions des acteurs, et si ces derniers voulaient explicitement déclencher la guerre ou non.

Voilà le genre de raisonnement qu'il est possible d'utiliser et qui consiste d'une part en un choix pragmatique dont il faut bien être conscient qu'il n'a aucune valeur logique, et, d'autre part, en des raisonnements de probabilité qui ne donnent jamais de certitude, et que l'on peut renouveler à chaque moment du récit.

Cela nous mène à ma troisième remarque : le récit intelligible, ou que l'on essaie de rendre intelligible, d'une succession d'événements conduisant au fait dont on recherche les causes comporte à tel ou tel moment un arrêt dans le récit afin de fixer quels sont, parmi les événements successifs, ceux qui sont considérés comme les plus efficaces ou les plus responsables de l'événement final. La mobilisation générale de l'armée russe représentait pour ainsi dire le franchissement d'un seuil irréversible. Or, dans un récit qui conduit de l'ultimatum autrichien à la guerre générale, il y a un petit nombre de moments où sont intervenus des événements qui représentaient des *seuils de probabilité*, et c'est à propos de ces seuils de probabilité que l'on est tenté de poser des questions de causalité et que l'on essaie de déterminer si la situation dans laquelle se trouvait l'acteur qui a franchi ce seuil rend la décision ou l'acte qu'il a commis nécessaire.

Si l'on considère la pratique des historiens, on observe en fait que, selon les cas, ce qu'ils retiennent pour cause ou ce qu'ils appellent cause renvoie à toute une série d'antécédents de caractère différent. En simplifiant, je dirais qu'il y a deux directions de la recherche causale en histoire : la première est ce que j'appellerais la recherche des états de la situation ou de la conjoncture dans laquelle l'événement s'est produit, ou encore, pour employer une expression que l'on trouve chez les historiens, la recherche des données fondamentales. Dans la deuxième direction, on cherche les épisodes qui ont précédé immédiatement l'événement considéré. Cela signifie que dans le premier cas on analyse la situation européenne qui a rendu possible la guerre de 1914, et que l'on considère comme cause ou comme cause principale l'ensemble de la situation dans laquelle a explosé la guerre. Ou bien, au contraire, on porte son attention sur les épisodes spécifiques, singuliers, imprévus, qui ont déclenché la guerre.

Je voudrais faire observer que ces deux recherches ne sont pas contradictoires, pour la bonne raison que si nous parlons en termes logiques, la description de l'événement dont on cherche les causes n'est pas la même dans les deux cas. Si l'on cherche les épisodes particuliers qui ont précédé la guerre de 1914, on cherche les causes de la guerre de 1914 définie comme ayant commencé le 4 août ; on spécifie les dates, l'événement « guerre générale européenne ». Si, en revanche, on cherche les causes profondes de la guerre de 1914, on ne cherche pas les causes de la guerre qui a éclaté au mois d'août 1914, mais on décrit cette guerre en faisant abstraction de la date précise où elle a éclaté. Car supposez que vous adoptiez la théorie léniniste de la guerre et que vous déclariez que la guerre de 1914 a eu pour cause les conflits d'intérêts économiques entre les grandes puissances : il est évident que vous ne pouvez pas, à partir des conflits économiques entre les grandes puissances, expliquer que la guerre ait éclaté spécifiquement en juillet-août 1914. Vous pouvez seulement dire que les conflits économiques entre les grandes puissances rendaient inévitable une guerre entre les États capitalistes ; ce qui signifie que vous décrivez l'événement dont vous cherchez les causes autrement que quand vous cherchez les causes de la guerre qui a commencé au mois d'août 1914. En d'autres termes, je vous rappelle par ce biais que l'on ne cherche jamais les causes de l'événement concret dans tous ses détails ; on ne cherche que les causes d'un événement décrit et simplifié. On cherche par exemple soit les causes qui expliquent l'explosion de la guerre de 1914 en juillet-août, soit les causes profondes de cette guerre prise comme un tout, à savoir, si vous suivez toujours l'interprétation léniniste, les causes économiques permanentes qui rendaient probable ou inévitable à ce moment donné une guerre générale entre les États capitalistes ; ce qui revient à dire que ces deux recherches sont différentes dans leur objet parce qu'elles ne définissent pas de la même façon l'événement dont on cherche les causes.

Cela dit, il va de soi que, selon la philosophie de l'histoire des historiens, on attachera plus ou moins d'intérêt à la recherche des épisodes considérés comme causes ou à la recherche des états de la structure. Ceux qui ont une vision contingente de l'histoire s'attacheront au récit des dernières semaines avant 1914 parce qu'ils pensent que le fait que la guerre a eu lieu en 1914 plutôt qu'en 1915 ou en 1917 a pu avoir des résultats considérables. Ou encore : ils s'intéressent à la manière dont les hommes vivent et font l'histoire sans la prévoir ; ils s'intéressent au récit des événements parce que le récit des événements qui conduisent à la guerre nous met en présence de l'histoire vécue, tandis que quand on nous dit que les conflits économiques ont rendu inévitable la guerre de 1914, nous sommes dans l'abstraction. Cela est vrai ou faux, mais à supposer même que cela soit vrai, nous sommes dans des relations macrohistoriques qui font abstraction de la manière dont les hommes ont vécu, agi, voulu, souffert, pensé les événements : c'est la raison pour laquelle j'ai toujours eu des doutes à l'égard des historiens qui pensent devenir savants quand ils font abstraction des détails des événements, et qui croient que l'histoire de la série des prix du bifteck depuis 1950 est follement plus intéressante que le récit des révolutions. Il s'agit là, me semble-t-il, d'une pure question de goût, et je ne vois pas *a priori* pourquoi l'une de ces deux recherches serait scientifique et l'autre pas, pourquoi l'une serait intéressante et l'autre ne le serait pas. Bien entendu, un récit des événements n'est authentiquement intéressant que si l'on remet ces événements dans un contexte ; celui qui se borne à dépouiller les archives et qui aborde la diplomatie uniquement à travers ces archives, qui se contente d'ajouter au début et à la fin du livre un chapitre consacré aux causes profondes qui s'appellent psychologie historique, économique, donne une caricature de l'histoire, bien que la majorité des livres consacrés à l'histoire diplomatique soient écrits de cette façon. Mais un livre où l'on montre comment la conception du monde des diplomates s'est formée dans un milieu donné, qui montre comment le système international a fonctionné et comment les hommes ont progressivement créé les événements qu'ils ne voulaient pas, relève tout à fait authentiquement de l'histoire : c'est une histoire qui fait abstraction des hommes, de leurs émotions, de leurs intentions, et qui croit qu'il y a certains ordres de phénomènes qui sont en tant que tels plus intéressants que d'autres.

Logiquement, il n'y a donc pas à choisir entre la recherche de la structure d'une situation et le récit des épisodes ; ce sont deux recherches aussi légitimes l'une que l'autre. La portée de chacune dépend de la philosophie historique des historiens, bien que ces derniers ne soient pas obligés d'avoir une philosophie de l'histoire.

J'en viens maintenant à l'énumération, par un auteur américain, des types d'antécédents que les historiens retiennent comme causes. Il s'agit d'un historien américain du nom de Fischer qui a écrit un livre intitulé *Historians' Fallacies* où l'on trouve une espèce de condensé de toutes les erreurs commises par les historiens[103]. Cette énumération pourrait être prolongée indéfiniment, mais elle ne signifie pas grand-chose, parce que les historiens emploient presque toujours des expressions qui semblent suggérer des régularités alors qu'il est possible de montrer, si l'on est un logicien rigoureux, que la plupart de ces régularités sont contredites dans d'autres circonstances. Au fond les historiens le savent bien, mais il s'agit seulement pour eux d'une manière facile de parler.

Voilà les huit catégories d'antécédents que le professeur Fischer distingue dans la pratique des historiens pour désigner les causes :

1. On peut entendre par cause tous les antécédents, la totalité de la situation qui a précédé l'événement que l'on veut expliquer. Considérer ainsi comme cause tous les antécédents est en fait dénué d'intérêt ; j'ajouterais même sur c'est un usage illégitime de la notion de cause, cela pour une raison que j'indique sans avoir le temps de la développer : la notion de cause ne présente une signification plus ou moins rigoureuse que si l'on se place dans un système relativement clos ; or si l'on prend la totalité des antécédents, on sort du domaine où il y a un sens à parler des causes.

2. On peut entendre par cause certains antécédents réguliers : les corrélations statistiques.

3. Par le terme cause, on peut vouloir désigner également les antécédents contrôlables. Par exemple, la vitesse de la voiture sur une route glacée dans le cas d'un accident naturel, ou la quantité de monnaie dans une situation inflationniste s'il s'agit d'un événement humain. On peut considérer en effet que c'est une politique de crédit trop lâche qui est responsable de l'inflation, parce qu'il s'agit d'un antécédent contrôlable, étant entendu que l'augmentation trop rapide de la quantité monétaire ne produira pas nécessairement dans toutes les circonstances l'inflation, ou produira une cause d'inflation variable en fonction de l'ensemble de la conjoncture. Mais on peut considérer comme cause l'antécédent « augmentation de la quantité monétaire » dans la mesure où cet antécédent apparaît comme contrôlable par les gouvernements ; ce qui nous renvoie à l'accident de voiture ou à la recherche des responsabilités dans le cas d'une guerre.

4. On peut entendre par cause les antécédents que Fischer appelle « rationnels » ou « motivationnels ». Cet usage de la notion de cause me paraît illégitime pour la raison suivante : je pense que l'interprétation intelligible d'une conduite diffère de l'interprétation causale, et que si l'on essaie de reconstituer l'intention d'un acte, on se borne à expliciter l'acte lui-même. D'autre part, si l'on veut déterminer les causes de la guerre de 1914 en invoquant les intentions des Allemands ou les intentions des Autrichiens, ou les intentions de tel Allemand ou de tel Autrichien, on va glisser presque inévitablement dans une interprétation conspirationnelle de l'histoire. Ce qu'à mon avis on a le droit de faire, c'est de considérer que parmi les antécédents intentionnels d'un événement donné, certains d'entre eux ont eu une efficacité particulière pour le déterminer. Par exemple, si nous disons que les intentions de Hitler ont été, avant 1939, une des causes

ou la cause majeure de la Deuxième Guerre mondiale, c'est une manière grossière de parler mais qui me paraît plaidable, en ce sens que Hitler a pris une série de décisions ou a accompli une série d'actes qui font partie d'une certaine vision du monde ou de certains objectifs qu'il se proposait. Par le biais d'une série d'actes, ces intentions sont devenues les causes au sens de déterminants probables de l'événement considéré, mais, dans l'ensemble, je pense qu'il vaut mieux considérer, non pas les motivations ou les intentions, mais *les actes motivés* comme ayant été parmi les antécédents de l'événement considéré.

5. L'un des usages les plus fréquents de la notion de cause est relevé simultanément par Morton White et par Fischer : on a considéré souvent comme *la* cause l'événement qui présente un caractère anormal, accidentel, ou imprévu par rapport au système considéré. L'exemple que prennent volontiers les logiciens et les historiens est celui de la destruction de la communauté méditerranéenne par les invasions arabes ; vous considérez ainsi un système social qui fonctionnait de manière approximative, et vous déclarez cause de la désintégration de ce système un antécédent qui lui était extérieur ou qui représentait quelque chose d'anormal par rapport à lui. Disons, en langage économique, que l'on appellera très souvent *cause* le facteur exogène. Et la raison pour laquelle le facteur exogène ou l'antécédent anormal est retenu comme cause, c'est qu'il se situe par excellence en dehors d'un système, et qu'en fait, c'est toujours à l'intérieur d'un système ou par rapport à lui que la notion de causalité prend un sens. Il s'agit donc ici d'un des usages possibles de la notion de cause, usage parfaitement légitime si l'on se souvient simplement que nous ne retenons pas la totalité des antécédents et que l'antécédent retenu est appelé cause parce qu'il apparaît exogène au système considéré. Par ce biais, on retrouve quelque chose de l'idée de Cournot selon laquelle des séries historiques

différentes se rencontrent en un point donné. Disons encore que l'on a une raison de retenir l'antécédent anormal, parce qu'il rompt avec ce qui était attendu. Ceci nous mène au problème de la causalité sociologique, que j'étudierai l'an prochain, parce qu'à l'intérieur d'un système on cherche précisément les causes endogènes, et que dans les récits historiques on a tendance au contraire à mettre l'accent sur les événements imprévus par rapport aux systèmes, même imparfaitement dessinés, que constituent les situations historiques analysées par les historiens.

6. Le sixième type de cause est constitué par les antécédents structurels ou la situation.

7. Le septième est représenté par les antécédents sériels, contingents. Vous retrouvez, avec ces deux types de causes, l'équivalent de ce que j'ai distingué tout à l'heure : la situation, la conjoncture d'un côté, la série des épisodes qui ont immédiatement précédé l'événement, de l'autre.

8. Enfin, Fischer distingue un huitième type qu'il appelle « les antécédents précipitants » *(precipitant antecedents)*.

Je vais terminer par quelques remarques sur ces trois types d'antécédents qui sont au fond des types classiques et que j'ai déjà mis en lumière dans les analyses précédentes.

Prenons un événement quelconque : guerre ou révolution. Vous pouvez et devez diriger votre enquête vers la situation antécédente à la conjoncture dans laquelle l'événement s'est produit. Si vous écrivez un livre sur les causes de la Révolution française, vous serez tentés, pour commencer, d'essayer d'écrire en mieux ou en moins bien le premier tome de *L'Ancien Régime et la Révolution* de Tocqueville. Celui-ci, qui n'avait lu ni Fischer, ni les logiciens, avait commencé, dans *L'Ancien Régime et la Révolution*, par l'analyse de la situation qui, en termes logiques, rendait la Révolution possible *(How possible ? Why necessary ?)*. Il aurait fallu que Tocqueville écrivît le deuxième tome de *L'Ancien Régime et la Révolution* (dont il n'a produit que des fragments) pour produire un récit des épisodes successifs par lesquels une révolution, commencée par de respectables Constituants et d'honnêtes notables désireux d'introduire en France certaines des libertés constitutionnelles de la Grande-Bretagne, s'est transformée en une tempête historique qui a duré vingt-cinq ans. Or, vous avez beau étudier la situation de l'Ancien Régime de manière aussi profonde que vous le voudrez, vous ne pourrez pas faire sortir de cette analyse le récit des événements qui se sont déroulés entre la prise de la Bastille et l'abdication de Napoléon après Waterloo. Donc, vous avez d'abord la structure, la situation, puis les épisodes. Et le dernier type de cause, l'antécédent précipitant, serait, dans le cas des origines de la guerre de 1914, la mobilisation russe : la guerre était déjà probable de tous les côtés, et les positions prises étaient telles qu'on ne voyait pas comment en sortir. La mobilisation russe est en effet dans ce cas l'antécédent précipitant, c'est-à-dire l'événement qui, dans une situation conduisant presque inévitablement à l'événement dont on recherche les causes, est le coup de pouce final, celui qui transforme l'extrême probabilité en réalité.

J'ajoute une dernière remarque : j'ai fait jusqu'à présent comme si l'on cherchait les causes de la guerre de 1914 ou les causes de la Révolution française, mais, bien entendu, il s'agit là d'une manière courante de parler car, logiquement, vous ne cherchez jamais les causes de la guerre de 1914 ; vous cherchez les causes ou bien du fait qu'elle est devenue générale, ou bien du fait qu'elle a éclaté au mois d'août 1914, ou bien du fait qu'elle a duré quatre ans. Selon la définition que vous donnez de l'événement, vous trouverez toute une autre série de causes, et il est évident qu'il y a eu tant d'aspects dans la Révolution française que la notion des « causes de la Révolution française » est, d'une certaine manière, dénuée de sens : il y a certaines causes à l'effondrement de la monarchie, il y en a d'autres au fait que cet effondrement a déterminé une crise politique qui ne s'est peut-être terminée qu'en 1880 environ. En d'autres termes, parler des causes de la guerre de 1914 est une manière commode de s'exprimer. Les causes d'un événement de cet ordre dépendent de la description et de l'analyse que l'on en fait, car, encore une fois, nous n'expliquons jamais un événement pris dans sa réalité concrète : nous expliquons une certaine description d'une réalité concrète et complexe que nous ne connaîtrons jamais intégralement.

TRANSITION[104]

Je voudrais prendre comme point de départ dans cette dernière leçon — conclusion provisoire et transition — une remarque souvent faite : la relation entre la discipline scientifique et la réflexion méthodologique, épistémologique ou philosophique. Ni la connaissance historique ou sociologique, ni la connaissance ethnologique n'existent au même sens et de la même manière que les mathématiques, la physique ou la biologie.

Prenons un exemple : le prix Nobel d'économie politique à Hicks. La mise en forme plus ou moins nouvelle de la théorie générale de l'équilibre représente-t-elle une contribution à la science ? (Utilisation idéologique illégitime du modèle.)

Pourquoi reconstituer le passé, les événements ? On peut dire que c'est à cause de la volonté de savoir, de la curiosité pure et simple. Mais chacun sait bien que la curiosité historique part d'une autre origine, a un autre sens que la curiosité du mathématicien, du physicien ou du biologiste. La gratuité de la recherche fondamentale est différente de la gratuité de la curiosité historique. Nous sentons tous que la gratuité de la curiosité historique a une autre source, part d'une autre inspiration.

De même l'incertitude sur la scientificité historique.

Pour mettre en lumière le lien entre la métascience et la science, entre les propositions d'une théorie historique et l'interprétation épistémologique de ces propositions, j'ai pris le cas du marxisme et de ses trois interprétations : l'interprétation existentialiste-phénoménologique (version herméneutique), l'interprétation par référence aux sciences naturelles (orthodoxie marxiste-léniniste), l'interprétation structuraliste. Le problème posé par ces trois interprétations concernait des propositions macrohistoriques. *Or, pour choisir entre ces* interprétations macrohistoriques, *il faut se reporter, me semble-t-il, aux propositions* microhistoriques qui se rapportent aux événements et à leur connexion. D'où les leçons que j'ai consacrées à l'*explication, à la* causalité, *au* récit historique.

*Le choix décisif est celui des deux modalités d'*explication historique : *subsomption de la consécution singulière sous une proposition générale, ou explicitation de la rationalité, de l'intention de l'acteur, ou encore de la logique de la situation. Le choix entre ces deux modèles présente un caractère extra-logique parce que l'on peut ramener le modèle d'*explicitation *à celui de la* déductibilité. *Je pense que cette* méthode de réduction *méconnaît, falsifie, la nature de la démarche.*

On ne comprend la nature, l'origine, le sens de la curiosité historique qu'à la condition de reconnaître que l'explicitation des conduites ou des existences des hommes du passé constitue l'objectif de la curiosité et de la connaissance historique. Le choix du modèle d'explicitation *est à la fois la justification de l'herméneutique et le retour à la tradition de l'herméneutique (au moins un des aspects de la curiosité historique). Selon que l'on emploie un langage ou un autre, on formulera les problèmes de manière autre, mais on retrouvera les mêmes idées.*

1. *Le fait historique est* construit *à partir des* documents *ou de l'*expérience vécue. *Il n'est jamais reproduit intégralement. On n'explique jamais un fait historique qu'à partir*

d'une certaine description. Il y a plusieurs descriptions possibles.

2. *Le choix de la cause, à supposer qu'elle ne soit pas quelconque parmi les antécédents, varie selon la question posée. Il n'y a ni une ni des causes de la Révolution française. Tout dépend de la question que l'on se pose. La distinction :* How possible ? Why necessary ? *est encore trop simple, les deux directions principales du questionnement étant la* situation *(ce que l'on appelle les* causes profondes*) et les* événements *(ou le* récit*). Mais qu'il s'agisse de la situation ou du récit, il y a encore une alternative que je crois fondamentale : que retient-on de l'expérience vécue et de la subjectivité des acteurs dans les faits, les ensembles, les systèmes construits ? D'où la perspective qui s'ouvre à nos recherches pour l'année prochaine.*

Reprenons pour point de départ l'idée suivante : l'exemple le plus favorable pour discerner ce que j'appellerai désormais l'explication des conduites intentionnelles *est celui d'une* action individuelle *de type wébérien* (Zweckrational). *Certaines suites d'événements ou de micro-événements exigent cette explicitation. Mais, de toute évidence, ni le récit historique, ni la reconstitution historique, ni encore moins la construction sociologique ne se ramènent à cette explicitation.*

Je vais prendre immédiatement ces deux extrêmes :

— *Considérons une guerre comme celle de 1914, comme elle a éclaté, comme elle s'est déroulée.*

— *Considérons d'autre part le livre de Richardson* Statistics of deadly Quarrels *ou encore les études quantitatives de Sorokin sur les indicateurs des guerres étrangères ou civiles*[105]*, la fréquence des guerres dans le monde ou en Europe, la participation des États aux guerres.*

On substitue des faits sociaux à des événements historiques. Le fait continue à posséder des connotations qui renvoient à l'intentionnalité du micro-événement. Une guerre n'est définie que par le système de concepts des acteurs ou de la société, mais une fois que l'on fait la statistique des guerres, on réduit au minimum l'élément d'intentionnalité humaine. On se rapproche de l'éthologie animale. On peut même aller plus loin, et considérer tous les cas de mort violente provoquée par des hommes (intentionnellement), les assassinats, pour partie du même ensemble que les morts à la guerre. On pourrait y ajouter les excès de vitesse.

Le contraste entre le micro-événement intentionnel et le fait objectivé *est le plus frappant dans le cas de l'économie. L'objectivation s'opère par la construction de variables. Supposons que l'on s'interroge sur l'élasticité de la demande d'exportation américaine — ce qui est le cas actuellement. Cette élasticité est une mesure de corrélations : en quelle mesure la demande des biens américains augmente-t-elle en fonction de la baisse des prix des exportations provoquées par la dévaluation ?*

De manière générale, nous avons à une extrémité le micro-événement — la signature de l'oukase annonçant la mobilisation générale des troupes de l'empire russe. A l'autre extrémité, ou bien la valeur du produit national brut, ou bien les équations de l'équilibre général de Walras, de Pareto ou de Hicks. Entre les deux, se construit le monde historique. J'essaierai l'an prochain de décrire et d'analyser cette construction du monde historique. Ce titre — construction du monde historique — est emprunté à Dilthey (Der Aufbau der geschichtlichen Welt in den Geisteswissenschaften)[106]. *On peut citer également le livre de mon ami Schütz :* Der sinnhafte Aufbau der sozialen Welt.

Je vais expliquer aujourd'hui simplement quelques thèses et montrer comment une analyse à la fois phénoménologique et épistémologique permet de suivre les diverses étapes de cette construction.

I

1. *La première étape de cette construction consiste à mettre en lumière la situation telle que la voyaient les divers acteurs et les objectifs qu'ils visaient.*
2. *Le récit s'impose et devient éclairant dans la mesure où il y a relation intelligible entre les actes. Défis et réponses. Changement de la situation par l'acte d'un agent.*
3. *En même temps les acteurs sont prisonniers de la situation, des institutions, des contraintes administratives et autres.*
4. *En même temps, distinction entre actes et justification (idéologie). Première direction d'enquête. Cette première direction d'enquête mène à une deuxième :*

II

Intentions et déterminants :
Déterminants psychologiques : *motivations psychologiques. Plus facile pour l'individuel que pour le collectif.*
Déterminants sociaux : *les règles intérieures et extérieures. Contrainte durkheimienne.*

III

Troisième direction : la signification dans un autre système que celui de l'instrumental.
— *Compréhension des symboles. Intentionnalité inconsciente.*
— *La façon de penser des autres. La rationalité.*
(*Les* Mythologiques *de Lévi-Strauss*)[107].

IV

Les objectivations partielles.
— *Rationalisation et objectivation.*
— *L'économie.*
— *La stratégie.*

V

Les systèmes. *Les lois de l'histoire et les lois dans l'histoire.*
Systèmes : ensembles de variables tels que l'état d'une variable détermine l'état d'une ou plusieurs autres.
— *Sens fort ou sens faible.*
— *Systèmes partiels :*
    — *économie,*
    — *système politique : quelles sont les implications d'un certain type de nomination des dirigeants ?*
— *Histoire par périodes.*
— *Histoire par société ou « champ intelligible ».*
— *Histoire par* Item.

L'édification
du monde historique
(1973-1974)

LE THÈME

Le titre que j'ai donné à ce cours est emprunté à Dilthey ou, plus exactement, à la moitié du titre du tome VII des Œuvres complètes intitulé *Der Aufbau der geschichtlichen Welt in den Geisteswissenschaften (L'Édification du monde historique dans les sciences de l'esprit* ou *dans les sciences humaines)*[1]. C'est Dilthey qui a repris, à la fin du XIXᵉ siècle, l'idée d'un type de sciences intrinsèquement différentes des sciences naturelles — je dis : qui *a repris* l'idée, car la tradition dite de l'herméneutique remonte en fait jusqu'à Vico. Mais Dilthey est celui qui a diffusé à la fin du XIXᵉ siècle l'idée que les sciences humaines avaient des traits spécifiques, et qui a essayé simultanément de mettre en lumière la spécificité de ces disciplines et leur caractère scientifique. Disons que Dilthey marque la rencontre, dans l'histoire des idées, de la tradition herméneutique qui remonte à Vico et de la tendance positiviste qui domina la pensée à la fin du XIXᵉ siècle.

Pendant toute son existence, il a travaillé à ce projet qui a été appelé, faute d'un meilleur terme, la *critique de la raison historique*, et qu'il n'a jamais entièrement réalisé. Il a, dans la première partie de sa vie, essayé de fonder les sciences humaines ou les sciences de l'esprit sur une psychologie renouvelée ; dans la deuxième partie de sa vie, il a essayé de fonder ces sciences sur une certaine conception de la compréhension. Mais l'œuvre de Dilthey, dont il y a des échos chez Heidegger, conduit d'une certaine façon jusqu'au livre de Sartre, la *Critique de la raison dialectique*, qui est, d'une autre manière, quelque chose comme une critique de la raison historique.

J'avais songé à vous exposer aujourd'hui, dans cette première leçon, le thème global de mon cours à partir de l'œuvre de Dilthey, mais j'ai pensé que vous n'étiez pas tous familiarisés avec cette œuvre, que vous n'aviez pas tous lu en allemand ce qui s'appelle *L'Édification du monde historique dans les sciences de l'esprit*, et qu'il serait difficile de commencer par un exposé des idées substantielles de Dilthey pour arriver à vous indiquer le thème principal de mon propre cours. J'ai donc pensé que la voie la plus simple pour vous indiquer les problèmes dont je vais traiter cette année serait de présenter ce cours comme la suite de celui que certains d'entre vous ont entendu l'an dernier et qui avait pour titre *De l'historicisme allemand à la philosophie analytique de l'histoire*. J'ajouterai que le cours de cette année découle, tout autant que celui de l'an dernier, d'un petit livre que j'ai publié au printemps — *Histoire et dialectique de la violence* —, qui est un exposé, une analyse, un commentaire et une discussion de la *Critique de la raison dialectique* de Sartre. C'est donc à partir de ce cours et de ce livre que je vais essayer aujourd'hui de vous dire de quoi, en gros, je traiterai cette année.

Du cours de l'an dernier, je voudrais retenir essentiellement les deux moments principaux : l'un se situe dans les premières leçons, lorsque j'ai essayé de vous présenter les trois interprétations typiques que l'on peut donner de la philosophie marxiste à partir de la philosophie de l'histoire ou de la métaphysique selon laquelle on l'interprète ; un deuxième moment principal était constitué par ce qu'on appelle la « controverse Hempel/Dray », et qui tournait autour de ce que j'ai appelé l'explication du micro-événement intentionnel.

Les trois interprétations du marxisme étaient :
1. Le marxisme que j'appelle « compréhensif », « existentiel » ou « phénoménologique ». C'est celui que l'on retrouve dans les livres de Merleau-Ponty ou de Sartre qui représentaient, il y a une quinzaine d'années, la mode intellectuelle parisienne.
2. La deuxième interprétation était ce que j'ai appelé « le marxisme d'Althusser », et qui correspond davantage à la mode philosophique aujourd'hui.
3. La troisième interprétation est celle qui passe pour orthodoxe auprès des marxistes-léninistes ; c'est « l'interprétation objectiviste » du marxisme en tant que science des lois selon lesquelles se déroule le devenir humain considéré globalement, dans sa totalité.

La première interprétation phénoménologico-existentielle a pour caractéristique ou idée fondamentale de présenter la réalité historique ou la réalité humaine en devenir comme composée essentiellement d'actes humains ou d'actes intentionnels. Ces deux expressions sont jusqu'à un certain point équivalentes, car un acte ne peut être considéré comme humain que dans la mesure où il est intentionnel. Un pur et simple réflexe ne peut être considéré en effet comme un acte humain ; il n'y a acte ou action humaine que lorsque l'individu qui agit est supposé viser un but.

Ce qui, dans cette interprétation, pose l'action humaine au centre de la réalité historique, ce qui est *dialectique*, c'est la relation entre la situation et l'expérience vécue. Disons, pour reprendre une formule de Sartre empruntée à Engels, que « les hommes font leur histoire mais sur la base de conditions données »[2]. Les hommes agissent en vue d'atteindre certaines fins — et c'est pourquoi l'action humaine est essentiellement une action individuelle et intentionnelle —, mais ces actions intentionnelles se situent dans une situation globale face à laquelle se trouvent les individus agissants. Et c'est à partir de cette situation, qui est à la fois face aux individus et en eux, que l'on peut comprendre leurs actions. Je dis que cette situation est en eux en même temps qu'elle est en face d'eux, dans la mesure où chacun de nous est constitué dans son système de valeurs, et même dans son système de perceptions, par une langue et une culture, qui sont à la fois subjectives et objectives : elles sont en nous puisque nous parlons et pensons notre langue ; elles sont hors de nous en ce sens que nous absorbons, nous intériorisons progressivement la langue et la culture, mais que c'est par rapport à cet objectif-subjectif que nous nous définissons et que nous agissons. Dans une interprétation de cet ordre, le sens de la réalité est donné par l'action humaine et individuelle, mais insérée dans des situations qui peuvent commander et partiellement déterminer le cours que peut prendre cette action. Ce qui fait cependant la difficulté d'une telle interprétation, c'est de retrouver, à partir d'une interprétation de l'histoire qui se donne pour centre l'action individuelle, le mouvement global. La difficulté fondamentale à laquelle se heurtent les livres de Merleau-Ponty ou de Sartre est la suivante : ils rendent le marxisme philosophiquement plus satisfaisant car ils le présentent comme reposant sur une compréhension de l'action humaine, mais dans la mesure où l'action humaine est une action intentionnelle et individuelle, on peut se demander pourquoi l'inspiration d'innombrables actions individuelles doit aboutir au mouvement global de l'histoire que le marxisme prétend reconstituer. Ce qui fait problème en effet dans une interprétation phénoménologico-existentielle du marxisme, c'est de retrouver le mouvement global et la nécessité de ce mouvement global.

La deuxième interprétation, celle que j'ai appelée le « marxisme structuralisé », se définit très exactement par son opposition à la première. Dans la première interprétation, ce qui est au centre, c'est l'homme agissant ; dans la seconde, la réalité historique, telle qu'elle est pensée par le marxisme, est constituée, non par des actions individuelles, mais par des relations sociales objectivées, par des relations sociales extérieures aux individus. D'où la représentation du mode de production comme un ensemble réel objectif qui se reproduit lui-même indéfiniment. Tout mode de production est une structure de relations sociales qui a la capacité, la particularité de se reproduire elle-même indéfiniment à la manière d'un être vivant sans pour autant en être un. D'où le fait que, dans le marxisme structuralisé, il n'y a pas d'hommes agissants, mais des actions sociales qui commandent à l'action des individus. Les hommes ne sont que l'incarnation ou les porteurs des catégories sociales, et Althusser, qui pousse cette interprétation du marxisme objectivé jusqu'au bout, explique aisément la reproduction indéfinie du mode de production, mais ne veut ou ne peut pas expliquer le passage d'un mode de production à un autre de la même façon. Si ce qui fait problème dans la première interprétation, c'est de retrouver la totalité et la nécessité du devenir, ce qui fait également difficulté dans la deuxième, celle du marxisme structuralisé, c'est le passage du mode de production se reproduisant lui-même au devenir historique. Si le mode de production a pour caractéristique de se reproduire lui-même dans ses éléments fondamentaux, dans ses éléments majeurs, sans modification, ou encore : s'il y a une différence fondamentale entre les changements « intra-structurels » et les changements « inter-structurels », pour employer le jargon, on peut expliquer à la rigueur les changements qui se sont produits à l'intérieur d'un système culturel, mais les changements qui consistent à passer d'une structure à une autre ne comportent pas le même genre d'explication. Et Althusser ne trouve finalement, pour en rendre compte, que les explications d'ordre historique, par des événements extérieurs au système qu'il analyse. Althusser parle de « surdétermination », mais l'idée qui se dégage de ces termes savants, c'est simplement que dans la mesure où l'on parle de relations synchroniques à l'intérieur de la structure, on ne peut pas rendre compte du passage d'une structure à une autre, et que par conséquent, pour expliquer ce passage, il faut faire intervenir des éléments fondamentalement différents de ceux qui rendent compte de la structure, à savoir des éléments exogènes, donc finalement des éléments historiques. C'est en ce sens qu'Althusser présente le marxisme comme étant ni un humanisme, ni un historisme, et qu'il s'oppose à l'interprétation de Sartre et de Merleau-Ponty.

La troisième interprétation est en un sens la plus simple, mais aussi la plus vulgaire ; c'est celle que l'on trouve par exemple dans la Préface à la deuxième édition du *Capital*, expliquée par Marx lui-même à la suite d'un commentaire d'un critique russe. C'est l'interprétation selon laquelle un régime économique et social peut être pensé objectivement : le régime capitaliste comporte des contradictions internes, et ce sont les contradictions mêmes de ce régime qui déterminent et expliquent le passage du capitalisme à un régime postérieur, qui sera socialiste. Selon cette interprétation, le marxisme est tout simplement la théorie des lois, au sens ordinaire et scientifique du terme, selon lesquelles on passe d'un mode de production à un autre.

Le marxisme de Marx lui-même, dont probablement je vous entretiendrai l'année prochaine ou l'année suivante, est à coup sûr une combinaison de ces trois sortes d'interprétations[3]. Car Marx a voulu à la fois présenter son marxisme comme un humanisme, le présenter comme une théorie scientifique des lois du devenir, et penser également les lois selon lesquelles le capitalisme en tant que tel se reproduit lui-même pendant une certaine durée, et il voulait sûrement que les lois de l'autoreproduction du capitalisme soient simultanément les lois de la transformation.

Le deuxième thème fondamental qui figurait l'an dernier dans mon cours était la controverse Hempel/Dray, qui, d'une manière, et par un autre biais, nous ramène au même sujet ou à la même controverse philosophique sous-tendant les trois interprétations du marxisme que je viens d'évoquer. Car ce qui fait problème dans ces trois interprétations, c'est la relation entre l'action individuelle — l'action humaine en tant qu'intentionnelle — et le mouvement global de l'histoire. Il est facile de comprendre, de reconstituer l'action humaine individuelle, il est facile aussi de comprendre que les hommes obtiennent rarement les objectifs qu'ils visent : ce qui fait problème, c'est de savoir quelle est la relation entre les hommes, leurs actions et leurs intentions, et le mouvement global de l'histoire.

La controverse Hempel/Dray tournait autour de la nature de l'explication de l'action individuelle ou du micro-événement individuel. Ces deux expressions sont équivalentes, car j'appelle micro-événement intentionnel l'action d'un individu visant un objectif à un moment donné ou dans une situation donnée. La raison pour laquelle les analystes anglais et américains ont pris le micro-événement intentionnel pour thème de leur réflexion est la suivante : ils avaient pour objectif de démontrer qu'il y a un modèle unique de science, qu'il n'y a pas d'opposition fondamentale entre les sciences humaines et les sciences de la nature. Si donc ils pouvaient montrer que l'explication du micro-événement individuel n'est pas d'un type différent que l'explication scientifique en physique ou en chimie, ils auraient pour ainsi dire *a fortiori* démontré la thèse qu'il n'y a qu'une métascience, qu'un type unique de science et que le schéma des sciences de la nature est valable pour les sciences de l'esprit.

La controverse de l'explication du micro-événement intentionnel tournait autour de la question suivante : si j'explique la décision prise par un acteur individuel, mettons la décision prise par Hitler d'attaquer la Russie, est-ce que j'explique cette action ou cette décision comme j'explique un phénomène naturel en déduisant l'événement réel de propositions générales ? Ou bien la reconstitution de l'action individuelle est-elle du type de la reconstruction de la rationalité de la décision prise par l'individu en fonction de la situation et des objectifs qu'il visait ? Par conséquent, s'agit-il d'une démarche ou d'une procédure qui diffère, sinon radicalement, du moins substantiellement de la démarche des sciences de la nature qui prétend déduire l'explication du fait singulier à partir de propositions générales ?

Je vous avais expliqué que, personnellement, j'inclinais plutôt du côté de Dray et de von Wright. Je pensais, je pense toujours, que la reconstitution d'une action individuelle est malgré tout une démarche différente de l'explication scientifique telle qu'on peut la trouver dans les sciences de la nature. A supposer même que l'on puisse déduire l'explication de l'action singulière d'un certain nombre de propositions générales, ou que l'on puisse déduire un comportement singulier de la vie de Hitler de ce que l'on appellera ses dispositions, de son caractère, je persisterai à dire que la relation entre les généralités ou les dispositions de l'acteur et la décision individuelle n'est pas du même ordre que la relation entre la loi de la chute des corps et la chute d'un corps particulier, et que la reconstitution de l'action singulière présente ce que je suis tenté de considérer comme un caractère spécifique. Et la raison en est la suivante : nous pouvons rendre intelligible la décision singulière d'un acteur en fonction de ses dispositions et en fonction de la situation, mais chaque fois que nous posons la question de l'explication du micro-événement intentionnel, nous le faisons toujours ou presque parce que nous pensons que la décision aurait pu être autre. Il y a donc une espèce de paradoxe dans la théorie dite scientifique de l'explication du micro-événement, c'est que cette explication scientifique rendrait nécessaire une décision qu'au fond de nous-mêmes nous considérons comme ayant pu être autre qu'elle n'a été.

Cela dit, si l'on voulait pousser plus loin l'analyse, il faudrait se demander ce que signifie ce « ayant pu être autre ». Pour rester au niveau de quelque chose de très simple, je veux dire que nous analysons la délibération de l'individu considéré, et nous pensons que sa délibération aurait pu le conduire à une décision différente. Je serais tenté de dire que la meilleure preuve que cette décision aurait pu être autre, c'est que bien souvent nous nous trompons quand nous essayons de prévoir, même si nous connaissons l'ensemble de la situation dans laquelle se trouvait l'acteur.

Cette interprétation de l'explication du micro-événement intentionnel n'est pas liée nécessairement à la philosophie phénoménologique ou existentielle, car, comme je vous l'ai dit, il y a une école des analystes américains qui se rattache à la deuxième philosophie de Wittgenstein et qui se situe du côté du *Verstehen*, de la compréhension. C'est le cas également de Winch, le philosophe anglais, qui représente aujourd'hui à cet égard le disciple extrême de Wittgenstein. Mais Winch, dans son livre intitulé *The Idea of a Social Science*, est assez loin de cette interprétation puisque, selon lui, toute science sociale ne peut aller au-delà de la reconstitution du système mental ou verbal des acteurs et, à partir de cette version extrême de la théorie du *Verstehen*, il aboutit à une forme de relativisme intégral. Prenant la dernière philosophie de Wittgenstein, posant que les concepts n'ont de sens que selon la façon dont ils sont utilisés, il pose que la science sociale consiste à reconstituer la manière dont les hommes des différentes sociétés ont pensé le monde et joué avec les concepts ; il considère donc qu'on ne peut repenser les autres sociétés qu'à partir de leur propre système conceptuel. A partir de là, on aboutit à une sorte de relativisme intégral : il n'y a rien d'autre, rien de plus que la compréhension des différentes humanités, des différentes sociétés, chacune repensée dans le système verbal et conceptuel qui a été le sien. Même un homme comme Sir Karl Popper, qui est aujourd'hui probablement le plus connu des philosophes logiciens anglais, utilise la notion de « logique de la situation » pour expliquer la conduite ou le micro-événement intentionnel : il pense en effet que c'est à partir de la situation telle que la voit l'acteur que l'on peut comprendre comment celui-ci a agi comme il l'a fait.

Que l'on se réclame de la philosophie du *Verstehen*, ou que l'on se réclame de l'analyse, finalement, on aboutit donc à reconnaître qu'il existe une procédure typique des sciences humaines, à savoir celle qui consiste à rendre intelligible la conduite des acteurs en fonction de la situation dans laquelle ils se trouvent et telle qu'ils la voient, en fonction aussi du système mental, conceptuel dans lequel ils vivent. De ce fait même, on retrouve l'idée centrale de l'interprétation n° 1 du marxisme, à savoir que ce qui fait l'originalité de la réalité humaine en tant qu'objet de science, en tant qu'objet que nous voulons appréhender, c'est qu'elle est constituée d'actes intentionnels — ce que les Anglais appellent *purposeful actions* — et que l'explication de ces actions intentionnelles comporte inévitablement un élément plus ou moins théorique.

A partir de ces deux thèmes de l'an dernier — l'interprétation du marxisme qui prend pour centre soit l'action individuelle, soit les rapports objectivés de production, et d'autre part la dualité des interprétations de l'explication des micro-événements intentionnels —, il me semble que l'on peut formuler les deux questions qui, d'une façon ou d'une autre, vont être au point de départ du thème de ce cours. Ces deux questions, je les formule de la manière suivante :

1. Quelle est la place tenue par les actes intentionnels

dans la réalité historique ? Faut-il penser la réalité historique comme constituée par les actions des individus ?

2. Quelle est la place de la compréhension de ces actes intentionnels dans la connaissance historique ou sociologique ?

Les deux questions, bien que distinctes, ne sont pas bien sûr sans lien, mais la réponse donnée à l'une n'implique pas rigoureusement la réponse donnée à l'autre : on peut poser ontologiquement qu'il n'y a dans l'histoire que des individus et leurs relations, et on peut penser simultanément que les hommes font sans le savoir ni le vouloir une histoire qui peut être pensée de manière scientifique, abstraction faite de leurs intentions, ou tout au moins sans que les résultats obtenus par les acteurs dérivent de leurs intentions.

C'est à ce point que je rencontre la *Critique de la raison dialectique* et le petit livre dont je vous ai parlé : *Histoire et dialectique de la violence*. Il va de soi que je n'essaierai de vous résumer ni le livre, ni l'exposé que j'en ai fait, ni encore moins sa critique, mais de cet ouvrage, je tire un certain nombre de propositions qui me paraissent rendre plus claire la problématique que je suis progressivement en train de dégager.

La philosophie de Sartre dans la *Critique de la raison dialectique* ou dans ce que l'on pourrait appeler sa « critique de la raison historique » comporte les propositions suivantes (elle en comporte d'autres, mais les propositions que je vais vous présenter me paraissent fondamentales) :

1. La réalité historique est constituée essentiellement ou ontologiquement par des *praxis praxis*, étant le nom grec qui sert à désigner ce que j'appelle *action*. Je dirai donc que, d'après lui, la réalité historique est composée ontologiquement d'actions individuelles, et exclusivement d'actions individuelles, au moins sur le plan ontologique. Bien entendu, la *praxis*, telle qu'il la définit, diffère de l'action réfléchie ou de la délibération dont je vous ai

parlé ; il présente la *praxis* un peu dans le style de la liberté bergsonienne, c'est-à-dire comme une manière pour l'individu de se projeter hors de lui-même, de se transcender, lui et la situation dans laquelle il se trouve, et dans sa philosophie, les motifs ou les raisons sont plutôt des justifications que des motifs authentiques. Mais laissons cette question de côté ; disons que la réalité historique est ontologiquement constituée de *praxis* ou actions individuelles.

2. Sartre refuse radicalement toute forme de holisme. *Holism* est le terme qu'emploient les Anglais pour désigner toute conception selon laquelle les touts, les totalités, les ensembles sont réels. Or, s'il n'y a objectivement que de simples actes individuels, les touts, ou les totalités, ou les ensembles, sont des constructions humaines, mais non des réalités objectives au même sens que les actions individuelles. Que sont ces ensembles ou ces touts ? Nous aurons à le chercher au cours des leçons qui viennent. Disons que pour Sartre les totalités ne peuvent pas exister en tant que telles ; il n'y a que des *totalisations*. Il y aurait totalité si une institution humaine était comparable à des organismes, à des réalités objectives qui existent comme des ensembles, mais si l'on dit qu'il y a totalisation et non totalité, on veut dire que chacun de nous prend une vue partielle de l'ensemble dans lequel il est situé. Ou encore, si nous prenons un tout comme l'Université française, on peut bien dire que ce tout est une réalité en soi, distincte des actes individuels et de leurs relations, mais on peut dire également que, dans la totalité « Université française », il n'y a rien d'autre que des individus, leurs actions et leurs relations. Sartre dirait, comme les individualistes américains, qu'il n'y a que des individus et leurs relations.

3. Sartre ajouterait que l'homme s'objective dans un monde d'objets, dans un monde de touts ou de totalités, qu'il fabrique ces objets, qu'il les crée, et que, du fait de la pluralité des individus et des œuvres matérielles dans

lesquelles l'action humaine s'incarne, il produit sans le savoir quelque chose qu'il appelle le *pratico-inerte* et que l'on pourra appeler d'un terme plus simple en parlant d'une *quasi-nature*. Il n'y a ontologiquement que des actions humaines, mais l'action de chacun de nous se situe d'une part par rapport à des objets, à des outils, par rapport aux créations mêmes de la société dans laquelle elle se trouve, et, d'autre part, par rapport à d'autres actions individuelles. Si nous parlons le jargon sartrien, nous dirons que la *praxis* s'aliène dans un monde de matérialité et d'altérité, ce qui revient à dire, dans un langage plus grossier, que chacun de nous vit dans un monde où il y a des autres, et où il est perpétuellement autre que les autres ; que, d'autre part, chacun de nous crée des objets qui finissent par commander aux actions humaines. Le travailleur est l'esclave de sa machine, et le monde que créent à la fois les machines et les êtres humains devient quelque chose comme une quasi-nature mais sans pour autant que l'homme perde sa liberté, parce que, d'après Sartre, cette liberté ne peut jamais se perdre totalement. Cette liberté cependant ne s'exerce jamais qu'à l'intérieur d'un monde qui apparaît comme une quasi-nature.

4. Il existe, aux yeux de Sartre, un type d'action fondamentalement différent de celui qui se situe dans cette quasi-nature créée par la matérialité et l'altérité ; il s'agit de celui qu'il appelle *action du groupe*. Les deux exemples déjà célèbres de la série et du groupe sont d'une part les gens qui font la queue pour attendre l'autobus, et qui constituent un rassemblement d'individus dont chacun poursuit un but mais qui n'ont pas d'objectif commun, et d'autre part, exemple du groupe, celui de la foule qui court vers la Bastille pour s'emparer de la vieille forteresse. Dans le cas de la foule qui attend l'autobus, il n'y a que des actions individuelles ; chacun poursuit son objectif et les objectifs sont concurrents : tout le monde ne peut pas entrer dans l'autobus. La forme sérielle met

donc les individus en conflit les uns avec les autres, entraîne chacun dans la solitude, et dans la solitude conflictuelle avec les autres, cependant que l'action du groupe est l'action commune des individus en vue de quelque chose.

5. A partir de ces divers types ou modalités de relations entre les *praxis*, il serait possible de saisir le mouvement global de l'histoire, qui serait celui de la lutte des classes. En d'autres termes, le point de départ serait la liberté de chacun, la réalité serait l'aliénation de tous, et la perspective finale serait la reconquête sur l'aliénation grâce à des actions de groupe qui deviennent tout d'un coup des actions révolutionnaires. Pour reprendre la formule de Rousseau : « L'homme est né libre, et partout il est dans les fers. » Sartre dirait de la même façon que l'homme est libre, et qu'il ne peut jamais cesser de l'être, mais que dans le monde du *pratico-inerte* il ne peut exercer cette liberté que sous la forme d'une demi-servitude. Le sens de l'histoire serait de surmonter cette demi-servitude pour arriver à un monde où la liberté de l'un n'impliquerait pas l'asservissement de l'autre. Cependant, la question de savoir comment, dans la mesure où l'on pose l'opposition radicale de la série et du groupe, il pourrait y avoir un monde où la liberté de l'un serait la condition de la liberté de l'autre, reste relativement difficile à déterminer. Mais il ne s'agit pas ici de revenir sur la critique, disons simplement qu'en considérant ces cinq propositions, vous voyez que vous avez au point de départ ce que les Anglais et les Américains appellent un individualisme radical, un individualisme *ontologique* qui débouche également sur un individualisme *méthodologique*.

J'appelle *individualisme ontologique* la théorie ontologique selon laquelle il n'y a essentiellement rien d'autre dans la réalité historique que des individus et leurs actions, et j'appellerai, sans définition rigoureuse pour l'instant, *individualisme méthodologique* la théorie méthodologique ou logique selon laquelle les explications satisfaisantes doivent toujours en dernière analyse remonter jusqu'aux actions individuelles. Il y a bien évidemment un lien entre l'individualisme méthodologique et l'individualisme ontologique, mais encore une fois, ils ne s'impliquent pas rigoureusement l'un l'autre, et les analystes anglo-américains, le plus souvent, refusent d'entrer dans les discussions sur l'individualisme ontologique ; ils ne sont pas toujours assurés que ces distinctions ontologiques présentent un sens.

Quoi qu'il en soit, la *Critique de la raison dialectique* comporte une ontologie de la réalité historique qui nous ramène à l'interprétation n° 1 du marxisme ; elle comporte la combinaison des deux thèmes qui seront les thèmes majeurs du cours de cette année : d'une part, bien que la réalité historique soit composée essentiellement d'actions individuelles, ces actions individuelles s'organisent en quelque chose que nous appellerons des *ensembles pratiques*. Ces ensembles pratiques peuvent être des institutions comme l'Université ou l'armée, ou même un auditoire dans une salle de cours. Il y a toutes les formes possibles d'ensembles pratiques, et ce qui en constitue la caractéristique, c'est que la relation entre les actions individuelles n'est pas quelconque : ces actions sont orientées les unes aux autres, et très souvent pour en rendre compte, il faut se référer aux ensembles pratiques considérés plus comme des constructions hypothétiques que comme des réalités objectives. Mais bien qu'il faille se référer à cette quasi-nature, la thèse sartrienne reste qu'en dernière analyse tout se ramène à des pratiques ou actions individuelles. Il s'agit cependant de *praxis* en situation, ce qui entraîne une dialectique de la situation et de l'action. Ou encore : dans la *Critique de la raison dialectique*, qui est une forme plus avancée du marxisme compréhensif de Sartre, il y a une relation permanente entre les différents ensembles pratiques et les actions individuelles ; les sciences humaines, dans cette conception, consisteraient tout à la fois à reconstituer les ensembles pratiques, à comprendre comment les actions individuelles les composent, et à comprendre aussi comment les actions individuelles sont conditionnées, déterminées par ces ensembles pratiques.

Je laisse provisoirement de côté l'ontologie de la réalité historique. Quel est le sens présenté par la discussion sur la réalité des ensembles ? Quelle réalité faut-il attribuer aux ensembles sociaux ? De telles spéculations nous renverraient aux vieilles discussions de Durkheim et de ses adversaires.

Les propositions qui seront centrales pour le cours de cette année sont les propositions 2 et 3 que je viens de vous rappeler, à savoir la théorie des ensembles pratiques d'une part, et, d'autre part, l'idée que tout se ramène à des *praxis* ou à des actions individuelles. L'action individuelle, je vous le rappelle, est celle d'un individu socialisé, d'un individu inséré dans une situation qu'il n'a pas choisie, et qui se donne des objectifs, non parce qu'il est un homme universel, mais parce qu'il a été rendu tel ou tel par la socialisation qu'il a subie. Ou encore : c'est un individu qui est socialisé par le réseau de relations dans lequel il se trouve pris, en même temps qu'il est socialisé depuis ses premiers jours par l'ensemble de son existence. Cette socialisation historique de l'individu dans la société et ce réseau de relations constituent quelque chose comme une quasi-nature, et c'est la relation entre l'action individuelle et cette quasi-nature qui constitue l'objet central de ma recherche, ce qui, au fond, est une manière entre d'autres possibles d'aborder le sujet éternel de la philosophie de l'histoire.

Si la relation qui existe entre cette quasi-nature et les actions intentionnelles a une signification pour l'historien en tant que tel, elle en a aussi une pour les sociologues ou les économistes. J'avais prévu de vous expliquer assez longuement une interprétation sociologique où il apparaissait avec évidence que, même dans des explications sociologiques rigoureusement objectives obtenues par des procédures comparables aux procédures des sciences de la nature, il y a toujours ou presque toujours référence à des expériences vécues, à ce qui se passe dans les consciences individuelles. L'exemple auquel j'avais songé, et que je vais vous résumer brièvement, est celui d'une étude sociologique sur la mobilité sociale que vous trouvez dans le dernier livre publié par Raymond Boudon[4]. Les sociologues américains ont, au cours de leurs enquêtes, mis en lumière le fait suivant : à égalité de performance scolaire, les enfants des classes dites inférieures (dans la hiérarchie des revenus ou dans la hiérarchie de formation intellectuelle des parents) poursuivent moins fréquemment leurs études que les enfants du milieu supérieur. Un certain nombre de sociologues américains avaient tendu à expliquer ce phénomène en faisant intervenir des systèmes de valeurs différents dans des classes inférieures et des classes supérieures. Boudon, lui, a proposé une autre hypothèse qu'il a formulée sous forme d'axiome dont il déduit les conduites effectives. Il a montré que l'on peut expliquer ce phénomène en utilisant les modes d'interprétation typiques de l'économie politique. Si l'on tient compte en effet du risque de prolonger les études, du coût de la prolongation des études et du bénéfice que l'on peut en attendre, on peut démontrer de manière très simple que, normalement, ce même calcul économique doit apparaître pour les parents des milieux modestes comme comportant plus de risques, moins de bénéfice, et plus de coût que pour les enfants du milieu supérieur ; ce qui nous permet, à partir d'un calcul économique, de rendre compte du phénomène social observé en milieu statistique. Dans un cas de cet ordre, nous avons simultanément une enquête empirique, une corrélation statistique, et une interprétation par référence à ce qui se passe dans les consciences individuelles. Il y a en ce sens une explication quasi naturaliste d'un comportement collectif, mais il faut bien préciser qu'il s'agit d'un comportement collectif sériel. J'entends par là que c'est un comportement qui reproduit la fréquence des décisions prises par l'individu, et non pas quelque chose comme une décision prise par une famille en vue d'un objectif. Cette explication scientifique du comportement le plus fréquent permet de rendre compte du fait que l'on trouve une explication de forme comparable aux explications des sciences de la nature. Mais il ne s'agit précisément que du comportement le plus fréquent, ce qui, du même coup, sauvegarde la signification de la décision individuelle. S'il est vrai que le calcul du coût du bénéfice et du risque dans les milieux des classes inférieures doit normalement conduire à un résultat différent de celui du même calcul effectué par les classes supérieures, se trouve par là sauvegardé ce que Sartre entendait lui-même préserver : si chacun prend sa décision en une situation donnée, dans le sériel matériel, dans le *pratico-inerte*, cette décision prise dans des conditions contraignantes n'est pas nécessairement radicalement déterminée. Ce qui se trouve expliqué ici, c'est le comportement le plus fréquent et non le comportement individuel, ce qui par conséquent laisse à la décision individuelle tout son poids.

Ce genre d'explication d'une corrélation statistique, qui fait référence à des lois générales sans éliminer pour autant la possibilité de décisions individuelles, se situe précisément au centre de la problématique du cours de cette année, c'est-à-dire le débat relatif à ce que l'on appelle, dans les pays anglo-américains, l'individualisme méthodologique. La discussion de l'individualisme méthodologique est dans une large mesure la transposition, au niveau de la logique ou de l'épistémologie, du débat métaphysique ou ontologique qui se trouve dans la *Critique de la raison dialectique* de Sartre où il est affirmé qu'il n'y a dans la réalité historique humaine que des *praxis* ou des actions individuelles. La formule du débat méthodologique est à peu près la suivante : est-il vrai qu'il n'y a dans le monde historique que des individus et des relations entre les individus et que les ensembles ou les totalités se ramènent toujours à des relations entre les individus ? Quelle est la relation entre les propositions relatives aux individus, et les propositions relatives à ce que j'appellerais « collectifs » ou « individus sociaux » — le concept d'« individus sociaux » étant celui qu'utilisent les analystes américains ?

Le cours de l'an dernier conduisait au problème de savoir quelle était la place de la compréhension des micro-événements intentionnels dans l'histoire et dans les sciences sociales ; dans le cours de cette année, nous nous demanderons jusqu'à quel point l'explication en histoire ou dans les sciences humaines est liée fondamentalement au nominalisme et à l'individualisme méthodologique.

Pour terminer cette première leçon, je vais vous dire quelques mots sur la controverse qui s'est développée dans les pays anglo-américains à propos de l'individualisme méthodologique, et je vous l'expliquerai plus en détail au cours de nos prochaines leçons.

A l'origine de la controverse méthodologique, j'aperçois personnellement avant tout deux hommes, tous les deux fort connus. L'un est un économiste, Friedrich von Hayek, d'origine autrichienne, de nationalité anglaise ou américaine, et d'autre part Sir Karl Popper. Les quatre livres essentiels qui ont été à l'origine de la controverse anglaise et américaine sont les suivants : deux livres de Hayek — *The Counter-Revolution of Science* et *Individualism and Economic Order* —, et deux livres également de Karl Popper — *The Open Society and its Enemies* et *The Poverty of Historicism*[5].

Ces quatre livres qui sont au point de départ de ce que l'on appelle individualisme méthodologique, et qui comportent également dans une large mesure un individualisme ontologique, visent un ennemi commun qui est le marxisme, et, subsidiairement, les philosophies de l'histoire du type de celle de Spengler ou de Toynbee. Ils visent donc toutes les philosophies de l'histoire qui tentent de présenter une vue globale du devenir, ou qui prétendent trouver les lois macro-historiques selon lesquelles les sociétés, les civilisations, ou les régimes économiques se développent et se transforment nécessairement.

Il est assez ironique de constater que si l'individualisme de Hayek ou de Popper a pour ennemi central le marxisme, Sartre de son côté veut fonder le marxisme non seulement sur un individualisme méthodologique, mais aussi sur un individualisme ontologique radical. Ce qui prouve que le lien entre le collectivisme méthodologique ou ontologique et le marxisme est beaucoup moins serré que ne l'imaginent Hayek ou Popper ; on peut parfaitement repenser l'essentiel des thèses marxistes en termes individualistes ontologiques ou méthodologiques. Mais ni Hayek, ni Popper n'ont considéré que l'on pouvait accomplir ou tenter la paradoxale combinaison sartrienne de l'individualisme radical et du marxisme révolutionnaire, combinaison qui marche mieux avec le gauchisme au sens actuel du terme qu'avec le marxisme-léninisme. Il faut ajouter cependant qu'avec un peu d'ingéniosité dialectique, cela pourrait marcher même avec le marxisme-léninisme. Le fait est que Popper et Hayek visaient avant tout des philosophies du type marxiste, philosophies qui, à leurs yeux, ont le défaut majeur de présenter les hommes comme entraînés par ou dans une histoire contre laquelle ils ne peuvent rien. D'une certaine manière, ils veulent dénoncer ce que mon ami Isaiah Berlin, dans son livre *Historical Inevitability*, a à son tour dénoncé, à savoir toutes les philosophies de l'histoire qui présentent le monde humain en devenir comme entraîné par des forces supra-individuelles dont les individus seraient les esclaves ou les prisonniers et que l'on peut rassembler sous le terme de collectivisme méthodologique ou ontologique.

Au-delà de ces oppositions fondamentales, au-delà de cet ennemi commun, Hayek et Popper ont des ennemis plus spécifiques. Hayek est avant tout un économiste libéral. Il reprend sous une forme subtile la vieille conception de la « main invisible » des libéraux, c'est-à-dire qu'il pense que, dans un système économique libéral, chacun poursuit son intérêt propre et que le résultat non voulu de ces actions intéressées est conforme à l'intérêt du plus grand nombre ou à l'intérêt commun. J'appelle une telle interprétation celle de la « main invisible » parce que c'est l'expression employée par Adam Smith pour justifier le libéralisme économique. Donc, voulant justifier le libéralisme économique de la manière la plus rigoureuse et la plus stricte, Hayek est un individualiste à la fois ontologique et méthodologique ; il veut que toutes les explications d'ordre économique ou historique soient, en dernière analyse, des explications qui remontent aux individus, à leurs conduites et à leurs relations. Mais, comme Hayek veut que les explications en histoire et dans les sciences sociales aient pour élément dernier, pour référence ultime, les actions individuelles et les actions intentionnelles, il pense pour sa part qu'il y a une différence majeure entre les sciences humaines et les sciences de la nature. Dans les sciences humaines, dit-il, nous disposons des éléments, alors que dans les sciences de la nature nous sommes obligés de les chercher et de les découvrir[6]. Les éléments dans les sciences humaines sont les individus avec leurs dispositions et leurs penchants, et c'est à partir des individus et de leurs conduites que nous expliquons le phénomène collectif. Ou encore : les phénomènes collectifs ne sont rien d'autre que des relations entre des phénomènes individuels. Donc, curieusement, il fonde l'individualisme méthodologique sur la thèse de la spécificité des sciences humaines.

Quant à Popper, qui reprend un grand nombre des arguments de Hayek, il retient l'individualisme au sens intégral du terme, mais il explique les conduites individuelles de manière telle qu'il prétend combiner l'individualisme méthodologique avec le modèle unique de science. Si, d'après Hayek, les sciences humaines sont d'un modèle différent des sciences de la nature parce que toutes les explications dans ces disciplines remontent aux conduites individuelles, Popper, en dépit de la référence ultime que constituent pour lui également les conduites individuelles, pense que les sciences humaines sont du même modèle que les sciences de la nature. Ce qui illustre deux paradoxes : le premier étant que l'on peut à partir de l'individualisme ontologique ou méthodologique retrouver le marxisme, et que par conséquent il n'y avait pas besoin de mettre tant de passion dans la discussion logique de l'individualisme et du collectivisme. Le second paradoxe, c'est que le lien entre la différence de nature entre sciences humaines et sciences de la nature d'une part, l'individualisme et le collectivisme méthodologiques de l'autre, est beaucoup plus lâche que ne le croyait Hayek puisqu'on peut, en remontant aux individus comme facteur dernier d'explication, affirmer soit que les sciences humaines et les sciences de la nature sont du même type, soit affirmer qu'elles sont de type différent. Ce qui prouve que l'analyse logique sera relativement compliquée puisqu'il faudra distinguer aussi scrupuleusement que possible les différentes propositions qui sont plus ou moins confondues dans les formules globales.

Et maintenant, s'il fallait d'un mot résumer ce qui sera le thème de mon cours, je dirais que j'ai tenu à vous montrer l'idée la plus simple et la plus vieille qui soit : j'ai voulu souligner que la référence aux conduites individuelles est nécessaire dans les sciences humaines, que la réalité historique est faite d'hommes et que ces hommes agissent de manière intentionnelle ; en ce sens, on pourrait dire que les hommes font leur histoire, puisqu'ils agissent avec des intentions. Cela dit, l'histoire qu'ils font n'est jamais celle qu'ils veulent faire, et le vieux paradoxe de l'histoire est que ce sont les hommes qui font l'histoire, mais qu'ils ne savent pas l'histoire qu'ils font. Ils ne le savent qu'après coup et encore ont-ils des difficultés à savoir l'histoire qu'ils ont faite. Et le problème que je veux poser, c'est celui de l'élucidation méthodologique ou épistémologique de ce paradoxe. L'histoire est faite d'actions individuelles, mais l'histoire globale ne résulte pas nécessairement des intentions des acteurs, et je dirais même plus : les intentions des acteurs, sauf dans un petit nombre de cas de décisions individuelles, ne sont jamais l'explication scientifique des faits sociaux.

Voilà le paradoxe que je vous livre : on ne peut pas ne pas se référer aux actions individuelles ; les hommes font leur histoire, mais ils font une histoire qu'ils ne connaissent qu'après coup et avec des difficultés. Si l'on part de ce paradoxe bien connu, c'est le moment de réfléchir sur les relations entre les actions individuelles et les ensembles sociaux.

L'INDIVIDUALISME ÉCONOMIQUE

J'ai essayé la semaine dernière de vous expliquer aussi clairement que possible la problématique d'ensemble que je voulais traiter dans le cours de cette année ; je voulais suivre l'édification du monde historique à partir de conduites humaines, ou encore, essayer de saisir comment se combinent l'aspiration au caractère scientifique de la connaissance avec la prise en considération des traits spécifiquement humains de l'objet. On pourrait exprimer la même idée en disant qu'il s'agit de mettre en place la compréhension des micro-événements intentionnels dans la connaissance historique, et de rendre compte de l'explication des phénomènes sociologiques ou économiques.

Cette entreprise, je voudrais la mener à bien par deux méthodes différentes. La première, que je suivrai dans cette leçon et dans une ou deux autres, sera une méthode rigoureusement logique ou philosophique dont je conçois parfaitement le caractère abstrait. L'analyse strictement logique donne toujours le sentiment à ceux qui l'écoutent qu'il y a une extrême disproportion entre l'effort intellectuel développé et les conclusions auxquelles on aboutit. Cette impression tient au fait que l'analyse logique ou l'analyse philosophique a essentiellement pour objet de savoir ce que l'on dit ou de quoi l'on parle, et l'aboutissement est simplement une conscience plus exacte de la signification des mots que l'on emploie, ou éventuellement des connaissances que l'on possède ou que l'on ne possède pas. A cet égard, le goût de l'analyse philosophique est un goût relativement pervers qui se rattache à celui manifesté par Paul Valéry quand il disait qu'il était plus intéressé par le fonctionnement de l'esprit que par le résultat de ce fonctionnement. Le logicien est en effet toujours plus intéressé par la qualité spécifique des propositions qu'il formule que par le contenu de ces propositions, et ce contenu regarde les savants plus que les logiciens. J'ajouterai que je considère ces analyses logiques ou philosophiques, qui sont en contradiction avec le goût également pervers pour le détail des événements courants, comme comparables au goût pour les gammes dans le cas du pianiste ; il s'agit d'entretenir l'élasticité de ses muscles, l'analyse logique ou philosophique étant une des manières de maintenir l'élasticité des muscles du cerveau. Je prendrais volontiers une comparaison : André Siegfried, tous les matins en se levant, lisait une fable de La Fontaine ; il réfléchissait sur cette fable, éventuellement la commentait, et il disait qu'il s'agissait là simplement d'un exercice pour se « décrasser l'esprit ». Dans une certaine mesure, les analyses logiques et philosophiques de cette leçon et des suivantes sont une manière incontestablement pénible de « se décrasser l'esprit ».

Dans la deuxième partie de ce cours, j'examinerai deux cas précis et concrets de coopération effective entre les sciences sociales et l'histoire, ou encore : je verrai comment on combine la compréhension des actes intentionnels avec la connaissance des réalités sociales objectivées dans un certain nombre de domaines dont les relations internationales, l'économie politique et la politique.

Cette entreprise, d'une certaine manière, équivaut à ce que l'on appelait à la suite de Dilthey la « critique de la raison historique », expression de Dilthey lui-même qui est devenue, sous la plume de Sartre, la « critique de la raison dialectique ». L'expression « critique de la raison historique » est une expression relativement équivoque, et si je me « décrasse l'esprit » à propos de cette expression, je dirai qu'on peut lui donner trois sens selon que l'on met l'accent sur *raison*, sur *critique*, ou sur *historique*.

Si vous mettez l'accent, dans l'expression « critique de la raison historique », sur le mot *raison*, l'entreprise revient alors à déterminer selon quelle méthode spécifique la raison peut s'appliquer à la connaissance du monde humain ou du monde historique ; il s'agit de savoir s'il y a ou non dans le savoir économico-social des catégories différentes de celles qui s'expriment ou qui se manifestent dans la connaissance du monde naturel.

Selon un deuxième sens, si l'on met l'accent sur le terme *critique*, la critique de la raison historique est une transposition de ce que Kant a tenté dans la *Critique de la raison pure*. Kant a essayé de trouver dans les formes de la sensibilité et les catégories de l'entendement les instruments grâce auxquels la pensée humaine arrivait à construire, à penser, et surtout à connaître la réalité naturelle ; en ce cas, on dira que la critique de la raison historique est l'analyse des formes ou des catégories grâce auxquelles nous parvenons à construire et à connaître la réalité historico-humaine.

Enfin, selon un troisième sens, en mettant l'accent sur *historique*, la critique de la raison historique pose le problème de l'historicité de la raison ; elle se demande dans quelle mesure l'esprit humain fonctionne de la même façon à travers le devenir de l'espèce humaine. Marx disait que les lois du capitalisme ne sont valables que pour le régime capitaliste et non pas pour tous les régimes économiques ; de la même façon, on pourrait poser la question de l'historicité des catégories de la pensée humaine — ce qui donnerait un troisième sens à la notion de « critique de la raison historique ».

Après ces exercices, venons-en maintenant au sujet que je vais traiter aujourd'hui et la semaine prochaine : les arguments qu'emploient les tenants de ce que j'ai appelé la semaine dernière l'individualisme méthodologique. Aujourd'hui j'utiliserai essentiellement un petit livre, traduit en français, de l'économiste austro-américain Friedrich von Hayek, *Scientisme et sciences sociales*, qui a paru chez Plon dans la collection que dirige E. de Dampierre[6].

J'ai choisi pour point de départ de l'analyse et de la discussion de l'individualisme méthodologique les idées de Hayek parce que celles-ci sont exprimées de manière parfaitement claire et lucide, et aussi parce qu'elles ont été dans une assez large mesure à l'origine du débat qui s'est déroulé en Grande-Bretagne et aux États-Unis, et qui continue d'ailleurs de se poursuivre aujourd'hui, sur l'individualisme et le collectivisme méthodologiques.

Hayek n'est pas un logicien de profession, pas plus que moi-même ; il s'intéresse aux problèmes de la logique ou de l'épistémologie en fonction de ses propres recherches scientifiques qui sont avant tout économiques. Friedrich von Hayek est un économiste libéral ; son livre le plus célèbre a pour titre *La Route de la servitude*, réquisitoire passionné contre l'économie planifiée, autoritaire, qu'il considère comme inséparable du despotisme politique[7].

En tant qu'économiste, Hayek est essentiellement un théoricien ; ce qui signifie qu'il cherche en fait des propositions universellement valables, sans considération de temps et de lieu, comparables aux lois de la nature. En tant que théoricien, à la différence des historiens, il croit donc possible d'atteindre à des lois ou à des propositions universelles, mais simultanément, à la manière de beaucoup de doctrinaires de la compréhension au sens étroit du terme, il pense que les explications dans les sciences sociales se réfèrent en dernière analyse aux actes intentionnels des individus. Théoricien, Hayek est en même temps un libéral, et il retient comme modèle de la bonne société l'ordre créé par tous et par personne. L'ordre économique qui lui paraît le plus acceptable, le meilleur, est celui qui résulte du libre jeu des décisions individuelles, ce jeu des décisions individuelles aboutissant, par l'intermédiaire du marché et du mécanisme des prix, à quelque chose qui correspond selon lui à l'intérêt collectif ou, en tout cas, qui est le moins contraire à l'intérêt de tous. Hayek se situe par conséquent dans la tradition des libéraux et d'Adam Smith, c'est-à-dire qu'il conçoit quelque chose comme une main invisible faisant sortir du chaos des actes individuels un certain ordre.

Les arguments principaux de Hayek en faveur de l'individualisme méthodologique sont au nombre de trois. Je vais d'abord vous les présenter pour ensuite les commenter.

— *Premier argument :* les sciences sociales sont subjectives parce qu'elles ont pour objet des opinions, des attitudes ou des décisions d'individus. Ou encore, pour employer une autre formule, les sciences humaines ont cette particularité de partir des éléments, c'est-à-dire des individus, et à partir des éléments, des actions individuelles, de reconstruire les ensembles, cependant que les sciences naturelles suivent une voie contraire puisqu'elles ont pour point de départ des données complexes de la perception, et qu'à partir de ces données, elles essaient de remonter ou de descendre jusqu'aux éléments. En simplifiant, on peut dire que les sciences humaines connaissent immédiatement les atomes, puisque ce sont les individus qui sont les atomes, alors que les sciences naturelles doivent découvrir les atomes ou les éléments à partir d'un ensemble confus et complexe.

— *Deuxième argument* ou *proposition fondamentale :* les ensembles sociaux sont toujours des constructions et jamais des réalités comparables aux individus ou aux actions individuelles. Les ensembles sociaux, qu'il s'agisse de l'État, du marché, de l'Université ou de l'armée, n'existent que par les individus qui les constituent et par les relations constantes, ou relativement constantes, qui constituent la structure de ces ensembles. Les ensembles ne sont pas des réalités supra-individuelles ; ce sont les résultats, le plus souvent non voulus, des actions individuelles, et nous ne pensons ces ensembles qu'à l'aide de schèmes, de concepts, ou de théories.

— *Troisième argument :* les explications dans les sciences sociales ne sont jamais finales ou ultimes, à moins qu'elles ne remontent jusqu'aux conduites individuelles, jusqu'aux individus et à leurs motifs ou leurs raisons. Les explications qui s'en tiennent à des relations macroscopiques peuvent être des explications valables et provisoires, mais l'explication ultime, la seule qui donne entièrement satisfaction à l'esprit, est celle qui atteint les individus et leur conscience.

Voilà les trois propositions que je vais essayer de commenter et de discuter.

La première proposition est donc que l'économie, la sociologie ou l'histoire ont pour objet un monde humain, et que les concepts que nous employons pour tâcher de saisir ce monde humain n'auraient pas de signification sans référence à des consciences. La marchandise est une notion qui ne signifie rien si elle ne se réfère à une conscience, et, de la même façon, la monnaie ou une banque ne sont pas seulement des réalités physiques données à la perception ; ce sont des réalités significatives qui se réfèrent aux actes intentionnels des consciences. De ces propositions banales, triviales, Hayek tire la conséquence que nous ne pouvons pas expliquer les actions ou les croyances humaines de la même manière que nous expliquons les fourmis ou les abeilles. Prenons l'hypothèse d'un habitant de Mars, appartenant à une espèce différente. Il arriverait à Paris sans rien comprendre à ce qu'il verrait autour de lui, car les objets physiques, à supposer qu'il les perçoive comme nous, ne signifieraient rien pour lui aussi longtemps qu'il ne posséderait pas le code intellectuel que nous possédons tous lorsque nous appartenons à la société, code intellectuel qui nous permet de déchiffrer ce que fait l'individu qui se présente devant un guichet dans un grand immeuble que nous appelons banque, en passant une feuille de papier à travers le guichet et en recevant, en contrepartie, un paquet d'autres papiers. En d'autres termes, il a retiré de son compte une certaine somme d'argent en faisant un chèque, mais tous ces actes ne nous sont compréhensibles que parce que nous possédons le code intellectuel, l'ensemble de savoir qui nous permet de déchiffrer les conduites. De telles conduites en effet seraient indéchiffrables pour quiconque ne possèderait pas ce code, et sont effectivement indéchiffrables pour les hommes d'autres sociétés qui ne le possèdent pas. On pourrait encore dire, en une formule plus logique, que la classification des objets dont nous parlons dans les sciences humaines est une classification radicalement différente de celle qui s'effectue dans les sciences de la nature : dans les sciences humaines, pour classer les objets, nous déterminons d'abord leur signification, leur relation à la conscience, cependant que dans le monde de la nature, le classement des objets se fait non par rapport à des conduites individuelles, mais par rapport à des qualités inscrites dans ces objets physiquement perçus.

J'ouvre une parenthèse : cette remarque sur le caractère humain de la connaissance que nous prenons des choses humaines peut vous paraître triviale, et comme souvent lorsqu'il s'agit de propositions triviales, il n'est pas démontré qu'elles soient vraies, et il n'est pas démontré non plus qu'elles soient acceptées par tous. Ce qui est vrai et trivial, c'est que — point de départ des sciences humaines — la construction du monde social s'y opère par référence à des consciences ; il n'en résulte pas cependant que l'explication de ce monde social ne tende pas vers un idéal comparable à celui des sciences de la nature. Peut-être vous souvenez-vous que, dans le chapitre de *La Pensée sauvage* que Lévi-Strauss a consacré à la *Critique de la raison dialectique*, il est écrit que, selon les propres termes de l'auteur, l'idéal de l'ethnologie était de comprendre les conduites humaines exactement comme le biologiste comprend les conduites des abeilles et des fourmis[8].

Mais, pour en revenir à Hayek, il y a dans sa proposition deux éléments différents dont l'un est effectivement évident et l'autre discutable. Ce qui est évident, c'est que la construction élémentaire du monde social est une construction significative, et, pour employer une expression comparable à celle qui se trouve dans le très beau livre de mon ami Schütz, *Der Sinnhafte Aufbau der sozialen Welt*, nous partons tous de la construction du monde significatif. Et effectivement Lévi-Strauss, pas plus que les autres, ne peut essayer de rendre compte des structures de l'esprit humain sans, pour commencer, prendre pour objet les mythes et en faire une interprétation — ces mythes ayant en eux-mêmes une signification. Donc, la première démarche, même chez un ethnologue à prétention scientifique, est évidemment de reconstruire les significations des écrits, des paroles ou des actes des humains qu'il étudie. Mais il peut se faire que, dans une démarche ultérieure, on arrive à rendre compte de l'objet significatif que l'on a construit au point de départ par des procédés ou des lois qui seraient comparables aux procédés ou aux lois des sciences de la nature. Quoi qu'il en soit, la thèse de Hayek, ce n'est pas seulement le premier élément de la proposition que j'ai dite « triviale » : c'est aussi le deuxième élément, c'est-à-dire que non seulement nous construisons le monde social dans sa réalité significative, mais que nous expliquons le monde social en remontant aux intentions des acteurs.

Commentaire : ma première remarque porte sur une question de vocabulaire. Hayek dit que les sciences sociales sont *subjectivistes*, alors que les sciences de la nature sont *objectivistes* ; le vocabulaire est peu heureux, car Hayek ne veut pas dire que les sciences sociales n'atteignent pas à des connaissances universellement valables, mais que ces sciences, ayant pour objet les conduites humaines, sont obligées de tenir compte de ce qui se passe dans les consciences. Il vaudrait donc mieux utiliser un autre terme mais c'est une remarque sans grande importance ; il suffit simplement d'éviter un malentendu qui pourrait surgir de l'utilisation des termes *subjectif* et *objectif*. Il serait en effet radicalement contraire à la pensée de Hayek de lui prêter l'idée, qui est fréquente dans la tradition herméneutique, que nous ne connaissons les réalités humaines que de manière relative, chacun interprétant le monde humain de son propre point de vue. Hayek pense exactement le contraire ; il pense qu'il y a des propositions générales, qu'il y a des lois universellement valables qui permettent de rendre compte des conduites humaines, mais il considère que ces lois se réfèrent en dernière analyse à des comportements humains, significatifs.

Ma deuxième remarque est que Hayek tire du caractère humain de l'objet que nous voulons connaître et expliquer la conséquence que notre explication de la conduite d'autrui se fait à la lumière de notre propre esprit ; nous comprenons les autres hommes parce qu'ils ont le même esprit que nous. Je vous lis un texte où se trouve explicitée cette thèse : « Les faits sociaux sont purement des opinions, des points de vue qu'ont les gens dont nous étudions les actions. Ils diffèrent des faits des sciences physiques parce qu'ils sont des croyances ou des opinions individuelles, des croyances qui comme telles sont nos données, indépendantes du fait de savoir si elles sont vraies ou fausses ; de plus, nous ne pouvons directement les observer dans les esprits, mais nous pouvons les connaître dans ce que les gens font et disent, simplement parce que nous avons nous-mêmes un esprit semblable au leur[9]. » Je mets l'accent sur le dernier membre de phrase : « nous pouvons les reconnaître dans ce que les gens font et disent, simplement parce que nous avons nous-mêmes un esprit semblable au leur », sur quoi je ferai quelques observations.

En un sens, on peut donner raison à Hayek ; nous ne

comprenons au sens étroit et rigoureux du terme — par exemple au sens où Jaspers définissait le terme de compréhension dans sa *Psychopathologie générale* — qu'à la condition de trouver quelque chose de commun entre eux et nous. Si nous sommes en présence de quelqu'un d'entièrement fou, il est possible effectivement que s'arrête notre capacité de compréhension. Il est vrai, d'autre part, que quand, en face d'un certain objet physique, le préhistorien se demande s'il s'agit d'une pierre usée par le temps ou d'un outil, il se réfère implicitement à une certaine qualité de l'esprit humain, et que c'est en fonction d'un comportement humain comparable au nôtre qu'il détermine s'il s'agit d'un instrument fabriqué par les hommes. Cependant, une fois que l'on a dit qu'il devait y avoir quelque chose de commun entre l'esprit de ceux que nous voulons connaître et notre propre esprit, la formule selon laquelle nous comprenons les autres à la lumière de notre propre esprit est une formule extraordinairement dangereuse, car, d'une certaine manière, nous voulons connaître les autres parce qu'à certains égards ils sont différents de nous. Il en résulte que la formule de Hayek : « parce que nous avons nous-mêmes un esprit semblable au leur », est équivoque ou non précise. La formule exacte serait : « parce qu'il y a quelque chose de commun entre leur esprit et le nôtre », mais ce quelque chose de commun n'est pas donné immédiatement, comme le pensait Hayek ; il s'agit de le découvrir.

D'autre part, Hayek affirme que nous ne sommes pas intéressés dans la connaissance ou la conduite des autres par la question de savoir si leurs opinions étaient vraies ou fausses — la question de la vérité ou de la fausseté des opinions ou des jugements, objets des connaissances sociales, n'intéressant pas le sociologue ou l'économiste. Or cette proposition, au moins en ce qui concerne le sociologue ou l'économiste, est certainement fausse. Prenons en effet un exemple : est-ce que nous expliquerons de la même façon la croyance aux sorcières si nous y croyons ou si nous n'y croyons pas ? En d'autres termes, ce que les autres croient est en effet ce que nous devons découvrir pour rendre compte de leurs conduites, mais il me paraît dangereux de dire que nous ne nous intéressons pas au fait que ce qu'ils croyaient était vrai ou faux ; toute la sociologie de Pareto est précisément fondée sur le décalage entre ce que les acteurs croient vrai, et ce que lui, Pareto, croit vrai.

Sans entrer dans toute cette problématique, qui est extrêmement difficile, je veux simplement montrer que Hayek part d'une idée juste : ce dont nous voulons rendre compte, c'est la conduite effective des autres, et, dans les sociétés actuelles ou dans celles du passé, pour rendre compte de ces conduites, il nous faut en effet remonter à ce qu'ils croient. En ce sens, Hayek a raison de dire qu'il faut remonter aux croyances des acteurs sociaux, même si ces croyances sont fausses. Le point où il a tort, si je coupe les cheveux en quatre, consiste à dire qu'il est sans intérêt, pour nous sociologues, de faire la distinction entre les croyances que ces hommes estimaient vraies et que nous jugeons fausses, et celles qu'ils croyaient vraies et que nous continuons de croire vraies.

Enfin, troisième remarque : les critiques que je viens de suggérer ont une origine unique — c'est que Hayek ne s'intéresse ni à l'ethnologie, ni à la sociologie, et que son principal centre d'intérêt est l'économie politique. En s'intéressant à l'économie politique, il est tenté de croire que le mécanisme des conduites humaines, qu'il doit retrouver pour rendre compte de ce qui se passe, est un mécanisme très simple ; qu'il s'agit là de motivations d'un caractère presque universel, et que, pour rendre compte de ces motivations ou de ces mécanismes, il n'est pas nécessaire de se référer à une psychologie scientifique, ni même, comme un ethnologue, à la diversité des cultures.

Je prends un exemple que je lui emprunte ; il écrit : « Les changements dans la valeur des marchandises pour la production desquelles la terre était nécessaire entraî-

nent des changements beaucoup plus grands dans la valeur de *la terre que dans* celle des autres facteurs requis[10]. » La proposition est la suivante : *supposons que certaines productions agricoles changent de valeur*, diminuent de valeur, l'effet sur la terre sera normalement plus fort que l'effet sur les autres facteurs de production nécessaires. Quel est le raisonnement de Hayek ? Il consiste à considérer que, normalement, la valeur d'un facteur de production sera d'autant plus atteinte qu'il comporte moins d'usages alternatifs. Inversement : plus un facteur de production peut comporter d'usages alternatifs, plus il y a de substitutions possibles, moins il sera affecté par la baisse de la marchandise finale.

Comment s'expliquer une loi de cette sorte ? C'est simplement que les hommes seront amenés à utiliser les facteurs rendus disponibles à d'autres usages, et ils utiliseront plus facilement les facteurs qui comportent des usages multiples que ceux qui ne comportent qu'un usage limité. Ce qui n'est pas d'ailleurs sans exceptions, mais il s'agit là d'une proposition qui est vraie de manière générale en raison du fait que la possibilité de substitution dans l'usage du facteur de production « terre » est faible. Si vous considérez un exemple de cet ordre, vous avez un mécanisme de conduite humaine simple, pour ainsi dire abstrait, qui explique la relative indifférence de Hayek aux deux remarques précédentes que j'ai faites à propos de certaines de ses propositions ou affirmations. C'est que, presque inconsciemment, il se réfère à la théorie économique et au comportement économique simplifié du sujet de l'économie moderne : il est dès lors tenté d'écarter comme peu intéressantes la psychologie scientifique ou la diversité des manières de penser ou de croire. Hayek va encore plus loin : du caractère subjectif des faits sociaux, il est amené à tirer une conséquence radicale, à savoir que l'objet des sciences sociales, en particulier de l'économie politique, représente un monde en tant que tel, non réductible à quoi que ce soit d'autre.

En simplifiant, voici l'idée : le comportement du sujet économique qui rend compte de l'équilibre de Walras ou de Pareto n'a pas besoin d'une explication ultérieure ; il se suffit à lui-même et, à supposer qu'il puisse y avoir une explication physiologique du comportement psychologique des acteurs économiques, cette explication n'ajouterait rien à l'économie politique. Disons encore, en une formule abstraite, que le monde des comportements économiques, tel que l'économiste le reconstruit et l'analyse, est un monde ultime, irréductible à quoi que ce soit d'autre, et qui n'a besoin ni d'être expliqué par la psychologie, ni d'être déduit d'un ordre de fait différent comme les faits psychologiques.

La dernière remarque que je voudrais faire à propos de cette théorie, c'est que la nature de l'économie, telle que la présente Hayek, est telle que l'on y trouve souvent ce qu'il appelle des « explications en principe » plutôt que dans le détail[11]. Reprenons l'exemple de la rente et du fait que le facteur de production le plus affecté dans le cas d'une modification du prix de l'objet final, c'est le moyen de production qui ne comporte pas d'usage alternatif : 1) il ne s'agit pas d'une vérité générale, car il peut se faire qu'une terre particulière puisse comporter de multiples usages ; 2) il ne nous est pas dit dans quelle mesure exacte les prix des autres facteurs de production et le prix de la terre seront modifiés. Il s'agit donc d'une « explication en principe » qui montre quel est, parmi les facteurs de production, celui qui sera le plus affecté, sans dire dans quelle mesure, selon quelle quantité chacun de ces facteurs sera affecté.

Évoquons un exemple simple et d'actualité : tout le monde sait que le prix du pétrole, au départ des champs pétrolifères et au cours de ces derniers mois, vient d'être multiplié par trois ou par quatre, et plutôt par quatre. Tout le monde fait des calculs pour déterminer ce qu'il en résultera comme hausse des prix en France, aux États-Unis, ou en Allemagne, et pour connaître quelles en seront les conséquences pour le taux de croissance, etc. Prenons en contrepartie un article que je lisais dans la revue *L'Economist*. Cette revue publiait un article très drôle sur la crise pétrolière, où, selon son habitude, l'hebdomadaire anglais soutenait le contraire de ce que tout le monde affirmait. La thèse qu'il défendait était la suivante : chaque fois que l'on a annoncé à cinq ou dix ans d'échéance la certitude d'une pénurie structurelle et permanente, on a obtenu un excédent à l'époque où devait avoir lieu la pénurie. Premier exemple : on a annoncé, vers la fin des années 40, qu'il y aurait une pénurie permanente de dollars, moyennant quoi, à partir de 1955, il y avait un déficit permanent de la balance des comptes des États-Unis. On avait annoncé, à la fin des années 40 ou au début des années 50, qu'il y aurait un déficit permanent des produits alimentaires, moyennant quoi, pour un grand nombre des produits alimentaires, on a eu un excédent de l'offre sur la demande. On avait annoncé, à la fin des années 50, qu'il y aurait un déficit des ingénieurs, des spécialistes de sciences dans les pays occidentaux, moyennant quoi, en 1970, un grand nombre de docteurs ès sciences aux États-Unis sont devenus pompistes, et il y a à peu près dans tous les pays occidentaux un excédent de l'offre de cette main-d'œuvre qualifiée par rapport aux besoins qui se manifestent. C'est dire qu'il suffit d'annoncer la pénurie à cinq ou dix ans d'échéance pour qu'une série de mesures soient prises par les collectivités, mesures qui, de manière imprévisible, ont pour résultat d'empêcher la pénurie annoncée et éventuellement de créer un excédent. Ce sur quoi l'hebdomadaire *L'Economist* termine en annonçant que dans une dizaine d'années il y aura un excédent considérable de l'offre de pétrole, et qu'alors on ne pourra plus compter que sur les millionnaires juifs pour venir au secours des Arabes.

Cet article va certainement jusqu'au bout de l'anticonformisme, mais il constitue une bonne illustration de ce que Hayek appellerait « l'explication en principe ». Pourquoi tous les calculs sont-ils si aisément démentis ? Parce qu'à partir du moment où il se produit une pénurie de quelque chose, rien n'est plus comme avant, pour employer une expression lassante que l'on trouve tous les matins dans les journaux et qui donne une envie irrésistible de dire : ou bien Bouvard et Pécuchet au pouvoir, ou bien chacun philosophe de l'histoire. En tout état de cause, le fait est que, lorsqu'un phénomène aussi considérable que l'augmentation massive du prix du pétrole se produit, toute une série de changements intervient, tous provoqués par une série de décisions de millions d'individus : ce qui en constitue le résultat final, voulu par personne, est une série d'adaptations par les individus aux conditions nouvelles. Je ne veux pas du tout prendre à mon compte la prévision de l'excédent pétrolier en 1984, je préfère que l'on continue à croire qu'il y aura pénurie à ce moment, parce que, finalement, il est plus facile de se sortir de l'excédent que de la pénurie. Mais ce qui est sûr, c'est qu'il suffit qu'un prix aussi important que celui du pétrole augmente pour qu'une série de modifications intervienne, et ce dans la mesure où nous pouvons trouver des produits de substitution. L'argument fondamental de *L'Economist* est très simple : il est d'autant plus facile de parer à la pénurie qu'il y a plus de substituts au produit dont on craint le manque ; or, dit-il, il y a un grand nombre de substituts au pétrole. Je ne suis pas sûr qu'il ait tout à fait raison, mais, en tout état de cause, l'augmentation du prix, dans une telle proportion, ne peut pas ne pas déclencher une série de réactions en chaîne qui nous permet, non pas de dire ce qui se passera dans cinq ou dix ans, mais d'affirmer que tous les calculs économiques actuels sont hautement douteux parce qu'aucun n'est en mesure de savoir quel est le résultat d'une myriade de décisions individuelles lorsque certains paramètres fondamentaux ont changé.

Ce que Hayek appelle une « explication en principe »,

c'est donc ici l'explication de la constitution de l'excédent à partir de la prévision de la pénurie. Ce qui certes ne permet de comprendre ni quand, ni comment dans le détail, mais qui rend possible la compréhension du mécanisme par lequel certaines prévisions ou prophéties tendent à se démentir elles-mêmes, ou tendent à créer des réactions humaines qui tendent à les démentir. D'où le thème fondamental : les hommes produisent des décisions intentionnelles, et le résultat de ces myriades de décisions intentionnelles n'est voulu par personne. Mais quand un grand nombre de ces décisions intentionnelles obéissent à un certain mécanisme, à une certaine rationalité, on peut donner une « explication en principe » du déroulement des événements, explication qui tient compte de ce que j'ai appelé le micro-événement intentionnel et des conséquences non voulues de ces décisions innombrables. Conclusion de cette analyse-discussion de la première proposition : nous avons incontestablement à prendre pour point de départ les actions individuelles et les intentions des acteurs comme les données, les objets sur lesquels nous avons à réfléchir. Cela dit, l'exemple que j'ai pris pour terminer, c'est-à-dire l'explication en principe, est une explication légitime même si elle n'est pas toujours la seule possible, car prise avec rigueur, la théorie de Hayek aboutirait à éliminer le calcul des comptes nationaux et les tentatives d'économétrie.

En fait, les idées abstraites que j'ai essayé de vous exposer d'une manière simple sont la mise en forme logique ou épistémologique d'une pratique économique très typique de l'École de Lausanne (Walras et Pareto). Cependant il ne faut pas toujours se satisfaire de l'explication en principe, encore que l'explication en principe à partir de mécanismes universels soit toujours une précaution contre une croyance excessive aux calculs économétriques qui supposent la constance de certains paramètres qui, en réalité, ne sont pas toujours constants.

Quelles sont les implications idéologiques de cette

analyse ? Hayek défend l'individualisme méthodologique avant tout pour s'opposer à la planification et à l'attitude scientiste de certains ingénieurs qui voudraient reconstruire, organiser, manipuler le monde économique des individus et de leurs décisions. Il va de soi que son insistance sur le rôle décisif des individus et de leurs décisions contient implicitement une résonance d'individualisme, politique ou moral. En d'autres termes, il veut que, dans le mécanisme économique, ce soit les individus et leurs décisions qui aient le dernier mot ; il n'entend pas seulement expliquer le fonctionnement de l'économie par les décisions des sujets, il pense également que seuls les sujets sont juges de leurs préférences et de leurs besoins, et il redoute comme la peste les économistes, disons symboliquement les polytechniciens, qui prétendraient savoir mieux que les autres quels sont leurs besoins. Chez la plupart des planificateurs, il y a l'idée, que personnellement je trouve souvent juste, que l'échelle de préférence des individus n'est pas nécessairement, dans l'ordre moral, une référence de qualité suprême. De fait, on peut penser que les échelles de préférence des individus ne sont pas un terme dernier ; elles sont partiellement manipulées par l'entourage social, et, par conséquent, quand on veut, comme le fait Hayek, que ce soit les individus qui en dernière analyse décident de la répartition des ressources collectives, on présuppose que les décisions de ces individus expriment leurs besoins vrais, leurs jugements vrais, et qu'il faut respecter ces besoins et ces jugements tels qu'ils s'expriment sur le marché.

Je ne suis pas de ceux qui voudraient que les ingénieurs sociaux fassent notre bonheur malgré nous, mais comme je suis toujours porté à la voie moyenne, je ne suis pas tenté non plus de sacraliser les décisions des sujets économiques individuels comme si ces décisions individuelles étaient « la loi et les prophètes », comme si elles n'étaient pas à leur tour elles aussi déterminées, au moins partiellement, par des phénomènes sociaux à leur tour partiellement manipulés.

Deuxièmement, il est clair que la distinction, établie par Hayek, entre l'explication rigoureuse et l'« explication en principe » est une manière de dévaloriser et de disqualifier plus ou moins à l'avance la planification. Car effectivement, pour que l'on puisse planifier en toute rigueur une économie complexe à partir d'un centre, il faudrait non pas seulement être capable d'expliquer « en principe » le mécanisme qui rend compte des phénomènes que nous observons, mais aussi pouvoir établir rigoureusement les quantités, les relations entre les secteurs, etc. Or le fait est qu'aucune économie planifiée à l'heure présente n'est capable de suivre dans le détail l'ensemble des produits qui existent dans une économie complexe.

Pour vous donner un exemple, même dans l'économie soviétique, les planificateurs ne connaissent et ne suivent avec rigueur qu'une faible proportion du total des produits existants. J'ai parlé un jour avec l'économiste tchèque Ota Sik, et je lui ai dit qu'à ma connaissance, les planificateurs n'arrivaient à contrôler au maximum que quelques centaines ou, à la rigueur, qu'un ou deux milliers de produits par rapport à plusieurs milliers, et il m'a répondu que par rapport à 40 000, on n'arrivait à en suivre que 500 ou 1 000.

Hayek est un homme qui pousse jusqu'au bout l'idée que les économies d'aujourd'hui sont à ce point complexes qu'en dernière analyse, on est obligé de se référer aux décisions des individus eux-mêmes. Cela dit, je ne retiens de ce premier argument que l'idée suivante : les faits sociaux tels que nous les construisons au point de départ se réfèrent à des intentionnalités conscientes, et sont par conséquent des faits significatifs qui diffèrent des réalités perçues au point de départ des sciences de la nature. Mais cette proposition, qui a un caractère logique ou épistémologique, ne peut pas supporter à elle seule toutes les conséquences scientifiques et idéologiques que Hayek veut en déduire, ou qu'il suggère à partir de cette proposition qui, elle, est une banalité. En d'autres termes, les conséquences qu'il en tire pour la morale individuelle ou l'économie libérale sont vraies ou fausses politiquement ou scientifiquement ; elles ne sont pas impliquées par la proposition logique originelle.

Pour terminer, je voulais juste dire un mot sur la deuxième proposition, à savoir la critique du totalisme. Le totalisme — c'est un mot horrible, mais je ne peux pas dire totalitarisme — est la thèse selon laquelle les ensembles sociaux seraient des réalités *sui generis* aussi réelles que les individus. Et, pour illustrer cette formule abstraite, je prendrai l'exemple d'Auguste Comte, l'une des têtes de Turc favorites de Hayek. Auguste Comte, lorsqu'il expose sa classification des sciences, indique qu'à partir de la biologie intervient un renversement dans la relation entre l'élément et le tout. Dans les sciences de la nature antérieures à la biologie, les éléments sont donnés, et nous pouvons rendre compte de ce qui se passe par le mécanisme qui intéresse les éléments ; or, estime Auguste Comte, à partir de la biologie, intervient un phénomène nouveau : nous ne pouvons pas rendre compte du partiel sans l'intégrer dans le tout. En d'autres termes, en biologie ou en sociologie, nous partons du tout et non pas des éléments. La thèse se présente donc de manière exactement opposée à celle de Hayek : en biologie, nous partons de l'organisme comme d'une totalité *sui generis* ; en sociologie, c'est l'ensemble social, conçu également comme une totalité *sui generis*, qui constitue le point de départ. Nous ne pouvons expliquer ni un organe, ni un phénomène de la vie sans nous référer à un organisme tout entier, comme, de la même façon, nous ne pouvons expliquer un phénomène partiel de l'ensemble social sans prendre en considération le tout social. En d'autres termes, le totalisme, sous la forme qu'il revêt chez Auguste Comte, comporte non seulement l'affirmation de la réalité *sui generis* des touts, mais la règle épistémologique et logique de la priorité du tout par rapport aux éléments, c'est-à-dire la thèse exactement inverse de celle que formule Hayek.

L'INDIVIDUALISME MÉTHODOLOGIQUE

Je vais continuer aujourd'hui de développer la question de l'individualisme méthodologique et reprendre l'examen des trois arguments que je vous avais indiqués la semaine dernière. Les arguments, je vous le rappelle, étaient les suivants : 1) la réalité qui constitue l'objet des sciences humaines et des sciences morales est composée d'opinions ou d'attitudes individuelles ; 2) les ensembles sociaux ne sont pas des réalités mais des constructions ; 3) les explications ultimes sont toujours des explications par les comportements individuels.

J'ai discuté longuement le premier argument, celui qui se résumait dans la formule de la subjectivité des sciences humaines, et j'en viens maintenant aux deux autres, en particulier à l'argument n° 2 qui concerne l'irréalité des ensembles ou des totalités sociales.

Si nous nous référons à l'analogie de l'organisme vivant, la discussion, à mon avis, se résout très aisément sans qu'il y ait la moindre nécessité de choisir entre aucune des deux formules extrêmes. Il est clair en effet que certains des phénomènes organiques mettent en question l'ensemble de l'organisme, et qu'il est impossible d'expliquer ce qui se passe dans tel organe sans tenir compte des actions et des réactions des autres organes. En ce sens, on peut dire qu'il y a dans la totalité organique plus que l'addition des parties. Opposition vieille, traditionnelle, banale, et qui ne mérite pas une longue discussion, mais, simultanément, nous savons aujourd'hui avec certitude que les explications scientifiques les plus efficaces, les plus pertinentes, les plus fécondes, y compris dans le domaine des sciences de la vie, sont des explications analytiques qui découpent la totalité organique en ses éléments, et qui remontent éventuellement à certains de ces éléments. Il suffit de faire allusion à la théorie chromosomique ou à la théorie génétique pour savoir que le caractère total de l'organisme, à un certain point de vue, n'exclut absolument pas la possibilité d'explication atomique ou élémentaire à un autre point de vue. Il suffit d'ailleurs de se reporter à l'ensemble des sciences biologiques pour savoir qu'à chacun des niveaux de la vie, il y a des lois spécifiques. A un prix Nobel, j'ai entendu un médecin britannique dire qu'aujourd'hui la véritable distinction dans les sciences naturelles ne s'effectue pas selon le domaine — végétal ou animal —, mais selon les niveaux de la recherche : il y a le niveau des populations, le niveau des organismes individuels, le niveau de la cellule animale, et la distinction de ces niveaux lui paraissait en tant que telle plus significative que les distinctions traditionnelles des domaines. Mais il ne s'agit là que d'analogies pour envisager maintenant le problème des ensembles sociaux.

Que les ensembles sociaux n'aient pas de réalité au même sens que les individus est une proposition que l'on peut accepter sans grande difficulté. Cela dit, il est intéressant de prendre trois exemples qui figurent dans les discussions des logiciens anglo-américains pour voir en quel sens on peut parler de la réalité de ces ensembles sans impliquer aucune métaphysique de la totalité. Ces trois exemples sont : le mouvement de la Réforme, l'Université et l'État.

Si nous parlons du mouvement religieux de la Réforme,

il est facile et d'ailleurs peu intéressant de dire qu'il n'a pas de réalité en dehors de ce qui s'est passé dans la conscience ou en dehors des croyances des individus. Mais quand on a dit cela, si l'on veut aller au-delà, que signifie la formule de l'irréalité du mouvement historique que nous appelons la Réforme ? Ou bien cette proposition signifie que la Réforme n'a pas la même sorte de réalité que Calvin ou Luther, et dans ce cas je pense que personne ne fera de difficulté pour reconnaître que la réalité que nous pouvons attribuer au mouvement de la Réforme n'est pas métaphysiquement ou ontologiquement la même que celle que nous attribuons à un individu. Les guerres de Napoléon n'ont pas la même forme de réalité que Napoléon. Le deuxième sens que l'on peut donner à la formule, c'est qu'on ne peut rien dire sur la Réforme sans se reporter aux individus. Or, dans ce cas, la proposition est fausse ; on peut effectivement constituer un grand nombre de propositions dans lesquelles la Réforme serait le sujet, et il y aurait un certain nombre d'adjectifs ou un certain nombre de propositions se référant aux circonstances dans lesquelles la Réforme s'est produite. En d'autres termes, logiquement, rien n'empêche de parler de la Réforme comme d'un individu collectif et d'en chercher les origines, les caractéristiques et les conclusions.

Le point sur lequel insistent avec tant de force les individualistes méthodologiques concerne l'irréalité spécifique des ensembles. Ce qu'ils craignent en fait, c'est que l'on tire de la proposition que les mouvements collectifs sont réels l'idée que les individus sont entraînés malgré eux par des forces qui les dépassent. Or ce que l'on peut dire à propos d'une telle théorie, c'est qu'il ne s'agit pas d'une théorie logique, mais d'une proposition de fait. Il me paraît évident qu'à chaque époque aucun individu n'est entièrement libre de ce qu'il peut faire ou ne pas faire. Quant à savoir quelle est la marge de liberté dont disposent les gouvernés et les gouvernants dans une situation historique donnée, il s'agit là d'une question de fait qui ne peut être tranchée par des arguments logiques, et qui d'ailleurs ne se déduit d'aucune métaphysique sur le degré de réalité que l'on attribuera aux ensembles historiques tels que celui que j'ai choisi comme exemple, la Réforme.

Deuxième exemple, l'Université. Là, à nouveau, il saute aux yeux que si nous prenons l'exemple de l'Université française, rien n'est plus facile que de formuler, à propos de cette entité, une série de propositions qui seront logiquement bien composées, même éventuellement vraies, et qui s'appliqueront non pas à un individu, mais à l'ensemble concerné par l'Université française. Si nous disons : « Avant 1968, l'Université française était centralisée comme aucune autre Université ne l'était au monde », ou encore : « Avant 1968, il y avait une seule Université et non pas plusieurs Universités comme dans les pays étrangers », nous avons affaire à des propositions logiquement correctes et qui correspondent à la réalité. Cela dit, l'ensemble « Université française » peut — et sur ce point on doit donner satisfaction aux méthodologistes individualistes — se décomposer en une série d'individus exerçant des rôles définis et ayant les uns avec les autres des relations stables. Ajoutons que l'Université française, comme toute institution, présente le caractère spécifique que les relations entre les individus se maintiennent même lorsque les individus de chair et d'os changent. Par exemple, l'institution « Collège de France » a cette particularité que les chaires n'y sont pas permanentes, et que c'est l'Assemblée des professeurs qui, à chaque mise en retraite ou à chaque décès, décide de la nouvelle chaire à créer. C'est là une règle en fonction de laquelle existe le Collège de France, et on peut donc parler de ce caractère spécifique du Collège, abstraction faite des titulaires éventuels de ces chaires et même abstraction faite des noms particuliers qui sont donnés aux différentes chaires. En d'autres termes, ce qui permet dans ce cas de parler de l'ensemble historique qui est un ensemble institutionnel, c'est la permanence des relations existant entre les titulaires des rôles, ces rôles étant rattachés les uns aux autres par des règles qui durent au-delà de la détention des postes ou de ces rôles par des individus particuliers. Quand nous disons que l'Université française était plus centralisée qu'aucune autre Université au monde, nous pouvons subdiviser cette proposition valable pour l'ensemble de l'Université en une série de propositions plus particulières. Nous pouvons dire que les nominations dans toutes les Universités françaises étaient signées par le ministre de l'Éducation nationale, et qu'en principe les attributions de postes dans l'enseignement du second degré ou dans l'enseignement supérieur dépendaient toutes du ministère de l'Éducation nationale ; il y avait des individus qui exerçaient leur rôle de manière telle que la proposition « l'Université française était centralisée » était vraie. Autrement dit, la proposition relative à l'institution prise dans son ensemble est logiquement correcte et peut se décomposer en propositions relatives à des individus, mais il est légitime de parler de l'ensemble social parce que cet ensemble est constitué par des relations durables entre des rôles tenus tour à tour par d'autres individus concrets.

Troisième exemple qui correspond à un autre visage des ensembles historico-sociaux : l'État ou la Nation. On peut à nouveau recommencer à dire que l'État ou la Nation n'existent pas à la manière d'un Français pris individuellement : qu'il s'agisse de la Nation, ou mieux, de l'État, nous avons affaire à une idée qui est présente à la conscience de beaucoup de gens, et qui détermine un grand nombre de conduites, et qui, sans avoir la réalité physique des personnalités individuelles, représente une certaine sorte de réalité.

Que veux-je conclure de ces analyses volontairement rapides ? Simplement ceci : Hayek dit que les ensembles historico-sociaux n'existent que par l'intermédiaire de concepts ou de schèmes plus ou moins grossiers, de théories. Acceptons-le, disons que l'Université française, à titre d'individu social, n'existe que par l'intermédiaire de concepts qui eux-mêmes figurent dans la conscience d'un certain nombre d'individus concrets. Ces ensembles collectifs supposent donc des représentations dans les consciences des individus ; jusqu'ici l'individualisme méthodologique se justifie. Cela dit, le fait que ces ensembles sociaux ou que ces individus collectifs supposent un certain nombre de représentations dans la conscience des individus ne signifie pas que ces ensembles sont irréels. En fait, le monde social dans lequel nous vivons comporte à la fois des individus de chair et d'os, et des représentations plus ou moins abstraites du monde social dans lequel ces individus vivent. En d'autres termes, chacun de nous vit dans un monde qu'il ne comprend que grâce à une psychologie spontanée, et la sociologie à vocation scientifique s'efforce de substituer à l'idée que chacun se fait de sa religion, de son Église, de son Université ou de sa famille une représentation de caractère plus rigoureux. Ou encore : la sociologie part de la représentation vulgaire de la société qui constitue sa matière première pour essayer d'en tirer une analyse plus rigoureuse des ensembles sociaux.

Ajoutons qu'il y a inévitablement une action réciproque entre la sociologie spontanée grâce à laquelle nous pouvons nous orienter dans le monde qui est le nôtre, et la sociologie scientifique. Le livre intitulé *Les Héritiers* a exercé une influence considérable sur la représentation que les étudiants ont eue de la place de l'enseignement dans le système social[12]. Durkheim disait que nous devions nous débarrasser des préjugés ou des pré-notions ; j'ajouterai qu'il y a une espèce d'action permanente de la sociologie dite scientifique sur la sociologie vulgaire, car la sociologie scientifique d'une époque peut devenir la sociologie vulgaire de l'époque suivante. Dans ces conditions, la discussion sur la réalité ou l'irréalité des totalités sociales ou des ensembles sociaux me paraît être d'une portée logique limitée ; tout dépend du sens que l'on donne au mot de réalité. Il me paraît beaucoup plus important d'analyser la nature propre de ces ensembles sociaux, d'en faire si possible une typologie afin de déterminer quelle sorte de réalité il est possible d'attribuer à chaque type.

Je passe maintenant à la troisième thèse, c'est-à-dire à la thèse selon laquelle toutes les explications en sciences sociales doivent finalement aboutir à des explications qui se réfèrent à des conduites individuelles. A nouveau, la discussion, si on voulait la poursuivre en parfaite rigueur logique, semblerait extraordinairement subtile, et, simultanément, ne donner que des résultats disproportionnés. Essayons, pour être relativement simple, de présenter les choses de la manière suivante. La thèse individualiste, dans sa version extrême, pourrait se présenter sous l'une ou l'autre de ces formes : 1) on pourrait affirmer que toutes les propositions relatives à des ensembles ou à des touts seraient en droit réductibles à des propositions relatives à des individus ; 2) on pourrait affirmer que toutes les explications relatives à des ensembles sociaux ne seraient des explications finales que dans la mesure où l'on remonterait aux actions individuelles ; 3) la troisième proposition impliquerait que les lois relatives aux ensembles sociaux seraient déductibles des lois ou des propositions relatives aux individus.

Pour rendre la discussion aussi claire que possible, je dirais qu'il y a plusieurs types de réduction envisageables. Le premier consisterait à dire que l'on peut expliquer les lois macroscopiques par des lois microscopiques. Exemple le plus simple : on peut expliquer les lois relatives au gaz par les lois de la mécanique des atomes ; dans ce cas, les lois relatives à un domaine élémentaire rendent compte des lois que l'on observe au niveau macroscopique. Cependant, j'ajoute immédiatement que les lois ou propositions relatives aux phénomènes macroscopiques restent des propositions ou des lois *sui generis*, et ne disparaissent pas pour autant. De la même façon, on peut poser que si les phénomènes vitaux sont en droit réductibles à des phénomènes physico-chimiques, les phénomènes vitaux spécifiques ne disparaissent pas en tant que tels. En d'autres termes, l'explicabilité théorique des phénomènes et des lois au niveau macroscopique par des mécanismes microscopiques ne supprime pas la spécificité de ces phénomènes macroscopiques. Même si l'on pouvait rendre compte intégralement des phénomènes vitaux par des phénomènes physico-chimiques, les phénomènes vitaux en tant que tels subsisteraient avec leurs lois propres. Autrement dit, l'explication par le microscopique ne supprime pas la spécificité du macroscopique.

La deuxième modalité de la réduction est constituée par la théorie de ce qu'on appelle l'épiphénomène. Supposons que l'on puisse rendre compte de ce qui se passe au niveau de la conscience par la physiologie. Faisons l'hypothèse qu'un beau jour les physiologistes soient en mesure d'expliquer le cours que je suis en train de vous faire par ce qui se passe physiquement dans mon cerveau, les paroles continueraient de se faire entendre, et le sens de mes propos n'aurait pas changé. Autrement dit, à supposer même qu'il y ait explication terme à terme de ce qui se passe dans un domaine par ce qui se passe dans un autre, ce qui se passe dans le premier domaine, en l'espèce au niveau psychologique, ne disparaît pas pour autant. Les deux exemples que je vous ai donnés — l'explication par le niveau inférieur et le cas de l'épiphénomène — laissent subsister les phénomènes qui se passent au niveau supérieur.

Passons maintenant à ce qui est notre objet propre : les phénomènes sociaux macroscopiques. Nous avons des propositions relatives à des individus collectifs ; je vous en ai donné un exemple à propos de l'Université. Est-ce que l'on peut expliquer ce qui se passe au niveau de l'Université par ce qui se passe au niveau inférieur, c'est-à-dire au niveau des individus ? Selon les cas, oui ou non, et, pour rendre la réponse aisément compréhensible, je vais prendre des exemples différents.

Le premier exemple est une thèse qui se trouve dans la *Théorie générale* de Keynes : l'épargne des individus augmente au fur et à mesure que le revenu augmente[13]. Cette proposition est une généralité empirique ; on part de l'idée qu'il est vraisemblable que si dans une collectivité donnée le revenu augmente, les individus sont amenés à épargner une partie plus grande de leur revenu. Cette généralité empirique a joué un rôle essentiel dans l'interprétation keynésienne de la crise économique ; nous savons que cette proposition est vraie dans certains cas et qu'elle est fausse dans d'autres. Tout dépend des circonstances, et, à titre de proposition générale, elle n'est pas vraie, mais ce qui est certain, c'est que cette généralité empirique est très aisément réductible à des propositions relatives aux individus : si l'on dit que l'épargne collective augmente au fur et à mesure qu'augmente le revenu de la collectivité, cette proposition ne peut être vraie que s'il y a un nombre suffisant d'individus qui ont effectivement plus parce que leur revenu a augmenté. Dans ce cas, il s'agit donc d'une proposition relative à un ensemble social ou à un collectif social dont la vérité est réductible à une série de propositions relatives à des individus.

Deuxième proposition keynésienne : il y a nécessairement égalité de l'épargne et de l'investissement au moins *ex post*. Cette proposition n'est pas vraie pour un individu, elle n'est pas vraie en tant que généralité empirique ; elle est vraie d'une vérité logique en fonction de la définition donnée par Keynes des deux termes d'épargne et d'investissement.

La troisième proposition est la plus intéressante : la valeur sociale des diplômes diminue au fur et à mesure qu'augmente le nombre des titulaires de ces diplômes. Cette proposition est-elle réductible, comme la proposition sur l'augmentation de l'épargne, à une série de propositions relatives aux individus ? Elle est réductible, mais ni dans le même sens, ni de la même manière. En effet, supposez qu'un nombre x d'employeurs exige un diplôme y pour attribuer une certaine fonction et que le nombre des titulaires de ce diplôme a considérablement augmenté : un nombre substantiel d'employeurs aura un plus grand choix pour trouver le titulaire de cette fonction. Supposez également que l'augmentation de l'épargne collective est fonction de l'augmentation des revenus. Dans ce dernier cas, il ne s'agit que d'une conduite similaire chez un grand nombre d'individus, créée par la même circonstance extérieure : face à une même circonstance extérieure, à savoir l'augmentation des revenus, la réaction similaire d'un grand nombre de gens sera d'épargner davantage. En revanche, dans le cas de la valeur d'un diplôme, on ne comprend réellement la signification de la proposition qu'à la condition de mettre en relation le système d'enseignement d'une part, le système des postes de travail d'autre part, c'est-à-dire deux systèmes largement indépendants des individus qui y sont titulaires des fonctions. Or, constituent des systèmes de cet ordre précisément les ensembles sociaux qui font partie du monde dans lequel nous vivons et que nos sociologues veulent essayer de comprendre.

Finalement, j'ai trouvé chez l'un de nos analystes anglais le résumé en trois propositions des thèses fondamentales des individualistes, et donc aussi, à condition de renverser ces propositions, des trois thèses fondamentales des collectivistes. L'analyste anglais auquel je fais allusion est Danto que j'ai déjà cité plusieurs fois. Il dit que l'individualisme méthodologique peut se résumer dans les trois propositions suivantes : 1) les individus sociaux ou collectifs sont causalement dépendants de la conduite des acteurs individuels et non pas inversement ; 2) les explications de la conduite des collectifs ne sont jamais ultimes et doivent être expliquées à leur tour par des conduites individuelles ; 3) les explications des conduites individuelles ne doivent jamais être formulées avec des termes relatifs à la conduite des collectifs[14].

Si vous voulez avoir les thèses fondamentales du collectivisme méthodologique, il suffit de lire de la manière suivante : 1) les acteurs individuels sont causalement dépendants des individus sociaux et collectifs ; 2) les explications des conduites individuelles ne sont jamais ultimes et doivent être expliquées à leur tour par les conduites collectives ; 3) les explications des collectifs ne doivent jamais être formulées avec des termes relatifs à la conduite des individus.

Ce qui est décevant, ou ce qui est amusant, c'est que chacune de ces deux séries de propositions est aussi satisfaisante pour l'esprit que l'autre. Prenons la première proposition : les individus sociaux ou collectifs sont causalement dépendants de la conduite des acteurs individuels et non inversement. En fait, la conduite des acteurs individuels dans l'Université française est étroitement dépendante de la structure du collectif ; il est parfaitement évident que professeurs et étudiants se conduisent comme ils se conduisent en fonction de la structure des collectifs. L'affirmation du caractère absolu de l'explication par les conduites individuelles ou de l'explication par les collectifs semble se heurter à des obstacles ; chacune de ces deux propositions est vraie en un sens et fausse en un autre. Le cas le plus simple est celui de l'Université. Si nous disons que les individus sociaux et collectifs comme l'Université française sont causalement dépendants de la conduite des acteurs individuels, une telle proposition est vraie en un sens, dans la mesure où l'Université fonctionne comme elle le fait parce que je me conduis comme je me conduis, les étudiants et mes collègues se conduisent comme ils se conduisent. Mais pourquoi les professeurs français se conduisent-ils à certains égards autrement que les professeurs des autres Universités ? De manière évidente, parce qu'ils sont dans un collectif de caractère différent. En d'autres termes, il me paraît à peu près impossible de donner une valeur logique absolue soit au caractère ultime de l'explication des collectifs par les individus, soit à celui de l'explication des conduites individuelles par ces collectifs ; le fait est que, selon les cas, on explique dans un sens ou dans un autre. Si, à la rigueur, on peut avoir une vague préférence pour l'individualisme méthodologique, c'est uniquement dans le sens où les individus sont des réalités concrètes que nous percevons, alors que nous ne percevons pas l'Université française, nous la pensons. Mais quand il s'agit de rendre compte de la conduite des individus qui constituent le système de l'Université française, nous avons au moins aussi souvent besoin de nous référer à la structure de cette Université pour comprendre la conduite des individus à l'intérieur des systèmes que de nous référer à cette conduite pour comprendre ce qu'est la structure du système. Autrement dit, la discussion logique sur l'individualisme et le collectivisme méthodologiques ne peut donner aucun des résultats philosophiques ou ontologiques que certains ont voulu lui attribuer. Par exemple, d'aucuns ont voulu, à partir de l'individualisme méthodologique, réfuter le matérialisme historique, ce qui n'est pas raisonnable. Si l'individualisme méthodologique signifie tout simplement que, lorsque nous étudions les phénomènes sociaux, nous aboutissons en dernière analyse à des individus, tout le monde l'acceptera. Mais, ce que la logique ne peut pas exclure, c'est que le comportement de ces atomes sociaux soit déterminé par des relations stables entre ces atomes qui constituent ce que, d'une manière générale, nous appelons les collectifs, et qui sont des éléments déterminants de la conduite de ces individus.

En d'autres termes, après avoir consacré relativement beaucoup de temps à ces discussions abstraites, je tends à en dévaloriser la portée ; je veux dire par là que la passion que développent les logiciens dans ces sortes de controverses me paraît disproportionnée par rapport à leur portée effective. Ce qui me paraît être la conclusion très simple de ce genre de discussion, c'est qu'il y a une pluralité de niveaux dans l'étude des réalités humaines : le niveau microscopique, le niveau macroscopique, etc. Selon les niveaux, il y a des vocabulaires différents, et d'autre part il existe à chaque niveau des phénomènes spécifiques et éventuellement des lois spécifiques. Selon les cas, on peut plus ou moins bien rendre compte de ce qui se passe à un niveau macroscopique par des phénomènes ou des lois relatifs au niveau microscopique, mais jamais on ne supprime la spécificité des différents niveaux : tout sociologue explique dans certains cas les conduites individuelles par les conditions sociales dans lesquelles les individus se trouvent, comme inversement, dans d'autres cas, il rend compte des collectifs par les comportements individuels.

Je voudrais, dans la fin de cette leçon, introduire la dernière partie de ces discussions abstraites, à savoir la critique des thèses historicistes par Hayek et Popper. La discussion de l'historicisme est plutôt liée à la pensée de Popper qu'à celle de Hayek, et c'est pourquoi je vais surtout me référer au livre de Popper traduit en français, *Misère de l'historicisme*, mais j'ajoute que l'ouvrage le plus important est *The Open Society and its Enemies*.

Popper et Hayek combattent l'*historicisme* avec la même passion que le *totalisme*, historicisme qu'ils définissent d'ailleurs d'une manière non conforme à l'usage allemand. Popper entend par historicisme : 1) l'affirmation qu'il y a des lois relatives au devenir global : la totalité sociale étant posée comme une réalité *sui generis* émanant d'une réalité intérieure, il est supposé qu'il existe des lois qui commandent le devenir de cette totalité ; 2) en fonction de cette vision totale de l'histoire prise comme un objet, les historicistes affirmeraient que l'histoire peut se diviser ou se subdiviser en une série de périodes, en systèmes clos dont l'originalité propre ne peut être que saisie intuitivement.

Voilà le genre de thèse que Hayek comme Popper visent sous le nom d'historicisme. A vrai dire, Popper ajoute à la définition de l'historicisme telle que je viens de vous la donner un certain nombre de caractéristiques supplémentaires. D'abord, il est entendu que Popper s'en prend avant tout à Hegel et à Marx, c'est-à-dire aux philosophes de l'histoire auxquels il attribue une responsabilité probablement excessive dans les catastrophes qui ont affecté l'humanité au XXe siècle. Il s'en prend donc non seulement à la représentation de la totalité historique comme commandée par des lois, mais il considère que l'historicisme se lie au *prophétisme*, prophétisme hégélien et surtout marxiste ; car, s'il y a des lois qui commandent au devenir de l'histoire totale, pourquoi ne pas extrapoler et, au nom de ces mêmes lois, prophétiser l'avenir ? D'où le lien, dans la pensée de Popper, entre l'*historicisme*, le *prophétisme*, et l'*utopisme*. L'historicisme annoncerait non seulement un avenir prédéterminé, et donc plus fort que la volonté humaine, mais simultanément un avenir conforme à toutes les aspirations du monde ; il combinerait la notion d'un déterminisme irrésistible avec l'attente du paradis sur terre, avec l'utopisme. Popper ajoute une dernière caractéristique qui est le *révolutionnarisme* : dans la mesure même où l'historicisme annonce un monde radicalement différent du monde antérieur et découlant nécessairement des lois immanentes au devenir, le rôle des individus serait d'accoucher l'histoire ou d'accélérer le mouvement inévitable, et on combinerait à la fois le déterminisme historique et le révolutionnarisme ; vous reconnaissez dans ce schéma une représentation plus ou moins vulgaire de la philosophie marxiste. Tel est donc l'historicisme que Hayek et Popper entendent réfuter, même s'ils le font pour des raisons différentes.

Si derrière cette polémique il y a chez Hayek le désir de défendre l'économie libérale, nous trouvons chez

Popper la volonté de défendre et de justifier une certaine attitude à l'égard de la réalité sociale qu'il appelle l'attitude de l'ingénieur. Il considère que la seule attitude conforme à l'esprit du rationalisme consiste à analyser la situation donnée, à en chercher les défauts et à s'efforcer de la corriger. En d'autres termes, ce que Popper s'efforce de défendre et d'illustrer par une argumentation logique, c'est une attitude réformiste contre une attitude révolutionnaire qu'il imagine fondée sur une certaine philosophie de l'histoire. Pour ma part, si, dans mon dialogue avec Sartre, je défends et j'illustre aussi l'attitude réformiste contre l'attitude révolutionnaire, je ne présente pas cette attitude comme fondée sur la raison ; je la donne comme fondée sur mes préférences et sur les probabilités. Popper veut aller plus loin que moi, c'est-à-dire qu'il veut justifier l'attitude réformiste par une argumentation logique en montrant les contradictions ou les erreurs de la philosophie totaliste qui conduit au révolutionnarisme de type marxiste.

Je n'ai pas le temps de faire toute la démonstration, mais je vais en prendre le premier élément. Cette démonstration se décompose essentiellement en deux points : 1) il s'agit de comprendre exactement le sens de ce que nous appelons tout ou totalité ; 2) il s'agit de démontrer qu'il est logiquement impossible soit de prophétiser l'avenir, soit d'établir des lois du devenir historique. La démonstration comporte donc deux éléments fondamentaux, dont le premier est une définition rigoureuse des deux sens possibles du concept de totalité, et dont le deuxième est la réfutation de l'idée même de lois de l'histoire[15].

Premier thème : analyse et discussion du concept de tout. On peut entendre par tout ou totalité soit l'ensemble intégral des propositions relatives à une chose ou l'ensemble des aspects d'une totalité — la totalité peut donc être en un certain sens l'énumération exhaustive des caractéristiques d'une totalité —, soit l'un des aspects de cet ensemble dans la mesure où cet aspect particulier en commande l'organisation interne. Or, la démonstration de Popper revient à l'idée très simple qui est la suivante : la totalité au sens 1, c'est-à-dire au sens de l'énumération exhaustive des caractéristiques d'une chose, est logiquement insaisissable : on n'a jamais fini d'énumérer toutes les qualités que possède un objet particulier, ni *a fortiori* d'énumérer l'ensemble des événements de détail qui ont constitué une période de l'histoire. La totalité au sens de l'énumération exhaustive est une idée incompatible avec les modalités structurelles de la connaissance humaine.

La totalité au sens 2 est évidemment possible ; il est parfaitement possible, à propos d'un organisme vivant ou à propos d'une institution, de saisir un aspect de cet ensemble qui en commande la structure interne. Si la totalité au sens de l'énumération exhaustive est impossible, la totalité au sens de la *Gestalt*, de la forme propre d'une certaine réalité est évidemment accessible, et il n'y a pas de discipline, qu'elle soit naturelle ou sociale, qui en se sens ne s'efforce de saisir, d'analyser et d'expliquer les touts. Quand on dit, comme le font volontiers les totalistes, que l'on ne peut étudier un phénomène particulier sans le remettre dans le tout, cette proposition est souvent valable à condition qu'elle s'applique au tout selon la deuxième définition. Il est vrai que si vous voulez expliquer de manière tout à fait satisfaisante l'Université française, il faudra remettre l'ensemble « Université française » dans un ensemble plus vaste qui sera celui de la société française tout entière, si l'on veut, celui du capitalisme, celui de la civilisation industrielle. De fait, il est parfaitement vrai que dans un grand nombre de cas nous ne pouvons rendre compte de manière satisfaisante d'un phénomène partiel qu'à condition de le remettre dans un ensemble plus vaste. L'illusion est de croire que la remise dans un ensemble équivaut à la totalité au sens n° 1. Personne ne saisit la totalité au sens n° 1, et au sens n° 2, l'exigence du tout est quelque chose d'extrêmement banal : c'est l'exigence à laquelle chacun satisfait dans la mesure de ses possibilités et selon l'intérêt qu'il prend à la chose, selon les besoins de l'explication elle-même.

Cette distinction entre la totalité au sens de l'énumération exhaustive et la totalité au sens de la structure interne d'un ensemble est assez satisfaisante pour l'esprit et convient jusqu'à un certain point, mais, à mon sens, elle laisse subsister une troisième possibilité autour de laquelle tournent toutes les discussions dans les sciences sociales. Supposons que quelqu'un représentant la thèse marxiste veuille répondre à Popper. Que répondrait-il ? Il répondrait simplement que, bien entendu, quand nous parlons de la totalité, il ne s'agit pas de la totalité au sens 1, c'est-à-dire de l'énumération exhaustive de tous les phénomènes qui se passent par exemple à l'intérieur du système capitaliste, et que ce qui nous intéresse, c'est la totalité au sens 2, à savoir les caractères plus ou moins permanents d'un ensemble considéré. Mais, face à la thèse de Popper selon laquelle il faut prendre chaque problème en lui-même et essayer de voir à la manière d'un ingénieur comment on peut le résoudre ou comment en corriger certains défauts, un marxiste, qui aurait fait de l'analyse à la manière anglo-saxonne, dirait qu'il y a dans certains collectifs sociaux des phénomènes qui exercent une influence telle sur les autres que l'on ne peut modifier une situation partielle qu'en modifiant certes un élément entre d'autres, mais un élément qui exerce une action prédominante sur l'ensemble. En d'autres termes, entre la totalité-énumération exhaustive et la totalité-système d'organisation d'un ensemble, il peut y avoir des ensembles organisés qui présentent la particularité que certains éléments commandent à tel point cet ensemble que la considération autonome d'un problème particulier perd une grande partie de son efficacité.

Encore une fois, ce que je veux ici à nouveau suggérer, ce sont les limites de ces discussions de technique logique sous lesquelles se dissimulent plus ou moins des oppositions idéologiques ou pratiques. Bien entendu, Popper a raison : il n'y a pas de totalité au sens 1, toutes les totalités sont des totalités au sens 2, et il est peut-être raisonnable de traiter les problèmes un à un ; mais le problème de savoir si, face à ce qui se passe dans une certaine réalité sociale, il faut être réformiste ou révolutionnaire, est un problème de circonstance et non de logique. Tout dépend de la question de savoir si, dans une situation historique donnée, il y a ou il n'y a pas un aspect particulier de cette situation qui commande tous les autres au point que pour modifier quelque chose, il faille modifier non pas tout, mais ce quelque chose qui commande, sinon tout, du moins beaucoup.

Les révolutionnaires, qui ne s'embarrassent pas de logique, disent que l'on ne peut rien changer si l'on ne commence pas par tout changer. Il s'agit d'une manière idéologique de parler ; s'ils avaient suivi le cours de Popper, ils corrigeraient leur formule sans changer leurs convictions en présentant leurs thèses de la manière suivante : dans une situation historique x, la condition pour modifier y est de supprimer ou bien les élites actuellement au pouvoir, ou bien un certain mode d'organisation de la propriété paysanne, éléments qui exercent une influence telle sur le reste de la situation que vous ne pourrez pas, à la manière de l'ingénieur, corriger les défauts ici ou là si vous n'avez pas commencé par supprimer l'obstacle qui empêche d'aller dans le sens de ce que l'on souhaite. En d'autres termes, Popper raisonne de manière parfaite en logique, mais je continue à croire que l'on ne peut, par la logique, ni peut-être même par la raison, démontrer aux hommes qu'il faut être réformiste ou révolutionnaire.

POPPER ET LA PHILOSOPHIE DE L'HISTOIRE

Je vais terminer aujourd'hui l'exposé des arguments essentiels qu'emploie le logicien Sir Karl Popper pour réfuter ce qu'il appelle l'historicisme. Sir Karl Popper est peu connu en France, mais il jouit d'un grand prestige dans le monde anglo-américain, et on parle du popperisme comme d'une école philosophique ; il a pris part au débat sur les sciences sociales par le livre que je vous ai cité, et également par une discussion avec les philosophes de l'École de Francfort, Horkheimer, Adorno et aussi le plus célèbre des membres de cette École, Herbert Marcuse[16].

La semaine dernière, j'ai présenté l'analyse par Popper de la notion de totalité, avec les deux sens dans lesquels le mot peut être pris : ou bien le sens qui impliquait une énumération exhaustive des éléments ou des aspects de la totalité considérée, ou bien simplement la considération de l'ensemble à partir d'un certain point de vue.

L'autre partie de la thèse de Popper est constituée par une réfutation de la notion de loi de l'histoire. Logiquement, il me semble que son argumentation peut se ramener aux objections suivantes :

1. Dans la mesure où l'histoire humaine tout entière ne se produit qu'une seule fois, représente un déroulement

singulier d'une suite d'événements, il ne peut y avoir de lois de l'histoire en tant que telle puisque celle-ci ne s'est pas répétée. Il ne peut en effet y avoir de lois que d'événements qui se répètent ; or, l'histoire humaine, prise dans son ensemble, ne s'est produite qu'une seule fois. Il peut, bien entendu, y avoir des lois *dans* l'histoire, mais il ne saurait y avoir de lois *de* l'histoire : c'est tout au moins la thèse que Popper essaie de démontrer.

2. Il est possible de discerner à certains moments du devenir, ou dans certains secteurs de l'histoire humaine, ce que l'on appellera des *tendances de l'évolution* ; on peut également, à ses risques et périls, extrapoler ces tendances de l'évolution pour essayer de prévoir ce qui se passera dans l'avenir. Mais l'histoire, l'avenir de l'humanité, est imprévisible pour une raison très simple que Popper est probablement le premier à avoir présentée avec cette force : le devenir de l'humanité dépend du devenir de la science et, par définition, nous ne pouvons pas connaître la science de l'avenir, car cette science, si nous la connaissions, nous serait déjà disponible ; l'imprévisibilité des connaissances dont disposera l'humanité dans le futur entraînerait donc, logiquement, l'imprévisibilité de l'avenir humain.

Ces deux arguments représentent une réfutation d'une certaine conception relativement primitive des lois de l'histoire, supposant l'assimilation des lois qui commanderaient au devenir global de l'humanité à des lois de la nature. Mais une démonstration logique de cette espèce comporte certaines limites et n'exclut nullement qu'il existe des lois partielles du devenir humain. Prenons un exemple très simple : supposons que la théorie de Marx sur la diminution du taux de profit soit vraie, supposons donc d'abord que la valeur dépend de la quantité de travail investie dans une marchandise et ensuite que la plus-value dérive exclusivement de la différence entre la valeur incarnée dans le salaire et la valeur produite par la force de travail ; supposons encore que la totalité de la plus-value soit prévelée sur le surtravail ou sur la plus-value suscitée par le travail vivant — le travail mort ou cristallisé incarné dans des machines se transmettant à la marchandise sans créer de plus-value ; supposons enfin que la part du travail mort ou cristallisé dans la valeur totale d'une marchandise augmente davantage que la part du travail vivant (je suis en train de vous rappeler la démonstration marxiste de la loi tendancielle de la baisse du profit). Si toutes les propositions que je vous présente à titre hypothétique sont vraies, il en résulte que le taux du profit tendra à diminuer au fur et à mesure que la part des matières premières et des machines dans la valeur des marchandises tendra à augmenter par rapport à la part du travail vivant. A mon sens, toutes ces propositions sont ou fausses, ou seulement partiellement vraies. Mais n'entrons pas dans la discussion de la vérité ou de la fausseté des lois de cette espèce, supposons que ces propositions soient vraies. Il est évident que, dans un système économique fondé sur le marché ou sur la compétition, chacun, à titre individuel, a intérêt à remplacer le travail vivant par le travail mort, ou à augmenter la productivité en remplaçant le travail humain par des machines. Or, en fonction de cet intérêt à remplacer le travail de l'ouvrier par des machines, chacun contribuerait à réaliser les conditions dans lesquelles la loi de la baisse tendancielle du taux de profit deviendrait vraie. Cet exemple sert à montrer que rien n'interdit que chaque sujet économique agissant selon sa propre rationalité contribue à créer une transformation du système lui-même, contraire à l'intérêt commun des dirigeants de ce système. En d'autres termes, il peut se faire que la composition des actions individuelles, chacune étant rationnelle, provoque un résultat contraire à la rationalité visée par les acteurs. Dans un cas de cet ordre, il y aurait ce que l'on pourrait appeler une loi de la baisse tendancielle du taux de profit, éventuellement même une loi de l'autodestruction du capitalisme par le simple jeu du capitalisme lui-même, mécanisme qui ne serait en rien contradictoire avec l'affirmation popperienne selon laquelle il n'y a pas de lois *de* l'histoire. Il s'agirait seulement d'une loi scientifique, valable pour un secteur particulier de la réalité historique, dans des conditions données ; il s'agirait de lois *dans* l'histoire qui seraient le résultat des conséquences non prévues ou non voulues d'une quantité considérable d'actes individuels. Cet exemple a une valeur d'illustration en même temps que de démonstration : s'il y a dans l'histoire certaines lois de ce type, elles ne résultent pas nécessairement d'une force supra-historique ou de quelque démon mystérieux qui entraînerait les hommes malgré eux ; il suffit de se donner les hommes agissant chacun conformément à ses intérêts pour que, dans certaines conditions que la science économique permet parfois de préciser, le résultat commun de leurs actions soit contraire à leurs intentions et éventuellement dangereux pour le maintien du système lui-même. Autrement dit, la rationalité individuelle des conduites n'est pas contradictoire avec l'irrationalité éventuelle de l'action collective. C'est l'exemple le plus simple et le plus facile à trouver ; il est emprunté à l'ordre économique.

Ce que Popper entend réfuter par ses arguments généraux, c'est donc la représentation du passage inévitable de la société antique à l'économie médiévale, de l'économie médiévale à l'économie capitaliste, et de l'économie capitaliste à l'économie socialiste. Mais, pour reprendre l'exemple du passage de l'économie capitaliste à l'économie socialiste, si Marx ne parvient pas à exhiber une loi de l'histoire comparable aux lois naturelles pour la bonne raison qu'à l'époque où il avait suggéré une transformation nécessaire de ce type, il n'y avait pas encore eu d'exemple de passage du capitalisme au socialisme, il n'était cependant nullement impossible de concevoir un mécanisme par lequel le régime capitaliste se détruirait lui-même par son propre fonctionnement. Ce que je vous ai rappelé en analysant la loi de la baisse tendancielle du taux de profit, c'est un schéma précaire d'autodestruction d'un système par son propre fonctionnement, mécanisme qui ne tombe nullement sous le coup d'une critique logique. Une telle critique se borne à montrer l'impossibilité de prouver la vérité des lois du devenir global à partir de la répétition de ce devenir, et cela parce que ce dernier ne s'est produit qu'une seule fois.

En ce qui concerne les tendances de l'évolution, il est certes possible d'en mettre certaines en lumière, mais il y a de multiples exemples pour nous convaincre que chaque époque a tendance à prolonger indéfiniment les mouvements que les contemporains observent et qu'à un moment donné la tendance s'inverse, s'accélère ou se ralentit, que des événements interviennent, et qu'à échéance, à un nombre suffisant d'années, l'extrapolation devient extraordinairement dangereuse. Si l'on essayait de trouver une tendance de l'évolution qui soit valable pour l'histoire de l'ensemble de l'humanité, probablement n'y en aurait-il qu'une seule, et encore serait-ce à condition de l'interpréter avec prudence : s'il y a en effet quelque chose qui semble caractériser l'histoire de l'humanité, c'est l'augmentation progressive de la connaissance, et, en particulier, de la connaissance scientifique. Proposition qui ne signifie pas qu'il ne peut pas y avoir de retours en arrière, qu'on ne risque pas d'oublier ce que nous avons appris, mais qui signifie que si l'on voulait indiquer grossièrement quelle serait la tendance la plus visible dans le devenir humain, on la trouverait vraisemblablement dans ce progrès de la connaissance scientifique. Il suffit d'évoquer ici la phrase de Pascal selon laquelle l'humanité est comparable à un individu qui ne cesserait d'apprendre[17].

La plupart des autres tendances de l'évolution historique prêtent à contestation. Je vous en donne un seul exemple : depuis Spencer jusqu'à Parsons, on a souvent décrit les transformations de la société humaine comme marquées par une diversification progressive des institutions sociales ; plus les sociétés se diversifient en institutions séparées, plus elles seraient en avance. Or, il suffit de comparer les sociétés de type socialiste ou soviétique pour constater que, sur certains points, ces sociétés manifestent une moindre diversification des institutions que les sociétés occidentales, mais il me paraît imprudent d'affirmer que ce sont les sociétés de type occidental qui ont pour elles l'avenir, également imprudent aussi d'affirmer le contraire ; il vaut mieux, dans ce cas, dire que nous n'en savons rien.

Globalement, les analyses popperiennes tendent à une réfutation du prophétisme historique pour lui substituer une *sociotechnique* fondée sur la thèse de la similitude fondamentale entre les sciences de la nature et les sciences sociales. Hayek, qui, en fait d'individualisme méthodologique, est très proche de Popper, soutient en revanche pour sa part qu'il existe une différence substantielle entre les sciences sociales et les sciences de la nature. Pour éclairer les deux positions, j'ai choisi un texte de Hayek, cité par Popper, dans lequel on trouve à la fois les éléments communs et les éléments qui différencient les deux pensées. Le texte de Hayek, emprunté à *Scientisme et sciences sociales*, est le suivant : « Le physicien qui souhaite comprendre les problèmes des sciences sociales à l'aide d'une analogie empruntée à son propre domaine devrait imaginer un monde où il connaîtrait par observation directe l'intérieur des atomes et où il n'aurait ni la possibilité de faire des expériences avec des masses de matière, ni l'occasion d'observer plus que les interactions d'un nombre comparativement faible d'atomes pendant une période limitée »[18]. Cette phrase nous rappelle la distinction que Hayek établit entre sciences sociales et sciences de la nature : les sciences sociales auraient une connaissance directe, au moins partielle, des éléments ou des atomes qui sont constitués par les individus agissants et au sujet desquels nous aurions, en tant que savants, la possibilité de faire des hypothèses concernant leur manière d'agir, cependant que le physicien doit progressivement découvrir les atomes, et, avec beaucoup de peine, saisir le mécanisme qui leur est intérieur.

Popper concède, certes, qu'il en résulte une différence entre les sciences sociales et les sciences de la nature, mais les deux phrases suivantes du texte de Hayek lui permettent de maintenir la thèse de la similitude fondamentale entre les deux types de science[19] : « A partir de sa connaissance des diverses sortes d'atomes, il pourrait construire des modèles de toutes leurs combinaisons possibles en unités plus importantes et faire que ces modèles reproduisent de plus en plus étroitement tous les traits caractéristiques des quelques cas où il peut observer des phénomènes plus complexes. Mais les lois du macrocosme qu'il pourrait dériver de sa connaissance du microcosme resteraient toujours "déductives" ; elles ne lui permettraient presque jamais, en raison de sa connaissance limitée des données de la situation complexe, de prédire l'issue exacte d'une situation particulière ; il ne pourrait jamais les confirmer par une expérimentation contrôlée — bien qu'elles puissent être infirmées par l'observation d'événements, qui, selon la théorie, étaient impossibles »[20]. Tout ce que Hayek dit à propos des sciences sociales, Popper affirme que c'est également vrai pour les sciences de la nature. En d'autres termes, il présente les sciences de la nature comme ne partant nullement de la réalité empirique et induisant des lois à partir de l'observation, mais comme construisant des hypothèses ou des théories et soumettant ces hypothèses, ces théories ou ces modèles au contrôle de l'expérience. L'essence du contrôle expérimental serait de ne jamais démontrer, mais de souvent réfuter. D'où la formule courante et classique selon laquelle une proposition scientifique est par essence une proposition qui peut être réfutée : une proposition qu'il serait impossible de réfuter, qui ne serait pas soumise à une expérience susceptible de la démentir ne devant pas être considérée comme une proposition scientifique. Il s'agit là d'une vieille idée que l'on attribue aujourd'hui à Popper et qui passe même pour l'essence du popperisme, mais que mon maître Léon Brunschvicg faisait déjà sienne — ce qui prouve qu'en logique, comme en d'autres disciplines, les idées fondamentales n'ont pas été trouvées la veille ou l'avant-veille. Quoi qu'il en soit, concevant la démarche scientifique comme la position de problèmes, la construction d'hypothèses ou de modèles, et le contrôle de ces hypothèses ou de ces modèles par l'expérience, Popper ne voit pas de différence essentielle entre une démarche de ce type et la démarche des sciences sociales : dans les sciences sociales aussi nous construisons des hypothèses et des modèles (par exemple les théories des économistes) et nous les soumettons au contrôle de l'expérience. Nous avons éventuellement l'avantage, dit Popper, que dans les sciences sociales nous pouvons construire des modèles à partir de l'hypothèse de la rationalité des conduites, notamment dans la théorie pure de l'économie. Mais la théorie pure de l'économie n'est pas vraie en toutes circonstances, et en tant que telle, elle implique aussi d'être soumise au contrôle de l'expérience. Quant à l'impossibilité de prévoir dans le détail ce qui se passera dans une situation concrète, il ne s'agit pas là, d'après Popper, d'une différence entre les sciences de la nature et les sciences sociales : jamais la science ne peut donner une représentation exhaustive d'une réalité concrète quelconque ; nous n'étudions jamais une réalité concrète que d'un certain point de vue, à partir d'une certaine question, en posant un certain problème. Par conséquent, la démarche qui consiste à poser des problèmes, à édifier des hypothèses ou des modèles, et à les soumettre au contrôle expérimental, cette procédure essentielle de la science, est la même dans les sciences sociales et dans les sciences de la nature, comme elle est aussi simultanément la démarche de l'ingénieur ou de la sociotechnique. Dans un cas comme dans l'autre, il ne s'agit pas de prendre pour objet la réalité totale, mais de poser un problème particulier et d'essayer de le résoudre, et on ne peut résoudre un problème qu'en le simplifiant, c'est-à-dire en substituant à la réalité concrète, complexe que nous percevons, un monde simplifié.

On pourrait dire cependant que Popper a sous-estimé deux ou trois différences entre ce qui se passe dans les sciences sociales et dans les sciences de la nature, même en admettant l'interprétation qu'il donne des unes et des autres :

Il reconnaît lui-même que les paramètres fondamentaux en économie sont des variables qui changent beaucoup plus rapidement que les paramètres équivalents dans les sciences de la nature. Il en résulte que les propositions scientifiques dans les sciences sociales, y compris en économie politique, qui est relativement la plus développée de ces sciences, n'ont pas la même valeur de vérité que les propositions générales dans les sciences de la nature.

Popper oublie ou néglige une idée extrêmement simple — savoir qu'il suffit d'avoir établi la loi d'un mécanisme social pour que la prise de conscience de ce mécanisme tende à le modifier. Reprenons l'exemple de la baisse tendancielle du taux de profit ; à supposer que cette loi eût été vraie, la prise de conscience de cette loi aurait permis de prendre des mesures correctives. En d'autres termes, si les lois des sciences sociales sont essentiellement déterminées par les conséquences involontaires des conduites individuelles, la prise de conscience de ces mécanismes incite à les modifier lorsqu'ils induisent des conséquences défavorables. La prise de conscience des lois sociales devient un facteur de transformation de la réalité sociale et, du même coup, de ses lois, de telle sorte que les possibilités de prévision sont souvent limitées par les réactions des hommes aux anticipations, qu'elles soient fondées sur des idées vraies ou sur des idées fausses. Autrement dit, il y a dans le mécanisme du devenir humain un élément qui ne me paraît pas exister au même degré dans le monde de la physique : les effets qui résultent de la prise de conscience par les acteurs des conséquences de leurs actes. Je ne pense pas en effet que le mécanisme des électrons soit modifié par la connaissance qu'en acquiert le physicien atomiste. Au contraire, les mécanismes économiques et les conduites individuelles sont modifiés par la connaissance que nous en prenons, et je pense que l'on pourrait pousser l'analyse et montrer les différences qui existent au niveau du comportement des atomes dans le domaine respectif des sciences sociales et des sciences de la nature.

La troisième différence que j'aimerais souligner est la suivante : en théorie, il aurait été possible, il y a plusieurs siècles, d'édifier une physique atomique dans la mesure où le monde auquel s'appliquent les lois de la physique corpusculaire et atomique était déjà celui auquel s'appliquent ces lois ; en revanche, il est difficile de concevoir une théorie scientifique du capitalisme avant que le régime capitaliste existe. En d'autres termes, inévitablement, les sciences sociales se transforment non pas seulement par accumulation de savoir sur un monde dont les lois sont fixes, mais par découverte des nouveautés d'un monde qui se transforme (les lois du régime capitaliste ne pouvaient pas être mises au jour avant que le régime capitaliste n'existe) ; ce qui me paraît entraîner certaines différences avec les sciences de la nature. J'ai soumis un jour cette idée simple au conseiller scientifique d'un président des États-Unis : il fut à la fois irrité et non convaincu par ma suggestion.

Quoi qu'il en soit, Popper applique sa conception générale de la science à l'histoire, ce qui l'amène à mettre l'accent sur le fait qu'il n'y a pas d'histoire de la totalité, mais toujours seulement d'un aspect de la réalité, qu'il ne peut y avoir que des histoires partielles, dans la mesure où les questions que nous posons au passé font que nous nous intéressons à certains aspects et que nous en négligeons d'autres. Popper ajoute que — et sur ce point il rejoint à la fois Wittgenstein et les tenants de l'herméneutique — ce qui fait la spécificité de la curiosité historique, ce qui intéresse proprement l'historien, c'est moins les lois générales que les singularités et que, par conséquent, l'historien, pour rendre compte de ce qu'il étudie, a tendance à rechercher moins les lois que les *conditions initiales*. Il souligne encore que l'historien utilise ses lois universelles pour rendre compte de la succession des événements particuliers, mais que ces lois universelles sont en général très banales et que nous n'éprouvons pas le besoin de les formuler, parce qu'elles se rapportent soit à des phénomènes de physique simples, soit à des phénomènes psychologiques et que notre curiosité propre, quand nous faisons de l'histoire, porte sur les événements particuliers ainsi que sur l'entremêlement des faits qui a conduit à un certain événement unique. Si nous nous intéressons en effet aux origines de la guerre de 1914, nous n'éprouverons pas le besoin de rappeler la proposition générale, qui est en elle-même vraie, selon laquelle il n'y a jamais eu de paix permanente entre des États indépendants et armés, mais nous nous intéresserons aux circonstances particulières dans lesquelles a éclaté la guerre de 1914. Nous n'éprouverons pas non plus le besoin de rappeler que l'homme est un animal combatif, ni de citer Konrad Lorenz et sa théorie de l'agressivité (à supposer que les thèses de Lorenz soient vraies). Quand nous nous intéressons à un événement singulier, nous en cherchons les conditions particulières antécédentes. Et s'il est évident que certaines lois générales aident à concevoir le passage d'un événement particulier à un autre événement particulier, notre curiosité est orientée vers la succession des événements particuliers.

Avec la notion de *logique de la situation*, nous arrivons à la dernière idée introduite par Popper dans la théorie de la connaissance historique[21]. Quand nous voulons rendre compte de ce qui s'est passé dans une conjoncture particulière et de la manière dont tel ou tel acteur a agi, nous nous efforçons de reconstituer ce que Popper appelle *la logique de la situation*, c'est-à-dire le comportement qu'impliquait, conformément à la logique, la situation vue par l'acteur lui-même. Et effectivement, si nous essayons de reconstituer la décision prise par Hitler en 1941 d'attaquer l'Union soviétique, nous nous efforçons de reconstituer la logique de la situation, étant bien entendu qu'il s'agit de reconstituer la logique de cette situation vue par l'acteur Hitler.

Voilà par quelle conception de la science et par quelles idées, malgré tout assez simples, Popper écarte les philosophies apocalyptiques de l'histoire, nous propose une conception de la connaissance historique relativement classique, invite les sciences humaines à servir aux ingénieurs sociaux, et presse les philosophes de renoncer à l'ambition irréalisable de saisir la totalité du devenir comme si ce dernier pouvait être embrassé par l'esprit humain, comme si l'avenir pouvait être connu par ceux qui ne le vivront pas.

Nous voici donc arrivés au terme des analyses strictement logiques. Je vais maintenant résumer brièvement les quelques idées dégagées par ces analyses et introduire à la partie suivante de ce cours qui sera consacrée à la manière dont nous construisons le monde historique et dont le premier exemple concernera la construction du monde historique dans le cas où nous tendons à un récit, et en particulier à un récit des relations internationales.

Les résultats auxquels nous sommes parvenus sont essentiellement les suivants :

1. Il n'y a pas de totalité au sens 1 et nous ne connaissons pas davantage de lois du devenir total ; la réfutation de l'aspiration à la totalité au sens 1 (la connaissance exhaustive) porte également sur la prétention à déterminer les lois de l'histoire totale.

2. L'individualisme méthodologique, la référence aux individus, aux conduites individuelles, n'exclut pas, mais

au contraire implique que le système, les relations semi-permanentes soient partie intégrante de l'objet historique, de l'objet que nous voulons connaître, de l'objet que nous construisons. En d'autres termes, la référence aux micro-événements intentionnels n'exclut pas le système, les théories et les modèles : il suffit de se souvenir que les actes individuels ont souvent, au niveau collectif, des conséquences contraires aux intentions pour qu'il y ait matière à construction soit de mécanismes, soit de lois spéciales ou partielles.

3. De cette dualité entre les micro-événements intentionnels et les systèmes, il résulte une alternance, dans les sciences sociales comme dans l'histoire, entre l'explication par les intentions et l'explication par autre chose que les intentions. Ce qui constitue, pour ainsi dire, l'idéal de l'explication dans les sciences sociales, c'est de retrouver simultanément les intentions des acteurs, et le mécanisme par lequel les acteurs ont construit un monde différent de celui qu'ils avaient l'intention de construire. L'alternance de l'explication par les intentions et de l'explication des conséquences involontaires représente le choix entre deux objectifs majeurs de la connaissance historique. On peut dire qu'il y a, quand on étudie les sociétés du passé, ou même, de manière générale, des sociétés autres que la nôtre, deux objectifs fondamentaux, deux curiosités spécifiques : ou bien on souhaite connaître et comprendre les autres en tant qu'ils sont différents de nous — la curiosité à l'égard de l'autre pouvant constituer ainsi l'un des ressorts de la curiosité historique. On peut citer ici les *Lettres persanes* qui fournissent comme justification de cette curiosité ce que j'appellerais l'éducation morale de l'humanité, l'éducation morale de n'importe quelle humanité consistant à lui enseigner qu'il y a d'autres manières d'être homme, d'autres manières de se réaliser que la manière propre selon laquelle cette humanité a choisi de le faire. Le deuxième objectif de la connaissance historique, qui est plus proche de la curio-

sité sociologique, mais qui n'en existe pas moins dans la connaissance historique, est de comprendre, de saisir les relations permanentes ou semi-permanentes entre les conduites individuelles ou entre les titulaires de rôles sociaux. En d'autres termes, de connaître et d'expliquer les ensembles sociaux, et, à partir de là, d'expliquer le changement de ces systèmes sociaux.

4. La dualité de la curiosité orientée vers les consciences et de la curiosité orientée vers les systèmes, ou encore de la curiosité orientée vers les personnes et de la curiosité orientée vers les réalités historiques dans lesquelles vivent ces personnalités, se retrouve dans toutes les disciplines des sciences sociales. J'entends par là qu'il serait faux de dire que l'historien s'intéresse aux hommes dans leur altérité et que le sociologue ne s'intéresse qu'aux systèmes. Il y a en effet des historiens qui s'intéressent aux systèmes des sociétés autres que la nôtre, et il suffit par exemple de lire le livre de Marc Bloch sur le régime féodal pour y voir la reconstitution d'un système social et non pas simplement la curiosité pour la manière dont les hommes du passé ont vécu leur existence. Ce qui est vrai, c'est que l'orientation vers la compréhension des autres me paraît inséparable de la curiosité proprement historique, et qu'elle caractérise ce que l'on appelle l'histoire-récit ou l'histoire événementielle.

Je vais, pour terminer, vous dire quelques mots sur le récit ou sur la narration dont je vous parlerai en détail la semaine prochaine, ainsi que sur la controverse entre l'histoire événementielle et l'histoire non événementielle — controverse qui ne me paraît avoir aucun sens logique ou philosophique, mais qui en a certainement un en tant qu'elle oppose des écoles d'historiens, chacune convaincue que ce qu'elle fait est plus intéressant que ce que fait l'autre ; ce qui a des conséquences à la fois intellectuelles et pratiques.

On appelle *récit*, au sens le plus général du terme, le fait de raconter dans l'ordre chronologique la série des états par lesquels est passée une entité ; en ce sens, il suffit, pour qu'il y ait récit, qu'il y ait un ordre chronologique et une entité dont on suit le devenir. En ce sens 1, on peut écrire une histoire de France en réduisant au minimum le nombre des personnages individuels qui y figurent, car raconter l'histoire de France, c'est simplement ici retracer la suite des états par lesquels est passée l'entité « France » entre telle et telle date. La définition 2 est la définition la plus restrictive, la plus rigoureuse du récit. On parle en effet dans ce deuxième sens de récit ou de narration lorsque l'on rapporte la suite des événements enchaînés en descendant ou en remontant vers les micro-événements intentionnels. Si vous racontez les semaines qui se sont écoulées entre l'assassinat de l'archiduc et les déclarations de guerre, vous ne pouvez pas ne pas faire intervenir les acteurs individuels, car il est impossible de faire le récit de cette histoire diplomatique sans tenir compte de ce que les différents acteurs ont fait. Dans ce cas, il s'agit d'un récit au sens fort et plein du terme qui implique, non pas seulement la série des états d'une entité (il n'y a pas nécessairement une entité), mais également le fait que l'historien doive descendre suffisamment dans le détail de ce qui s'est passé pour être obligé de faire figurer, à titre d'acteurs, des individus. On conçoit des récits historiques où ne figurent à peu près que des acteurs collectifs ou des acteurs impersonnels ; pour ma part, je prendrai des exemples de récit où interviennent des acteurs individuels, en l'occurrence dans le domaine des relations internationales ou des affaires militaires, où il est presque impossible de ne pas faire intervenir les acteurs individuels.

Dans les pays anglo-saxons, les logiciens ont eu de nombreux débats sur la question de savoir quelles étaient les relations entre connaissance historique et histoire-récit. En effet, au cours de ces dernières années, une polémique a eu lieu, qui me paraît de peu de portée : les logiciens anglo-américains se sont efforcés de démontrer

— ce qui, à mon avis, va de soi — que le genre du récit ne se confond pas avec le genre de l'histoire. Je dirai qu'ils ont à coup sûr raison. Il y a en effet des historiens qui sont par essence des narrateurs ; l'exemple le plus illustre, c'est Thucydide et sa *Guerre du Péloponnèse*. Ce grand livre d'histoire est essentiellement un récit où les éléments qui ne sont pas narratifs (Dieu sait s'il y en a) sont insérés dans le récit de manière telle que c'est le récit lui-même qui porte en soi sa philosophie et son interprétation. Mais ce récit de grand art n'est pas, à coup sûr, le seul modèle d'un grand livre d'histoire. Si l'on songe à *La Civilisation de la Renaissance en Italie* de Burckhardt, ou au livre de Marc Bloch sur la civilisation du Moyen Age ou encore sur les rois thaumaturges, on accordera immédiatement et sans aucune difficulté que l'on aurait tort de confondre l'histoire avec le récit[22]. Le récit pur, tel qu'il se trouve dans l'histoire de la guerre du Péloponnèse de Thucydide ou dans l'histoire de la Deuxième Guerre mondiale de Liddell Hart, est un genre historique qui me paraît en tant que tel légitime, mais qu'il serait absurde de confondre avec l'ensemble de la connaissance historique[23]. Pour me justifier de sauver le récit, j'ajouterai qu'il existe un grand livre d'histoire qui est en même temps un récit, celui de Karl Marx, *Le 18 Brumaire de Louis-Napoléon Bonaparte*, qui est typiquement une histoire narrative où les acteurs cependant sont tantôt des personnes, tantôt des classes.

La raison pour laquelle on a souvent tendance à assimiler histoire et récit, ou à considérer que le récit est ce qu'il y a de plus typique dans l'histoire, est la suivante : il n'est pas du tout démontré que la narration ou le récit soit dans l'histoire scientifique moderne ce qu'il y a de plus important, mais l'histoire-récit est ce qui se différencie le plus des sciences de la nature, ce qu'il y a de plus spécifique dans la connaissance historique. Bien entendu, il peut exister une histoire du système solaire ou de la Terre, mais, à coup sûr, il ne peut pas y avoir dans la nature l'équivalent de l'histoire-récit où l'entrecroisement des volontés et des décisions individuelles fait surgir progressivement l'événement non voulu par qui que ce soit et pourtant intelligible en fonction des intentions des acteurs. Un récit de cet ordre, où interviennent les volontés humaines et les accidents, est ce qui est le plus éloigné des sciences de la nature. C'est pourquoi un homme comme Cournot tendait à réserver l'histoire au devenir dans lequel interviennent à la fois les individus, leurs volontés et le hasard. Il distinguait la théorie et le hasard, et considérait que l'histoire au sens fort, c'était le devenir avec les éléments d'aléas, d'intentions, de rencontres, de séries qui font qu'un récit historique a une dimension dramatique dont il n'y a pas d'équivalent dans les sciences physiques, même lorsque celles-ci essaient de retracer les étapes successives par lesquelles est passée une entité naturelle. Les analystes qui s'opposent à la confusion entre le récit et l'histoire font valoir — et ils ont absolument raison — qu'il ne faut pas sacrifier ce qu'ils appellent les *long during factors*, les facteurs qui agissent d'une manière prolongée, au seul bénéfice des événements, des actions, des décisions, des accidents. Cela va de soi : un bon récit — que ce soit celui d'une existence ou celui d'une guerre — intègre au récit lui-même les événements durables, l'analyse des situations, éventuellement les structures profondes à partir desquelles le récit devient explicatif.

Il reste une deuxième question que je mentionne sans m'y attarder : les logiciens ont posé la question de savoir s'il est vrai de dire que la connaissance historique est *toujours* la reconstitution des états par lesquels est passée une entité. Je répondrai en simplifiant que, si l'on veut raconter quelque chose, ou si l'on veut reconstituer quelque chose du passé, il faut bien donner à ce quelque chose une unité. Mais l'unité n'est pas nécessairement l'unité d'une entité qui a duré à travers le temps. Après tout, l'entité « France » est peut-être un mythe, comme l'est peut-être également l'entité « Allemagne », en ce sens que ces mots désignaient des réalités différentes à différentes époques. En tout cas, on peut découper dans un ensemble social et historique un élément, et faire de l'histoire comparative. Pour ne citer qu'un exemple célèbre, on peut, comme l'a fait Delbrück, écrire une histoire de la guerre en séparant ce que l'on appelle l'item « guerre » de l'ensemble historique[24]. Dans ce cas, on n'essaie pas de saisir les états successifs par lesquels est passée une entité, mais de comparer la forme différente prise par une institution qui, de société à société, révèle certaines similitudes.

Il me reste encore à vous dire quelques mots sur la pseudo-querelle de l'histoire événementielle. Je viens d'affirmer, plutôt que de démontrer, qu'à mes yeux la narration ou l'histoire-récit est un genre possible ; je ne dis nullement que ce soit le genre le plus important, ni le plus scientifique. Par ailleurs, la notion d'histoire événementielle est souvent entendue au sens péjoratif ; ce sont en particulier les historiens s'intéressant avant tout aux phénomènes sociaux et économiques qui ont tendance à mépriser ce qu'ils appellent l'histoire événementielle, c'est-à-dire l'histoire des guerres, des révolutions, des coups d'État, en gros l'histoire politique. Et les raisons en sont assez faciles à percevoir : les historiens qui s'intéressent à l'économie ou aux phénomènes sociaux sont peu enclins à descendre jusqu'au micro-événement intentionnel ; ils s'efforcent de saisir des événements qui se répètent ou qui sont susceptibles d'être mis en série. Si vous écrivez, comme mon collègue Le Roy Ladurie, un livre sur les paysans du Languedoc[25], ou bien si vous faites une étude sur les prix du blé au XVIIe siècle, vous êtes amenés à négliger volontairement et légitimement l'histoire des Grands, des batailles, et, du fait que vous avez choisi un objet de cet ordre, vous pouvez avoir le sentiment d'atteindre à une scientificité supérieure ; vous avez plus de chance, en particulier, d'atteindre à l'histoire quantitative si vous choisissez les phénomènes économiques et sociaux. Mais même cette proposition n'est pas entièrement vraie. En effet, les Américains, en liaison avec les Français, ont fait une étude quantitative prodigieusement intéressante des cahiers des États généraux ; ils ont étudié sur ordinateur les thèmes que l'on trouvait dans ces cahiers, et ils ont, pour la première fois, permis de déterminer avec rigueur quels étaient les griefs qui se faisaient valoir dans les différentes régions de France en fonction de la structure sociale, quelles étaient les revendications des différentes classes sociales. Autrement dit, au lieu de faire un récit des États généraux dans le style purement narratif, ils ont été en mesure de donner un fondement — je dirais presque statistique — aux états d'esprit et aux revendications des différents groupes sociaux, en fonction de l'étude des cahiers de ces États généraux.

Cela dit, quand on parle d'histoire événementielle, on pense par exemple au récit de la Révolution française. Et le fait est qu'il continue à y avoir beaucoup d'historiens qui racontent la Révolution française parce que c'est une belle histoire, une grande histoire, et que depuis un siècle et un peu plus les Français continuent de se passionner à propos de cette histoire. En outre, il va de soi que quand on écrit une histoire de la Révolution française, on ne peut pas éviter par exemple de dire quelques mots du 14 Juillet 1789, de la Fête de la Fédération de 1790, de la fuite de Varennes, etc. ; on ne peut pas éviter de dire quelques mots des acteurs, et même si on est avant tout un historien de la société ou de l'économie, on ne peut faire abstraction ni des acteurs individuels, ni du rapport entre un avant et un après, ni du souvenir que certains micro-événements ont laissé dans la conscience des hommes. A ce sujet, je voudrais en particulier vous signaler une des découvertes de l'historiographie moderne : la réinterprétation de la révolte de la Vendée et de l'Ouest de la France. Une telle réinterprétation a complètement renouvelé l'idée qu'on se faisait des causes de cette révolte : l'Ouest ne s'est pas révolté pour la défense du Trône, mais en raison de griefs particuliers à certaines régions ; c'est seulement après coup que la révolte a été récupérée par les nobles, rendant ainsi compréhensible le sentiment rétrospectif, chez les descendants de ceux qui s'étaient révoltés, que cette révolte avait été conduite pour la défense de l'Ancien Régime. Fixés dans une certaine attitude politique et mentale par une interprétation fausse de ce qui s'était passé à l'époque, les descendants des acteurs de la révolte vendéenne en faussaient ainsi la signification ; il vous suffit de vous reporter au livre de Tilly pour avoir le détail de cette démonstration[26].

Pourquoi l'histoire événementielle est-elle souvent méprisée et confondue avec l'histoire anecdotique ? Je dirai que nous vivons à un âge démocratique, et que comme toute histoire résulte d'une sélection d'un objet parmi un nombre indéfini d'autres objets, il est compréhensible que dans un âge démocratique il soit plus intéressant de reconstituer la manière dont les millions d'hommes ordinaires ont vécu que de raconter indéfiniment les intrigues de la Cour. Mais il s'agit au fond d'une décision qui procède de la curiosité plutôt que d'une décision scientifique, même si l'on peut dire que plus on vise le système, la série, les événements qui se répètent, plus on a de chances d'atteindre quelque chose qui se rapproche des méthodes quantitatives et scientifiques. Je vous ai donné des exemples de l'utilisation de méthodes scientifiques dans l'histoire politique, mais il est très vrai que cette histoire, dans la mesure où elle met en lumière le rôle des personnalités et des accidents, conserve certains des éléments qui font de la connaissance historique quelque chose comme un roman vrai, comme un récit passionnant — ce qui, à mon sens, constitue une justification de l'histoire, mais peut apparaître aux yeux de ceux qui visent à la science comme une sorte de dévalorisation.

Pourquoi, personnellement, suis-je porté à laisser une place à l'histoire événementielle ?

1. D'abord parce que l'histoire dite événementielle, c'est-à-dire celle qui ne néglige pas le rôle des hommes et des accidents, est de la *politique rétrospective* : c'est la reconstitution de ce qui s'est passé au niveau de ceux qui ont pris des décisions, de ceux qui ont affronté un certain nombre de conjonctures et qui se sont efforcés d'en triompher. Or, si la politique, c'est la décision face à une situation actuelle, l'histoire, elle, est la considération rétrospective des décisions prises par d'autres et, quelquefois, l'effort pour se replacer au moment de la décision, pour spéculer sur les possibles qui ne sont pas devenus réels. Quand nous spéculons sur ce que nous devons faire, nous partons toujours de l'idée — et nous en sommes toujours convaincus — que nous pouvons faire A ou B, et que le choix de A ou de B aura des conséquences. Quand nous faisons de la politique rétrospective, c'est-à-dire de l'histoire, nous sommes toujours tentés de penser que ce qui s'est passé ne pouvait pas ne pas se passer. Or il est vrai que ce qui s'est passé s'est bel et bien passé, mais il n'en résulte pas qu'au moment de l'événement une autre décision n'aurait pas pu être prise : ce qui donne à l'histoire politique ou événementielle son caractère dramatique ou pathétique, c'est justement l'effort de l'historien pour se reporter au moment de la décision.

2. L'histoire politique, à la différence de l'histoire quantitative, tend à comprendre la manière dont les hommes ont vécu leur condition ; elle constitue un aspect de la réflexion sur la condition historique et politique des gens. L'histoire politique, inévitablement, construit un monde dans lequel il y a des acteurs, cependant que certaines formes d'histoire économique peuvent aboutir à dépersonnaliser le devenir humain pour n'en saisir en quelque sorte que les mécanismes devenus abstraits.

3. Comme il est aujourd'hui admis communément, les

événements ont souvent laissé des traces durables dans le cours de l'histoire. Un certain regain de l'intérêt pour l'événement au sens fort du terme se fait à nouveau sentir. J'en veux pour preuve le numéro spécial, paru il y a un ou deux ans, de la revue *Communications* consacré au « retour de l'événement », comme si d'ailleurs l'événement avait disparu. Ce qui est vrai, c'est que les adversaires de l'histoire événementielle avaient fini par croire que refuser de s'occuper des événements était subtil, et que l'histoire ne méritait d'être écrite que si les acteurs et les accidents disparaissaient pour ainsi dire de la reconstitution. Étrange illusion lorsqu'on vit au siècle de Hitler et de Staline.

HISTOIRE ET THÉORIE
DES RELATIONS INTERNATIONALES

J'ai choisi l'histoire diplomatique ou l'histoire des relations internationales comme premier exemple sur lequel étudier l'édification du monde historique. Ce choix dérive de plusieurs raisons : une raison toute personnelle est que, si j'ai à la rigueur écrit un livre d'histoire — ce qui n'est pas certain —, c'est dans ce domaine ; je vous renvoie à *La République impériale* où j'analyse la politique extérieure des États-Unis de 1945 à 1972.

D'autre part, une raison scientifique m'a également déterminé : en effet, c'est dans ce domaine que le récit s'impose le plus souvent et que le récit de style thucydidien continue à garder sa légitimité. Enfin, la troisième raison, peut-être la plus importante, est que les relations entre les États ont un caractère singulier, pour ainsi dire paradoxal : d'une part, il s'agit de relations globales, macroscopiques, puisqu'en cas de guerre les États sont aux prises les uns avec les autres comme des entités de dimension considérable, mais, d'autre part, les décisions d'où résultent les événements sont souvent prises par des personnes. Il y a donc une espèce de contradiction interne dans ce monde des relations interétatiques, dans la mesure où il existe souvent en apparence une disproportion entre le rôle que jouent les individus et les conséquences de leurs actions. L'exemple à la fois le plus simple et le plus éclatant, c'est le rôle qu'un homme comme Hitler a pu jouer à notre époque.

De ce fait, je retrouve la problématique fondamentale de ce cours, à savoir la relation entre les micro-événements intentionnels et les conséquences non voulues. La raison pour laquelle il existe ici cette relation paradoxale entre l'action individuelle et les conséquences démesurées, c'est que le monde politique, celui dans lequel je vais entrer, est un monde hiérarchisé : les chefs d'État ou de gouvernement donnent des ordres à des chefs d'armée qui, à leur tour, donnent des ordres à leurs subordonnés. Il y a donc une hiérarchie de commandements qui, par nature, permet à celui qui est situé au sommet d'entraîner et de déterminer la conduite de millions et de millions de gens, la décision d'un général en chef ou d'un homme d'État pouvant décider en effet de la vie ou de la mort de millions de ses semblables. Il se peut naturellement que le rôle que nous attribuons à ces individus soit un effet de perspective. Dans *La Guerre et la Paix*, le poids des soi-disant héros de l'histoire est réduit au minimum, et il est montré comment aussi bien le tsar que Napoléon se sont trouvés entraînés par des forces auxquelles ni l'un ni l'autre n'étaient capables de résister. Mais laissons de côté cette théorie, pas plus démontrée que la théorie contraire. Il reste que nous sommes dans un domaine où l'on ne peut pas ne pas se référer à des actes intentionnels, où l'on ne peut pas ne pas suivre l'entrecroisement des actes des différents acteurs, où l'on ne peut pas ne pas réfléchir sur la délibération qui a précédé une certaine décision.

D'une certaine manière, on peut dire que *La Guerre du Péloponnèse* de Thucydide conserve au moins partiellement son pouvoir de fascination dans la mesure où les discours prononcés devant les Assemblées et reproduits par Thucydide exemplifient de manière rhétorique et spectaculaire le type de délibérations que l'historien est toujours, dans la mesure du possible, amené à reconstituer. Bien sûr, nous ne pouvons pas écrire l'histoire des guerre du XX⁰ siècle en reconstituant les délibérations qui ont eu lieu dans les conseils des ministres précédant les grandes décisions, même si nous possédons le détail de la délibération du conseil des ministres d'avant l'armistice de 1940 et même si nous connaissons également un certain nombre de délibérations du conseil des ministres anglais. De même, dans le cas de la décision, dont je vous parlerai, d'utiliser la bombe atomique, nous savons à peu près comment les choses se sont passées. Bien sûr, dans le cas de la guerre du Péloponnèse, la délibération présentait plus de force dramatique, parce que les orateurs exprimaient les raisons pour lesquelles ils étaient pour ou contre différentes décisions, et qu'en théorie c'était l'assemblée du peuple qui décidait ; en revanche, la manière dont Truman a décidé de l'emploi de la bombe atomique a un caractère quasi bureaucratique qui décourage toute poésie : il y a eu bien entendu des analyses, des arguments pour ou contre, mais l'affaire a été présentée ensuite à l'homme qui a décidé dans des conditions telles que la décision était pour ainsi dire inévitable. Si, dans ce genre d'histoire, à savoir l'histoire diplomatique, la guerre du Péloponnèse constitue donc un exemple, presque un modèle, il convenait aussi de souligner les différences de style et de manière : l'histoire moderne cherche à reconstituer les délibérations qui se déroulent autour du Prince. Il serait possible d'en trouver un exemple dans la crise de Cuba dont nous pouvons reconstituer en détail le déroulement.

Les objectifs de cette analyse de l'édification du monde historique dans le cas des relations internationales sont les suivants :

1. Je m'efforcerai de montrer comment, en fait, les historiens racontent ou reconstituent les relations inter-

étatiques et édifient l'univers dans lequel se déroule le récit.

2. Je me demanderai ce que signifie, dans le cas de l'histoire diplomatique, l'exigence d'objectivité, si elle peut être satisfaite.

3. Je me demanderai si les sciences sociales, la théorie ou la science des relations internationales modifient la manière dont on raconte l'histoire diplomatique, si la science des relations internationales nous fait entrer dans un monde nouveau par rapport à la considération diplomatique ou juridique traditionnelle.

4. En conclusion, je montrerai comment s'articulent les micro-événements et les ensembles, puisqu'il s'agit là de mon thème fondamental.

L'histoire diplomatique de type traditionnel s'attache avant tout aux relations entre les entités politiques organisées et considérées comme telles. L'histoire diplomatique est l'histoire des relations interétatiques telles que les manient les spécialistes de ces relations : les militaires, les affaires étrangères, les gouvernements.

Aujourd'hui, nous serions tentés de compléter ou plutôt de rendre plus complexe la nature de l'objet en distinguant trois sortes de relations qui ressortissent à ce que l'on appelle traditionnellement *relations internationales*. Je distinguerai les relations *interétatiques*, les relations *internationales* au sens strict, et les relations *transnationales*.

Les relations *interétatiques* sont les relations nouées entre les États, conduites par les États, qu'il s'agisse de négociations sur la limitation des armements, sur la conclusion d'un traité de commerce, sur une alliance offensive ou défensive. Les relations interétatiques sont le noyau traditionnel de l'ensemble appelé *relations internationales*.

Il me paraît légitime de distinguer les relations interétatiques des relations *internationales*, qui sont des relations nouées entre des individus et des groupes appartenant à des nations différentes : entre les Français et les Allemands court un flux suffisamment fort de communications, de lettres, de relations téléphoniques, d'achat et de vente de marchandises. Certains auteurs américains ont d'ailleurs étudié des flux de communications qui vont de l'échange de lettres jusqu'à l'échange de marchandises en passant par l'échange de livres ou d'étudiants. Ces relations internationales sont, au premier abord, différentes en leur nature des relations interétatiques puisqu'elles ne mettent pas en cause les États en tant que tels. Bien sûr, les relations interétatiques conditionnent ces relations internationales : dans la mesure où ce sont des relations entre personnes, il dépend quelquefois des États de réduire au minimum ces sortes de relations entre personnes. Toutefois, il peut se faire à l'inverse que ces relations entre personnes appartenant à des collectivités différentes exercent une influence dans un sens ou dans un autre sur les relations interétatiques. On peut discuter sur le fait de savoir si l'intensité des relations internationales, au sens où je viens de l'indiquer, est une condition favorable ou nécessaire à la bonne entente ou à l'intégration pacifique entre les États.

Le troisième type de relation est constitué par les relations *transnationales*. Ce sont des relations qui se nouent à travers les frontières, et qui sont déterminées par des collectifs, par des organisations non strictement rattachés à une entité politique. Je prendrai trois exemples qui montrent les différentes modalités de ces relations transnationales.

L'Église catholique a été, à travers les siècles, l'origine de relations transnationales. Bien que la Papauté ait constitué dans la plus grande partie de l'histoire un État indépendant, et que le Vatican le soit encore aujourd'hui, le fait est que les relations entre les Églises ou les fidèles d'une même Église ne sont exactement ni des relations interétatiques, ni des relations internationales : le collectif qui détermine ces relations échappe aux entités étatiques.

Le deuxième exemple, très à la mode aujourd'hui, est celui des sociétés multinationales. L'expression est inexacte en ce sens que les sociétés multinationales sont des sociétés nationales qui ont de multiples filiales dans un grand nombre de pays : IBM est une organisation dont la société mère est aux États-Unis, et qui possède un grand nombre de filiales dans de nombreux pays européens ainsi que dans le reste du monde. Il s'agit donc d'une organisation qui traverse les frontières, dont le centre de décision reste dans une large mesure dans le cadre d'une entité nationale, mais qui ne peut être considérée comme équivalent ni d'un État, ni d'une personne privée. Nous avons donc affaire ici à un collectif dont la nature même de l'organisation implique qu'il ignore les frontières ou les dépendances à l'égard des entités nationales en tant que telles. Quelles relations en résulte-t-il entre les gouvernements nationaux et les filiales de ces sociétés multinationales ? Il existe une énorme littérature sur ce sujet : il s'agit en tout cas d'un type de relation qui diffère des deux précédents types que j'ai indiqués.

Le troisième exemple de ces relations transnationales, c'est celles qui existent dans l'Internationale communiste, ou, disons, dans l'Internationale politique. Nous avons connu au XXe siècle la IIe Internationale, qui se croyait une organisation transnationale, et qui réunissait régulièrement des congrès où les représentants des différents partis nationaux se retrouvaient. L'expérience a prouvé, au moment de la crise de 1914, que cette organisation était faiblement transnationale, que sa capacité supranationale était nulle, et qu'elle était plutôt un rassemblement de partis nationaux. Il n'empêche que, même dans la IIe Internationale, il existait une transmission d'idées et de mots d'ordre à travers les frontières. Il va de soi que la IIIe Internationale, celle qui est dirigée par le parti communiste soviétique, est beaucoup plus transnationale, et que le centre des décisions reste dans le parti communiste russe — le degré d'autonomie des partis nationaux étant objet de contestation politique, ce qui m'interdit de pousser plus loin une analyse qui n'est d'ailleurs nullement nécessaire pour ce que je veux démontrer ici.

Les relations économiques comportent simultanément des relations interétatiques, des relations internationales, et des relations transnationales. En effet, l'essence des rapports économiques, au-delà des nations, c'est que ces rapports peuvent être déterminés par des traités de commerce signés par les États : nous sommes dans l'interétatique ; ou bien, dans le cas du libre-échange, ce sont les sujets économiques des deux côtés de la frontière qui déterminent ces rapports : nous sommes alors dans l'international, et avec IBM, nous sommes dans le transnational.

L'histoire diplomatique traditionnelle a relativement négligé les phénomènes inter- et transnationaux. Dans mon livre sur la politique américaine, j'ai essayé de combiner l'étude de l'interétatique avec l'étude de l'international et du transnational. Si l'histoire diplomatique traditionnelle prend pour centre l'interétatique, c'est que l'interétatique présente par nature le caractère le plus original dans l'étude des phénomènes sociaux. L'interétatique présente en effet un caractère unique parmi les phénomènes sociaux : le recours à la force y passe, ou y passait, pour à la fois légal et légitime. L'ensemble constitué par des unités politiques et indépendantes se définit par l'absence d'un centre de décision capable d'imposer ses choix ; ou encore : il n'y a pas, dans l'ensemble constitué par les États indépendants, un monopole de la violence légitime. Cette caractéristique, traditionnellement reconnue, que les philosophes classiques appelaient « état de nature » entre les États, et dont vous trouvez une description classique et tragique au début du *Léviathan*, subsiste encore aujourd'hui : du moins suis-je personnellement enclin à croire qu'il en est bien ainsi, alors que les auteurs américains mettent en question ce point. Non pas le fait lui-même, qui est difficile à nier, mais l'importance de ce fait. Ils suggèrent que la représentation de l'ensemble interétatique devrait être commandée, non plus par cette caractéristique traditionnelle, mais par le système normalement organisé de communication, système qui fonctionne tant qu'il n'y a pas l'explosion ou le raté qu'on appelle la guerre. Ces auteurs pensent qu'en mettant l'accent sur la légalité ou la légitimité du recours à la guerre, on incline l'esprit vers une représentation de la politique interétatique comme politique de puissance.

Je réserve ce débat que je reprendrai en étudiant les différentes théories des relations interétatiques. Pour l'instant, je me contente de retenir de cette analyse rapide l'idée suivante : les relations interétatiques doivent être remises dans le contexte global des relations internationales et transnationales, surtout à notre époque, mais aussi, ajouterai-je, *mutatis mutandis* à toutes les époques. Bien entendu, il n'y avait pas, dans les siècles passés, l'équivalent des relations multinationales, mais à toutes les époques les relations interétatiques se sont toujours situées à l'intérieur d'un ensemble plus vaste qui est celui des diverses sortes de relations nouées entre les individus, les groupes et les États au-delà des frontières.

L'étude des relations interétatiques suppose de toute évidence la détermination des États qui sont censés être les acteurs, ou encore des entités politiques, quel que soit le terme que l'on veut employer. Cette construction se trouve pour ainsi dire décidée à l'avance dans l'objet lui-même, ou, si l'on préfère, dans les documents à partir desquels nous pouvons reconstituer les acteurs. Je n'en distinguerai pas moins deux étapes dans la construction du monde interétatique : la première est l'analyse de la structure interne des acteurs dans le jeu interétatique ; la deuxième est l'analyse de l'ensemble ou du champ — le champ diplomatique — dans lequel se trouve l'acteur.

I

La construction de l'acteur dans le jeu interétatique

Il est clair que, quand nous racontons une histoire diplomatique, nous avons tous tendance à nous représenter un État comme une unité et quelquefois à présenter les décisions prises par un État comme s'il s'agissait d'une décision prise par un individu. En effet, la représentation simplifiée, que les historiens et les théoriciens des relations internationales utilisent souvent, est celle de l'acteur rationnel. C'est en ce sens que nous parlons de la politique des États-Unis comme si les États-Unis étaient une unité. Il va de soi qu'il s'agit d'une représentation simplifiée, et, au cours de ces dernières années, surtout aux États-Unis, on a décomposé l'acteur collectif et analysé la manière dont, effectivement, la décision est prise ; ce qui revient à substituer à l'incarnation de l'État tout entier dans un seul acteur l'effort pour déterminer les individus, les personnes qui, véritablement, ont été par leur pensée et leurs discussions à l'origine de la décision finalement prise. L'étude la plus célèbre dans cet ordre d'idées est celle qui a été faite par un spécialiste américain, Allison, sur la crise de Cuba et intitulée : *Essence de la décision. Explication de la crise des missiles de Cuba*[27]. Allison montre comment, si l'on se bornait à raconter la crise de Cuba en imaginant les États-Unis comme une personne clinique réagissant à un défi soviétique à la manière dont une personne réagit à un défi, on manquerait d'une part un grand nombre d'événements qui se sont authentiquement passés ; d'autre part, on méconnaîtrait à la fois les risques, les périls résultant de la manière dont les acteurs collectifs agissent. Il a montré en effet qu'en dehors de celui que nous appellerons le Prince, celui qui prend les décisions ultimes, il y a autour de lui au moins deux types d'acteurs : d'un côté, l'ensemble, le grand nombre de ceux qui sont insérés dans une organisation — organisation de renseignement, organisation militaire, les trois chefs d'état-major ; de l'autre, ceux que l'on peut appeler les conseillers du Prince, en l'espèce le groupe d'action spéciale, organisé par Kennedy pour lui faire des recommandations. Or, dans cette crise de Cuba, il y a eu un certain nombre d'épisodes très typiques de la manière dont fonctionne un acteur collectif. Par exemple, le chef de la CIA avait donné des renseignements plusieurs semaines avant que les fusées ne soient installées à Cuba, mais on n'avait pas cru à ces renseignements. Il était donc parti prendre des vacances dans le Sud de la France et, pendant plusieurs semaines, les documents qu'on aurait pu avoir, ou les informations que l'on aurait pu transmettre, ne sont pas arrivés sur le bureau du Président. D'autre part, à un moment donné de la crise, Kennedy a demandé ce qui se passait à propos des engins balistiques installés en Turquie. Il avait donné l'ordre quelques mois auparavant de les retirer, mais, quand il a demandé ce qu'il en était, ces fusées se trouvaient toujours en Turquie ; il a donc appris qu'il ne suffisait pas que le Prince donnât l'ordre pour que cet ordre fût exécuté. En outre, les conseillers civils ont été en discussion avec les conseillers militaires, ces derniers recommandant le bombardement immédiat des engins balistiques installés à Cuba. Il y aurait eu un dialogue où le président Kennedy aurait demandé aux militaires si ces derniers pouvaient lui garantir que ces engins seraient totalement et avec certitude détruits par le bombardement proposé. La réponse étant que cela aurait été possible dans la proportion de 80 %, le Président aurait dit que ce pourcentage était insuffisant.

Cette analyse, dont je vous rappelle ici les éléments les plus grossiers, prend, dans le livre d'Allison, une précision et une rigueur liées à la structure propre de la machine politique américaine. Mais il faut ajouter que les historiens ont toujours su ce que les spécialistes des sciences politiques viennent de retrouver, c'est-à-dire qu'un État n'a jamais été une personne, et qu'il y a toujours un grand nombre d'individus à l'origine d'une décision. Pour ne prendre qu'un exemple, tous les historiens qui ont raconté les origines de la guerre de 1914 ont discerné qu'il y avait autour du tsar ou de Guillaume II un grand nombre de conseillers d'opinions différentes, et qu'en dernière analyse la prise de décision par le Prince était le résultat d'un conflit, d'un dialogue, d'une dialectique entre ses conseillers, l'issue dépendant dans une très large mesure de ce qui se passe autour du Prince plus que du Prince lui-même. Exemple bien connu : quand les chefs de l'armée sont venus proposer une mobilisation, le tsar a répondu qu'il accepterait une mobilisation, mais une mobilisation partielle. Or l'état-major russe a expliqué au tsar qu'il n'y avait qu'un plan de mobilisation, qui était une mobilisation totale, et que par conséquent la décision qu'il souhaitait — la mobilisation partielle — était totalement impossible. J'ajoute qu'il en était de même — aussi incroyable que cela puisse paraître — du côté de l'Allemagne : l'Allemagne n'avait préparé qu'un seul plan de guerre, qui comportait d'abord l'attaque contre la France et ensuite contre la Russie, ce qui l'a obligée à inventer les bombardements d'avion sur Nuremberg pour avoir une justification à une déclaration de guerre précipitée ; tout cela étant déterminé par le fait que le plan de mobilisation et de guerre qui existait à l'état-major russe comme à l'état-major allemand excluait des mesures partielles. Cette leçon a été tellement commentée depuis que l'on peut supposer qu'il a été remédié à ce défaut.

Pour illustrer l'importance qu'il y a à substituer à l'acteur personnalisé, rationnel, la complexité du mécanisme politique, je prendrai encore, en le résumant, l'exemple de ce qui s'est passé au moment d'Hiroshima et de Nagasaki. Si vous raisonnez dans l'abstrait, vous serez tentés de vous demander pourquoi le président Truman a ordonné le bombardement d'Hiroshima et de

Nagasaki, puisque le Japon, sa flotte de guerre coulée, ses cargos disparus, était pratiquement vaincu. D'où le raisonnement que l'on trouve un peu partout maintenant : la seule explication de la décision d'utiliser des bombes atomiques sur Hiroshima et Nagasaki est que Truman a voulu faire peur aux Russes, et que ces bombardements sont à interpréter comme le premier épisode de la troisième guerre mondiale qui n'a pas eu lieu, ou comme le premier épisode de la guerre froide, et non pas comme la fin de la Seconde Guerre mondiale. Si vous présentez les choses dans ce style abstrait, cela acquiert une certaine plausibilité. Cela dit, si l'on cherche ce qui s'est passé effectivement, l'on s'aperçoit que Truman était prisonnier de la formule « capitulation sans condition » ; or les Japonais n'étaient nullement disposés à capituler sans condition. La meilleure preuve en est que, même après les deux bombes atomiques, l'empereur du Japon a eu la plus grande peine à forcer les militaires à capituler. De plus, les militaires américains disaient au président Truman que si les Américains essayaient de débarquer de vive force dans les villes japonaises — il existait encore une armée de plusieurs millions d'hommes —, les pertes humaines s'élèveraient à plusieurs centaines de milliers d'hommes. Le président Truman était donc prisonnier de la formule « capitulation sans condition », et prisonnier également des militaires qui lui disaient d'une part qu'un débarquement entraînerait des pertes énormes et, d'autre part, que l'emploi des deux bombes atomiques éviterait un débarquement, dans la mesure où elles permettraient à l'empereur du Japon, dont on savait qu'il voulait la paix, de l'emporter sur les jusqu'au-boutistes. J'ai dit qu'on savait que l'empereur du Japon voulait la paix, puisque les Américains avaient réussi à décoder tous les codes japonais, et qu'ils étaient parfaitement au courant du fait que des instructions avaient été données à l'ambassadeur du Japon à Moscou pour demander — curieuse initiative — à l'Union soviétique de s'interposer pour suggérer aux États-Unis de conclure la paix. Curieuse initiative car, dans le jeu diplomatique, l'Union soviétique avait intérêt à ce que la guerre ne se terminât pas immédiatement pour avoir les bénéfices du succès sur le Japon ; il était donc surprenant que le Japon essaie d'obtenir la paix par l'intermédiaire de Moscou. Quand, lors d'un de mes séjours au Japon, je me suis enquis à ce sujet auprès d'un certain nombre de hauts personnages, leur réponse, à nouveau intéressante pour comprendre comment les grands événements se passent, a été que je ne me rendais pas compte de la manière dont, à l'époque, les Japonais étaient séparés du monde, et à quel point ils étaient incapables de se faire une représentation plus ou moins exacte de la situation dans laquelle ils se trouvaient et dans laquelle les autres se trouvaient.

Si donc vous tenez compte de tous ces événements, la décision prise par Truman apparaît dans une très large mesure comme automatique. Et le fait est que pour comparer la manière dont les décisions ont été prises dans la guerre du Péloponnèse et la manière dont aujourd'hui elles sont prises dans les grands États bureaucratiques, vous n'avez pas d'exemple plus éclatant : les conseillers, avant d'aller voir le président Truman et de lui suggérer une solution, ont bien entendu discuté entre eux et il y a eu, pour ainsi dire, l'équivalent des délibérations que reproduisent les discours devant les assemblées du peuple dans les cités grecques. A la différence que tout cela se passait dans les coulisses des bureaucraties, et que le style, la rhétorique manquaient. En effet, quand on va jusqu'au Président, on lui présente les éléments du problème de manière telle que, très souvent, la décision du Prince est inévitable ; autrement dit, « la présentation des options », pour employer l'expression favorite d'Henry Kissinger, est souvent une manière de forcer la décision du Prince. Au moins en fut-il ainsi dans le cas de l'emploi des bombes atomiques.

Le cas de la crise de Cuba est différent : les conseillers

n'étaient pas d'accord, les uns recommandant le bombardement, les autres la quarantaine, les civils de leur côté étant en majorité pour l'opération par étapes. Le président Kennedy a donc dû choisir entre les conseils contradictoires, et en ce sens il a exercé la fonction du Prince, non pas du Prince collectif que représente l'assemblée grecque, mais la fonction du Prince individuel.

Dans mon récit de la politique extérieure des États-Unis, j'ai quelquefois fait intervenir ce fonctionnement de la machine politique américaine, parce que les décisions prises s'expliquent beaucoup plus par ce fonctionnement que par les relations que l'on pourrait établir rationnellement entre les États-Unis et une situation donnée ; en particulier, si l'on veut comprendre comment les États-Unis se sont engagés dans la guerre du Vietnam, la meilleure voie est à mes yeux de lire les papiers du Pentagone. On y voit en effet comment les décisions se prennent progressivement. Si l'on pose la question dans l'abstrait en se demandant quel est l'intérêt national qui justifiait pour les États-Unis l'envoi d'un corps expéditionnaire de 600 000 hommes au Vietnam, on ne trouve jamais de réponse, ou l'on est obligé, à la manière des pseudo-marxistes, de chercher une raison économique mystérieuse qui rétablira une espèce d'équivalence entre le coût démesuré de la guerre et ses profits éventuels. Si, en revanche, on examine dans le détail comment les choses se sont passées, le mystère disparaît dans une large mesure.

Ces remarques ont à mon avis une certaine valeur méthodologique. Si l'on veut comprendre comment les choses se passent, il faut déterminer à quel niveau on y parviendra, tout l'art consistant à savoir à quel niveau, du global ou du microscopique, il faut poser la question. Il y a en effet des manières de poser la question qui vous assurent que vous ne trouverez pas de réponse, ou que vous trouverez une réponse absurde : si l'on se demande dans l'abstrait pourquoi les États-Unis sont allés au Vietnam, l'on est condamné ou bien à chercher des ressources pétrolières indéfinies autour du Vietnam, que l'on ne connaît pas encore, ou bien à trouver une explication du type : les États-Unis ne peuvent perdre une bataille sans perdre toute la guerre, ce qui, curieusement, a été la justification des « éperviers » et l'explication des pseudo-marxistes. Mais si l'on regarde comment, dans le détail, chacun des présidents successifs a pris sa décision, l'on rend à l'ensemble une sorte de plausibilité en retrouvant simplement le fonctionnement de la machine politique américaine.

II

Les acteurs et le système

J'aborde ici la deuxième étape de la construction.

Le mot de *système* est un mot très à la mode. Il y a par exemple une théorie générale des systèmes. Le mot peut signifier, ou bien l'ensemble concret plus ou moins dessiné dans la réalité par les relations entre un certain nombre d'entités politiques, ou bien une construction intellectuelle à l'aide de laquelle on essaie de déterminer ces ensembles réels. Je laisse de côté la question de savoir si le système est dans la réalité ou si c'est un instrument intellectuel : je me bornerai à dire que tout historien, lorsqu'il s'efforce de comprendre le comportement d'un acteur diplomatique, est obligé d'analyser non seulement la structure interne de cet acteur, mais aussi l'ensemble géographico-politique dans lequel il se trouve. Sans entrer dans le détail, je dirai que l'analyse/description d'une conjoncture diplomatique comprend au moins les considérations suivantes :

1. Quels sont, dans la conjoncture donnée, les acteurs principaux ou ceux que l'on appelle les grandes puissances ?

2. Quels sont les moyens militaires et économiques dont disposent ces acteurs ? Quelle est la relation de leurs forces ?

3. Quelle est la nature des alliances qui se nouent en permanence entre ces entités politiques ? Il y a des alliances temporaires qui sont liées à une commune hostilité, comme dans le cas de l'alliance de l'Union soviétique et des puissances anglo-américaines contre l'Allemagne hitlérienne, et il y a des alliances qui apparaissent, sinon comme permanentes — rien n'est permanent dans le monde politique —, du moins comme durables. L'alliance anglo-américaine a été, durant le XXe siècle, une alliance quasi permanente, cependant que l'alliance soviéto-américaine a été une alliance temporaire.

4. Il importe d'étudier les régimes ou l'idéologie des divers États au point de vue économique et politique.

5. Il convient de décrire ou d'analyser les modalités des relations pacifiques et belliqueuses entre les États, modalités qui dépendent à leur tour à la fois des coutumes et des moyens militaires disponibles.

Parmi ces différentes caractéristiques de l'ensemble diplomatique, deux me paraissent avoir une signification essentielle : la première est ce que j'appelle *le schème de la répartition des forces*, et la deuxième est ce que je nomme *le caractère homogène ou hétérogène de l'ensemble diplomatique*. Le schème de la répartition des forces désigne la concentration ou la dispersion de la force : un régime sera dit *bipolaire* lorsque la force principale disponible dans l'ensemble est concentrée dans deux États ; on parle d'un ensemble *multi- ou pluripolaire* lorsqu'il y a un nombre substantiel d'acteurs de forces plus ou moins comparables. L'on peut dire que le système européen traditionnel jusqu'en 1945 a été multipolaire, et que le système mondial a, depuis, été bipolaire ; il s'agit là de tendances, mais de tendances qui mettent en lumière un aspect que toute histoire diplomatique doit prendre en considération, à savoir la répartition des forces à l'intérieur de l'ensemble diplomatique.

Quant à la distinction de l'homogénéité et de l'hétérogénéité, elle fait référence à la parenté ou, au contraire, à l'opposition des principes constitutifs des États. Au XVIIIe siècle, le système, ou l'ensemble, était homogène ; les rois, les souverains s'appelaient cérémonieusement « mon frère », et ils avaient entre eux, jusqu'à un certain point, un sens de la solidarité, ou tout au moins chacun ne considérait pas les sujets de l'autre comme des alliés potentiels. En revanche, le système est dit hétérogène lorsque le principe constitutif des États en relation est radicalement différent chez les principaux acteurs, de telle sorte que dans les phases extrêmes le souverain d'un État trouve conforme à son intérêt de soulever les passions des sujets de son ennemi contre leur souverain. L'on peut dire, pour simplifier, qu'il existe deux situations idéal-typiques à l'intérieur de l'ensemble diplomatique : l'une, c'est la Sainte-Alliance, l'alliance des gouvernements ou des souverains qui craignent à tel point la révolution qu'ils s'assurent réciproquement de leur soutien contre leurs révolutionnaires respectifs ; la Sainte-Alliance, après 1815, a justifié l'intervention de la France contre une révolution en Espagne. Il s'agit là d'une vieille pratique, puisque l'on retrouve entre les souverains égyptiens d'il y a plusieurs milliers d'années un traité selon lequel ils s'engageaient à se livrer réciproquement leurs révolutionnaires respectifs. En revanche, dans la situation dite « de guerre froide », c'est l'inverse : chaque souverain tient les révoltés de l'autre pour des alliés potentiels.

On peut ajouter deux autres caractéristiques, mais de portée moindre : le degré de flexibilité ou de rigidité des alliances, qui dépend de la capacité pour un État de s'allier, dans le champ diplomatique, à n'importe quel autre État. D'autre part, on peut tenir compte du degré de liberté de l'acteur individuel par rapport au système — à l'ensemble diplomatique d'une part, au système politique intérieur de l'autre. J'entends par là que, selon les systèmes politiques, ceux qui dirigent la politique extérieure ont une grande liberté d'action ou au contraire une faible liberté d'action. Par exemple Staline pouvait dénoncer Hitler et le national-socialisme pendant plusieurs années, puis inverser en quelques semaines sa politique étrangère, s'allier avec le IIIe Reich, et célébrer la rencontre de deux révolutions. C'est un type de régime qui assure aux responsables de la politique étrangère, par rapport aux gouvernés et par rapport à l'opinion, une liberté d'action que ne connaissaient pas les régimes de type représentatif ou démocratique.

Ces distinctions sont volontairement élémentaires et n'ont aucune prétention à apporter quelque chose de nouveau. Au fond, les historiens, sans employer les mots que je viens d'utiliser, ont toujours connu cette double nécessité d'analyser ce qui se passe à l'intérieur des entités politiques pour comprendre comment elles agissent à l'extérieur, et par ailleurs de mettre en relation chaque entité nationale avec l'ensemble diplomatique, la compréhension d'une conduite diplomatique n'étant possible que par cette double référence. La politique extérieure des États-Unis ne s'entend en effet qu'en tenant compte à la fois du monde diplomatique tel que le voient les diplomates, et de la manière dont fonctionne le système politique à l'intérieur des États-Unis.

Il est possible également d'introduire une distinction entre l'ensemble tout entier et les sous-ensembles, ou entre le système global et les sous-systèmes. Un système ou un ensemble diplomatique est défini, entre autres, par le fait qu'il présente une certaine autonomie par rapport à l'extérieur ; on parle d'un sous-système dans la mesure où un certain nombre d'entités politiques en relations régulières découpent à l'intérieur de l'ensemble global un ensemble relativement autonome. Par exemple, il y a un sous-système dans le monde diplomatique actuel institué par le sous-continent indien, comme de la même façon il y a un sous-système au Proche et au Moyen-Orient. Il va de soi qu'il ne s'agit que d'autonomie relative, puisque les grandes puissances sont présentes, mais il peut y avoir dans ces sous-systèmes un jeu autonome des acteurs locaux. Jusqu'à la guerre de 1973, Israël a été en mesure de mener les guerres contre les États arabes sans intervention directe des États-Unis et sans soutien des États-Unis pendant la durée des conflits ; tout au plus la fonction des États-Unis par rapport à Israël était de neutraliser les interventions possibles des autres grandes puissances. Au cours de la dernière guerre, un changement radical est intervenu en ce sens qu'Israël a eu besoin, pour continuer les opérations, d'un ravitaillement pendant les hostilités elles-mêmes. Il en résulte une perte d'autonomie de la politique extérieure d'Israël, et une transformation du sous-système lui-même, une autonomie diminuée dont les conséquences peuvent éventuellement être une sorte de paix.

Les Balkans, avant 1914, étaient l'exemple d'un sous-système à l'intérieur du système européen, et il peut se faire que, souvent, les conflits à l'intérieur d'un sous-système entraînent les grandes puissances dans la guerre : c'est en effet ce qui s'est passé dans le cas de 1914.

Ces deux sortes d'analyses — analyse du fonctionnement du système politique des acteurs, analyse de l'ensemble diplomatique — ne suppriment nullement l'utilité ou la nécessité du récit. Je vais, à l'aide de deux exemples — les origines de la guerre de 1914, les origines de la guerre froide —, poser quelques problèmes suggérés par les récits. Je choisis ces exemples parce que je suppose les faits connus de vous. Il est bien entendu que je ne vais pas faire un récit et que je me borne à supposer que vous connaissez les faits, et à supposer également qu'il est légitime et nécessaire, si l'on s'intéresse aux origines de la guerre de 1914, de reconstituer la série des événements, des actes, des paroles, des notes, des faits qui ont eu lieu entre l'ultimatum envoyé par l'Autriche-Hongrie à la Serbie et les déclarations de guerre. Ce récit étant supposé, la nécessité de ce récit étant admise, je vais poser la question de la responsabilité, pour essayer de préciser comment se pose une telle question et pour donner une réponse, à propos des questions de responsabilité, à l'interrogation relative à l'objectivité ou à la possibilité d'objectivité.

Pour commencer, il convient de poser le problème de l'objectivité avec le maximum de précision, et la précision exige ici que l'on distingue deux questions. La première est : pourquoi la guerre européenne a-t-elle éclaté en août 1914 ? Si la question posée concerne la responsabilité de la guerre de 1914 ou le fait que la guerre a éclaté en août 1914, il est clair que ces responsabilités se trouvent dans la période qui se situe entre l'assassinat de François-Ferdinand et les déclarations de guerre. J'entends par là que, quels que soient les événements antérieurs à l'assassinat de l'archiduc, quelle que soit la situation diplomatique qui existait à ce moment-là, personne n'envisageait l'éclosion de la guerre générale avant l'assassinat de l'archiduc ; les responsabilités du fait que la guerre a eu lieu en 1914 se situent donc entre l'assassinat de l'archiduc et les déclarations de guerre.

Cela dit, chercher les responsabilités du fait que la guerre a éclaté en août 1914 n'est pas la même chose que chercher les responsabilités du fait qu'il y a eu une guerre européenne dans le premier quart du XXe siècle. En d'autres termes, on peut penser que la situation européenne était telle que si la guerre n'avait pas éclaté en août 1914, elle aurait éclaté six mois plus tard, un an plus tard, et dire que la question des origines immédiates, ou du fait qu'elle ait éclaté à ce moment-là, est une question d'un intérêt faible. Je laisse provisoirement de côté l'importance de la question des origines immédiates ; je dis simplement qu'il faut distinguer les deux questions, faute de quoi la discussion sur les origines de la guerre de 1914 ne peut pas avoir le minimum de clarté nécessaire. Dans le langage des historiens, on emploie les termes « origines immédiates » et « causes lointaines ». Je n'aime pas ces expressions : « causes lointaines » ne signifie rien. Je dirais que l'on cherche, ou bien pourquoi la guerre a éclaté en août 1914, ou bien qui a créé la situation dans laquelle il suffisait d'un incident diplomatique pour qu'éclatât une guerre générale.

La deuxième remarque préjudicielle est qu'il importe de distinguer les deux sens du mot responsabilité. Responsabilité peut signifier *causalement responsable* : on peut dire qu'est responsable celui qui a commis des actes qui ont provoqué ou rendu très probable un certain événement ; la responsabilité peut être équivalente à la causalité. Mais la responsabilité-causalité n'est pas nécessairement *culpabilité*. La causalité est culpabilité seulement dans deux hypothèses qu'il importe à nouveau de distinguer : la causalité est culpabilité si l'acte est considéré comme ayant été immoral, ou contraire aux coutumes, ou excessif. Par exemple, si l'on juge que les termes de l'ultimatum autrichien à la Serbie étaient exorbitants, il y a dans ce cas culpabilité par rapport aux coutumes diplomatiques de l'époque. Il y a un deuxième sens où la causalité devient culpabilité — et c'est pourquoi, dans le cas de la guerre de 1914, tout le monde assimile responsabilité-causalité à responsabilité-culpabilité : il s'agit du cas où l'événement lui-même semble à ce point catastrophique que celui qui l'a provoqué apparaît rétrospectivement comme un criminel. Or, pour la guerre de 1914, c'est, dans une très large mesure, ce qui s'est passé : on n'a jamais tant discuté sur les origines des guerres précédentes, parce que celles-ci ne nous apparaissaient pas en tant que telles monstrueuses. En revanche, comme la guerre de 1914 est devenue monstrueuse, la responsabilité-causalité est devenue simultanément causalité-culpabilité — le responsable au sens causal apparaissant directement à l'origine d'un événement monstrueux. Mais si l'on s'oblige, contre son affectivité, à penser selon la raison, il faut bien dire qu'en août 1914 personne ne considérait que la guerre était un crime, personne ne jugeait que le fait de déclencher la guerre était en tant que tel criminel, parce que les Européens, depuis qu'ils sont Européens, n'avaient jamais cessé de faire des guerres. Autrement dit, la responsabilité-culpabilité a pris un caractère exorbitant en fonction du caractère hyperbolique de la guerre — la causalité apparaissant pour ainsi dire mêlée au caractère monstrueux de l'événement lui-même. Ce n'est pas que je veuille ni innocenter, ni culpabiliser personne : je me borne à dire que c'est à la lumière des conséquences non voulues de la guerre que la responsabilité a pris un caractère monstrueux, phénomène historiquement d'autant plus étrange qu'en dépit d'une opinion qui, disait-on, était relativement favorable à la paix dans tous les pays européens, le fait est que, dans les jours qui ont suivi la déclaration de guerre, tous les peuples, français, allemand, russe, ont été saisis par un enthousiasme extraordinaire. C'est un fait historique qu'après les journées d'angoisse et de peur de la guerre, les peuples se sont rués au massacre avec quelque chose comme un sentiment de fierté et d'enthousiasme, sentiment qui n'a pas résisté aux épreuves de la guerre, mais dont il est utile de se souvenir si l'on veut traiter avec le maximum de froideur et d'objectivité le vieux problème des responsabilités.

RESPONSABILITÉ, CULPABILITÉ, INTENTION

J'avais commencé, à la fin de la dernière leçon, à vous entretenir des origines de la guerre de 1914 en tant qu'exemple d'un récit diplomatique ou d'un récit d'événements interétatiques. Mon objet est de vous montrer très brièvement en quoi consiste un récit diplomatique de cet ordre, et ensuite de vous suggérer les motifs pour lesquels les controverses se poursuivent indéfiniment quand on en vient aux questions de responsabilité, controverses inépuisables qui n'ont pas pour origine la subjectivité, inévitable, mais qui ont une origine tout autre, à savoir l'incertitude intrinsèque du récit micro-événementiel.

Je vous rappelle que j'avais distingué responsabilité-causalité et responsabilité-culpabilité — ajoutons même : responsabilité-intentionnalité.

Cela dit, en quoi consiste le récit ? Je ferai quelques remarques très rapides, et je passerai ensuite à la discussion des responsabilités.

Le récit des origines de la guerre de 1914, que l'on peut situer entre l'assassinat de l'archiduc François-Ferdinand, le 28 juin 1914, et le 4 août 1914, date de la déclaration de guerre de l'Allemagne à la France, consiste à suivre ce qui s'est passé — actes, paroles, notes, conversations, annotations marginales — dans les différentes capitales, Vienne, Berlin, Saint-Pétersbourg, Londres et Paris. De la même manière, Allison, dans le livre dont je vous ai parlé, a raconté en détail les délibérations qui se sont poursuivies à Washington entre les fonctionnaires du *State Department*, le comité des chefs d'état-major, le comité spécial créé par Kennedy pour le conseiller, et il a essayé de montrer comment les diverses décisions ont été prises. De même, un récit diplomatique, avant que n'existe la science des relations internationales, essayait de suivre heure par heure ce qui s'était passé dans les diverses capitales dont dépendait le sort de la paix ou de la guerre. La différence entre le récit d'Allison et le récit des origines de la guerre de 1914, c'est qu'Allison sait ce qui s'est passé à Washington, mais qu'il ignore ce qui s'est passé à Moscou, et, bien évidemment, il serait très intéressant de savoir quelles sortes de délibérations ont eu lieu au cours de la même période dans les arcanes du Kremlin.

La reconstitution des événements et des délibérations dans les diverses capitales obéit au modèle que j'ai indiqué plusieurs fois : à chaque occasion, à chaque instant, on reconstitue autant que possible la conjoncture telle que la voyait l'acteur ; on essaie de suivre, à travers les documents dont on dispose, les objectifs que visait chaque acteur, et on suppose comme principe de méthode qu'il agissait de manière plus ou moins rationnelle, c'est-à-dire qu'il employait certains moyens en vue d'atteindre certains objectifs. Dans le cas de Guillaume II, on n'est pas obligé de toujours s'en tenir à une interprétation « rationalisante », car les annotations portées par lui en marge des dépêches qu'il recevait témoignent de temps à autre d'éclats de colère, d'indignation et de grossièreté qui prouvent que l'empereur d'Allemagne ne réagissait pas toujours, au moins verbalement, de manière rationnelle.

Cela dit, on a consacré tellement d'études à ce qui s'est passé dans toutes les capitales pendant cette période, et on l'a fait avec tant de rigueur, de bonne volonté et de souci d'objectivité, que l'on ne peut pas ne pas se poser la question de savoir pourquoi la discussion sur les responsabilités n'est pas close une fois pour toutes. Manifestement, la raison en est l'obscurité, l'équivoque de la notion elle-même.

La première cause d'équivoque, c'est que la guerre est devenue une guerre générale à partir d'une crise locale. La crise locale a été déclenchée par l'assassinat de l'archiduc, ou probablement faut-il dire de manière plus précise, par l'ultimatum envoyé le 23 juillet par le gouvernement austro-hongrois à la Serbie. A Vienne, il y avait à coup sûr un parti qui était décidé à infliger une leçon, et une rude leçon à la Serbie, parce que celle-ci était à l'origine de la propagande irrédentiste des Slaves du Sud, et que cette propagande mettait en question, aux yeux des dirigeants austro-hongrois, l'existence même de la monarchie dualiste. L'archiduc lui-même passait pour favorable à la situation libérale, et son assassinat comporte également un élément de mystère qui n'a jamais été complètement éclairci. Vous savez probablement qu'il y a eu un premier attentat le matin, et que l'après-midi, en dépit de tout bon sens et de toute prudence, la police a fait passer l'archiduc et sa femme à nouveau dans une rue peuplée où un attentat était facile et presque probable ; ce qui a permis de supposer, sans qu'on ait jamais pu le démontrer, que certains, dans la police, n'étaient pas tellement désireux d'empêcher l'attentat. Mais il ne s'agit là que de suppositions, et de suppositions sans importance pour la question fondamentale.

La première question vraiment fondamentale est la suivante : les dirigeants austro-hongrois, en envoyant leur ultimatum, ont-ils eu la volonté (question d'intentionnalité) de déclencher la guerre générale ? A cette question, il faut répondre plutôt non ; ils étaient résolus à infliger une leçon à la Serbie, peut-être pas à la détruire en tant qu'État indépendant, mais en tout cas à lui faire une guerre qui aurait, au moins pour un certain temps, réduit l'importance de ce pays. Souhaitaient-ils la guerre générale ? La majorité des dirigeants austro-hongrois, probablement, ne la souhaitaient pas. Savaient-ils qu'ils couraient un risque de guerre générale en faisant ce qu'ils ont fait, c'est-à-dire en envoyant cet ultimatum ? A coup sûr. Autrement dit, je crois que l'on peut dire honnêtement que les dirigeants de l'empire austro-hongrois ont rédigé l'ultimatum à la Serbie dans des termes tels qu'ils savaient à l'avance que cet ultimatum était presque inacceptable, ou tout au moins, qu'il y avait toutes les chances que l'ultimatum ne fût pas entièrement accepté par la Serbie. Ils ont donc rédigé cet ultimatum de manière telle que l'acceptation nuancée équivalait à un refus, ce qui leur donnait une justification pour faire ce qu'ils ont fait : rompre les relations avec la Serbie, et, trois jours après, bombarder Belgrade. Ils étaient donc résolus à avoir un conflit local. Savaient-ils que ce conflit local comportait un risque de guerre générale ? A coup sûr, ils le savaient. Jusqu'à quel point estimaient-ils que la guerre générale sortirait probablement d'un conflit local ? Nous rencontrons là le premier point sur lequel il n'y aura jamais de certitude absolue. Ils savaient à coup sûr que l'entreprise contre la Serbie, selon toute probabilité, provoquerait une intervention de la Russie et pouvait donc, par le jeu des alliances, entraîner la guerre générale. Auraient-ils préféré un succès diplomatique sans guerre générale ? La majorité d'entre eux, oui. Savaient-ils que ce succès local était presque impossible sans guerre générale ? Probablement, oui. Le point d'incertitude est celui-ci : comment estimaient-ils la probabilité de généralisation du conflit à partir du conflit local entre l'Autriche et la Serbie ?

Souvenez-vous des circonstances : l'archiduc est assassiné à la fin de juin ; pendant plusieurs semaines il ne se passe rien ouvertement, mais il arrive quelque chose d'important le 5 juillet 1914, date où les représentants de l'Autriche-Hongrie vont voir les représentants allemands et obtiennent d'eux la promesse formelle d'être soutenus jusqu'au bout au cas où la crise avec la Serbie en viendrait à se généraliser. L'Allemagne donne donc un *blanc-seing* à l'Autriche pour se livrer au moins à cette expédition punitive à l'égard de la Serbie. De nouveau se pose la question : qui, à Berlin, voulait la guerre, et qui voulait seulement un succès diplomatique local ? Et à nouveau, nous arrivons à l'incertitude des intentionnalités. Ce qui ne fait pas de doute, c'est que l'Allemagne, en donnant un *blanc-seing* à l'Autriche, a assumé un risque de guerre générale ; les dirigeants allemands — Bethmann-Hollweg, le grand état-major, Guillaume II — ont consciemment accepté un risque de guerre générale en proposant un soutien inconditionnel à l'Autriche-Hongrie. Cela dit, assumer un risque de guerre générale n'implique pas la volonté délibérée, l'intention de guerre générale. Et c'est précisément sur cette question : acceptation du risque de guerre générale ou volonté de guerre générale ?, que tourne une partie de la controverse.

Si l'on considère la question de la causalité-responsabilité, je dirai que la causalité-responsabilité majeure et initiale incombe avant tout au comte Berchtold, qui était le responsable à Vienne des Affaires étrangères, ainsi qu'au chef de l'état-major austro-hongrois, Conrad von Hötzendorff, qui tous deux savaient parfaitement bien qu'ils acceptaient un risque de guerre générale pour atteindre leur fin contre la Serbie. Mais les dirigeants allemands partagent aussi cette responsabilité. Cela dit, il reste et il restera toujours un élément de doute lorsque l'on veut mesurer exactement la causalité-responsabilité, car la mesure de cette responsabilité-causalité supposerait la mesure de la probabilité de guerre générale à partir de l'ultimatum austro-hongrois. Or, mesurer rétrospectivement la probabilité de guerre générale à partir de cet ultimatum dépasse et dépassera définitivement ce qu'une étude objective des micro-événements dans leur succession peut faire. D'où pourrait-on tirer une démonstration que les démarches austro-hongroises d'ultimatum, le refus d'accepter la réponse relativement modérée de la Serbie, le bombardement de Belgrade, devaient déterminer la guerre générale ? J'ai cherché de quelle proposition générale on pourrait déduire un tel jugement, et j'ai imaginé pour vous la proposition suivante : si, dans un système comme le système européen, une des grandes puissances s'efforce de porter atteinte à l'intégrité d'une petite puissance qui se trouve être la protégée d'une grande puissance, l'intervention de cette dernière est au moins très probable. En d'autres termes, la situation respective de l'Autriche-Hongrie, de la Serbie et de la Russie rendait extrêmement probable une forme quelconque d'intervention de la Russie face à l'expédition punitive austro-hongroise contre la Serbie, et j'ajouterai : étant donné le système des alliances qui existait en 1914, le risque était considérable qu'une intervention russe déterminât en contrepartie une intervention allemande, et qu'à partir de là, en fonction du système des alliances existant, la guerre devînt générale. Mais ces propositions ne me donnent pas davantage que ce que chacun à mon avis accepte aujourd'hui : la manière dont les Autrichiens ont déclenché la crise crée incontestablement un risque, risque que des historiens sont libres d'estimer comme une quasi-certitude, ou au contraire, quand ils sont plus indulgents, d'estimer comme une simple possibilité qui est devenue réalité par une réaction précipitée des autres États mis en cause.

Cela dit, il est clair que le passage d'une crise locale à une guerre générale implique que les pays qui se trouvaient de l'autre côté acceptaient eux aussi l'éventualité de la guerre ; il est parfaitement vrai de dire que si la Russie et la France avaient laissé l'Autriche aller jusqu'au bout de son opération contre la Serbie, il n'y aurait pas eu de guerre générale en 1914. Il est donc parfaitement vrai qu'il n'y avait pas d'un côté des États de proie, et de l'autre des États brebis ; il y a eu d'un côté des États qui ont déclenché une crise, et de l'autre, des États coalisés qui n'ont pas accepté ce que les premiers voulaient obtenir. Il s'agirait donc, au sens propre, de la généralisation en huit jours d'une crise locale en guerre générale, ce qui a permis à certains de dire que ceux qui ont été directement responsables de la guerre générale sont ceux qui ont refusé la localisation du conflit. Cette proposition, que dans l'ensemble je crois fausse, comporte la part de vérité suivante : si la Russie et la France avaient accepté que l'Autriche remportât un succès diplomatique aux dépens de la Serbie, il n'y aurait pas eu de guerre générale en 1914. Cette proposition me semble vraie en effet, mais ce qui fait problème, c'est ceci : le monde diplomatique de 1914 étant ce qu'il était, le système des alliances étant ce qu'il était, les Autrichiens et les Allemands pouvaient-ils escompter que les Russes, et par suite les Français, assisteraient à ces événements sans intervenir ? Or à cette question, je serais tenté de répondre, avec la majorité des historiens, que ni les Autrichiens, ni même les Allemands, ne pouvaient considérer comme probable que Russes, et par suite Français, assistent sans intervenir aux opérations militaires de l'Autriche contre la Serbie. Il n'en reste pas moins que, si l'on veut chercher les responsables au sens de ceux qui ont voulu la guerre générale, on en trouve certainement à Vienne et à Berlin ; probablement, le grand état-major allemand souhaitait-il la guerre générale en 1914, mais on ne peut le dire ni de Bethmann-Hollweg, ni de Guillaume II. On ne peut donc pas dire de façon simple que d'un côté on voulait la guerre, et que de l'autre on ne la voulait pas : la guerre générale a éclaté à partir d'une crise locale où l'un des camps a voulu obtenir un succès que l'autre lui a refusé, et le jugement dépend largement de la légitimité ou de l'illégitimité que l'on attribue à l'opération que voulait mener l'Autriche soutenue par l'Allemagne. La question d'intentionnalité comportera donc toujours une équivoque puisque, autant, dans le cas de l'Allemagne et de l'Autriche, l'intention d'un succès local est évidente, autant l'intention de la guerre générale est difficile à déterminer chez tous les acteurs : on la trouve avec une certaine vraisemblance chez certains acteurs, mais pas chez tous.

La Russie, de son côté, peut-elle être dite coupable d'avoir relevé le défi autrichien ? La Russie, en allant au secours de la Serbie selon une coutume diplomatique de l'époque, se comportait-elle d'une manière que les diplomates jugeaient excessive ? Je dirais volontiers que, le monde diplomatique étant ce qu'il était en 1914, l'intervention russe, toutes réserves étant faites sur des détails dont on pourrait discuter indéfiniment, faisait partie des probabilités et ne crée pas de responsabilité-culpabilité. Et que, dans la mesure où il y a une responsabilité-causalité, elle est celle du système diplomatique où la Russie n'a pas accepté de laisser l'Autriche-Hongrie atteindre les fins visées par cette dernière dans les Balkans.

Enfin, une dernière question suscite des polémiques indéfinies : y a-t-il eu, au cours des derniers jours de la crise, le 27 et le 28, une certaine hésitation à Berlin ? Il semble qu'il y ait eu, vers le 27 et le 28, au moins un début d'hésitation, que les uns attribuent à la crainte de la guerre générale, et les autres à la situation diplomatiquement défavorable où les puissances centrales s'étaient elles-mêmes mises. En effet, par leur comportement, Autriche-Hongrie et Allemagne avaient donné toutes les apparences de la responsabilité, culpabilité et causalité à la fois. Vous savez en effet que le lendemain du jour où l'Autriche-Hongrie avait remis son ultimatum à Belgrade, l'Allemagne avait envoyé une note extrêmement violente à la fois à Paris, à Londres, et à Saint-Pétersbourg, en disant que toute intervention dans la crise balkanique aurait les conséquences les plus graves ; c'était une manière de dire qu'elle entraînerait la guerre, et, effectivement, sur ce point la prévision était juste. D'autre part, l'Autriche-Hongrie a refusé les tentatives anglaises de médiation, et les conditions dans lesquelles la guerre éclatait faisaient que, le 27 ou le 28 juillet, les gouvernants à Berlin avaient le sentiment que l'intervention anglaise devenait probable, et que l'Italie n'interviendrait pas aux côtés de l'Autriche-Hongrie, puisque l'alliance n'était valable que dans le cas où c'étaient les puissances centrales qui étaient attaquées. Voilà ce que l'on peut dire, et pourquoi l'incertitude subsiste.

Mon propre jugement, que je vous livre sous bénéfice d'inventaire, est à peu près le suivant : si l'on ne considère que la période du 28 juin au 30 juillet, il me paraît difficile de nier que la responsabilité-causalité se trouve plutôt du côté austro-allemand que du côté des Alliés — ce qui n'implique ni l'intentionnalité de guerre générale chez tous les acteurs, ni nécessairement la culpabilité, dans la mesure où les dirigeants autrichiens considéraient comme nécessaire au salut de la monarchie dualiste une sorte d'exécution de la Serbie.

On peut prendre un autre exemple de guerre déclenchée par une série de défis et de réponses : la guerre dite « des Six jours », la guerre de 1967, dont je vais dire quelques mots avec autant de sérénité que possible.

Le président Nasser avait successivement fermé le golfe d'Akaba, massé son armée dans le Sinaï, et passé un accord d'état-major avec le roi Hussein de Jordanie. Il savait parfaitement bien que chacune de ces démarches serait considérée par le gouvernement israélien comme un *casus belli*, puisque ce dernier l'avait déclaré à l'avance explicitement. Le président Nasser, à mon sens, et autant qu'on a pu l'établir rétrospectivement, savait que par les démarches qu'il avait faites, il rendait extrêmement probable la réplique militaire des Israéliens. Je laisse de côté la question de savoir si, moralement, les Israéliens avaient tort ou raison. Me plaçant dans le jeu diplomatique, je dirai que, de la même façon que les Austro-Hongrois et les Allemands avaient provoqué les Alliés, et que, provoquant les Alliés, ils avaient obtenu la guerre générale, la série de défis du président Nasser avait déclenché une réplique, réplique préventive du gouvernement israélien. Ce pourquoi malgré tout la controverse ne cesse pas, c'est qu'on aurait aimé trouver une volonté résolue de guerre générale d'un côté ou de l'autre, et que l'on a trouvé dans les documents beaucoup plus d'hésitation et d'incertitude que l'on ne s'imaginait dans chacun des acteurs collectifs. En ce sens, la substitution aux acteurs collectifs, considérés comme une unité, de la série des acteurs individuels a permis de nuancer ou de corriger la représentation mythologique qui avait dominé à l'époque.

S'il s'agit de savoir quels peuples étaient les plus pacifiques, lesquels étaient les plus belliqueux, on peut discuter indéfiniment tant que l'on ne disposera pas d'une mesure objective de l'humeur des peuples. Le plus étonnant, en 1914, c'est que l'humeur semblait pacifiste au début de la crise et même pendant la crise, et que la déclaration de guerre a déclenché des scènes d'enthousiasme chez tous les combattants. Enfin, il ne faut pas oublier qu'à partir du 27 ou du 29 juillet 1914, la cause, la responsabilité causale majeure incomba aux états-majors eux-mêmes qui, possédant tous des plans *ne varietur*, se sont, à partir du 27 juillet, inquiétés de l'avance que leurs ennemis pouvaient prendre sur eux. Vous savez que le plan allemand supposait d'abord l'attaque contre la France et ensuite contre la Russie, et que les responsables de l'état-major étaient donc pressés d'avoir immédiatement des conditions de guerre pour que ce plan puisse se dérouler. Il en était exactement de même du côté russe, la mobilisation russe prenant une semaine ou deux de plus que la mobilisation française. Par conséquent, les états-majors de tous les pays concernés ne voulaient pas prendre de retard.

Quelles conclusions en tirer ? Ces sortes de discussions ne comportent pas de réponse certaine, et de ce fait, elles tolèrent parfaitement la plus stricte objectivité ou la plus grande sérénité : il n'y a aucune raison contraignante de raconter cette histoire en se plaçant délibérément d'un côté ou de l'autre. On peut dire, en termes logiques, que de tels jugements sont chargés d'incertitude, mais non pas d'une relativité fondamentale.

Pourquoi la responsabilité-causalité n'est-elle jamais établie au-delà de toute incertitude ? Plus généralement : quels sont logiquement les moyens par lesquels on peut établir la causalité d'un événement quand on se situe à ce niveau du micro-événement ?

Le premier procédé fait référence à une loi universelle ou au moins à une proposition générale. Je vous en ai donné un exemple, et l'exemple vous montre à quel point une proposition générale de ce type exclut un jugement catégorique. En effet, le jugement que pouvaient porter les dirigeants autrichiens — l'ultimatum à la Serbie et le bombardement de Belgrade vont-ils nécessairement provoquer la guerre générale ou non ? — était un jugement de probabilité. Ce jugement, l'ont-ils formulé ? Oui. Considéraient-ils la guerre comme possible ? Certainement. La considéraient-ils comme probable ? Sans doute. Quel degré de probabilité ? Ils ne le savaient pas plus à l'avance que nous ne pouvons le dire rétrospectivement.

Le deuxième procédé pour établir la causalité est ce que nous appelons aujourd'hui en logique la *méthode des constructions irréelles* par laquelle nous supposons que l'événement dont on veut déterminer la responsabilité-causalité n'a pas eu lieu. Or cette méthode, qui a été appliquée par un historien américain à la construction des chemins de fer pour démontrer que le développement de l'économie américaine aurait été identique même en l'absence de chemin de fer, est très difficile à appliquer à des événements aussi complexes que ceux dont il est question[28]. Bien sûr, si l'on pose la question : la guerre de 1914 aurait-elle éclaté à cette date si l'Autriche-Hongrie avait traité autrement la crise serbe ?, la réponse est certainement oui. Mais à la question de savoir si, au cas où la mobilisation russe aurait été retardée de vingt-quatre heures ou de quarante-huit heures, la guerre aurait éclaté tout de même, nous n'avons aucun moyen de répondre avec certitude. En d'autres termes, la méthode des *counterfactual* appliquée à une série d'actes qui se répondent les uns aux autres ne va pas très au-delà d'un jugement de probabilité à demi intuitif, de telle sorte qu'il me semble que cette méthode qui, en elle-même, est celle qu'il convient d'appliquer lorsqu'on veut mesurer l'efficace d'un événement, ne donne pas, dans ce cas particulier, de résultat très convaincant.

Il reste une troisième méthode que les Américains ont appliquée et qui, en effet, est la moins mauvaise ; il s'agit de la méthode des simulations : on reconstitue la conjoncture globale à un moment donné, on isole un certain nombre de variables, et l'on essaie, en mettant tout cela dans un ordinateur, de voir ce qu'il en sort. Je crois que c'est Herman Kahn qui s'est livré à ce genre d'exercice sur la situation de 1914, et, comme vous pouvez le penser, l'ordinateur lui a dit que la guerre allait éclater. En effet, il a choisi les variables en fonction de la connaissance que nous avons de la conjoncture de 1914, et comme effectivement en 1914 tout était organisé pour que la guerre éclatât — expédition punitive contre la Serbie inacceptable par la Russie, donc mobilisation de la Russie ; mobilisation de la Russie inacceptable par l'Allemagne, donc mobilisation de l'Allemagne ; impossibilité pour l'Allemagne de faire la guerre à la Russie sans faire d'abord la guerre à la France —, il n'y a pas besoin d'ordinateur : il suffit de reconstituer les éléments principaux de la conjoncture pour se donner le résultat vraisemblable de la série des événements, même réduits à un petit nombre d'étapes.

Si l'on pouvait mettre dans l'ordinateur les conjonctures qui ne se sont pas encore produites ou qui sont encore en cours pour savoir ce qu'il en sortira, ce serait beaucoup plus instructif. On peut dire malgré tout qu'il est au moins utile comme exercice intellectuel, et utile également pour penser à l'avenir les situations diplomatiques, d'essayer de reconstituer après coup la conjoncture et de dérouler les conséquences d'un certain nombre de décisions.

D'une certaine manière, la conclusion à laquelle j'arrive est assez paradoxale, et contraire à l'idée que l'on se fait d'ordinaire. En effet, je pense que lorsqu'on raconte une histoire diplomatique, ou que lorsqu'on raconte une histoire en suivant les acteurs et leur façon de penser, il n'y a aucune raison pour que l'on soit non objectif, c'est-à-dire que l'on se mette du côté des acteurs. Je dis qu'il n'y a pas de *nécessité logique* ; la thèse paradoxale que je veux défendre est que *logiquement* l'objectivité, c'est-à-dire l'impartialité, est particulièrement facile lorsqu'il s'agit d'un récit d'événements et de la reconstitution des décisions des acteurs. En revanche, cette non-solidarité avec une catégorie d'acteurs est *psychologiquement* très difficile. Logiquement en effet, il n'y a aucun obstacle à l'objectivité, mais cette sorte d'objectivité est rarement atteinte parce qu'on ne pose des questions de responsabilité que dans les cas où l'on cherche les responsables, c'est-à-dire les coupables, le paradoxe étant que rien n'empêche d'être objectif, si ce n'est la curiosité qui anime l'historien. L'historien, au moins pendant une longue période, cherchait les responsabilités des événements à la manière d'un juge d'instruction ; or, cherchant les responsabilités à la manière d'un juge d'instruction, il était amené à se mettre d'un côté ou de l'autre, et à ne pas faire ce qui est parfaitement possible, c'est-à-dire voir la situation à partir des intentions et des intérêts des différents acteurs. En revanche, si l'on voit les intentions et les intérêts des différents acteurs, il n'y a pas de problème : l'Autriche-Hongrie considérait nécessaire à sa survie d'infliger une leçon à la Serbie ; la Russie avait décidé, pour des raisons sur lesquelles on peut discuter, qu'elle ne pouvait pas tolérer cette exécution de la Serbie ; la France avait décidé, à cause de son alliance avec la Russie, qu'en cas de guerre où la Russie serait entraînée par les affaires des Balkans, elle ne pouvait pas l'abandonner ; l'Allemagne avait décidé qu'elle ne pouvait pas abandonner l'Autriche-Hongrie parce qu'elle était son dernier allié — tout cela est parfaitement pensable et légitime dans ce jeu diplomatique que l'on peut appeler aussi diabolique. Si vous vous mettez successivement du côté des différents acteurs, vous reconstituez honnêtement ce qui s'est passé, et cette reconstitution honnête ne vous empêche pas de considérer comme plus ou moins grande la responsabilité-causalité de tel acteur ou de tel autre. Dans ce cas, je vous ai suggéré ce que serait ma propre réponse, en ajoutant que la mesure exacte de la responsabilité dépend d'un calcul rétrospectif de probabilité qui ne sera jamais soustrait au doute.

Il serait facile de se livrer à une analyse de même type à propos de ce que l'on appelle les responsabilités de la guerre froide. Je ne voudrais pas être trop long, et je passerai très vite dans la mesure où vous trouverez sur ce point l'essentiel dans le chapitre que j'ai consacré aux révisionnistes dans mon livre sur la politique extérieure des États-Unis.

La question de la responsabilité de la guerre froide est à mon sens une question beaucoup plus difficile à poser correctement que la question de la responsabilité dans la Première Guerre mondiale, au moins si on la pose comme je l'ai fait, c'est-à-dire entre le 22 juin et le 28 juillet. Il est bien entendu qu'il est parfaitement légitime qu'un historien tienne la question des origines immédiates de 1914 comme sans importance ; il est parfaitement légitime qu'un historien pense que du moment qu'il a suffi d'une étincelle pour mettre le feu aux poudres, il est intéressant de savoir pourquoi il y avait de la poudre en Europe. Il s'agit ici d'un tout autre problème, celui de l'étude des origines de la situation diplomatique dans laquelle un incident pouvait provoquer une guerre générale, et là aussi on peut poser à nouveau la question de responsabilité-causalité, de responsabilité intentionnelle, de responsabilité-culpabilité. Il est possible en effet de poser le même genre de question à propos des causes lointaines ; tout ce que je me borne à dire, c'est que si l'on prend la question des origines immédiates, on ne trouve rien de ce que l'on appelle les causes profondes, les causes économiques, et, pour ainsi dire, par définition : quand on se met au niveau des actes des diplomates, on ne trouve pas ce qui peut-être a été à l'origine des alliances.

En ce qui concerne la guerre froide, c'est dans une large mesure une question difficile à trancher pour la bonne raison que personne ne sait définir avec précision ce qu'on appelle aujourd'hui « guerre froide ». Dans le cas de 1914, le problème est simple car il y a eu déclaration de guerre ; dans le cas de la guerre froide, je décide par convention d'appeler « guerre froide » la rupture de l'alliance entre l'Union soviétique et les États occidentaux, et la période de tension aiguë qui s'en est suivie entre 1947-1948 et 1953, la mort de Staline.

Si on pose la question : pourquoi la guerre froide ?, nous retrouvons à nouveau les questions de responsabilité-causalité, responsabilité-culpabilité, responsabilité-intentionnalité. En simplifiant, je vous donnerai ce qui me paraît l'essentiel du dossier : à l'origine il y a eu l'alliance temporaire des Anglo-Américains et des Soviétiques contre le IIIe Reich ; mais les Anglais et les Américains n'avaient aucune dette de reconnaissance à l'égard de Staline, qui avait respecté le plus longtemps possible son traité avec Hitler, qui aurait peut-être attaqué postérieurement si l'occasion avait été favorable, mais qui finalement n'est entré dans la guerre que parce qu'il a été attaqué par le IIIe Reich.

Deuxième proposition : les Soviétiques n'avaient pas davantage de dette de reconnaissance vis-à-vis des Anglo-Américains qui avaient aidé l'Union soviétique parce qu'ils considéraient qu'il était de leur intérêt de l'aider à battre le IIIe Reich.

Troisième proposition : les Anglo-Américains avaient à

Téhéran, en 1943, promis à Staline de conserver la ligne Curzon, et du même coup ils avaient accepté le transfert de la Pologne vers l'Est par l'annexion d'une partie des territoires appartenant au Reich, qui avaient été jadis polonais et étaient germanisés depuis plusieurs siècles.

Quatrièmement : le découpage de l'Allemagne en zones d'occupation avait été décidé à Téhéran, et le tracé des lignes d'occupation avait été la responsabilité du comité des Ambassadeurs à Londres.

Enfin : les trois Grands s'étaient mis d'accord à Yalta sur une déclaration relative au gouvernement démocratique dans les pays libérés.

A partir de là, que s'est-il passé, et pourquoi y a-t-il eu rupture de l'alliance ? Faut-il accuser de cette rupture les uns ou les autres, considérer que les uns ou les autres sont coupables de l'avoir provoquée ? Ma réponse est que les dirigeants soviétiques ont amené avec eux, dans les pays qu'ils avaient libérés, des régimes imités du leur. Étaient-ils en droit de le faire ? Ils l'ont fait parce qu'ils ont considéré que tel était leur intérêt, et que, selon le mot de Staline à Djilas, cette guerre était une guerre d'un type nouveau où chaque État vainqueur amenait avec lui son régime. Ce régime était-il souhaité à l'époque par les peuples auxquels ils l'ont imposé ? Certainement non. En résulte-t-il qu'ils étaient, par rapport aux traditions de la politique de puissance, intrinsèquement coupables ? Difficile à dire. Il semble que l'Union soviétique n'a pas été le premier pays qui ait étendu son influence, et, étant donné la nature de leur régime, les Soviétiques se sont considérés comme en droit d'imposer aux peuples de l'Est un système plus ou moins imité du leur. En ce sens, ils ont usé du droit du vainqueur. A l'époque de la guerre froide, les Anglo-Américains protestaient avec indignation ; aujourd'hui les historiens révisionnistes considèrent que les Soviétiques n'ont fait que ce qu'ils avaient le droit de faire, qu'ils avaient le droit de dresser un glacis de sécurité, que ce glacis de sécurité exigeait la soviétisation de l'Est de l'Europe, et qu'au fond les Anglo-Américains auraient dû accepter sans protester ce qui se passait dans l'Est de l'Europe. Là encore, personnellement, je ne vois aucune difficulté, quels que soient les sentiments que je puisse éprouver à l'égard de tel ou tel régime, à raconter cette histoire en me plaçant successivement au point de vue des uns et des autres : les Soviétiques étant ce qu'ils étaient, il n'est pas surprenant qu'ils aient essayé d'étendre leur régime dans les pays qu'occupaient leurs armées. Les Américains sont-ils coupables ou d'avoir protesté, ou de ne pas les en avoir empêchés ? Il y a vingt-cinq ans, on leur reprochait de ne pas les en avoir empêchés ; aujourd'hui, on leur reproche d'avoir protesté. Auraient-ils pu les en empêcher ? Difficile à dire. Cela était probablement impossible, non pas physiquement, mais impossible étant donné la nature du régime américain, étant donné les sentiments du peuple américain à l'égard des Soviétiques après les pertes extrêmes subies par ces derniers pendant la guerre.

Auraient-ils dû ne pas protester ? Là encore, je pose la question : pouvaient-ils ne pas protester ? Pouvaient-ils laisser éliminer leurs amis dans les pays occupés par l'Union soviétique ? Par exemple lorsque Staline, en 1945, a invité à Moscou les dirigeants de la résistance polonaise et qu'ensuite il les a mis en prison pour plusieurs années, il était malgré tout difficile pour les Anglo-Américains de ne pas manifester quelque surprise et quelque regret. En d'autres termes, on peut comprendre pourquoi Staline s'est conduit comme il l'a fait vers l'Est de l'Europe ; on peut comprendre pourquoi les Américains ont toléré cette conduite tout en protestant ; on peut leur reprocher alternativement d'avoir toléré et d'avoir protesté, mais pour que cette responsabilité causale devienne une responsabilité coupable, il faut supposer que le gouvernement américain aurait été capable, s'il l'avait voulu, soit de ne pas protester, soit d'empêcher. Or il me paraît aussi difficile d'imaginer les États-Unis capables d'empêcher l'Union soviétique de faire ce qu'elle a fait que de les imaginer acceptant avec le sourire, ou en détournant les yeux, ce qui s'est passé à l'Est de l'Europe. En plus de cela, on peut dire, en suivant les révisionnistes, que si les Soviétiques imposent un régime imité du leur dans les territoires voisins, les Américains, quelquefois, s'efforcent par des moyens différents de favoriser des régimes proches du leur dans les pays qui leur sont également voisins ; on peut dire que si l'Est de l'Europe est une zone d'influence soviétique, les Caraïbes sont dans une large mesure une zone d'influence américaine. A partir de là, on rétablit une espèce d'équilibre entre les deux Grands et les deux manières de se comporter.

Bien entendu, cela ne signifie pas que l'on n'établisse pas, à d'autres points de vue, des différences. On est parfaitement libre de préférer une sorte de régime à une autre sorte de régime, et, de ce fait, de présenter une histoire qui soit différente de celle que je suis en train de dessiner à grands traits, une histoire que l'on peut appeler réaliste, si l'on est indulgent, et cynique, si l'on manque d'indulgence, c'est-à-dire une histoire qui, acceptant la manière de se comporter des États selon la tradition ou la coutume, et observant successivement les intérêts visés par les uns et les autres, en conclut que l'on peut raconter cette histoire sans se mettre d'un côté ou de l'autre. En fait, je ne dis pas qu'il ne faut pas se mettre d'un côté ou de l'autre, car une histoire racontée selon le principe de neutralité affective que je suis en train de décrire serait probablement une histoire ennuyeuse, et l'intérêt de raconter une histoire de cet ordre, c'est peut-être de prendre parti. La meilleure preuve en est que les historiens de l'Antiquité, quand ils racontent la guerre de Sparte et d'Athènes, ont encore aujourd'hui une grande difficulté à ne pas prendre parti pour les uns ou pour les autres, et continuent à prendre parti pour Rome ou pour Carthage. Ce qui conduirait peut-être à penser que, bien que l'histoire en tant que politique rétrospective comporte la possibilité de ne pas prendre parti, de comprendre tous les acteurs, de comprendre les façons de penser, les systèmes de pensée, les valeurs de tous les acteurs sans se mettre d'un côté ou de l'autre, cette histoire objective n'est pas toujours pratiquée par les historiens dans la mesure où ils cherchent autre chose.

Je ferai une dernière remarque avant de passer au thème suivant : ce genre d'histoire diplomatique, qui consiste à reconstituer la suite des événements, la pensée et la conduite des différents acteurs, est la forme d'histoire narrative qui est la plus éloignée de ce que l'on appelle une science. Il est vrai que, dans les sciences naturelles, il y a certains chapitres qui sont historiques ; on peut en effet dire que l'histoire des espèces est la reconstitution, à partir des documents fossiles, des espèces vivantes qui ont existé aux différentes époques sur la Terre, et on peut dire également que l'on essaie de reconstituer l'histoire des espèces en déterminant les mécanismes qui l'ont rendue possible (à l'heure présente, les biologistes disposent de deux mécanismes pour expliquer cette histoire : les mutations et la sélection). Malgré tout, entre l'histoire des espèces et la narration de la politique en action, il y a une différence qui me paraît substantielle, et peut-être essentielle : il manque de toute évidence dans l'histoire de la Terre ou l'histoire des espèces la référence à la conscience des acteurs et à leur intentionnalité. En d'autres termes, il n'y a de microhistoire, d'histoire détaillée, qu'humaine ; la microhistoire naturelle, rarement possible, est également rarement intéressante.

Au niveau où je me suis placé, au niveau des acteurs et des événements, il me paraît difficile de reconstituer une histoire globale en faisant abstraction des intentionnalités individuelles, et tout ce que l'on peut faire, quand on raconte l'histoire des guerres ou l'histoire des batailles, c'est essayer de suivre les grandes lignes d'une certaine aventure. J'ai parlé de la microhistoire la plus limitée — les quelques semaines qui ont précédé la guerre de

1914 —, mais on peut certainement reconstituer une histoire relativement large comme l'aventure napoléonienne ou encore les guerres de la Révolution et de l'Empire ; dans ce cas, il ne s'agit de rien de plus que des grandes lignes des événements tels qu'ils se sont déroulés. Quand on raconte les grandes lignes des événements tels qu'ils se sont déroulés, on n'atteint ni un système, ni la nécessité du devenir, et il est possible d'employer la méthode des *counterfactual*. On peut en effet s'amuser à poser la question : « Que se serait-il passé si... ? »

Je livre à vos méditations deux exemples de ce raisonnement qui consiste à se demander : « Que se serait-il passé si... ? » Le premier, c'est *La Victoire à Waterloo*, qui est, comme vous le savez, le titre d'un livre écrit par Robert Aron[29]. On peut évidemment se distraire à imaginer ce qui se serait passé si Napoléon avait été vainqueur à Waterloo, ce qui amène à poser la question : dans certaines conditions, peut-on concevoir que Napoléon serait resté au pouvoir dans une France réduite à ses dimensions ? Que la crise révolutionnaire aurait pu être réglée sans l'élimination de l'usurpateur ? Personne ne peut répondre avec certitude. Ma réponse serait que pour concevoir, ce qui est assez facile, une victoire à Waterloo en 1815, il suffit de supposer que Blücher n'ait pas suivi le conseil de Gneisenau, et qu'il ait fait retraite sur Namur, que Grouchy ait marché au canon ; il suffit de changer les décisions de deux personnes, et de supposer que l'un était moins intelligent et l'autre plus, ce qui n'est pas impliqué par le destin universel. Cela dit, il reste peu probable que Napoléon, après l'île d'Elbe, même s'il avait remporté une victoire, eût été durablement accepté par l'ensemble des souverains. Si l'on suppose qu'il n'eût pas été accepté par l'ensemble des souverains, alors on voit en quoi consiste le déterminisme historique événementiel ; il signifie seulement que, dans une situation donnée, une certaine issue est devenue extrêmement probable, et que ce que l'on appelle les grandes lignes de l'histoire sont simplement les moments successifs d'une nécessité-probabilité. L'aventure napoléonienne à partir de la guerre d'Espagne commençait à sortir de la probabilité du succès, et à partir de la guerre contre la Russie, la probabilité de la défaite me paraît avoir été dès ce moment très grande : étant donné ce qu'était la France, étant donné ce qu'étaient les moyens techniques, la volonté d'une domination française sur l'ensemble de l'Europe me semble en effet avoir été dès lors improbable. Je suis d'autant plus assuré de le dire que l'événement a été confirmé, et que donc personne ne pourra jamais me dire ni que j'ai raison, ni que j'ai tort. Mais, à supposer que j'aie raison, cela illustre simplement la nature du déterminisme probabiliste qui entre en jeu lorsque l'on considère les événements.

La deuxième *counterfactual* est beaucoup plus intéressante, mais ne comporte pas de réponse ; il s'agit de la victoire allemande sur la Marne en 1914. Il s'en est en effet fallu d'extrêmement peu. Il était donc parfaitement possible, d'après les données générales de la situation, que l'armée allemande défît l'armée française de manière presque décisive en une seule bataille, et à ce moment-là chacun peut imaginer les conséquences qu'aurait développées une victoire allemande sur la Marne, et voir du même coup quelle est la portée de ce genre d'histoire événementielle. Ce genre d'histoire a pour fin, pour signification et pour intérêt, de reconstituer par la pensée les possibles qui ne sont pas devenus réels, bien que la plupart des historiens, et nous tous d'ailleurs, ayons tendance à croire que le passé a été fatal, et que l'avenir est indéterminé. Or le passé a été l'avenir des acteurs ; il ne devient fatal qu'au seul sens où il a été et ne peut plus être changé. Mais il n'était pas fatal avant qu'il ne devienne réel : permettre de prendre conscience de l'homogénéité fondamentale entre le passé qui a été vécu et l'avenir qui reste à vivre, c'est probablement la fonction essentielle de cette histoire événementielle dont je vous ai parlé rapidement, et que j'essaierai de dépasser la semaine prochaine en cherchant si, et dans quelle mesure, la théorie des relations internationales permet de donner au récit une scientificité qu'il ne possède pas encore.

DE LA NARRATION A LA SCIENCE

Les analyses que j'ai développées la semaine dernière à propos de la causalité ou de la responsabilité de la Première Guerre mondiale à partir de l'assassinat de l'archiduc ont dû légitimement vous paraître décevantes. En effet, l'étude des origines immédiates de l'explosion présente aujourd'hui un caractère ironique et tragique car, en simplifiant le récit, on pourrait dire que l'Europe tout entière s'est lancée dans la guerre parce que l'Autriche-Hongrie voulait régler ses comptes avec la Serbie, parce que la Russie ne voulait pas abandonner la Serbie, parce que l'Allemagne ne voulait pas abandonner l'Autriche-Hongrie, et finalement, parce que la France ne voulait pas abandonner la Russie. Chacune de ces intentions ou de ces décisions présente un caractère pour ainsi dire normal. Les choses se sont passées ainsi : les hommes qui ont pris les décisions nous ressemblaient probablement et n'étaient ni meilleurs ni pires que nous ; ces acteurs obéissaient aux règles plus ou moins explicites de leur rôle. Ils se trompaient probablement sur les conséquences de leurs actes, mais, à partir de décisions qui ne présentent pas un caractère monstrueux ou pathologique, s'est développée une série de conséquences que l'on peut justement considérer comme monstrueuse ou pathologique. Il est par conséquent inévitable que l'on soit insatisfait de ce genre d'interprétation par le récit et que l'on cherche quelque chose qui ressemble davantage à une explication scientifique. Il y a, me semble-t-il, deux voies par lesquelles on pourrait aller au-delà de cette interprétation narrative de l'événement.

La première voie, que je ne suivrai pas, au moins provisoirement, est celle des historiens qui se demandent comment on en est venu là ; pourquoi et comment les acteurs ont-ils accepté les suites, certaines prévisibles, de leurs décisions ?

La deuxième voie consiste à passer en revue les études à finalité scientifique des relations internationales qui se sont développées aux États-Unis depuis vingt-cinq ans, et qui vont faire l'objet de ce cours et peut-être du cours suivant. Je voudrais essayer en effet de vous présenter quelque chose comme une théorie des théories ou une typologie des théories scientifiques des relations internationales, ou encore une théorie des approches ou des méthodes. Je vous prie à l'avance de m'en excuser, mais je serai obligé de procéder très souvent par allusion à des auteurs que je connais et que sans doute vous ne connaissez pas tous ; j'essaierai de rendre ces allusions aussi intelligibles que possible, mais par instants, faute de connaître les auteurs auxquels je me réfère, vous rencontrerez, sinon de l'obscurité intrinsèque, du moins une certaine difficulté à voir concrètement de quoi il s'agit.

Cette typologie, je l'obtiens à partir de trois distinctions :

1. On peut distinguer dans les études à finalité scientifique la méthode de la sociologie empirique, avec tendance à la quantification, et la méthode des modèles. Il s'agit de l'équivalent de ce qui existe dans l'économie politique où vous avez d'un côté l'étude empirique, par exemple du produit national ou du développement de l'économie, et de l'autre la méthode des modèles comme par exemple le modèle du marché à l'état pur — le

modèle walrassien — ou le modèle du monopole ou de l'oligopole.

2. On peut analyser ou les acteurs, ou les situations de crise dans lesquelles se trouvent les acteurs, ou enfin, ce que l'on appellera le système que constituent les différents acteurs dans leurs relations réciproques.

3. La troisième distinction qui me servira à la typologie des théories et qui a probablement la plus grande importance est celle qui existe entre l'interétatique, l'international et le transnational. En effet, il est possible de prendre comme point de départ les relations interétatiques, dont le modèle est l'échange de notes ou de paroles entre les diplomates ou entre les ministres des Affaires étrangères dans leur rôle spécifique, ou encore les échanges de coups de canon entre les armées, diplomates et armées représentant officiellement les entités politiques. D'un autre côté, les échanges de lettres, de coups de téléphone ou de marchandises entre deux sociétés nationales représentent des phénomènes internationaux et non pas des phénomènes interétatiques, même s'il va de soi qu'il y a des liens entre l'intensité de ces relations de société à société et ce qui se passe entre les États. Bien entendu, je laisse de côté la question de savoir si les relations internationales déterminent, et dans quelle mesure, les relations interétatiques.

La distinction fondamentale qui me servira à reconstruire le système des théories est donc la distinction de l'interétatique, de l'international ou du transnational. Je pense en effet que l'on peut ranger la plupart des théories, ou ce que l'on appelle théories des relations internationales, soit dans la catégorie de l'« interétatique », soit dans celle de l'« international », et que dans chacune de ces théories nous retrouvons soit la méthode de la sociologie empirique, soit la méthode des modèles, soit encore une étude de la conduite des acteurs, des crises ou des systèmes. Je vous fais grâce du tableau à triple entrée que je pourrais construire à partir de ces distinctions.

I

Je commence donc par l'interétatique et je prends comme point de départ de l'interétatique ce que l'on appelle une crise. La crise de 1914 a été ouverte soit par l'assassinat de l'archiduc, soit, si on le préfère, par l'ultimatum de l'Autriche-Hongrie à la Serbie. On peut dire qu'il y a une crise entre plusieurs acteurs lorsque l'un d'entre eux veut atteindre un objectif qu'un autre acteur considère comme incompatible avec ses propres objectifs. Je dis : « que l'autre acteur considère comme incompatible avec ses propres objectifs », de manière à réserver la possibilité que l'acteur se trompe sur ses véritables intérêts, ou que l'historien considère après coup qu'il n'y avait pas de raison de faire un drame à propos d'un objectif sans grande importance. Il peut y avoir des crises entre alliés — ce qui a été le cas par exemple hier à Washington dans la mesure où M. Kissinger voulait, en vue d'étudier certains problèmes, organiser une réunion durable entre les grands fonctionnaires, alors que M. Jobert a refusé d'accéder à cette demande qu'il considérait comme incompatible avec sa conception des intérêts nationaux. Les crises entre alliés ont ce caractère satisfaisant qu'elles ne comportent pas le risque de violence militaire, et que tout se passe souvent comme des tempêtes dans un verre d'eau. En revanche, quand il y a crise entre ennemis, l'incompatibilité entre les objectifs visés par les différents acteurs comporte le risque de violence. La possibilité d'une extension considérable de la violence à partir d'une crise secondaire résulte simplement, dans un système politique ou interétatique donné, de l'existence de coalitions. Or le propre de la majorité des systèmes interétatiques, c'est qu'il y a à la fois pluralité d'acteurs et alliances ou coalitions plus ou moins durables entre ces acteurs : les grandes crises internationales ne mettent pas en cause de manière directe les principaux acteurs, mais, par le jeu des coalitions, transforment des oppositions d'intérêts ou de volontés entre des acteurs éventuellement secondaires en conflit entre les acteurs principaux.

La crise étant donnée, quels sont les types d'étude possibles ?

A) *Les études de sociologie empirique*

Le premier type d'étude est constitué par les études de sociologie empirique appliquée à une crise ou à la comparaison des crises. Dans ce cas, il s'agit d'une étude de la communication entre les acteurs, comme on en pratique souvent en sociologie, ou encore de l'étude des relations entre un stimulus et une réponse. Le stimulus est l'*input* qui détermine la réponse de l'acteur B, réponse de l'acteur B qui à son tour détermine la deuxième action de l'acteur A ; il y a par conséquent échange de messages entre les acteurs principaux de la crise, et l'on peut empiriquement étudier comment s'est déroulée une crise particulière. Certaines études de sociologie empirique sur la crise de 1914 ont été en fait du type suivant : analyse détaillée du contenu des messages échangés chaque jour par les acteurs entre l'ultimatum à la Serbie et la déclaration de guerre, tentative d'évaluation quantitative de l'agressivité de ces messages, cette agressivité étant mesurée par des arbitres impartiaux en fonction de l'analyse du contenu de ces messages, et ensuite comparaison de ce contenu à la perception qu'en avaient ceux qui recevaient ces messages. Une étude de cet ordre est une étude de sociologie empirique appliquée à une relation particulière intervenant entre des acteurs individuels qui se trouvent incarner des entités politiques et dont les actes peuvent entraîner la mise en mouvement de ces entités politiques elles-mêmes. Le plus souvent, les études empiriques de ce type vont au-delà d'une crise particulière et conduisent vers la comparaison des crises. Il existe cependant une étude de sociologie empirique exceptionnellement bonne qui se rapproche du modèle que j'ai indiqué ; il s'agit de l'étude empirique d'Allison sur la crise des fusées d'octobre-novembre 1962. Cette étude analyse non seulement les messages échangés, mais également les comportements différents des acteurs à l'intérieur de l'entité collective américaine.

La comparaison entre la crise de 1914 et la crise des fusées a conduit les auteurs américains à mettre en lumière un certain nombre de notions fondamentales sur les circonstances qui favorisent le déroulement guerrier ou non guerrier d'une crise internationale. Trois notions à cet égard me paraissent essentielles : celle d'information, celle d'alternative ou d'option, et celle de temps.

Que s'est-il passé dans la crise de 1914 ? La plupart des acteurs n'avaient pour ainsi dire pas d'option, chacun d'eux étant fixé à l'avance dans une réplique donnée à l'action de l'autre, paralysé par la rigidité des plans d'état-major établis à l'avance. Le tsar de toutes les Russies ne pouvait pas procéder à une mobilisation partielle, l'empereur Guillaume II ne pouvait pas attendre quelques jours avant de déclencher la guerre contre la France. Il ne pouvait rien modifier en effet à ce qui avait été prévu, parce que le plan d'état-major n'avait conçu qu'une seule option, qu'une seule sorte de guerre, la guerre qui commençait contre la France, et qui par conséquent devait être déclenchée le plus rapidement possible puisque la condition conçue par les militaires pour la victoire, c'était que l'Allemagne eût le temps de vaincre décisivement la France avant que la Russie fût en mesure de porter des dégâts considérables sur le territoire allemand. D'où le fait que ce qui est considéré aujourd'hui comme les trois conditions nécessaires pour favoriser le dénouement pacifique ou non guerrier des crises, c'est d'une part qu'il y ait le maximum de circulation d'informations à l'intérieur des entités politiques, qu'il y ait donc communication entre les adversaires en même temps qu'à l'intérieur de chaque entité entre les services, que d'autre part le décideur ou le Prince ne soit pas acculé dans une situation de crise à prendre une décision et une seule, que ses conseillers soient toujours en mesure de lui dire, face à une certaine situation, qu'il a le choix entre A et B. En d'autres termes, garder la liberté de choix représente dans les crises non pas une garantie contre l'explosion, mais une chance d'éviter les explosions non voulues. Enfin, troisièmement, il ne faut pas être acculé à une décision trop rapide. Une des grandes différences entre la crise de 1914 et la crise des fusées, c'est que la crise des fusées s'est déroulée sur deux semaines, que Kennedy avait le temps d'attendre, alors que dans la crise de 1914 tout s'est passé en huit jours, parce que deux ou trois jours avant l'explosion les états-majors des deux côtés — surtout russe et allemand — étaient pressés de ne pas prendre du retard. Ajoutons que la différence la plus grande entre la crise de 1914 et la crise des fusées, en dehors des éléments que je viens d'indiquer — informations, options, temps —, c'est qu'en 1914 les acteurs ne savaient pas ce que signifiait la guerre mondiale et qu'en octobre 1962 les États armés de bombes atomiques le savaient parfaitement. Il y a en fait toujours une espèce de naïveté dans ce genre d'études comparatives où l'on trouve une théorie des différences valables, mais subsidiaires, et où l'on est tenté d'oublier la différence majeure qui pourtant crève les yeux, à savoir que dans un cas on pensait encore dans un univers traditionnel, et que, dans l'autre, on pense de manière radicalement différente.

Quoi qu'il en soit, l'étude des crises conduit à se représenter les relations internationales comme un ensemble de communications ou de transactions, ou encore d'interactions. La politique interétatique devient fondamentalement communication et négociation, non pas seulement entre les acteurs collectifs unifiés par la pensée et transfigurés en équivalents d'un acteur individuel, mais une double série de négociations et de communications entre les individus et les groupes ou les administrations qui constituent ce que l'on appelle la machine d'État, et de l'autre côté entre les acteurs collectifs. En d'autres termes, on aboutit à une représentation de la vie interétatique comme une série indéfinie de communications-négociations intra-étatiques et interétatiques.

Ce premier type d'étude me paraît donner un caractère plus systématique, plus élaboré, aux études des historiens eux-mêmes. Pratiquement, les historiens, quand ils étudient les crises, aboutissent à des choses de cet ordre : simplement on donne aujourd'hui à cette étude de la prise de décision des acteurs collectifs les uns par rapport aux autres, ou de la prise de décision par le Prince à la suite de négociations entre administrations et conseillers, un caractère plus rigoureux, plus systématique, plus conceptualisé.

B) *La construction de modèles*

A un niveau plus abstrait que celui des études de sociologie empirique, cette interaction des acteurs collectifs peut faire l'objet de modèles, c'est-à-dire qu'on peut substituer à cette analyse concrète et descriptive des négociations-communications à l'intérieur d'un État et entre les acteurs collectifs la construction de modèles abstraits. Deux auteurs aux États-Unis me paraissent les représentants les plus caractéristiques de cette recherche de modèles dans l'analyse des communications entre les acteurs collectifs : Herman Kahn et Thomas Schelling. Il est vrai que l'un et l'autre ont surtout étudié les relations interétatiques à la lumière des armes atomiques et qu'une bonne partie de leurs analyses se rapporte à la dissuasion par menace nucléaire mais en fait leurs analyses de modèles de relations entre acteurs n'est pas liée nécessairement à l'existence de ces armes atomiques : je dirais qu'il s'agit de modèles abstraits de situation entre des acteurs en rivalité, que ce sont des modèles praxéologiques, en ce sens que ce sont des modèles qui suggèrent implicitement certaines normes de conduites.

Ajoutons encore que la plupart de ces études américaines sur les crises supposent presque toujours, explicitement ou implicitement, que les États en crise ne veulent pas le dénouement guerrier. Ce qui est une hypothèse plausible à l'âge nucléaire, lorsqu'il s'agit d'une crise entre des États possédant une bombe atomique ; mais ce qui n'est pas une hypothèse démontrée lorsqu'il s'agit des relations entre l'Inde et le Pakistan, et ce qui n'était sûrement pas une hypothèse vraie dans la situation qui existait avant 1939 entre Hitler et ses rivaux. Mais les Américains ont toujours tendance par tradition à croire que les guerres résultent de malentendus ou d'accidents et à supposer que personne ne peut vouloir la guerre. Les études de praxéologie auxquelles je vais faire allusion partent donc de l'hypothèse que personne ne veut le déroulement guerrier — hypothèse encore une fois valable dans la mesure où l'on se réfère à la confrontation entre des puissances nucléaires, mais qui n'a pas de valeur universelle : il peut y avoir des situations où encore aujourd'hui les acteurs secondaires veulent employer les moyens militaires pour atteindre certaines fins.

En ce qui concerne les idées abstraites d'Herman Kahn, on peut dire que ses études de modèles ont pour fin principale de répondre à la question : comment assurer une crédibilité à une menace en soi non crédible ? Il s'agit là d'une question qu'il a traitée par la méthode des modèles et non par une approche concrète. J'avais écrit quelque part : « Il n'y a pas de dissuasion en général et dans l'abstrait, il s'agit de savoir *qui* l'on peut dissuader, *de quoi, en quelles circonstances, par quels moyens* »[30]. Au début de son livre intitulé *On Escalation*, Herman Kahn dit explicitement qu'il ne se pose pas la question que je m'étais posée, qui est la question concrète, historique ou sociologique, mais qu'il se pose au contraire la question abstraite de savoir quels sont les modèles de dissuasion qu'il est possible de construire[31].

Dans cette construction de modèles de dissuasion, il a

poussé très loin l'idée que je vous ai indiquée plus haut : la nécessité de multiplier les options. Il a imaginé une échelle qui comporte 44 barreaux entre la réaction la moins vive et la réaction la plus violente à une provocation. Il a expliqué naturellement qu'il s'agissait d'une construction abstraite, qu'il n'y avait pas en soi d'une manière absolue 44 barreaux plutôt que 24, mais que c'était là un exercice intellectuel pour mettre en garde les hommes d'État contre le danger qu'avait révélé la crise de 1914, celui d'avoir l'esprit prisonnier d'une seule réplique. Lorsque la réplique extrême signifie la guerre nucléaire, il faut en effet que les hommes d'État, en présence d'une situation de crise, retiennent en permanence l'idée qu'il y a une multiplicité d'options possibles entre l'apocalypse et la capitulation. C'est là une des idées que les professeurs spécialistes des relations internationales ont réussi à communiquer aux hommes d'État et qui est devenue aujourd'hui une banalité que l'on apprend dans les Universités américaines. D'autre part, Herman Kahn a contribué à suggérer qu'il n'y avait pas de différence radicale dans les répliques entre les moyens non militaires et les moyens militaires ; il est arrivé par là à montrer qu'il existait une communication, une continuité entre les relations interétatiques et les négociations intra-étatiques. Après tout, il peut y avoir des modèles communs à la négociation entre les syndicats ouvriers et les syndicats patronaux, et à celles qui se déroulent entre M. Jobert et M. Kissinger, ou entre le président Nixon et M. Brejnev ; il y a des schémas de négociation qui sont valables quelle que soit la nature des acteurs en présence, et, jusqu'à un certain point, quelle que soit la nature des enjeux. Par exemple, une des méthodes de négociation, d'ailleurs très dangereuse, consiste à brûler ses vaisseaux ainsi que le pont derrière soi : si on veut être sûr d'obtenir de l'autre une certaine concession, un des procédés consiste à dire que l'on ne négocie plus avec lui tant que l'on n'aura pas obtenu cette exigence minimale. Récemment, le gouvernement israélien par exemple a jusqu'à un certain point brûlé ses vaisseaux en posant comme exigence que la liste des prisonniers israéliens lui soit communiquée avant toute négociation avec la Syrie ; procédé de négociation qui est efficace dans certains cas, mais qui comporte évidemment le danger de bloquer les négociations et de rendre impossible ce que l'on veut obtenir.

Schelling a contribué lui aussi à répandre un certain nombre d'idées, et il me semble que ses contributions principales à l'étude des relations de négociation sont les suivantes :

1. Il a rendu parfaitement clair quelque chose qui va pour ainsi dire de soi, savoir que la relation entre les acteurs collectifs est normalement un mélange de collaboration et de conflit. Il a contribué à rendre évidente à tous l'idée qu'il y a un élément de conflit dans les relations entre les alliés, ce que nous savons bien, mais aussi un élément de coopération entre les ennemis. C'est une idée qui n'est pas du tout étrangère à la grande tradition stratégique de Clausewitz ; elle est implicite dans la formule de la descente à partir de l'ascension aux extrêmes, mais Schelling a donné une formulation précise à cette idée du mélange de coopération et de conflit. Les relations interétatiques sont rarement un jeu à somme nulle, rarement un jeu où le bien de l'un est automatiquement et intégralement la perte de l'autre, et il y a en permanence des relations mixtes de coopération et de conflit. La coopération entre Union soviétique et États-Unis s'est progressivement développée à partir de la reconnaissance de la nature mixte de leur opposition. En particulier, face au risque de la guerre nucléaire, il y a une alliance implicite des ennemis au moins contre la guerre, idée simple que le public a mis longtemps à comprendre, mais qui est un exemple typique de ce qu'apporte ce genre d'étude abstraite qui aide à rendre plus intelligible la réalité historique.

2. S'il y a un élément de coopération entre les ennemis, il est essentiel que les ennemis soient capables de s'entendre implicitement. D'où une théorie de la communication implicite entre ennemis. Cette communication entre ennemis a pris aujourd'hui une forme officielle sous la forme du téléphone rouge ou du téléphone de diverses couleurs entre les différentes capitales et Moscou, mais il n'y a pas toujours eu ces téléphones rouges, il n'y a pas toujours eu possibilité de communication. Or, l'on peut dire qu'il est nécessaire en période de crise que les messages entre les adversaires puissent être compris à demi-mot — le problème décisif de la solution non violente des crises étant l'entente implicite grâce à l'intelligibilité des messages non guerriers. Par exemple, les États-Unis, dans la crise des fusées, ont voulu communiquer à l'Union soviétique le message qu'ils prenaient très au sérieux l'installation d'engins balistiques à Cuba et qu'ils étaient décidés à en obtenir le retrait. Le message, pour rendre la volonté crédible, a consisté à opérer une concentration formidable de troupes, à réunir les bateaux et les soldats nécessaires pour débarquer éventuellement à Cuba, cette concentration militaire devant signifier, aux yeux des hommes de Moscou, que la volonté américaine devait être considérée comme une volonté résolue qui nécessitait d'être prise au sérieux. Le problème décisif, si l'on veut éviter la guerre par malentendu, c'est donc que les adversaires doivent trouver un minimum de codes communs pour communiquer de telle manière que leurs messages verbaux et non verbaux soient exactement interprétés par l'autre camp. Bien entendu, il s'agit toujours de supposer que les acteurs ont le désir de ne pas aller jusqu'au bout de la crise ou souhaitent un dénouement non violent.

3. La troisième idée qui me semble avoir une grande portée dans les analyses de Schelling est la distinction qu'il établit entre *deterrence* et *compellence* : dans un cas il s'agit de dissuader, dans l'autre de persuader ; dans l'un

on dissuade l'autre de faire quelque chose, dans l'autre on essaie de persuader l'autre de faire quelque chose[32]. Si j'avais davantage de temps, je vous montrerais qu'il s'agit là d'une transposition, à l'âge des communications, de la distinction militaire de la défensive et de l'offensive : la dissuasion consiste à maintenir le *statu quo* en menaçant l'autre de faire quelque chose au cas où il voudrait le modifier, la persuasion ou *compellence* consisterait à obliger l'autre à se retirer ou à modifier son action en le menaçant de quelque chose. L'expérience semble prouver que la dissuasion réussit mieux que la persuasion, ce qui constituerait une nouvelle version de la force intrinsèque supérieure de la défensive sur l'offensive, et nous ramènerait à un thème clausewitzien. Tous ces modèles des théoriciens américains présentent une équivoque ou une difficulté fondamentale : ils utilisent tous la notion de rationalité. Ces auteurs supposent en effet, pour construire leurs modèles, que les acteurs collectifs sont rationnels ; or la notion de rationalité, dans le cas des relations interétatiques, présente au moins deux significations et par là même une certaine ambiguïté :

1. Il y a une signification minimale d'une action rationnelle : une action réfléchie où l'acteur envisage, autant que possible à loisir, les avantages et les inconvénients de faire ceci ou cela.

2. Le deuxième sens est beaucoup plus complexe : qu'entend-on par rationalité en cas de dualité ou de séparation entre une fin et les moyens ? Si dans ce cas l'on définit simplement la notion de rationalité par l'adaptation des moyens aux fins, il est difficile d'en tirer une conséquence quelconque pour la persuasion, dans la mesure où l'on ne connaît pas la valeur que l'acteur attache à la fin. Prenons l'exemple précis de la guerre du Vietnam : les Vietnamiens du Nord voulaient appuyer les Vietnamiens du Sud en vue d'aider ces derniers à s'emparer du pouvoir à Saigon (je laisse de côté la discussion sur la part de révolte spontanée ou suscitée par le Nord,

c'est une question de fait historique qui ne m'intéresse pas ici). Les bombardements du Nord par les Américains avaient une fonction — pour utiliser le langage de Schelling — de *compellence*. Il s'agissait de persuader ou de convaincre les Vietnamiens du Nord de renoncer à soutenir la révolte du Sud en les punissant ou en les bombardant. En quoi était-il rationnel, pour les Nord-Vietnamiens, d'abandonner leur entreprise ? Tout dépendait de la relation entre la valeur qu'ils attachaient au but qu'ils visaient et la punition qui leur était infligée. Dès lors, dire qu'il était plus rationnel pour les uns de continuer, ou qu'il était irrationnel de ne pas continuer, supposait un jugement sur la valeur attachée par les acteurs à la fin qu'ils visaient, jugement qui par définition sort de la rationalité puisque la rationalité par rapport à une fin ne permet pas de déterminer la valeur intrinsèque de la fin.

En d'autres termes, dans la mesure où il y a distinction entre moyen et fin, la rationalité ne s'applique qu'à l'adaptation des moyens aux fins et non pas au coût que l'acteur est capable d'accepter pour atteindre sa fin. Car il est rationnel d'accepter ou non un certain coût pour atteindre une fin selon que l'on attache ou non à cette fin une valeur extrême. Or, dans ce genre de modèle, il y a toujours tendance à confondre la rationalité qui se borne à mesurer l'adaptation des moyens aux fins avec un jugement sur la rationalité de la fin. Mais la rationalité de la fin ne peut être déterminée que dans le cas où l'on choisit simultanément les moyens et les fins, ou la fin en fonction des moyens. En effet, si l'on se situe dans le monde de l'économie, et si l'on décide soit de maximiser le profit, soit de minimiser les coûts, on a simultanément les moyens et les fins, car les fins déterminent ici les moyens. Il s'agit en ce cas d'un type de rationalité qui ne suppose pas l'incertitude sur la valeur intrinsèque d'une fin divorcée des moyens.

Pourquoi insister sur cette équivoque de la notion de

rationalité et sur la place de cette problématique dans les modèles de Kahn et de Schelling ? C'est que Schelling, dans son livre *Arms and Influence*, avait semblé suggérer que le bombardement du Nord devait normalement provoquer le désistement des Nord-Vietnamiens. Or c'était l'exemple typique d'une mauvaise utilisation d'un schéma abstrait, car si ce schéma permet de penser la réalité, il ne peut pas se substituer dans un cas précis à la connaissance concrète de la conjoncture et des acteurs. Comme je l'ai dit quelque part, il aurait été plus important, si l'on avait voulu conduire la guerre du Vietnam, de connaître les Vietnamiens plutôt que d'avoir lu ce livre. La lecture des spécialistes de modèles abstraits peut être intellectuellement excitante et a sa valeur pour former l'esprit du prophète, mais, pour revenir à mon auteur favori, je dirai que l'on ne peut jamais tirer de modèles abstraits une prescription définie pour une situation concrète. Car la situation concrète n'est jamais exactement conforme à la situation prévue dans le modèle, de telle sorte que ces modèles abstraits, qui ont été terriblement à la mode à une certaine période, sont tombés en discrédit lorsque l'usage qui en a été fait a donné les résultats que l'on sait.

C) *La théorie des jeux*

En s'élevant à un niveau encore plus élevé d'abstraction, on se rapproche des modèles de la théorie des jeux. Il est bien entendu qu'il n'est pas question de vous exposer en quelques instants en quoi consiste la théorie des jeux ; je suppose que vous la connaissez. Depuis le livre de Neumann et de Morgenstern on sait qu'il y a éventuellement, dans certaines circonstances, ou plutôt dans certains modèles abstraits bien définis, un calcul mathématique de la décision rationnelle à prendre face à l'incertitude créée non par le hasard naturel, mais par une autre décision, éventuellement rationnelle, de l'acteur opposé[33].

Un physicien anglais célèbre, prix Nobel, Blackett, a reproché aux théoriciens américains des relations internationales de se référer à la théorie des jeux[34]. En fait, s'il y a quelques vagues relations entre l'étude des modèles des relations interétatiques et la théorie des jeux, il ne s'agit de rien de plus que d'analogies pour la bonne raison que jamais, dans la réalité des relations interétatiques, les conditions nécessaires au calcul rigoureux de la décision rationnelle ne sont données. Jamais il n'y a une partie séparée, jamais on ne connaît avec certitude le rendement des différents résultats des jeux et par conséquent il n'y a jamais qu'une analogie méthodologique entre la situation de conflit envisagée par la théorie des jeux et la situation de conflit envisagée par les stratèges. La théorie des jeux a en fait incité les stratèges amateurs ou professionnels à penser clairement ce que tous les stratèges du passé avaient toujours fait, à réfléchir dans une situation donnée sur les réponses possibles de l'adversaire à un mouvement que l'on fait, et en même temps sur les réponses possibles à la réponse de l'adversaire, etc. Le grand joueur au jeu de dames ou aux échecs est en effet celui qui prévoit un grand nombre de coups à l'avance, qui sait voir les options possibles qui s'offriraient à lui à la suite d'une série de réponses de son adversaire à une série de mouvements qu'il aurait décidés.

Il y a en fait deux modèles qui ne sont pas intrinsèques à la théorie des jeux, mais qui lui sont plus ou moins liés, et qui ont tenu une certaine place dans ces modèles abstraits des relations interétatiques. Ces deux modèles, je vais vous les indiquer brièvement : bien qu'ils aient un côté macabre, ils détendront l'atmosphère après cette leçon sévère. Il s'agit d'une part de ce que l'on appelle *le jeu du poulet*, et, de l'autre, du *dilemme du prisonnier*[35]. Ces deux modèles sont très connus, mais je ne suis pas sûr qu'ils soient connus de tous, puisqu'il y a deux jours un de mes confrères de l'Institut m'a demandé — bien qu'il fût lui-même un économiste professionnel — ce qu'était le dilemme du prisonnier.

Le jeu du poulet — auquel se livrait de temps à autre

Françoise Sagan — est le suivant : deux voitures foncent l'une contre l'autre, droit l'une sur l'autre aussi vite que possible, et la question est de savoir qui freinera et quand. Si une voiture freine avant l'autre, l'autre joueur passe en disant « poulet » à son adversaire, c'est-à-dire que celui qui freine le premier perd quelque prestige, celui qui ne freine pas ou qui freine après l'autre gagne en prestige, et si aucun des deux ne freine, ils sautent en l'air tous les deux. Cela ressemble un peu au début de la guerre de 1914 : l'Autriche-Hongrie a dit qu'elle ne freinerait pas, la Russie qu'elle ne freinerait pas davantage ; effectivement aucune des deux n'a freiné et elles ont toutes les deux sauté en l'air.

La réflexion sur ce jeu a une certaine utilité pour suggérer que face à la perte de prestige entraînée par le fait de freiner le premier et le risque de sauter ensemble, il vaut mieux, au moins quand il s'agit d'États, réfléchir à la disproportion qui existe entre la perte de prestige assumée en freinant et la perte tout court encourue en ne freinant pas. Khrouchtchev, semble-t-il, a joué au poulet au moment de l'ultimatum sur Berlin. Il a en effet essayé de jouer au poulet, c'est-à-dire qu'il a essayé de faire croire qu'il ne freinerait pas. Il a freiné cependant et les autres n'ont pas cru qu'il ne freinerait pas, de telle sorte que rien ne s'est passé et que les choses se sont réglées pacifiquement. Mais il est vrai que, dans le jeu interétatique, tous les acteurs, de temps à autre, jouent à ce jeu sinistre. Dans les négociations entre syndicats et patronat, ce jeu trouve des reproductions concrètes et multiples ; simplement, quand on ne freine pas, il y a une grève, mais personne ne meurt — même s'il en résulte des inconvénients.

Quant au jeu du prisonnier, il est beaucoup plus intéressant, plus philosophique, beaucoup plus américain. Voici en quoi consiste ce dilemme des prisonniers : supposons, dans une prison américaine, deux suspects ; le juge d'instruction, le procureur savent qu'ils sont coupables, mais n'ont pas de preuve absolue de leur culpabilité ; on suppose que les prisonniers ne peuvent pas communiquer l'un avec l'autre, chacun étant dans sa cellule. Qu'est-ce qu'ils peuvent faire ? Première hypothèse : s'ils restent silencieux tous les deux, si ni l'un ni l'autre n'avoue, ils ne subissent au maximum qu'une punition légère pour possession d'armes ou pour un motif quelconque que le juge d'instruction ou le juge pourra trouver, puisqu'il a arrêté des suspects qui sont officiellement coupables (vous savez qu'aux États-Unis il est très fréquent que l'on ne puisse punir quelqu'un que l'on sait coupable que pour un motif tout autre que sa culpabilité véritable : les grands gangsters sont en général punis pour fraude fiscale ; comme on n'arrive pas à déterminer de façon satisfaisante pour le jury leur culpabilité, on parvient à les attraper par la bande, en particulier pour fraude fiscale).

Donc, première hypothèse : ils restent tous les deux silencieux et ils s'en tirent bien tous les deux.

Deuxième hypothèse : l'un parle et l'autre se tait. Celui qui parle, en fonction de la législation spéciale américaine, ne récolte que trois mois de prison ; en revanche, l'autre, convaincu de culpabilité par la dénonciation de son complice, attrape dix ans.

Troisième hypothèse : s'ils parlent tous les deux, ils ont tous les deux le mérite de s'être concertés et ils attrapent une peine supérieure à celle qu'ils auraient subie s'ils étaient restés silencieux tous les deux, mais qui est inférieure à celle que celui qui n'aurait pas parlé aurait subie si l'autre avait parlé.

Voilà le dilemme du prisonnier sur lequel vous pouvez lire de longues analyses dans tous les livres américains. Je vous fais grâce de la matrice des jeux : on met en haut le joueur B, en bas le joueur A, et on met dans les deux cases les différentes possibilités — A ne parle pas, B parle ; A parle, B ne parle pas —, et vous voyez ce que donne le résultat.

Quelle est la solution rationnelle du jeu ? Si l'on fait abstraction de la psychologie des suspects, et si l'on raisonne seulement sur le risque minimal ou la stratégie de prudence pour chacun, le mieux est qu'ils parlent tous les deux. En effet, si l'un ne parle pas, il doit craindre que l'autre parle, et si dans ce cas l'autre parle, celui qui se tait obtient le maximum. Mais l'autre fait le même raisonnement, et, puisqu'il ne peut pas compter sur l'autre parce qu'ils ne peuvent pas communiquer, la solution dite minimale consiste pour chacun d'eux à se prémunir contre le pire, quitte à accepter quelque chose de plus sévère que ce qu'ils auraient subi s'ils s'étaient tus tous les deux.

Je vous ai dit que c'était un jeu plus intéressant que le jeu du poulet, parce que c'est un jeu très philosophique : il mobilise en effet la stratégie dite de prudence où l'on se prémunit contre le pire et où l'on s'assure d'avoir globalement la solution minimale pour les deux, même si ce n'est pas, en soi, la meilleure solution. La meilleure solution serait que tous les deux se taisent, car si tous les deux pouvaient se taire, ils n'attraperaient chacun qu'un an, cependant que s'ils parlent tous les deux, ils obtiendront probablement cinq ans. Parler tous les deux est donc la solution dictée par la prudence, chacun craignant la trahison de l'autre. Cette solution dite de prudence est en fait suspendue à une condition essentielle, qui est que les deux protagonistes, ne pouvant pas communiquer, n'aient pas confiance l'un dans l'autre. Ce dilemme du prisonnier, c'est un peu, au fond, le dilemme de la course aux armements : si l'on se met d'accord pour limiter les armements, c'est mieux, mais si l'un limite et l'autre non, nous retrouvons l'équivalent de la solution la plus mauvaise où l'un parle et l'autre se tait. D'où le problème : comment établir la communication et la confiance, symboliquement, dans le cas des prisonniers, quand il n'y a pas communication, et authentiquement, dans la réalité historique, entre des gens qui sont éventuellement opposés dans leurs systèmes de valeurs, ou dans leurs objectifs ?

Le dilemme des prisonniers est un objet de réflexion philosophique, en dehors même de la théorie des jeux. Quelle conclusion peut-on en tirer ? Comme d'habitude, lorsqu'il s'agit d'un modèle relativement compliqué, la conclusion la plus simple est que dans la vie réelle tout dépend de savoir qui sont ces deux suspects, et quelles relations ils entretiennent l'un avec l'autre. En d'autres termes, le modèle abstrait est un exercice intellectuel indispensable, mais la connaissance de l'autre est probablement encore plus nécessaire dans la vie réelle.

DE LA NARRATION A LA SCIENCE *(suite)*

J'avais la semaine dernière commencé de vous présenter de manière à la fois schématique et, si possible, systématique les diverses modalités d'étude de relations interétatiques, internationales, ou transnationales. J'avais posé d'abord la distinction de l'interétatique et de l'international ou, si vous voulez, des relations entre les États et des relations entre les sociétés. J'avais commencé de distinguer les diverses sortes d'analyse des relations entre les États à partir de l'opposition entre les études empiriques et les études par modèles, et j'en étais venu au troisième point du chapitre I, le chapitre I étant celui des relations interétatiques. Dans ce troisième point, j'avais analysé brièvement les deux modèles les plus discutés aux États-Unis, les plus populaires : le jeu du poulet et le dilemme du prisonnier — modèles dont la méthode a été appliquée par les Américains surtout aux relations de communication entre les États dotés d'armes nucléaires. Je vous ai fait remarquer pour terminer — et c'est une idée essentielle — que la problématique fondamentale dans l'étude des relations interétatiques par modèles, c'est de toute évidence celle de la prise de conscience exacte des relations entre les modèles et la réalité. Quelles conclusions, normatives ou prescriptives, peut-on tirer des modèles que l'on a établis ?

Dans le cas du dilemme des prisonniers, peut-être s'agit-il essentiellement de connaître la relation concrète, humaine, qui existe entre les deux prisonniers, car la solution dite rationnelle du dilemme, c'est-à-dire celle qui consiste pour les deux reclus à confesser leur crime, n'est vraie qu'abstraction faite d'une connaissance directe, précise, personnelle des deux hommes. Si les deux prisonniers ont totalement confiance l'un dans l'autre, il devient rationnel en effet pour les deux de se taire ; ce n'est que dans le cas où l'on substitue un modèle aux personnalités concrètes que la rationalité consiste pour les deux à avouer leur crime. La rationalité, je l'ai déjà dit et je le répète, est un concept équivoque qui mériterait un cours d'une année entière, puisqu'il n'y a pas de concept qui soit plus utilisé dans les sciences humaines et qui présente autant de significations. Dans le cas où il ne s'agit que de rationalité instrumentale, tout se ramène à l'adaptation des moyens aux fins posées par ailleurs, et cette rationalité se réfère aux connaissances de l'acteur : l'acteur peut être dit subjectivement rationnel s'il emploie les moyens qui d'après son savoir conduisent à la fin, il peut être dit objectivement irrationnel si faute d'une connaissance exacte il emploie des moyens qui ne conduisent pas en fait aux fins qu'il vise. Dans le cas où il s'agit de rationalité économique, il est possible de faire un choix simultané des moyens et des fins ; il s'agit de choisir les moyens qui aux moindres frais conduisent à une fin, et, dans la mesure où l'on peut quantifier à la fois les moyens et les fins, il peut y avoir un choix simultané des uns et des autres. La rationalité que j'ai appelée instrumentale suppose donc un choix distinct des moyens et des fins, cependant que la rationalité économique comporte un calcul simultané des moyens et des fins en posant l'homogénéité des uns et des autres. Mais il existe une rationalité qui n'est ni instrumentale ni économique.

La troisième sorte de rationalité à laquelle, provisoirement, je fais allusion, est la rationalité de l'honneur ou celle du kamikaze : l'honneur du commandant d'un vaisseau qui se fait sauter en même temps que son vaisseau, ou l'honneur de ces aviateurs japonais qui se jetaient avec leurs appareils sur ceux de leurs ennemis. Dans ce cas, si l'on veut trouver une sorte de rationalité, elle ne peut être formulée que de la façon suivante : l'objectif visé par les chefs ou par soi-même, ou encore par le code de l'honneur, a une valeur absolue, pour ainsi dire une valeur infinie ; par rapport à cette valeur infinie, la vie elle-même de l'acteur ne signifie plus rien.

D) *Quantification de la course aux armements*

Je ne dirai que quelques mots sur ce point. Il y a eu des études par modèles quantifiés de la course aux armements, la plus connue étant celle de Richardson qui a établi les équations de la course aux armements telle qu'elle s'est produite avant la guerre de 1914[36]. Richardson a essayé de tirer des conclusions sur les circonstances dans lesquelles — les diverses variables ayant des valeurs différentes de celles qu'elles ont eues effectivement — l'aboutissement de la course aux armements aurait été en 1914 autre qu'elle a été.

De ces schémas mathématiques de la course aux armements, il me paraît difficile de tirer une conséquence certaine sur la responsabilité de la course aux armements dans l'origine des guerres. D'autre part, si l'on veut calculer l'importance numérique d'un certain budget d'armement, la question est de savoir à quoi il faut rapporter ce budget d'armement : au budget total de l'État ? Au produit national ? En tout état de cause, aucun des schémas mathématiques dont on dispose aujourd'hui ne nous autorise à dire que la course aux armements à laquelle nous assistons depuis 1945 conduit nécessairement ou non à une nouvelle guerre.

E) *L'analyse des systèmes*

Dans ce paragraphe, je passerai de ces études partielles, c'est-à-dire des études concrètes ou recourant à des modèles de relations séparées entre deux acteurs, à l'analyse des systèmes ou à l'analyse des relations entre l'ensemble des États rattachés les uns aux autres par des communications ou des relations régulières. Autrement dit, on passe ici de ce que j'ai appelé l'étude d'acteurs particuliers à l'étude du système des acteurs.

La théorie des systèmes est une théorie générale applicable aux êtres vivants, aux machines artificielles, aux phénomènes physiques, aux phénomènes humains. Je ne prétendrai même pas définir ce qu'on appelle théorie des systèmes dans le cas particulier des relations interétatiques ; je dirai qu'il s'agit de prendre en considération les ensembles constitués ou maintenus par l'action réciproque des variables. Cette action réciproque des variables — dans ce cas, les acteurs — tend par rétroaction à rétablir l'équilibre à partir des conséquences d'un déséquilibre partiel, ou, tout au contraire, à écarter de plus en plus le système du point d'équilibre. On dit qu'un certain système est *homéostatique* dans le cas où une déviation par rapport à l'équilibre tend à exercer des conséquences telles que l'équilibre se trouve rétabli au moment B. Le concept de système est utilisé tantôt pour désigner la construction intellectuelle, tantôt pour désigner la réalité. Dans le cadre des relations interétatiques, il y a une certaine équivoque entre ces deux interprétations du concept de système : tout dépend du caractère plus ou moins abstrait de la construction intellectuelle du système.

Le passage des acteurs particuliers au système ne présente pas de difficulté. Supposons en effet que nous reprenions comme point de départ la crise telle que je l'ai définie dans la dernière leçon. Chacun accordera que, pour comprendre le déroulement de la crise, il importe de prendre en considération tous les joueurs ou acteurs, de tenir compte de toutes les variables qui, dans un système interétatique, sont en relation réciproque. Une conjoncture, quand on la décrit concrètement et de manière historique, englobe de toute évidence tous les acteurs susceptibles de participer à la crise, ce qui permet de tracer de manière plus ou moins confuse les limites d'un système interétatique. Pour prendre un exemple à la fois simple et un peu stupide, Louis XIV ne tenait pas compte de l'empereur de Chine lorsqu'il réfléchissait dans une conjoncture donnée à la décision qu'il devait prendre ; le système interétatique européen était plus ou moins grossièrement séparé des États qui lui étaient extérieurs, c'est-à-dire, pour le dire vite, des États qui n'étaient pas susceptibles de participer à une crise lorsque celle-ci débouchait sur une explication violente. Du même coup, on comprend comment on peut, à partir de la crise, indiquer les éléments principaux d'une conjoncture ou de la description d'une conjonture — cela pour répondre à une question qui m'a été posée par un auditeur. Il va de soi en effet que, dans le cas d'une crise, chaque acteur tient compte de ses alliés et de ses ennemis ; d'autre part, il tient compte du degré de solidité ou du degré de radicalité de ces amitiés et inimitiés. Dans la guerre de 1914, la position de l'Italie restait incertaine puisque, si l'Italie avait une alliance avec l'Autriche-Hongrie et l'Allemagne, cette alliance n'était valable que dans des cas déterminés. Jusqu'au dernier moment, il a été incertain si l'Italie resterait neutre — ce qu'elle fit d'abord — et de quel côté elle prendrait position si elle devait prendre position.

D'autre part, puisque la crise risque de déboucher sur un conflit violent, inévitablement on tient compte de la répartition des forces, qui donne une des indications principales quant à la destruction éventuelle d'un système. Si l'on veut comprendre comment chacun des acteurs réfléchit à la crise donnée, il faut tenir compte également de l'organisation intérieure ou du régime de l'acteur, et du degré de ressemblance entre les régimes des différents États. Cette conceptualisation peut donc sans grande difficulté être tirée, avec un minimum d'abstraction, du travail des historiens eux-mêmes.

Faut-il ou ne faut-il pas parler de système ? En fait, je n'y attache pas une importance prédominante ; toute la question est de savoir à quel niveau d'abstraction on croit utile de construire une représentation du système interétatique. L'application du terme de système aux relations interétatiques doit se faire avec une certaine réserve du fait que le système interétatique est, si l'on adopte le langage des systèmes, un système sans contrôle central ; il n'y a pas de puissance dominante qui prend des décisions valables impérativement pour tous les acteurs. D'autre part, ce système sans contrôle central met en relation des sous-systèmes, à savoir les acteurs ou les États dont chacun a un contrôle central. D'où la nécessité, pour analyser le système interétatique, de tenir compte simultanément de l'absence de contrôle central du système interétatique, et des modalités du contrôle dans chacun des acteurs ou dans chacun des sous-systèmes.

Comment construit-on dans l'abstrait les systèmes ? Le livre classique sur le sujet, auquel je vais faire allusion rapidement, est le livre de Morton Kaplan, livre datant d'une vingtaine d'années et qui s'intitule *Processus et système dans les relations internationales*[37]. En fait, Kaplan a essayé de construire abstraitement des modèles purs de systèmes interétatiques qui soient comparables aux modèles du marché, non pas au sens du marché pur avec un grand nombre de sujets économiques, mais au sens des oligopoles. Il considère ces modèles extrêmement abstraits comme des instruments heuristiques qui permettent dans une certaine mesure de prévoir les conduites caractéristiques des acteurs selon le système. Il établit une liste de sous-systèmes que je vous indiquerai parce qu'elle est classique dans la littérature américaine, et qu'elle donne une idée de la manière dont on passe d'une description concrète d'une conjoncture internationale à la construction abstraite d'un modèle.

Les six modèles de systèmes qu'il distingue sont : le système de l'équilibre du pouvoir *(balance of power)*, le système bipolaire lâche — ces deux systèmes existent historiquement —, et quatre modèles qui n'ont jamais été donnés dans la réalité mais qui sont pensables abstraitement, le système bipolaire rigide, le système universel, le système universel hiérarchique et enfin le *unit veto system* qui serait un système tel que chacun des États aurait un droit de veto sur l'ensemble des autres États par la capacité de les dissuader.

Le *unit veto system* serait pour ainsi dire l'application au monde international du système de la Diète polonaise où il fallait l'unanimité pour l'élection d'un roi, avec cette différence que le droit de veto serait la capacité de dissuasion par la force nucléaire. Le système bipolaire rigide est le système où tous les États seraient intégrés dans deux coalitions, chaque coalition étant de manière souveraine dirigée et contrôlée par un acteur principal. Le système universel, en termes ordinaires, serait une fédération mondiale soumise aux règles de la loi. Quant au système universel hiérarchique, c'est la traduction en termes abstraits de ce que l'on appelle en langage concret l'État mondial universel : ce serait le système créé si un État établissait sa souveraineté sur l'ensemble de l'humanité ; ce serait la transposition à la planète entière de la souveraineté impériale que Rome avait pu établir sur le monde méditerranéen ou que l'empereur de Chine a maintenue pendant de nombreux siècles sur ce qui s'appelait l'Empire du Milieu. Le système de l'équilibre de la puissance est la transposition abstraite du système européen dont je vous ai souvent parlé. Reste le système bipolaire souple qui est celui dans lequel nous avons vécu et dans lequel nous vivons peut-être encore aujourd'hui : il y a deux coalitions principales ; dans chacune de ces coalitions, il y un État prédominant ; la plupart des États appartiennent de manière plus ou moins stricte à l'une ou l'autre de ces coalitions, mais en dehors de ces coalitions principales, il subsiste un certain nombre d'États qui refusent de s'intégrer et s'appellent non alignés.

Pour vous donner un exemple de la manière de penser de Morton Kaplan, c'est-à-dire de la manière dont il construit dans l'abstrait le système de l'équilibre et de la puissance, je vous lirai les six règles qu'il prétend déduire logiquement de la construction même d'un système pur d'équilibre des puissances, où existent plusieurs États de force plus ou moins équivalente, l'objectif majeur de chacun de ces États étant d'empêcher l'autre de l'emporter de manière souveraine sur les autres.

Les six règles qu'il formule sont les suivantes :

— 1. agis afin d'accroître tes capacités, mais négocie plutôt que de combattre ;

— 2. combats plutôt que de laisser passer une occasion d'accroître tes capacités ;

— 3. arrête le combat plutôt que d'éliminer un acteur national essentiel ;

— 4. agis afin de faire opposition à toute coalition ou à tout acteur individuel qui tend à prendre une position de prédominance par rapport au reste du système ;

— 5. agis afin de contraindre ou de restreindre les acteurs qui souscrivent à des principes d'organisation supranationaux ;

— 6. permets à des acteurs nationaux essentiels, vaincus ou contraints, de rentrer dans le système en tant que partenaires acceptables, ou agis afin de faire entrer un acteur jusqu'à présent inessentiel parmi les acteurs essentiels. Traite tous les acteurs essentiels en tant que partenaires acceptables.

Je vais retraduire ces formules abstraites en exemples historiques pour que vous voyiez l'esprit de la démarche.

Permets aux acteurs nationaux essentiels vaincus de rentrer dans le système : la France vaincue de 1815 a pu rentrer dans le système parce que la Grande-Bretagne a insisté pour que la France retrouve son rôle traditionnel, en partant de l'idée que l'élimination d'un acteur essentiel mettrait en question l'équilibre du système tout entier. Si donc nous supposons que le but des acteurs est de maintenir le système, cette règle s'en déduit sans trop de difficulté. Cette même règle n° 6 — agis afin de faire entrer un acteur jusqu'à présent inessentiel parmi les acteurs essentiels — s'applique à la Prusse du XVIIIᵉ siècle qui n'était pas avant cette date un acteur essentiel et qui a été acceptée comme un acteur essentiel ou prédominant, en style ordinaire : comme une grande puissance, à partir du moment où la démonstration a été faite par la Prusse elle-même qu'elle avait les moyens d'une grande puissance.

La dernière formule de cette règle n° 6 — traite tous les acteurs essentiels en tant que partenaires acceptables — suppose l'homogénéité radicale du système ; que n'importe qui puisse s'allier à n'importe qui. Si l'on suppose le système européen de Voltaire, il y a un fonds commun de croyances qui permet à n'importe qui de s'allier avec n'importe qui ; ce qui signifie pour Morton Kaplan que le système d'équilibre des pouvoirs ou de la balance des forces est pur lorsqu'il n'y a jamais d'hostilité entre deux acteurs essentiels qui leur interdise de devenir alliés quelles que soient les circonstances. C'est en ce sens que le système est pur par rapport à la réalité. Personnellement, je trouve que c'est une construction artificielle, car à chaque époque certaines inimitiés ou hostilités entre les États étaient telles que tous les acteurs ne pouvaient pas indifféremment prendre pour partenaire n'importe quel acteur. Si l'on veut passer à la représentation pure de ce système, il faut supposer ce que j'appelle dans mon langage l'homogénéité, car l'homogénéité est une des conditions nécessaires du fait que n'importe qui peut s'allier à n'importe qui. En fait, il en a rarement été ainsi pour une raison ou pour une autre. Cette règle permet néanmoins de comprendre pourquoi, à partir de 1870-1871, le système avait perdu sa pureté. En effet, à partir de 1870-1871, la France ne pouvait pas être l'alliée de l'Allemagne ; l'inimitié résultant de la guerre de 1870, au moins pendant le demi-siècle qui a suivi, rendait inconcevable cette alliance, et par conséquent faisait que toute alliance contre l'Allemagne avait automatiquement le soutien de la France. Le système de l'équilibre où chacun s'allie tour à tour avec n'importe qui ne pouvait donc plus jouer.

La règle nº 4 — fais opposition à toute coalition ou acteur individuel qui tend à prendre une position de prédominance par rapport au reste du système — est la formule abstraite de ce que Montesquieu appelle « l'opposition à la monarchie universelle », et de ce que Voltaire appelle les précautions prises par les États européens contre toute tentative de l'un d'entre eux d'acquérir une position prédominante. Pour que le jeu de l'équilibre puisse se prolonger, il ne faut pas en effet qu'un seul d'entre eux soit capable de contraindre les autres.

La règle nº 5 est déjà quelque peu douteuse : agis afin de restreindre les acteurs qui souscrivent à des principes d'organisation supranationaux. C'est déjà plus douteux parce que cela ajoute quelque chose de plus au schéma pur de l'équilibre : cela suppose chez les acteurs la volonté de maintenir un système de liberté totale d'alliance de n'importe qui avec n'importe qui. Or la volonté de maintenir l'équilibre n'implique pas la pureté du système en ce sens.

Quant à la première règle — agis afin d'accroître tes capacités et négocie plutôt que de combattre —, elle ne me paraît pas susceptible d'être tirée de quoi que ce soit, car elle suppose de la part des acteurs la volonté d'accroissement des forces ou des moyens, ce qui n'est pas valable de manière générale, mais seulement sous certaines conditions, savoir sous condition que l'État ne craigne pas qu'en accroissant ses forces il accroisse le nombre de ses ennemis. Par exemple, Bismarck, à partir d'une certaine date, a craint de renforcer l'Allemagne, convaincu que, s'il dépassait un certain potentiel de forces, il créerait automatiquement une coalition contre lui.

Laissons de côté ces discussions de détail. La construction abstraite de ces systèmes équivaut à substituer à la description semi-concrète ou généralisante que je vous ai présentée en langage ordinaire une construction en termes d'acteurs agissant selon des règles. Il est vrai que certaines de ces règles étaient plus ou moins appliquées dans certaines périodes historiques, mais la question est de savoir si la transcription de ce système sous forme abstraite et pure est un moyen heuristique efficace pour penser la réalité historique. J'ajoute que Kaplan lui-même distingue les acteurs selon qu'ils sont directifs ou non directifs, selon que le gouvernement auquel ils sont soumis est autoritaire ou non autoritaire, selon l'indépendance dont jouissent les dirigeants par rapport à la masse de la population. Il distingue aussi les acteurs selon que leur conduite est essentiellement déterminée par le système ou au contraire qu'elle est déterminée par le sous-système : il est clair par exemple que la conduite des acteurs de deuxième ordre est évidemment déterminée par le sous-système.

En gros, on peut dire que de la même façon que l'on construit des modèles de situations économiques, il est possible de construire des modèles de relations entre les acteurs. Mais il n'y a pas lieu de se battre pour savoir s'il faut le faire ou non : toute la question est de savoir quelle est l'utilité et la fécondité de ce genre de modèles.

F) *Les études concrètes de covariations*

Une fois que l'on a construit des modèles de cet ordre, on peut revenir à des études empiriques, c'est-à-dire qu'on peut faire des études concrètes de covariations. Il y a eu de multiples études aux États-Unis, étendues sur des périodes plus ou moins prolongées, pour déterminer quelles sont les variables indépendantes qui semblent être en corrélation avec la variable dépendante constituée par la fréquence de participation d'un État donné aux conflits. On a découvert par exemple que les États qui avaient beaucoup de voisins participaient plus souvent aux conflits que ceux qui en avaient moins ; on peut, si on prend la période 1815-1914 ou 1914-1945, essayer de déterminer quelles sont les différentes variables — situation géographique, nature des régimes, etc. — qui ont déterminé, pour les différents États, la fréquence de leur participation à la guerre, l'intensité des conflits, etc.

La conclusion, c'est que toutes ces études conduisent à s'interroger sur la représentation globale que l'on se fait du monde interétatique. La représentation traditionnelle est celle que je vous ai présentée : des États qui sont en relation les uns avec les autres, mais qui vivent encore partiellement dans l'état de nature ; ces États n'obéissent ni à un juge, ni à un tribunal, et il en résulte qu'ils retiennent le droit de se faire justice eux-mêmes. Cette représentation traditionnelle du monde interétatique met inévitablement l'accent sur l'absence de contrôle central du système, pour parler le langage dit scientifique, et par conséquent, court le risque permanent du recours à la force.

Certaines représentations du monde interétatique auxquelles j'ai fait allusion présentent une image différente. L'image que présentent certaines de ces études, c'est qu'un système interétatique est constitué par des relations régulières, par des communications régulières entre les États — relations et communications diplomatiques étant conçues comme l'état normal, le fonctionnement normal du système, ce qui conduit ces auteurs à enlever au conflit entre les États son caractère de normalité. Au lieu de dire que, faute d'un contrôle central, les systèmes interétatiques sont exposés en permanence à l'explosion de la violence, ces auteurs préfèrent dire que les relations interétatiques sont tissées par les communications entre les États, que la relation normale est une relation de communication, et que le conflit est un raté de la diplomatie. Ils affirment la même chose que les anciens, mais au lieu de se représenter les explosions de violence comme un phénomène normal en l'absence de contrôle central, ils se représentent les communications permanentes comme l'état normal du système et les explosions violentes comme un raté. Dès lors, la guerre devient, comme pour Rapoport, un raté de la diplomatie, et au lieu de faire des études de la guerre, on fait dorénavant des études de la paix. On a d'ailleurs remplacé tous les instituts qui étudiaient les phénomènes de guerre par des instituts qui étudient la paix ; depuis une dizaine d'années en effet — ce qui coïncide avec le changement de l'humeur idéologique en Occident —, toutes les *War Researches* ont été remplacées par des *Peace Researches*. En réalité, on fait exactement la même chose qu'avant, pour la bonne raison que le problème est le même, seulement la connotation ou la résonance idéologique est tout autre. Personnellement, je préférerais de beaucoup que cette nouvelle présentation fût plus conforme à la réalité que la précédente : mon pessimisme m'empêche d'en être sûr, mais je ne peux pas l'exclure. Quoi qu'il en soit, on a maintenant, en fonction de cette nouvelle représentation, des *Peace Research Institutes* et des *Journals of Conflict Resolution*, et disons que ces formules sonnent mieux.

II

Laissons maintenant l'interétatique, et passons, dans ce chapitre II, à l'international, qu'il serait préférable d'appeler l'inter-sociétés, et au transnational, que l'on pourrait appeler le trans-étatique ou le trans-sociétés. Si vous voulez des exemples de phénomènes transnationaux ou transétatiques, vous pouvez choisir entre IBM — société américaine qui, ayant des filiales dans la plus grande partie du monde, exerce une activité qui traverse les frontières comme si elles n'existaient pas — et le Vatican qui, en théorie, est certes une organisation étatique, mais constitue pourtant un État différent des autres, peu comparable même à l'Italie. Considérons le Vatican au sens de la Papauté : celle-ci est le centre d'une organisation religieuse, et cette organisation religieuse qui comprend un grand nombre de filiales nationales a aussi une activité idéologique qui traverse les frontières. A une certaine époque, la IIe Internationale était partiellement un phénomène idéologique transnational qui s'est révélé extrêmement faible en 1914 ; la IIIe Internationale a été un phénomène transnational qui se rapprochait plutôt du style IBM, c'est-à-dire avec prédominance du centre sur les filiales (surtout dans la première phase) — phénomène transnational dont le centre est évidemment rattaché à une nation.

Il est clair que les relations entre les sociétés se rattachent de multiples manières aux relations entre les États. L'étude des relations interétatiques appelle donc nécessairement l'étude de ces phénomènes internationaux, et cela pour deux motifs : premièrement, on ne peut pas donner une réponse à la question de savoir ce que sont les enjeux véritables des conflits entre les États si l'on fait abstraction des relations entre les sociétés. Les États n'entrent pas en conflit les uns avec les autres uniquement au niveau des organisations étatiques ; il faut supposer que si les États se battent, c'est qu'il y a des conflits entre les sociétés. Quels sont ces conflits ? D'autre part, on peut se demander qui sont les véritables décideurs dans le cas des conflits. Ce sont les ministres des Affaires étrangères, le tsar ou Guillaume II qui ont signé l'ordre de mobilisation ou la déclaration de guerre, mais on peut se demander si ceux qui ont pris réellement les décisions, si ceux qui ont conduit au conflit interétatique, ne sont pas autres que les décideurs apparents ; on peut penser que ceux qui apparaissent comme les décideurs sont déterminés ou manipulés par des forces ou des individus intérieurs aux sociétés. Par conséquent, il est évident que l'étude des relations interétatiques suppose une deuxième sorte d'étude qui est celle des relations intersociétés.

La théorie de Lénine sur l'impérialisme nous offre un bon point de départ puisque j'ai pris l'exemple de la guerre de 1914, et que sa théorie de l'impérialisme était une manière — vraie ou fausse — de montrer que l'étude purement diplomatique était dénuée de sens étant donné la nature véritable à la fois des conflits entre les sociétés et des décideurs de ces conflits. En simplifiant, Lénine pensait que les rapports au niveau interétatique dissimulaient les véritables conflits entre les sociétés ou les économies, et que la guerre de 1914 avait eu pour origine et pour enjeu non pas la querelle entre l'Autriche-Hongrie et la Serbie, qui à ses yeux était dérisoire, mais l'impossibilité pour les États capitalistes de se partager le monde. D'autre part, Lénine avait tendance à croire que la politique extérieure des États était conditionnée ou déterminée par les élites économiques, par les possesseurs ou gestionnaires des forces productives, ou éventuellement que la politique extérieure des États avait des objectifs qui résultaient de la situation de l'économie du pays considéré. En d'autres termes, d'une façon ou d'une autre, il semblait substituer l'étude des phénomènes sociaux et économiques à l'étude interétatique, et rendre compte du phénomène interétatique lui-même par les relations économiques et sociales entre les sociétés.

Sans vouloir discuter cette théorie sur laquelle je me suis exprimé plusieurs fois, je dirai que la grande difficulté de la preuve est la suivante : comment peut-on démontrer que la guerre, ayant surgi en 1914 à propos d'une querelle politique banale, a eu pour véritable cause les rivalités économiques entre l'Allemagne, la France et la Grande-Bretagne à propos du Maroc, du chemin de fer de Bagdad, etc. ? Il faut ajouter que les rivalités économiques de l'époque apparaissent rétrospectivement tout aussi dérisoires et tout aussi absurdes que les enjeux politiques de la guerre, car l'un des grands enjeux supposés de la rivalité entre la France et l'Allemagne aurait été l'exploitation du Maroc — ce qui en 1974 a un caractère légèrement ironique. L'un des grands motifs supposés du conflit aurait aussi été le chemin de fer de Bagdad, mais qui se souvient encore de l'histoire du chemin de fer de Bagdad ? Quant à la grande rivalité commerciale entre la Grande-Bretagne et l'Allemagne — l'un des thèmes préférés de l'explication économique —, on a découvert après coup que l'Allemagne et la Grande-Bretagne étaient l'une pour l'autre à la fois d'excellents clients et d'excellents fournisseurs ; on a découvert que ces deux États rivaux avaient besoin respectivement de leur prospérité, et que, même au point de vue commercial, s'il est vrai que l'Allemagne se développait plus vite que la Grande-Bretagne, le développement du commerce allemand ne suffisait pas à mettre en danger la prospérité de cette dernière. En tout cas, il est clair que le coût de la guerre pour la Grande-Bretagne a été de très loin supérieur au coût que représentait pour elle le développement de la prospérité allemande.

Mais laissons de côté ce genre de discussions, et partons de cette proposition simple : si l'on veut raconter l'histoire, il faut aussi faire entrer en ligne de compte les relations inter-sociétés. Dès lors, je pose la question : quelles sont les études sociologiques des relations inter-sociétés ?

Le premier type d'étude, illustré par Karl Deutsch, est l'étude comparée des circonstances où l'intégration d'une unité politique a été maintenue et des circonstances où une telle unité ne s'est pas maintenue[38]. La méthode de

Karl Deutsch consiste essentiellement à établir des indices quantitatifs des échanges de toute espèce entre des sociétés, échanges d'abord et avant tout de marchandises, mais aussi échanges de lettres, de communications téléphoniques, de communications diverses par des nouvelles relatives aux pays voisins dans la presse de l'autre pays ; en gros, il s'agit d'arriver à des coefficients de relation ou de communication entre les différentes sociétés. L'une des conclusions curieuses à laquelle aboutit Deutsch, et qui prête beaucoup à discussion, c'est qu'au rebours de ce que l'on croit souvent, on ne peut pas constater dans l'ensemble une tendance régulière à l'élargissement mécanique et nécessaire des unités politiques. Il affirme aussi que la vie, même économique, ne devient pas progressivement plus internationale. Il considère, chiffres à l'appui, que le pourcentage du produit national qui fait l'objet d'échanges internationaux tend plutôt au cours du dernier demi-siècle à diminuer qu'à augmenter.

Il y a ici matière à de longues discussions, car il reste à savoir si ce qui fait l'objet d'échanges internationaux n'a pas une influence décisive sur le développement de l'économie elle-même ; il reste à savoir si les phénomènes transnationaux ne modifient pas fondamentalement la situation que Karl Deutsch a rapportée. J'ai eu des discussions avec lui. Certes, il vaut la peine de se poser ce problème et de se débarrasser de ces idées toutes faites selon lesquelles les différents États deviennent de plus en plus dépendants les uns des autres. A certains égards, la proposition peut être vraie, à d'autres elle peut être fausse. D'autre part, à partir de ces études, il a voulu essayer de déterminer les circonstances dans lesquelles une certaine intégration réussit et les circonstances dans lesquelles elle ne réussit pas. Si l'on veut trouver des exemples d'intégration non réussie, on peut citer l'Angleterre et l'Irlande, ou encore la Suède et la Norvège. Deutsch a longuement étudié le pays dans lequel il est né, l'Autriche-Hongrie, et les conditions de la décomposition d'une unité de cette sorte. Il a trouvé un certain nombre de variables défavorables, d'ailleurs peu surprenantes : il ne faut pas que la différenciation linguistique et ethnique s'accroisse démesurément, la participation accrue de groupes populaires jusqu'alors passifs dans la vie politique met en danger l'équilibre de l'État plurinational ; d'autre part, les engagements militaires excessifs ébranlent une communauté de cette sorte, etc.

Il y a une deuxième sorte d'étude qui a été faite par un sociologue américain du nom de Haas, l'étude de l'intégration fonctionnelle de l'Europe des Six[39]. Haas a cherché des coefficients, des chiffres pour mesurer le degré d'intégration à l'intérieur de la Communauté européenne ; en gros, on peut dire qu'il s'agit de déterminer, à partir d'une liste de décisions, combien de décisions sont prises au niveau national et combien sont prises au niveau communautaire. On obtient ainsi une espèce de mesure de l'intégration.

Le danger de toutes ces sortes d'études, c'est qu'elles mettent en lumière des faits réels, mais ne permettent pas avec certitude d'extrapoler. Les études de Haas étaient empreintes d'optimisme au sujet du mouvement quasi irrésistible vers plus d'intégration ; Deutsch avait été, à mon avis, plus prudent ou plus perspicace par ses études des échanges inter-sociétés. Il avait conclu que le moment extrême de l'intégration avait été atteint vers 1957-1958, et qu'à partir de ce moment il y avait plutôt tendance à la diminution. Je ne sais pas si ses coefficients sont justes, mais cela ressemble plus à ce qui s'est passé que les visions optimistes de l'intégration fonctionnelle irrésistible.

Il y a eu également des études quantitatives qui sont aux phénomènes de violence subétatique ce que sont les études quantitatives de violence au niveau étatique. De la même façon que l'on fait des statistiques de la fréquence des guerres et de la fréquence de la participation à des guerres, on fait des statistiques des assassinats, des bagarres, des révoltes, des guerres civiles et étrangères, et on a essayé, par la méthode sociologique banale de covariation, de déterminer si l'on pouvait trouver des relations régulières entre la violence subétatique et la violence interétatique. Finalement, on n'a pas trouvé grand-chose ; on a trouvé un certain nombre de chiffres, mais les écrits qui m'ont paru les plus intéressants, ceux de Sorokin, ont montré que si on prenait une longue période historique, on ne pouvait observer ni un accroissement de la violence, ni une diminution[40]. A la rigueur, des cycles de violence accrue et de violence diminuée, ce qui est d'un intérêt limité. Il n'y a cependant aucune raison de ne pas s'intéresser à ce genre d'études, et incontestablement, la mise en relation des émeutes, des bagarres, des révoltes d'un côté, et des guerres interétatiques de l'autre, est une étude intéressante : il peut se faire qu'il y ait des phénomènes de substitution, même si, en l'état actuel des choses, on n'en sait rien.

Le quatrième type, le plus intéressant, qui nous ramène à Lénine, est illustré par les recherches d'un Norvégien, Galtung, qui consistent à faire une étude simultanée de la structure intérieure des sociétés et des États, ainsi que des relations qu'ils entretiennent[41]. Il a fait ce qu'il a appelé lui-même « une théorie structurelle de l'impérialisme ». A l'intérieur de l'entité dominante, les États-Unis, vous avez la minorité dominante qui tire le maximum de profit de la société inégalitaire, et vous pouvez établir la distinction du centre et de la périphérie : le centre, c'est la minorité dominante, la périphérie, c'est le reste de la société ou les classes inférieures ; ce qui renvoie, dans le langage paramarxiste, à la distinction de la masse exploitée et de la minorité dominante. D'autre part, si vous considérez un État dominé de la sphère d'influence américaine, un État d'Amérique latine par exemple, vous pouvez de la même façon distinguer la minorité dominante et la masse exploitée, et il ne reste plus qu'un pas à franchir pour établir une relation, une solidarité implicite ou explicite entre les deux minorités exploitantes du centre du système et du centre de l'État dominé, et, d'un autre côté, une relation implicite ou non perçue entre les périphéries de la société dominante et les périphéries des sociétés dominées. On peut compliquer considérablement ce schéma dont je vous donne seulement le principe. Je vous montre ainsi simplement comment on peut repenser simultanément dans le même schéma conceptuel la structure sociale d'une société dominante, la structure sociale d'une société intégrée dans un système de domination économico-politique, et voir quelles relations s'établissent entre les minorités dominantes de la société prédominante et les autres. Vous voyez bien quelles conclusions on peut tirer d'une étude de cette sorte.

Quoi qu'il en soit, l'étude dont je viens de vous donner le modèle aboutit curieusement à un résultat assez comparable à celui auquel arrivait la première série d'études, les études interétatiques. Je vous disais que les études interétatiques, en substituant la communication à la violence, présentaient le système interétatique comme un système de communication où la violence apparaissait comme un raté de la communication ou de la diplomatie. La description ou l'analyse des relations inter-sociétés, dans ce schéma de l'impérialisme que je viens d'esquisser, supprime aussi d'une certaine façon la représentation traditionnelle des acteurs nationaux, des acteurs étatiques, représentation traditionnelle où ces acteurs interétatiques, constitués comme des unités, sont en relation les uns avec les autres comme s'ils pouvaient être assimilés à une personne unique, comme s'ils étaient un ensemble homogène entrant de temps à autre en conflit. En effet, si vous intégrez à cela la structure intérieure de l'élite et de la périphérie, vous supprimez l'impression ou l'image d'une entité politique cohérente en relation avec une autre entité politique cohérente ; vous aboutissez à une représentation tout à fait différente ; vous aboutissez à une représentation où, d'une certaine manière, la relation typique de la politique étrangère, la relation de domination, est déjà donnée dans les acteurs nationaux : la relation de domination dans l'acteur national principal se transpose d'une part dans la relation à l'intérieur des acteurs subordonnés, et d'autre part aussi dans la subordination des élites des acteurs secondaires par rapport à l'élite de l'acteur dominant. Vous n'avez plus qu'un monde de domination et un monde de conflits sociaux dont les relations interétatiques sont d'une certaine manière une expression, et une expression superficielle, de telle sorte que l'image du système interétatique devient tout à fait différente de la représentation traditionnelle.

Il y a donc quelque chose de commun avec l'aboutissement de mon premier chapitre, lequel était à la fois semblable et opposé. Ce n'est pas un paradoxe : si vous y réfléchissez un instant, l'aboutissement du premier chapitre tendait à réduire ou à éliminer l'aspect « violence » du système interétatique et des communications entre les États ; la violence n'était plus que le raté de la communication. En revanche, dans la représentation inter-sociétés que je viens de vous présenter, la violence est structurelle ; tout le système devient violence. Dans un cas, la spécificité de la relation interétatique traditionnelle tendait à être éliminée par la prédominance de la communication telle que l'imaginent les sociologues de bonne volonté, et de l'autre, au terme du deuxième chapitre, la représentation est exactement opposée, c'est-à-dire qu'on ne représente pas du tout des communications égalitaires entre les États, mais un monde essentiellement structuré par des relations inégalitaires, par la domination d'élites sur le grand nombre, et c'est à partir de cette représentation qu'on utilise le terme de « violence structurelle ». En d'autres termes, les études américaines des années 50 tendaient à éliminer autant que possible la violence pour lui substituer le dialogue, et les études des années 60 ou 70, dans une humeur idéologique différente, éliminent la communication entre égaux pour ne plus connaître que la violence structurelle dans laquelle nous sommes tous pris, tous prisonniers : dans un cas, la violence disparaît, dans l'autre, il n'y a plus que la violence. L'ennui, c'est que probablement ces deux conclusions sont aussi difficiles à maintenir l'une que l'autre.

HISTOIRE ET SOCIOLOGIE

Je vous avais fait observer que les études des relations interétatiques et les études des relations intersociales ou internationales aboutissaient les unes et les autres, de manière apparemment paradoxale, à des conclusions opposées : d'un côté, les études modernes des relations interétatiques tendent à réduire la place de la violence et de sa légalité, à prendre comme concepts majeurs la communication ou l'échange ; de l'autre côté, les études des relations intersociales ou internationales dans le style de Galtung aboutissent à la conclusion de la permanence de la violence ou à la violence structurelle, la violence inscrite dans l'organisation sociale elle-même se substituant à ses formes ouvertes que sont les conflits armés. Mon intention n'est pas de continuer la réflexion sur cette opposition qui nous amènerait à réfléchir sur la représentation du monde interétatique et du monde international à notre époque. Je voulais simplement tirer de cette remarque finale l'idée suivante : la représentation du monde, ou, en style plus rigoureux, le paradigme de l'objet d'étude, présente presque inévitablement une signification idéologique selon que l'on se représente le monde interétatique comme un monde d'échanges, de communications, ou comme un monde commandé par la légalité de la violence. On suggère en effet implicitement, selon l'un ou l'autre cas, une interprétation tout autre de la nature des relations entre les États. En fait, dans les études actuelles, l'accent est mis de manière croissante sur les phénomènes transnationaux comme les sociétés dites multinationales ou les Internationales idéologiques, ou encore, sur les phénomènes subétatiques comme les troubles à l'intérieur des États qui, inévitablement, influent dans certaines circonstances sur les relations interétatiques. Je me borne, en ce qui concerne la substance, à en tirer la conclusion banale que les relations interétatiques peuvent être influencées tantôt par ce qui se passe entre les nations, tantôt par ce qui se passe au-dessus du niveau interétatique.

Je passe immédiatement à ce qui est mon objet propre, à savoir les problèmes épistémologiques que cette analyse des différentes sortes d'études des relations internationales suggère.

Je vais essayer de traiter trois problèmes qui sont suggérés par la revue à laquelle j'ai procédé des différentes études :

1. J'essaierai de dégager les relations entre la théorie et la sociologie d'une part, et l'histoire au sens strict de l'autre.

2. Je me demanderai dans quelle mesure l'étude des relations internationales ou interétatiques conduit à la philosophie que l'on appelle *historiciste*.

3. Enfin, et ce sera le thème principal, j'essaierai d'analyser les relations entre le micro-événement et l'ensemble, la structure ou le système, puisque ce que j'entends par construction du monde historique, c'est précisément cette élaboration des ensembles ou des systèmes grâce auxquels on peut ensuite faire un récit, ou bien qui permettent de s'élever au-dessus du récit pour trouver une explication plus ou moins scientifique.

Le premier thème traité concernera donc les relations entre la théorie, la sociologie et l'histoire. Il va de soi qu'il s'agit d'un vieux problème qui a été discuté depuis Auguste Comte jusqu'à aujourd'hui. Je n'ai donc pas l'intention de reprendre la discussion dans son ensemble ; je me borne à tirer quelques conclusions de la revue des études portant sur les relations internationales, cela à la lumière des leçons précédentes.

Comment s'exprime l'intention scientifique, théorique ou sociologique, dans l'étude des relations internationales ?

On peut dire que par rapport à une certaine sorte d'histoire-récit, l'étude scientifique des relations interétatiques ou internationales s'efforce d'élaborer une conceptualisation plus rigoureuse. De la même façon que l'économiste construit l'homme fictif, que l'on appelle *l'homo œconomicus*, on peut, si l'on veut, dans l'étude des relations interétatiques, créer un personnage fictif, une image de l'esprit, qu'on appellerait *l'homme diplomatique*, celui qui serait défini par le fait qu'il représente l'entité politique et traite avec les représentants d'une autre entité politique ; construction artificielle, consciemment artificielle, comparable à la construction du sujet économique à laquelle procèdent les économistes quand ils construisent une théorie. Du même type est le concept d'*intérêt national* utilisé par une certaine école qui étudie les relations interétatiques. Les théoriciens de l'intérêt national s'efforcent de définir de manière abstraite, universellement valable, l'objectif que visent les diplomates ; ils s'efforcent de déterminer ce que seraient une politique internationale et une conduite internationale rationnelles si ceux qui représentaient les entités nationales se conduisaient vis-à-vis des autres entités nationales à la manière dont l'homme économique, poupée artificielle, se conduit sur un marché pur. La difficulté, c'est que probablement il est impossible de donner une définition rigoureuse et universelle valable de l'intérêt national, alors que dans certaines circonstances, ou sous certaines hypothèses, on peut donner une définition de l'objectif visé par un sujet économique, cet objectif pouvant être la maximisation d'une certaine quantité.

En dehors de ces constructions très artificielles, l'effort de conceptualisation peut prendre une forme très proche de la conceptualisation historique, et en fait, mes propres conceptualisations ont été à peine plus abstraites que celles auxquelles procèdent les historiens qui ont conscience de la nature de leur objet. Par exemple, si l'on essaie d'analyser une conjoncture ou une constellation interétatique, on s'efforcera inévitablement d'établir la répartition des forces entre un certain nombre d'États, la nature des alliances, l'homogénéité et l'hétérogénéité du système selon que les principes constitutifs des divers États sont les mêmes ou différents ; on s'efforcera de tracer les limites de l'ensemble, d'établir les relations entre l'ensemble et l'environnement. Une conceptualisation de cet ordre, avec éventuellement un petit peu plus de rigueur et de précision, est utilisable pour les historiens, parce que, dans une large mesure, elle ne diffère pas en substance ou en nature d'une conceptualisation historique. En effet, les historiens, dans la mesure où ils étudient une période historique, ou bien dans la mesure où ils racontent une histoire, ont comme substantifs, comme sujets de leurs propositions, des êtres concrets, individuels ou collectifs. En ce sens, leurs concepts sont des concepts descriptifs, concrets, historiques. Or les exemples que je vous ai donnés de la conceptualisation de conjonctures historiques déterminées se prêtent sans aucune difficulté à une utilisation par les historiens eux-mêmes ; c'est pourquoi un ou deux historiens, en particulier des historiens allemands, ont considéré que la conceptualisation que je leur suggérais était plus facilement utilisable que les conceptualisations beaucoup plus abstraites des théoriciens américains. Ce qui n'est nullement une critique des conceptualisations abstraites, mais cela signifie simplement que les historiens utilisent d'autant plus aisément une certaine conceptualisation qu'elle se rapproche de leur métier propre, qui est normalement soit de raconter une histoire, soit de décrire une situation définie.

Une deuxième forme de conceptualisation est constituée par la recherche de ce que j'ai appelé un paradigme ou un modèle des relations interétatiques — que ce modèle soit celui d'un système de relations, d'un système de communications, qu'il s'agisse d'un système homéostatique ou non. En général, quand on arrive à ce niveau d'abstraction, les historiens manifestent une certaine indifférence : non que ces sortes de spéculations soient par nature étrangères à la recherche historique, mais on n'arrive à ce degré d'abstraction qu'après être passé par la comparaison entre un grand nombre de conjonctures interétatiques. A partir de ce moment, quand les théoriciens sont à la recherche de modèles extrêmement abstraits, ils visent une sorte de science qui, lorsqu'elle sera établie et développée, servira peut-être aux historiens qui jusqu'à présent l'utilisent peu.

Le troisième type d'étude théorico-sociologique est constitué par les analyses abstraites ou les modèles, et en particulier les modèles de la stratégie nucléaire dont je vous ai déjà dit quelques mots. Ces modèles de stratégie nucléaire, les historiens peuvent ou doivent les utiliser, et ils le font de deux façons : d'une part, si nous supposons un historien qui raconte ce qui s'est passé dans le monde que nous avons connu depuis vingt-cinq ans, il a l'occasion d'utiliser les modèles de stratégie nucléaire élaborés par les théoriciens américains comme instruments qui servent à comprendre ce qui s'est effectivement passé ; il est utile de savoir quelle était la capacité de première frappe ou de deuxième frappe des États-Unis ou de l'Union soviétique aux différentes périodes depuis 1945, si l'on veut raconter ce qui s'est passé entre 1945 et 1974. En d'autres termes, les modèles de situation stratégique entre les États sont des instruments heuristiques que les historiens doivent naturellement utiliser lorsqu'ils racontent l'histoire d'une certaine période diplomatique où des situations comme celles qui sont envisagées dans les modèles se sont effectivement réalisées. Quand, après avoir élaboré moi-même des modèles de relations stratégiques nucléaires, j'ai, dans *République impériale*, raconté les événements qui ont eu lieu depuis 1945 jusqu'à 1972, j'ai utilisé ces modèles comme instruments heuristiques, de manière à poser la question de savoir si, et dans quelle mesure, les relations entre les grandes puissances avaient été ou non influencées par la situation qui existait entre celles-ci.

Il y a une deuxième raison pour laquelle les historiens sont amenés à utiliser ces modèles : c'est que les hommes d'État, qui prennent les décisions, les connaissent aussi, et il peut se faire, dans un certain nombre de circonstances, que la conduite de ces hommes d'État ait été affectée par la représentation qu'ils avaient du modèle élaboré par les théoriciens. Nous ne pouvons pas dire avec certitude dans quelle mesure le comportement des Soviétiques a été influencé par le modèle de leurs théoriciens, pour la bonne raison que la manière dont ces théoriciens s'expriment est toujours ambiguë : ils rapportent les théories des stratèges américains en les présentant partiellement comme des complots des États impérialistes pour déclencher les guerres, et simultanément, par ce biais, ils indiquent qu'ils comprennent parfaitement la nature de ces spéculations. Il n'est donc pas exclu qu'ils soient eux aussi influencés par les modèles élaborés par les stratèges américains, bien que la plupart du temps ils ne le disent pas explicitement.

En ce qui concerne les stratèges américains, il est incontestable qu'à partir de la fin des années 50, les modèles des théoriciens ont influencé ceux qui prenaient les décisions. C'est dans la deuxième partie des années 50 que les chefs responsables de la force stratégique de dissuasion aux États-Unis ont été sensibles à la distinction de la première et de la deuxième frappe, c'est-à-dire à la nécessité d'assurer l'invulnérabilité de la force aérienne de dissuasion ou de représaille. En effet, il y a eu une période, dans la première partie des années 50, où la quasi-totalité des avions de la force stratégique de dissuasion (les B 36) était concentrée sur un tout petit nombre d'aérodromes, c'est-à-dire avec un maximum de vulnérabilité. Et il s'est trouvé qu'à l'occasion d'une tempête, un bon nombre de ces fameux B 36 qui, paraît-il — mais heureusement ce n'était pas vrai —, garantissaient la sécurité de l'Occident, ont été endommagés, parce qu'en dépit de tout bon sens ils se trouvaient sur un petit nombre d'aérodromes.

Les notions de la première et de la deuxième frappe, de la sécurité ou de l'invulnérabilité de la force de représaille, qui aujourd'hui sont même entrées dans le domaine privé et que les journalistes utilisent, ont été introduites par les spéculations des théoriciens. Puis, si on va au-delà, Kennedy a pris comme conseillers un certain nombre de personnalités universitaires qui avaient longuement étudié soit à Harvard, soit au MIT, ces problèmes de stratégie nucléaire, et il était profondément influencé par ces spéculations. Je vous en ai déjà donné un exemple : au moment de la crise de Cuba, les responsables américains ont été beaucoup plus inquiets qu'ils n'auraient dû l'être, parce qu'en fonction de leurs modèles extrêmement compliqués, les Russes auraient pu ou auraient dû répondre à l'ultimatum relatif à Cuba par un ultimatum relatif à Berlin, car, selon les *Kriegsspiele* ou les *wargames*, la situation berlinoise était comparable à la situation cubaine. En effet, dans un cas, la supériorité classique appartenait aux États-Unis, dans l'autre, elle appartenait à l'Union soviétique, et par conséquent la réplique, si on jouait aux échecs au lieu de jouer le jeu nucléaire, c'était de montrer aux États-Unis, pour les dissuader d'agir à Cuba, qu'on pouvait faire la même chose à Berlin. C'est pourquoi le président Kennedy a ordonné une alerte générale des forces américaines — y compris en Allemagne et à Berlin — dans l'espoir de dissuader ce qui à ses yeux était la réplique rationnelle à la décision qu'il avait prise à Cuba. Heureusement, les Soviétiques raisonnaient autrement et de manière plus simple, c'est-à-dire qu'ils pensaient qu'il valait mieux ne pas jouer aux échecs avec des armes nucléaires, et qu'après tout Cuba n'avait pas tellement d'importance, que retirer une fusée de Cuba était au plus une petite humiliation qui a d'ailleurs été compensée au bout de six ans par le fait que les Soviétiques ont atteint l'égalité avec les États-Unis.

Mais je prends ce cas comme exemple de l'intervention nécessaire de ces modèles théoriques dans la compréhension des événements historiques ; soit que les historiens les utilisent pour comprendre la conjoncture, soit qu'ils soient obligés de les utiliser pour comprendre la manière de penser de ceux qui prennent les décisions, ces modèles étant devenus partie de la manière de penser des acteurs au sens concret du terme. Il ne s'agit d'ailleurs là de rien d'exceptionnel. Ce qui fait l'un des aspects intéressants et typiquement humains de l'histoire et des sciences humaines, c'est que tous leurs modèles se transforment en manières de penser leurs propres objets. Par exemple, le modèle marxiste de la société devient partie intégrante de la manière dont, sinon les ouvriers, du moins les intellectuels pensent le monde dans lequel nous vivons. A partir de là, ce modèle devient un facteur efficace de transformation du monde, et il peut se faire finalement que, selon les circonstances, le monde ressemble au modèle ou en diffère, comme vous voudrez.

En tout état de cause, les modèles ou les paradigmes des sciences humaines sont non seulement des instruments heuristiques à la disposition des historiens, mais aussi des éléments de la manière de penser des gens eux-mêmes, et à ce titre, ils transforment en permanence la réalité.

Si vous voulez un autre exemple de ce phénomène qui est l'un des motifs de l'intérêt que je prends aux sciences humaines, c'est le suivant : quand vous prévoyez une avalanche, vous ne contribuez pas à la provoquer ; quand vous annoncez une crise économique, vous pouvez selon les cas contribuer à la provoquer ou à l'éviter, c'est-à-dire qu'en permanence, les jugements prospectifs sur l'avenir deviennent eux-mêmes un facteur d'événements et influent sur les événements dans un sens ou dans un autre. C'est un des biais par lesquels il vaut la peine d'étudier l'influence que la prise de conscience exerce sur la manière dont se déroule l'histoire humaine. Bien entendu, je vous laisse libres de croire qu'il ne s'agit là que de détails, et que les grandes lignes de l'histoire sont une fois pour toutes fixées, soit conformément à la Providence, soit conformément à une vocation catastrophique.

L'exemple de la crise de Cuba nous offre encore un autre cas où l'historien est amené à utiliser dans son récit les résultats des études sociologiques, sinon théoriques. Au lieu en effet d'étudier de manière désordonnée et aléatoire les relations entre les différents personnages qui sont intervenus dans une crise, la sociologie permet une analyse plus ou moins rigoureuse du comportement des individus insérés dans une organisation ; l'historien se trouve ainsi en mesure d'utiliser cette sociologie des organisations pour mieux comprendre comment les choses se sont passées à l'intérieur des États-Unis.

Peut-être l'étude des organisations contribue-t-elle aussi à dissiper une illusion qui est fréquente dans les récits diplomatiques. Les Américains se sont toujours demandés pourquoi les Soviétiques avaient mis des rampes de lancement à Cuba, sans les dissimuler le moins du monde, en pleine vue. Il suffisait en effet de passer au-dessus pour les voir, car il n'y avait rien pour les camoufler ni les protéger, et tout le monde se demandait quelle était la rationalité de cette démarche. Si l'on constate l'irrationalité qui résulte souvent de la contradiction entre les administrations à l'intérieur du gouvernement américain, l'une des interprétations la moins improbable, c'est qu'il y a aussi des contradictions à l'intérieur des administrations du gouvernement soviétique, et que nous avons tendance, nous, à nous représenter l'Union soviétique comme un acteur rationnel, comme si elle était un personnage unique prenant des décisions réfléchies en calculant les avantages et les inconvénients, et à oublier la manière dont nous-mêmes prenons les décisions, c'est-à-dire, normalement, dans un chaos que nous connaissons tous, au gré des circonstances et de conflits ou compromis entre les administrations. En ce sens, l'étude sociologique des administrations et des relations entre les administrations est un instrument heuristique pour rendre intelligibles des conduites diplomatiques qui, avec les modèles simples de l'acteur unique, ne seraient pas intelligibles.

Il va de soi que l'on peut utiliser les études comme celle que j'ai mentionnée de Karl Deutsch sur les succès et les échecs de l'intégration, et en ce cas, on ne sait pas si on doit parler d'étude sociologique ou d'histoire comparée. En fait, il n'y a pas de différence fondamentale entre la sociologie empirique, descriptive, et l'histoire comparée. Si vous lisez le livre que j'ai souvent cité, le livre de Delbrück sur l'histoire de l'art de la guerre dans le cadre de l'histoire politique, vous pouvez dire indifféremment qu'il s'agit d'une histoire comparée de la guerre, ou d'une sociologie du phénomène militaire et guerrier en relation avec l'ensemble de la politique. Si l'on veut absolument trouver quelque chose qui corresponde logiquement ou épistémologiquement à la distinction académique des historiens et des sociologues, on dira que les sociologues ont le goût d'un niveau d'abstraction plus élevé, cependant que les historiens, par formation professionnelle, même quand ils pratiquent l'histoire comparée, restent plus proches des concepts descriptifs ou concrets que des concepts plus abstraits qu'utilisent soit les théoriciens de l'économie, soit les théoriciens des relations interétatiques.

S'il existe malgré tout une certaine sorte de spécificité

de l'histoire, c'est uniquement dans la mesure où on réduirait celle-ci à la forme du récit. En effet, entre l'histoire comparée des armées ou de la guerre et la sociologie comparée des armées ou de la guerre, je n'arrive pas à voir épistémologiquement ou logiquement la différence substantielle. En revanche, dans la mesure où l'on considère que le rôle propre d'une certaine sorte d'histoire, c'est de suivre les moments successifs d'une intrigue — de la bataille de Waterloo ou des guerres de l'Empire ou de la Révolution française —, on aboutit à l'histoire-récit, forme de l'histoire que le grand public aime le plus et que les historiens professionnels aujourd'hui aiment le moins, ce qui donne pour résultat que les livres d'histoire qui sont à la fois les plus lus et qui jouissent du moindre prestige scientifique sont les livres d'histoire-récit. Or si cette histoire-récit est différente des études sociologiques ou théoriques des relations interétatiques, elle est aussi une forme scientifique de connaissance du passé, et je dirai qu'elle est elle aussi, comme la sociologie ou la théorie, une reconstruction. En dépit de la formule de Michelet : « l'histoire, résurrection intégrale du passé » (formule littéraire de belle qualité, mais formule épistémologique radicalement fausse), il n'y a pas de résurrection du passé ; on ne revit pas le passé, on le reconstruit[42]. Et dans la mesure où l'histoire est connaissance, elle est connaissance par reconstruction, et la reconstruction ne va pas sans concepts ; on ne revit pas l'ensemble du passé, on ne revit même pas un fragment de son propre passé, car se souvenir d'une expérience que l'on a vécue, ce n'est pas la revivre. Chacun sait en effet la différence, en nous-mêmes, entre l'expérience que nous avons eue d'une punition ou d'une humiliation quand nous étions jeunes, et le fait de se souvenir de cette punition ou de cette humiliation : même quand il s'agit de nous, nous connaissons notre passé en le reconstruisant et nous ne le revivons pas. *A fortiori*, nous ne revivons pas les expériences vécues de ceux qui ont vécu avant nous.

Si l'histoire, même récit, est une reconstruction, il en résulte que cette reconstruction, comme toute autre, suppose un point de vue donné, c'est-à-dire qu'il s'agit d'une reconstruction partielle par essence, parce que l'on ne peut pas raconter tout ce qui s'est passé. Si vous vouliez raconter tout ce qui s'est passé dans la conscience de tous les personnages du Jour le plus long (6 juin 1944), il faudrait autant de temps pour raconter cette journée unique qu'il en faudrait pour raconter toute l'histoire à la manière dont on le fait dans un récit historique.

En d'autres termes, même l'histoire-récit est une reconstruction commandée par des concepts, un point de vue, ou par certains intérêts. D'où le fait que, si nous prenons l'exemple de la guerre, il y a une pluralité de récits selon les références choisies. Par exemple, si vous considérez le récit de la guerre de 1814 ou 1815 par Clausewitz, vous y verrez ce que l'on peut appeler des récits stratégiques de campagnes. Clausewitz, en tant que théoricien de la guerre, s'intéresse aux mouvements des armées, aux plans des différents commandants en chef, aux décisions prises au niveau inférieur par les commandants d'armée, et il produit un récit qui est un récit de la bataille, non pas telle qu'elle a été vécue par les soldats, mais telle qu'elle a été pensée par les différents chefs, et telle qu'elle s'est finalement déroulée en fonction de rencontres, d'incidents, d'accidents, et telle qu'elle a abouti à tromper le calcul des uns ou au contraire à confirmer le calcul des autres. On peut aussi écrire une histoire de ces campagnes en les mettant en place dans un récit diplomatique, politique ou social plus vaste. En effet, on peut considérer qu'il est plus intéressant de reconstruire les batailles de la Révolution et de l'Empire en fonction de la levée en masse, de la transformation des armées, en fonction des objectifs militaires visés par les différents États que de s'attacher essentiellement aux calculs stratégiques ou tactiques des uns ou des autres. En d'autres termes, selon les centres d'intérêt et les systèmes conceptuels, il y a une pluralité de récits qui sont tous partiels. Un récit historique est par essence une reconstruction, à partir d'un point de vue donné, d'une réalité concrète qui est par nature inépuisable.

Cela dit, ces différents récits ne sont pas contradictoires ; chacun d'eux est partiel, mais, du point de vue adopté, ces récits partiels peuvent être strictement objectifs. Il faut donc faire attention de ne pas confondre deux notions qui sont souvent confondues dans la littérature sur la logique de l'histoire, à savoir *la pluralité des récits partiels* — pluralité impliquée par la partialité même des récits et la nécessité de reconstruire la réalité à partir de concepts — et *le relativisme*, qui signifierait qu'il n'y a de vérité que par rapport à une certaine personne. Cette distinction me paraît d'autant plus nécessaire que même un homme comme Lévi-Strauss, dans *La Pensée sauvage*, a tendance à passer de l'idée juste que nous vivons toujours un événement historique d'un certain point de vue, à l'idée que l'historien ne peut que raconter l'événement historique d'un certain point de vue[43]. Or, le passage du point de vue du récit au point de vue de l'historien ne serait vrai que si la reconstruction historique était une résurrection : si, effectivement, l'histoire consistait à revivre la bataille de Waterloo, alors de toute nécessité nous serions obligés de revivre la bataille de Waterloo ou comme Fabrice ou comme Napoléon. Et il est parfaitement vrai que personne n'a pu vivre simultanément la bataille de Waterloo à la fois comme Napoléon, comme Fabrice, comme Blücher et comme Wellington. En d'autres termes, les événements historiques mettant en relation ou aux prises un grand nombre de personnages sont vécus de manière autre par chacun des participants, et si le récit historique était susceptible d'être confondu avec une perception vécue, il en résulterait en effet que l'historien se mettrait effectivement au point de vue ou dans la conscience de l'un des acteurs.

Mais prenons toujours l'exemple de Waterloo et le cas de Grouchy. Clausewitz, dans son récit de la campagne de 1815, discute la question de savoir si le récit que Napoléon a rédigé à Sainte-Hélène de la bataille de Waterloo est historiquement bien fondé ou non[44]. Admettons que Clausewitz n'était pas parfaitement objectif au sens psychologique du terme à l'égard de Napoléon, bien qu'il eût, à l'égard de son ennemi, une grande admiration, et que dans son récit de 1815 il écrivît avec une documentation imparfaite. Mais avec la connaissance du récit de Napoléon à Sainte-Hélène, en tout cas après 1825, il s'efforce d'expliquer cette bataille en stratège. Or la discussion qui porte sur le point de savoir si Grouchy était impardonnable et si les ordres de Napoléon exigeaient que Grouchy marchât vers la bataille de Waterloo est une question qui comporte non pas une réponse certaine, mais à coup sûr une réponse honnête, *fair*, en tout cas aussi détachée que possible. Clausewitz, à tort ou à raison, reprenant les ordres plutôt vagues donnés par Napoléon à Grouchy, conclut que Grouchy est excusable d'avoir fait ce qu'il a fait le jour de la bataille de Waterloo, c'est-à-dire rien. A Sainte-Hélène, Napoléon a dit qu'il ne pouvait pas prévoir que Grouchy, auquel il avait laissé 60 000 hommes, réaliserait le tour de force de n'être nulle part pendant la journée décisive. Il est certain que, si Grouchy avait été Napoléon, il aurait marché au canon puisqu'il l'entendait, mais Grouchy n'était pas Napoléon, et Napoléon s'était ingénié à ce qu'aucun de ses maréchaux ne fût lui-même ; il avait pris l'habitude de leur donner des ordres stricts, et au moins dans la deuxième partie de sa carrière, les ordres qu'il donnait tendaient plutôt à paralyser l'initiative de ses subordonnés. De plus, il se trouve que dans la campagne de 1815 Napoléon avait perdu son chef d'état-major, Berthier (tout le monde sait maintenant qu'il était avec Louis XVIII), et que c'est le maréchal Soult qui jouait ce rôle, et qui le jouait plus ou moins bien.

Quoi qu'il en soit, que Clausewitz ait tort ou raison, que Napoléon ait tort ou raison, il n'y a aucune raison de se mettre soit au point de vue de Grouchy, soit au point de vue de Napoléon pour donner une réponse (objective, mais avec un coefficient d'incertitude) à une telle question. Il me paraît essentiel de le souligner, parce que non seulement cela va contre une certaine représentation de la reconstruction historique, mais cela va aussi contre une théorie, que l'on m'a souvent prêtée, de la reconstitution historique : il n'est nullement vrai à mes yeux que du moment que l'histoire est une reconstruction intellectuelle de ce qui a été vécu, celui qui reconstruit se place nécessairement du point de vue de l'un ou de l'autre des acteurs. Il est parfaitement possible, et je dirais presque évident, que lorsqu'on essaie de faire comprendre par exemple les conflits entre les Catholiques et les Protestants dans les guerres de Religion, ou les conflits entre les Juifs et les Arabes au Moyen-Orient depuis 1948, non seulement on n'est pas contraint d'adopter le point de vue soit des Juifs, soit des Arabes : par définition, on ne doit même adopter aucun des deux. Il se peut que psychologiquement l'historien soit incapable du détachement total qu'on réclame de lui, mais il serait absurde de dire que l'on doive nécessairement comprendre un conflit, même après coup, soit en sympathisant avec la vision d'un des ennemis, soit en sympathisant avec celle de l'autre ennemi. L'historien essaie de comprendre la vision des deux, et pour comprendre la vision des deux sans en partager aucune, il faut que l'histoire, même récit, soit reconstruction et non pas résurrection. Dès qu'on pense l'histoire comme résurrection, on se condamne à un relativisme qui est absurde, car on condamne l'histoire à prolonger indéfiniment les conflits politiques ; au lieu d'être rétrospectivement ce qui permet de rendre intelligibles les conflits que nos ancêtres ont vécus, ce serait alors une manière de prolonger ces conflits dans le présent et de les rendre de plus en plus inexplicables. Le fameux propos de Valéry contre l'histoire porte contre ce qu'est souvent en effet l'histoire, c'est-à-dire la perpétuation des conflits du passé[45]. Mais ces accusations ne valent pas contre l'histoire telle qu'elle devrait être : l'essai pour reconstruire le passé, en comprenant simultanément les imperfections, les visions, les aspirations, les volontés des hommes en conflit.

Il en résulte que je suis d'accord avec ce que dit Lévi-Strauss dans son chapitre de *La Pensée sauvage* intitulé *Histoire et dialectique*, à savoir qu'il n'y a d'histoire que reconstruite, et que par conséquent il n'y a de passé historique que par l'action reconstructrice, que par la pensée d'un historien. Cela dit, Lévi-Strauss va plus loin et soutient une thèse avec laquelle je ne suis pas sûr d'être d'accord, au moins dans certains de ses aspects. Le point de départ de sa thèse (sur lequel je suis d'accord) est le suivant : il n'y a jamais que des histoires partielles qui embrassent une fraction du passé, partielles au point de vue temporel, partielles par le système de concepts utilisé, et qui, par suite, n'embrassent ni la totalité de l'histoire dans le temps, ni l'intégralité de l'histoire dans un moment donné.

En ce sens, je suis prêt à souscrire à la formule : « L'histoire est un ensemble discontinu formé de domaines d'histoire, dont chacun est défini par une fréquence propre, et par un codage différentiel de l'avant et de l'après. Entre les dates qui les composent les uns et les autres, le passage n'est pas plus possible qu'il ne l'est entre nombres naturels et nombres irrationnels. Plus exactement : les dates propres à chaque classe sont irrationnelles par rapport à toutes celles des autres classes »[46].

C'est une formule obscure dont la signification est la suivante : toute reconstruction historique est la reconstruction d'un fragment de l'histoire. Si vous choisissez un fragment étroit d'histoire, le Jour le plus long, et si vous racontez ce qui s'est passé, vous avez une histoire d'un rang inférieur où vous trouvez le maximum d'informations et le minimum d'explications ou d'intelligibilité. Votre histoire d'un rang inférieur est une histoire riche en informations, mais qui, en fonction même de la richesse des informations, est faible en valeur explicative, puisqu'il y essentiellement du récit. Lévi-Strauss ajoute que c'est l'histoire de niveau supérieur (l'histoire de la guerre ou des plans de débarquement des Alliés), l'histoire dans laquelle l'histoire de rang inférieur est inscrite, qui fournira l'intelligibilité de l'histoire de rang inférieur. L'histoire supérieure à l'histoire du Jour le plus long sera moins riche en informations, mais plus riche en explications. Plus vous donnez d'informations détaillées, moins vous expliquez; plus vous expliquez, moins vous donnez d'informations détaillées. Telle est à peu près l'idée de Lévi-Strauss.

Cela dit, il suggère que les histoires des différents rangs, telles que je viens de les définir, sont contradictoires entre elles. Selon Lévi-Strauss, il y a tout d'abord la phase d'histoire biographique, et je vous cite le fait essentiel : « L'histoire biographique et anecdotique est la moins explicative ; mais elle est la plus riche du point de vue de l'information, puisqu'elle considère les individus dans leur particularité, et qu'elle détaille, pour chacun d'eux, les nuances du caractère, les détours de leurs motifs, les phases de leurs délibérations »[47]. Je suis ici d'accord jusqu'à un certain point : il est clair que l'histoire biographique est la plus riche du point de vue de l'information, mais qu'elle soit la plus pauvre en matière d'explication, ce n'est pas démontré, dans la mesure où il existe une explication psychanalytique de telle ou telle destinée individuelle.

Mais admettons que, du point de vue historique, l'histoire inférieure et anecdotique ne soit pas une explication. Considérons un autre texte : « Chaque domaine d'histoire est circonscrit par rapport à celui de rang immédiatement inférieur, inscrit par rapport à celui de rang plus élevé »[48]. C'est dire que l'histoire de la guerre de 1939-1945 est circonscrite par rapport à l'histoire du Jour le plus long, mais que l'histoire de la guerre de 1939-1945 est inscrite dans l'histoire du XXe siècle : selon l'ampleur temporelle que vous visez, vous avez donc des histoires *inscrites* ou *circonscrites*. Lévi-Strauss continue : « On vérifie alors que chaque histoire faible d'un domaine inscrit est complémentaire de l'histoire forte du domaine circonscrit, et contradictoire à l'histoire faible de ce même domaine (en tant qu'il est lui-même un domaine inscrit). Chaque histoire s'accompagne donc d'un nombre indéterminé d'anti-histoires, dont chacune est complémentaire des autres : à une histoire de rang 1 correspond une anti-histoire de rang 2, etc. Le progrès de la connaissance et la création de sciences nouvelles se font par génération d'anti-histoires, qui démontrent qu'un certain ordre, seul possible sur un plan, cesse de l'être sur un autre plan. L'anti-histoire de la Révolution française imaginée par Gobineau est contradictoire sur le plan où la Révolution avait été pensée avant lui ; elle devient logiquement concevable (ce qui ne signifie pas qu'elle soit vraie) si l'on se situe sur un nouveau plan, que Gobineau a d'ailleurs maladroitement choisi ; c'est-à-dire à la condition de passer d'une histoire de rang "annuel" ou "séculaire" (et aussi politique, sociale, et idéologique) à une histoire de rang "millénaire" ou "pluri-millénaire" (et aussi culturelle et anthropologique) ; procédé dont Gobineau n'est pas l'inventeur, et qu'on pourrait appeler : "Transformation de Boulainvilliers" »[49].

Je vais commenter ce texte. La « transformation de Boulainvilliers » fait allusion à un auteur du XVIIIe siècle célèbre en son temps, théoricien de la monarchie française, et qui a expliqué la structure de celle-ci par l'opposition des conquérants francs et des Gallo-Romains, peuples conquis. Selon lui, l'aristocratie était franque, germanique ; elle tirait ses privilèges du droit de la conquête, cependant que le peuple, la bourgeoisie, le Tiers État étaient les descendants des Gallo-Romains conquis. La « transformation de Boulainvilliers » consiste donc à substituer à l'histoire politique et sociale, telle qu'on l'écrit couramment, une histoire écrite par référence au conflit des races, en supposant que l'histoire sociale de la France était à sa racine l'histoire du conflit des Gallo-Romains, des Germains et des Francs. Comme vous le savez probablement, Augustin Thierry est dans la descendance de Boulainvilliers : il raconte lui aussi l'histoire de France en termes de ce conflit de races, sauf que ses sympathies vont du côté du peuple conquis et non pas du côté des conquérants.

Ce qui est difficile dans le texte de Lévi-Strauss, c'est qu'il mêle deux idées différentes : en passant d'une histoire de rang inférieur à une histoire de rang supérieur, selon l'ampleur de la visée temporelle, on substituerait un système de concepts à un autre. Or il n'y a aucune espèce de nécessité que le passage d'une certaine dimension temporelle à une autre dimension temporelle implique la substitution d'un système de référence ou d'un système conceptuel à un autre. Si vous prenez par exemple l'interprétation de l'histoire de la France en termes de conquérants et de peuples conquis, ce n'est absolument pas un système conceptuel qui soit incompatible avec l'histoire économique et sociale de la France : toute la question est plutôt de savoir si c'est vrai, et on peut parfaitement chercher si l'aristocratie française du XVIIIe siècle est effectivement descendante des conquérants francs ou non. En d'autres termes, l'intervention d'un système de concepts liés à une extension temporelle nouvelle ne me paraît à aucun degré impliquer la notion « d'anti-histoire », c'est-à-dire, encore une fois, le renversement du système d'interprétation ou du système conceptuel de l'histoire de rang inférieur.

Pour cependant réserver l'éventualité que Lévi-Strauss n'ait pas tort, on doit prêter attention au fait qu'il dit que, pour arriver à une « anti-histoire », il faudrait une histoire de rang « millénaire » ou « pluri-millénaire », et il ajoute : « culturelle et anthropologique ». Si l'on passe d'une histoire politique à une histoire culturelle et anthropologique, l'histoire de rang supérieur ne rendra pas facilement raison de l'histoire de rang inférieur parce qu'il s'agira d'objets différents, définis par des concepts différents. Je ne vois pas pourquoi on l'appellerait une « anti-histoire » : c'est une perspective à long terme, utilisant des concepts autres, des points de référence différents, mais qui n'est pas nécessairement une interprétation contradictoire avec l'interprétation de l'histoire de rang inférieur. Quant à l'hypothèse d'une histoire « millénaire » ou « pluri-millénaire », il s'agit là de quelque chose à quoi Lévi-Strauss a beaucoup réfléchi : supposons qu'on écrive, non pas une histoire du Jour le plus long, mais qu'on écrive une histoire de l'homme — et de fait il existe aux États-Unis un certain nombre d'histoires qui s'appellent *Histoire de l'homme* —, histoire humaine qui commence à partir des singes et qui couvre des milliers d'années. Dans cette histoire qui couvre des centaines ou des milliers d'années, la période que nous appelons historique au sens étroit du terme — en mettant les choses au mieux, une dizaine de milliers d'années — apparaîtra comme presque rien. Il en résulte donc de toute évidence que le système de codage, le système de concepts que l'on utilisera, ne seront pas les mêmes que ceux que l'on utilise pour raconter une seule journée. En ce sens, il est vrai de dire que selon l'ampleur de la vision historique ou de la vision temporelle, l'intervalle de temps n'est pas le même : dans un cas, ce sont des minutes, dans l'autre, des jours, des années, des millénaires. D'autre part, il en résulte que ce qui nous apparaît comme considérable à l'échelle d'une vie humaine ou d'une société apparaîtra comme secondaire ou comme un simple détail à l'échelle de milliers d'années.

Cela dit, il n'y a ici rien de plus que l'application du

principe selon lequel toute reconstruction du passé humain est une reconstruction partielle (partielle en un double sens : c'est une partie du temps et c'est une partie de la réalité que l'on vise) : en conséquence, la reconstruction suppose un système de codage temporel et un système de concepts.

Peut-on mettre bout à bout ces histoire partielles ? C'est le problème que Lévi-Strauss pose et auquel il interdit de donner une réponse positive. Il veut nous interdire de mettre les dix mille années auxquelles nous attachons une importance disproportionnée, ou à la rigueur, le dernier siècle de la civilisation industrielle, ou bien encore la crise du pétrole, dans le prolongement de l'histoire paléontologique, de l'histoire de l'humanité vue à travers des milliers d'années. Je ne suis pas tout à fait sûr que ce soit impossible. Bien entendu, dans l'histoire de l'espèce humaine, il reste très peu des événements qui passionnent les historiens anecdotiques, c'est-à-dire tous les historiens connus au regard de cette sorte d'histoire, mais je me demande s'il ne reste pas un certain nombre d'événements de notre siècle. Par exemple, je n'exclus pas que les machines ou les ordinateurs fassent partie d'une histoire qui compterait même en milliers d'années ; il est possible que la construction des cerveaux artificiels, que l'inscription de l'intelligence auparavant réservée aux cerveaux humains dans des machines représente, dans l'histoire de l'espèce humaine, un moment important.

Quoi qu'il en soit, je suis d'accord pour dire qu'il est difficile de synthétiser des histoires de rangs différents, mais je ne suis pas sûr qu'il faille dire que l'histoire de rang supérieur soit une « anti-histoire » par rapport à l'histoire de rang inférieur : je suis même convaincu que les histoires de rang supérieur créent souvent des principes d'intelligibilité pour l'histoire de rang inférieur.

MICRO-ÉVÉNEMENT ET ENSEMBLE

Je vous avais indiqué au début de la dernière leçon que j'allais passer en revue successivement trois problèmes. Tout d'abord la manière dont se combinent la théorie ou la science avec la narration : j'ai traité ce premier point la semaine dernière. Je passerai ensuite aux relations entre l'histoire et l'historicisme (en choisissant l'exemple qui m'a servi jusqu'à présent), et enfin j'en viendrai au thème central, à savoir le micro-événement et l'ensemble.

Commençons donc par quelques remarques rapides sur les relations entre la connaissance historique et la philosophie historiciste à propos des relations interétatiques. Le terme *historicisme* présente au moins deux significations que j'ai déjà distinguées et dont je vous rappelle l'essence : Sir Karl Popper, dans son livre *Misère de l'historicisme*, entend par historicisme toutes les philosophies qui prétendent dégager la signification du mouvement global de l'histoire et annoncer à l'avance l'aboutissement de ce mouvement global. Ce sens particulier aurait surpris les Allemands, qui eux aussi avaient largement utilisé le terme d'historisme ou d'historicisme : Popper a choisi ce sens dans *La Société ouverte et ses ennemis*, polémique semi-philosophique contre Hegel et

Marx, publiée à la fin de la guerre, sous le coup des événements.

Le sens le plus courant, dans la pensée philosophique allemande, de la notion « historisme » ou « historicisme », c'est tout simplement l'affirmation de la diversité radicale des époques, diversité qui interdirait l'édification d'une science sociale universellement valable ; ou encore : c'est l'affirmation que la diversité des mœurs, des coutumes, des organisations sociales est telle que les propositions vraies pour une certaine époque ne peuvent pas être vraies pour toutes les époques. Si nous prenons par exemple la philosophie marxiste, Marx a été aussi, jusqu'à un certain point, historiciste dans ce deuxième sens puisqu'il a affirmé que la science économique de son temps — que les économistes croyaient à tort valable universellement — était exclusivement valable pour l'époque capitaliste. Il impliquait donc que la science économique eût un contenu ou une signification variable selon les époques. J'ajoute que, selon les cas, les Allemands, les Italiens, les Français disent *historisme* ou *historicisme* : je n'ai jamais réussi à savoir s'il y avait, dans la littérature, une distinction réelle entre ces deux termes, qui présentent indifféremment soit le sens n° 1, soit le sens n° 2, avec un grand nombre de nuances dans chacun des deux cas.

En ce qui concerne le premier sens, le sens popperien, il ne nous intéresse guère pour les relations interétatiques, car les deux seules philosophies historicistes en ce premier sens seraient ou bien celle qui annonce la paix universelle (pour une raison à préciser), ou bien celle qui annonce une catastrophe apocalyptique dans laquelle sombrera l'humanité : ou bien l'autodestruction de l'humanité par ses propres inventions techniques (ce qui est une philosophie de l'histoire à condition que l'on postule que cet aboutissement est inévitable), ou bien le fait que, pour une raison ou pour une autre, les relations interétatiques doivent, dans un avenir non déterminé, aboutir à la paix universelle. Il y a eu un grand nombre de philosophies de la paix universelle : la philosophie de la paix universelle par la république des échanges a été assez à la mode au XIXe siècle ; la paix universelle par la généralisation du socialisme a encore beaucoup d'adhérents ; la paix universelle par la libération de tous les États et la constitution d'États nationaux dans lesquels tous les individus se reconnaissent est aussi une autre version de la paix universelle (Victor Hugo). Jusqu'à présent, aucune de ces interprétations historicistes n'a été confirmée par les événements, ce qui ne prouve pas qu'elles ne le seront pas un jour, mais ce qui prouve seulement que nous n'en savons rien.

En ce qui concerne le deuxième sens, il nous intéresse davantage. En effet, il est incontestable que les relations que j'appelle interétatiques peuvent être également des relations entre les cités grecques ou entre les principautés féodales. En gros, il s'agit des relations entre les entités politiques, ces entités politiques ayant probablement comme caractéristique majeure de détenir une force armée organisée. Si l'on prend le mot *guerre* au sens étroit, c'est-à-dire non pas seulement des bagarres, des émeutes, des révolutions, mais le choc entre des armées organisées, il en résulte avec évidence que ce que nous appelons relations interétatiques englobe toutes les relations entre des entités de caractère politique, c'est-à-dire ayant un territoire sur lequel une certaine législation est valable, et possédant un certain nombre de moyens de force utilisables à la fois contre les sujets rebelles et contre les ennemis extérieurs. En ce sens, on peut dire qu'il y a une diversité concrète, historique, des relations que j'appelle interétatiques, selon la nature des entités politiques. Il est clair par exemple que les relations que l'on appelle couramment internationales au Moyen Age présentent un caractère sensiblement différent des relations internationale telles qu'elles existaient à partir du XVIe siècle, c'est-à-dire à partir de la constitution de véritables États. En ce sens, il est juste de reconnaître que, concrètement, les phénomènes que j'ai essayé d'analyser sous la rubrique « interétatique » comportent une diversité selon la nature des entités politiques, et si l'on formule une proposition générale qui veut être valable pour tous les systèmes, tous les ensembles constitués par les entités politiques, il faut en effet faire très attention pour savoir si une proposition, qui a l'air d'être vraie pour un ensemble composé d'entités politiques d'un certain modèle, est également valable pour un système où les entités politiques sont d'un autre modèle. En d'autres termes, la diversité des entités politiques selon les périodes historiques n'exclut pas les comparaisons d'ordre sociologique entre la manière dont se déroulent les relations qu'elles entretiennent en raison de leur nature. Mais en chaque circonstance, il s'agit de déterminer si, et dans quelle mesure, une proposition complètement valable pour un ensemble historiquement concret est également valable pour un ensemble d'un autre pays.

Il n'en reste pas moins que j'ai employé un terme plus général que celui d'État : j'ai, faute de mieux, choisi le concept « d'entité politique », ce qui simultanément montre la validité limitée de l'idée historiste sur la diversité des réalités historiques et la possibilité de les comparer. En effet, on peut parfaitement s'efforcer, soit par histoire comparée, soit par sociologie comparée, de mettre en lumière les traits spécifiques des relations entre les entités politiques dans les diverses époques ; on peut comparer la manière dont se seraient déroulées les relations entre ces entités à l'époque des cités grecques, au Moyen Age, entre les empires asiatiques, à notre époque. De la même manière, il y a une histoire comparée et une sociologie comparée des organisations militaires, des relations entre les organisations militaires et les organisations des entités politiques, de la signification culturelle que présentait la guerre dans les différentes civilisations, etc. En d'autres termes, ce genre de diversité, que tout le monde reconnaîtra, appelle tout simplement une histoire ou une sociologie comparée des sociétés, des entités politiques ou des civilisations : cette diversité n'exclut pas la comparaison, et la comparaison, d'une certaine manière, n'est possible que si l'on dispose de concepts supra-historiques. Il faut en effet avoir le droit d'employer un concept comme « entité politique » pour pouvoir comparer les formes que prennent ces entités depuis les cités grecques jusqu'aux États modernes, donc aussi longtemps qu'il s'agit d'une diversité de cette sorte. Et la seule précaution que l'on ait le droit d'en tirer, c'est la précaution élémentaire de ne pas généraliser indûment une proposition établie pour une période historique présentant des traits spécifiques.

La vraie question qui se pose, qu'il s'agisse de la science économique ou des relations interétatiques, est de savoir si l'on peut s'élever au-dessus de ces notions concrètes ou descriptives que j'ai utilisées jusqu'à présent (cité, État, empire) ; si l'on peut substituer à ces réalités historiques concrètes des notions abstraites, et si, à ce niveau des notions abstraites, on pourrait formuler des propositions d'ordre général qui seraient valables universellement pour tous les ensembles historiques concrètement distincts.

Il s'agirait en somme d'arriver à élaborer des concepts qui différeraient dans leur structure ou dans leur nature des concepts comme ceux de cité, d'empire ou de nation, à la manière dont les concepts d'atome ou d'électron diffèrent radicalement des concepts que nous utilisons lorsque nous décrivons le monde sensible tel que nous le percevons. Prenons un exemple : supposons que nous substituions, dans les études des relations interétatiques, aux concepts historiquement chargés de cité, nation, empire ou État, une notion abstraite comme celle de *l'acteur diplomatique*, qui désigne un système de relations humaines caractérisé par un contrôle central disposant d'un volume de forces armées. Est-il possible de formuler, à propos des ensembles constitués par un certain nombre d'acteurs définis de manière rigoureusement abstraite, un certain nombre de propositions qui seraient trans-historiques ?

Prenons un exemple de proposition sur laquelle les auteurs américains ont beaucoup discuté : est-ce qu'un système bipolaire est en tant que tel plus ou moins stable qu'un système multipolaire ? Un système *bipolaire* est un ensemble où l'essentiel de la force militaire, les moyens de force, se trouve concentré en deux sous-systèmes par rapport à l'ensemble ; un système *multipolaire* est au contraire celui d'une dispersion des moyens militaires entre une pluralité d'acteurs de moyens ou de forces comparables. Peut-on déterminer, à titre de proposition valable universellement, qu'un système bipolaire est dans toutes les époques historiques universellement plus ou moins stable qu'un système pluripolaire ?

Je crois extraordinairement difficile de donner une réponse. D'abord, parce que la notion de stabilité est une notion équivoque : ou on définit un système interétatique stable simplement par le fait que les guerres y sont peu fréquentes, ou on définit la stabilité par le fait que, même s'il y a des guerres, le système se reconstitue après une guerre — ce qui fait déjà deux sens différents. De plus, la seule manière de démontrer l'une ou l'autre de ces propositions, ce serait d'arriver à comparer un nombre suffisant de cas ; or, pour que l'on puisse, à partir d'une comparaison d'un nombre suffisant de cas, démontrer plus de deux propositions, il faudrait que le nombre de variables qui déterminent la stabilité du système soit suffisamment faible pour que la seule référence à la bipolarité ou à la pluripolarité permette de tirer une conclusion. En fait, si vous comparez le système des cités athéniennes à l'époque où il y avait deux cités opposées l'une à l'autre — Athènes et Sparte — au système dans lequel il y a les États-Unis et l'Union soviétique, le nombre de variables différentes est tel que je ne suis pas sûr qu'une comparaison de cette sorte puisse aboutir à quelque chose d'autre qu'une simple comparaison descriptive et produire une proposition qui serait valable universellement. Cela dit, on peut toujours, en pareil cas, dire qu'une proposition de cet ordre vaudrait dans tous les cas où les conditions posées pour sa validité se retrouveraient. Même si les conditions posées pour sa validité ne se rencontrent que dans un cas ou dans un petit nombre de cas, cette proposition serait vraie universellement, mais simultanément d'une valeur scientifique faible puisqu'elle ne serait vraie que dans un contexte extrêmement complexe, et ne serait réalisée qu'une ou un petit nombre de fois.

Pour comparer très rapidement cette problématique à la problématique de l'économie politique, je prendrai l'exemple d'une proposition économique qui est probablement vraie universellement et qui est certainement l'une des plus banales, puisqu'on l'apprend presque en ouvrant les premiers livres d'économie politique. Il s'agit de la proposition selon laquelle la mauvaise monnaie chasse la bonne.

Pourquoi peut-on dire qu'en un certain sens une proposition de cet ordre est vraie universellement dans toutes les sociétés, quelle que soit l'organisation économique, et quelle que soit la nature de l'individu ? La réponse est très simple : cette proposition signifie tout simplement que si les individus ont le choix entre une bonne monnaie dont la valeur se maintient ou augmente, et une mauvaise monnaie, c'est-à-dire une monnaie dont la valeur fond ou est incertaine, ils tendront à garder la bonne monnaie, et par conséquent la mauvaise monnaie chassera la bonne qui, elle, sera thésaurisée. Une proposition de cet ordre a probablement une valeur universelle parce qu'elle dérive d'une tendance ou d'un jugement que l'on peut considérer comme lié étroitement à la nature humaine, ou tout au moins à la nature du sujet économique tel que le conçoivent les économistes. Il y a cependant des circonstances où apparemment cette proposition est démentie : c'est le cas quand la monnaie qui est bonne à nos yeux se trouve ne pas être bonne aux yeux de l'échangiste. Au début, quand les Européens se rencontraient avec les Africains, ces derniers se précipitaient sur une monnaie à nos yeux mauvaise parce qu'ils ne savaient pas quelle était la bonne. Une telle proposition ne contredirait pas la formule générale : il s'agissait simplement d'une erreur sur la bonne monnaie. Quand il s'agit d'une proposition de cet ordre, fondée sur un calcul économique probablement universel, on peut dire qu'il s'agit d'une loi valable dans toutes les circonstances, abstraction faite de la diversité des régimes économiques. Mais, cette proposition une fois admise, il faut immédiatement se demander quel est le nombre des propositions de cet ordre en économie politique, et à nouveau la véritable difficulté sera de savoir quelles sont les propositions de l'économie politique qui sont valables universellement, abstraction faite du contexte précis d'un système économique.

Bien entendu, on peut toujours donner à une proposition économique une valeur universelle en ajoutant qu'elle est vraie universellement à condition qu'un ensemble de circonstances a, b, c, d, e, soit simultanément donné comme contexte de la relation entre les deux propositions. Mais alors la portée d'une telle proposition diminuerait, s'il fallait la qualifier par un très grand nombre de spécificités contextuelles qui se réalisent rarement.

Je vais vous donner l'exemple d'une autre proposition qui est une proposition banale du keynésisme, et à propos de laquelle la question du caractère historique ou non historique de la vérité se pose en des termes différents. Disons qu'une augmentation du déficit budgétaire dans une économie de plein emploi provoquera une hausse des prix et non pas un accroissement de la production. C'est une proposition banale dont la portée n'était pas reconnue avant Keynes, mais qui aujourd'hui traîne partout. Si tous les moyens de production sont employés, et si, par l'intermédiaire d'un déficit budgétaire, vous mettez en circulation un pouvoir d'achat supplémentaire, ce pouvoir d'achat supplémentaire ne créera pas de production supplémentaire, puisque par définition les moyens de production sont déjà employés ; par conséquent le pouvoir d'achat supplémentaire créera une hausse des prix. Il s'agit donc d'une proposition qui présente presque un caractère d'évidence dès qu'on a compris le sens des mots.

Cela dit, pour que cette proposition soit intéressante, il faut évidemment supposer un budget, une société, où la notion de plein emploi ait une signification relativement précise. Or il y a un grand nombre de sociétés où ces notions abstraites sont d'application difficile, parce qu'il n'y a pas de budget au sens rigoureux du terme, parce que personne ne sait avec certitude ce qu'est le plein emploi. Dans la majorité des pays qu'on appelle en voie de développement, il y a dans les campagnes un nombre de travailleurs potentiels ou actuels beaucoup plus grand que le nombre de travailleurs nécessaires pour obtenir la production effective ; par conséquent, la notion de plein emploi dans une société de cette sorte perd à peu près sa signification et ne peut correspondre à rien de concret. La proposition n'en reste pas moins vraie universellement, mais comme elle emploie des concepts qui n'ont de sens précis que dans un certain nombre de sociétés, on peut dire simultanément, comme le logicien, que cette proposition vraie universellement est donc historiquement fausse, et l'on peut dire également à un autre niveau, non pas logique mais concret, que cette proposition universellement vraie n'a d'application que lorsque la structure économique présente un certain nombre de caractéristiques. C'est en ce sens qu'en économie politique on peut résoudre une bonne partie de la querelle entre la validité universelle de l'économie abstraite et la diversité des régimes économiques.

Venons-en maintenant au point n° 3, le plus difficile, c'est-à-dire le rapport entre le micro-événement et l'ensemble. Il s'agit là de ce qui est l'essentiel de ce que j'appelle l'édification du monde historique ou de la réalité sociale, et je vais partir de la relation directe, du face à face entre les individus dans la vie quotidienne. En d'autres termes, je suppose pour l'instant la vérité de ce que l'on appelle *l'individualisme méthodologique*. Mais cette hypothèse présente un caractère très faible : elle n'implique pas beaucoup de philosophie et pas du tout d'ontologie.

Je me borne à dire que la vie sociale telle que nous la vivons se déroule entre des êtres que nous appelons humains, c'est-à-dire des individus qui ont à la fois un corps, une conscience, qui se manifestent par la capacité d'exprimer des sons possédant une signification, d'échanger des propos qu'ils comprennent les uns comme les autres. Je me limiterai à noter, pour justifier le point de départ — le choix du face à face entre les individus physiques —, que même ceux qui maintiennent que les faits sociaux sont en un sens une réalité comparable aux réalités individuelles reconnaîtront, me semble-t-il sans trop de difficultés, que l'État n'existe pas de la même façon que vous et moi. Admettons qu'il y ait une réalité collective qui s'appelle l'auditoire du cours ; admettons que cet auditoire soit une réalité collective : chacun de nous conviendra que chacun pris individuellement existe autrement que la collectivité composée par une multiplicité d'individus. De la même façon, je crois que tout le monde acceptera que le postier existe autrement que le système postal. Il est parfaitement possible d'appeler *fait social* l'ensemble du système postal faute duquel il n'y aurait pas de postier ; il est donc de la même façon parfaitement légitime pour un sociologue de dire que l'objet qui l'intéresse, c'est le système universitaire plutôt que Monsieur X ou Monsieur Y, et je ne nie pas que le système universitaire soit une réalité objectivable, pensable par le sociologue. Mais je pense que si le sociologue oubliait un instant d'être sociologue, il accepterait sans trop de difficulté que le système universitaire n'existe pas de la même façon que l'universitaire déterminé qui est en train de parler en face de vous.

Donc, partons de la vie quotidienne et posons au point de départ cette proposition banale que chaque individu, dans la vie sociale quotidienne, se conduit à l'égard des autres en fonction de l'idée qu'il se fait de sa personne, et en fonction également de l'idée qu'il se forge de celui auquel il s'adresse : je ne parle pas ici comme je parle couramment à ma femme ou à mes enfants ; je serais peu supportable si ma manière de parler en tant que professeur s'adressant à un public était la seule façon pour moi de m'exprimer. En d'autres termes, chacun, dans la vie sociale, considère comme normal et spontané de nouer avec ceux qu'il rencontre des relations qui présentent toujours la caractéristique d'être un échange, fondé sur ceci que chacun attend de l'autre qu'il comprenne ce que le premier est, dialogue de deux personnes définies par l'âge, le sexe, la profession, la réputation, rencontre de deux êtres sociaux concrets et spécifiques.

Qu'en résulte-t-il ? Il en résulte que chacun de nous dans la vie quotidienne doit, pour se comporter d'une manière qui ne fasse pas scandale ou qui ne surprenne pas, disposer d'un certain stock de connaissances qui lui permet d'identifier les rôles sociaux à travers les personnalités concrètes, visibles, qu'il rencontre. Tous les auteurs — et ils sont nombreux — qui ont écrit des contes sur les Iroquois à la cour de Louis XIV, sur les Persans à la cour de Louis XV, ou encore les premiers Français au Japon, nous ont donné d'innombrables exemples de ce que produit la rencontre de deux systèmes de conduite, de deux systèmes de significations qui sont fondamentalement différents.

A une extrémité, il y a les connaissances nécessaires pour monter dans un autobus et faire ce qu'il faut pour arriver au terme (ce qui suppose des connaissances de plus en plus grandes, la complication des mécanismes mettant à l'épreuve même les nationaux) ; disons que c'est le stock de connaissances qui nous permet de nous débrouiller dans la vie quotidienne. Ce stock de connaissances sociales est le degré le plus élémentaire de la connaissance sociologique. Faute de cette connaissance sociologique, si nous ne savions pas ce qu'est un agent de police, ou si nous ne savions pas ce que sont un facteur, une boîte aux lettres, un autobus, nous ne pourrions pas nous débrouiller dans l'existence. Il vous suffit de passer d'un pays à un autre pour prendre conscience du point à partir duquel ce stock de connaissances peut présenter éventuellement des difficultés.

Deuxième exemple possible, qui nous mène pour ainsi dire à l'autre extrémité : les relations que nous entretenons avec l'agent de police ou avec le postier sont des relations impersonnelles et affectivement neutres ; nous avons avec eux les relations d'un citoyen honnête et organisé vis-à-vis des fonctionnaires qui remplissent une fonction déterminée ; nous ne nous adressons pas à l'homme tout entier, nous nous adressons à un rôle spécial défini par une organisation.

En revanche, si vous vous situez à l'autre extrémité de la vie sociale, il suffit de relire Proust ou Goffman, qui d'une certaine manière a écrit des livres de sociologie qu'on peut appeler « sociologie proustienne ». Goffman a essayé de mettre en forme sociologiquement rigoureuse la comédie sociale telle que Proust l'a décrite mieux qu'aucun romancier, et mieux qu'aucun sociologue. Cette comédie sociale présente la caractéristique d'une reconnaissance masquée par une volonté de dissimulation, laquelle en général est connue par un des deux acteurs (quelquefois par les deux), de telle sorte que le jeu continue indéfiniment, chacun jouant la comédie pour dissimuler ce qu'il est, mais amenant aussi, par ce fait, les autres à reconnaître ce qu'il est en réalité. L'exemple le plus frappant est celui de M. de Charlus se montrant assidu uniquement auprès des plus jolies femmes de manière à dissimuler ses goûts authentiques, ou encore celui de Mme Verdurin qui n'a qu'un goût limité pour la musique, mais qui, pour montrer aux personnes de son salon qu'elle jouit pleinement de la musique, dans une espèce d'extase, se plonge le visage dans un mouchoir et dissimule ses yeux comme si elle pleurait d'émotion, jouant une comédie dont elle sait au fond d'elle-même qu'elle ne trompe personne, mais redoublant indéfiniment d'émotion, à la fois pour faire croire qu'elle est ce qu'elle n'est pas, et aussi éventuellement pour s'insérer elle-même dans un groupe étroit, privilégié auquel elle n'appartient pas. Vous trouvez toujours, chez Proust, les contreparties de cette comédie sociale : la servante de Proust, l'image nécessaire de l'authenticité, la contrepartie de la comédie mondaine, et un certain nombre d'autres personnages comme Mme de Cambremer, pauvre femme qui aime une certaine musique qui n'est plus à la mode et qui se croit obligée de faire semblant d'aimer une musique qu'elle n'aime pas parce qu'elle perdrait sa place dans le monde étroit des snobs si elle osait avouer l'authenticité de ses sentiments.

Cette sorte de comédie peut naturellement prendre, non pas un caractère humoristique et psychologiquement profond comme chez Proust, mais un côté presque tragique dans le cas où il s'agit du choc entre des univers significatifs qui ne communiquent pas. Goffman a montré, dans certains de ses livres, ce qu'était le choc entre le jeune Noir arrêté pour un petit larcin par la police, entre le monde noir et le monde de la police. Dans ce cas, il n'y a pas tellement incompréhension par malentendu réciproque ; il n'y a pas comédie de dissimulation ; il y a vraiment deux êtres qui sont dans deux systèmes significatifs radicalement incompatibles : chacun a son code de conduite, chacun son code de compréhension, et la tragédie surgit nécessairement, soit du refus par chacun du code de l'autre, soit de l'incompréhension par chacun du code de l'autre. A un degré ou à un autre, lorsque des individus de classes sociales foncièrement différentes se rencontrent, ce choc entre deux systèmes significatifs hétérogènes, difficilement compréhensibles l'un par l'autre, se produit presque inévitablement. On pourrait dire que l'équivalent, dans la société française actuelle, du choc entre le jeune Noir et le policier, serait le choc entre certains CRS et certains jeunes hommes à cheveux longs, le cheveu long étant pour une fraction de cette génération un signe de reconnaissance qui a une signification et témoigne de la volonté manifeste d'adhérer à une certaine génération : cette signification, pour une série de raisons plutôt mauvaises et accidentelles, est le signe de quelque chose qui suffit à troubler les humeurs des gardiens de l'ordre.

Ces exemples divers de rencontres de la vie quotidienne n'ont pas d'autre fin que de m'amener à poser la question suivante : étant entendu que l'une des possibilités de la sociologie est une description de cette vie quotidienne, de ces rencontres, de la manière dont les hommes de différents milieux, de différentes générations, de différentes professions réagissent les uns aux autres (ou bien à l'intérieur de leur milieu ou d'un milieu à un autre), que peut-on objectiver à partir de cette vie sociale vécue ? Pour cette sociologie descriptive, je songe à de très beaux livres, comme *Asiles* de Goffman ou *La Présentation de soi dans la vie quotidienne*, mise en forme sociologique de cette comédie sociale, de ces rencontres de la vie quotidienne[50].

Mais si la sociologie peut partir de cette description de la vie quotidienne, manifestement, elle comporte une dimension de plus qui consiste à isoler ce qui, dans cette vie quotidienne, est objectivable.

Je vous soumets la typologie suivante. Je crois que dans ces rencontres de la vie quotidienne, on peut discerner trois sortes de réalités susceptibles d'être objectivées, et qui vont faire dans certains cas l'objet de disciplines rigoureuses, dans d'autres, d'études sociologiques au sens scientifique du terme :

1. Première réalité qui saute aux yeux immédiatement : la langue et le langage. Il va de soi que dans les relations de la vie quotidienne, il y a normalement entre les interlocuteurs une réalité intermédiaire qui pour ainsi dire est présente d'une façon ou d'une autre dans les consciences des interlocuteurs, à savoir la langue parlée. On peut généraliser, considérer comme langage l'ensemble des systèmes significatifs qui permettent de reconnaître ce que veut dire le fait d'être assis dans un fauteuil, ce que signifie le fait de manger avec des couteaux et des fourchettes et non pas avec les mains (cela ne signifie d'ailleurs pas la même chose aux Indes et en France). Toutes les occupations de la vie quotidienne comportent des langages qui sont des systèmes significatifs que la sémiologie prend pour objet, de même que la langue, au sens rigoureux du terme, fait l'objet de la linguistique. Dans les deux cas, on peut dire qu'il s'agit de systèmes significatifs qui sont d'une certaine manière virtuellement présents dans les consciences des interlocuteurs, et qui peuvent et doivent être objectivés par une étude scientifique.

J'ouvre une parenthèse : il se pose la question de savoir si les expressions de physionomie constituent un langage universellement humain ou non. Personnellement, en fonction de mon expérience, de mes voyages, j'avais tendance à croire que les expressions de physionomie avaient une signification socialement changeante selon les pays. En effet, j'avais cru remarquer que le sourire d'un Japonais ne veut pas dire la même chose que le sourire d'un Français, et que, dans un grand nombre de cas, nous interprétons de manière fausse les expressions de physionomie des peuples très éloignés du nôtre dans l'ordre de la culture. Au cours de ces dernières années, une nouvelle discipline s'est développée, qui vient d'être solennisée et consacrée par un prix Nobel, c'est l'écologie animale. Trois grands savants — Lorenz, von Frisch, Tinbergen — ont reçu un prix pour leurs études d'écologie animale, et à la suite de ces études certains écologistes prétendent qu'il est possible de définir six ou huit expressions de physionomie identiques dans le règne animal et dans le monde humain, et dont la signification est la même. Je réserve ce problème pour lequel je n'ai aucune compétence ; dans le doute je prétends qu'il vaut mieux réserver la question de la signification variable aux comparaisons de culture à culture, en tout cas en ce qui concerne les mots et les habitudes de la vie quotidienne, et peut-être même les expressions de physionomie dans un certain nombre de cas.

2. La deuxième réalité objectivable à partir de cette expérience vécue est la différenciation sociale ou la diversité des classes. Vous rencontrez un ouvrier, vous discutez avec un entrepreneur, vous échangez des commentaires avec un collègue ; manifestement, vous êtes en présence d'hommes qui ont des activités professionnelles différentes, qui se situent à des niveaux distincts de la hiérarchie sociale, si imparfaitement indéfinie que soit cette hiérarchie. D'autre part, il vous suffit de vous reporter à la comédie humaine de Proust ou de Balzac pour savoir que le goût de la différenciation est une des caractéristiques des gens du monde, à condition d'entendre cette caractéristique de la manière la plus large. Le snobisme en effet est une forme particulière de la volonté de différenciation ; c'est la volonté d'obtenir un groupe « select » et de ne pas faire comme tout le monde. Cette « recette » de la différenciation est un aspect particulier de ce qui est, dans toutes les sociétés que nous connaissons, une des caractéristiques majeures, c'est-à-dire que même quand il y a des normes communes, même quand il y a un certain nombre de systèmes significatifs communs, il y a suffisamment de différences entre les groupes sociaux pour qu'il soit légitime de considérer la discrimination entre groupes sociaux ou

entre classes sociales comme une espèce de réalité objective de la vie quotidienne que nous vivons. C'est donc une deuxième sorte d'objectivation, qui présente éventuellement des traits communs avec le premier type — la langue ou le langage — (dans la mesure où elle est elle aussi significative), mais qui me paraît cependant relever d'une autre sorte d'objectivation.

3. Enfin, il y a une troisième sorte d'objectivation, présente dans les exemples que je vous ai donnés, et qui se différencie des deux précédentes. L'*organisation* constitue en effet une troisième réalité sociale objectivale. Par ce terme on peut entendre aussi bien le système postal, le système des chemins de fer, le système universitaire, c'est-à-dire un ensemble de conduites individuelles liées par un organigramme et par des règles suffisamment souples pour que l'on puisse dire que les individus, à l'intérieur de cette organisation, sont les détenteurs provisoires d'un rôle dans lequel ils peuvent être remplacés sans que l'organisation elle-même change. Il y a donc là un exemple visible d'une espèce de réalité sociale supra-individuelle qui est tenue, mise en mouvement, et entretenue par des individus concrets, mais dont les détenteurs de rôles peuvent changer sans que nécessairement cette organisation change.

Si cette analyse est exacte, il me semble que les trois formes majeures d'objectivation du social à partir de la vie quotidienne sont :

1. Les normes et les langages, instruments nécessaires de la communication et faute desquels il n'y aurait pas de communauté humaine (même dans le règne animal on trouve d'ailleurs l'équivalent de ces moyens de communication). Pour qu'il y ait société, pour qu'il y ait communauté humaine, il faut en effet qu'il y ait entre les individus quelque chose de commun, et ce quelque chose de commun, c'est la langue ou le langage, c'est-à-dire la capacité de donner le même sens à des sons, à des gestes

ou à des traces sur le papier ; dans tous les cas, il s'agit de la condition de la compréhension réciproque.

2. Le deuxième terme s'oppose au premier : si la langue ou le langage sont des principes de communication, la différenciation des manières d'être, des manières d'agir ou, comme on dit aujourd'hui, des *habitus*, et si l'on veut des *exis* (*Critique de la raison dialectique*, Sartre), est l'origine de la distinction des classes et la contrepartie de la communauté. Toutes les sociétés sont à la fois des communautés par la possibilité de communication et recèlent en elles des causes de conflit par le fait d'une différenciation très poussée qui peut aboutir à l'incompréhension réciproque, en tout cas qui peut aboutir à la rivalité, à l'opposition d'intérêts entre des individus socialisés de manière différente, puisque, selon la classe à laquelle on appartient, chacun a reçu un système d'*habitus*, un système d'interprétation du monde plus ou moins différent de celui des autres classes.

3. Le troisième type d'objectivation, l'organisation, est d'une certaine manière la synthèse des deux précédents : l'organisation suppose la communication par la langue ou les langages ; elle suppose aussi la différenciation des activités professionnelles, et, du même coup, des *habitus* des détenteurs de rôle. Il ne s'agit pas cependant de communication pure, ni de différenciation sans ordre ou sans autorité ; il s'agit de la condition d'une action collective qui, dans le plus grand nombre de cas, n'implique pas la communauté totale entre les individus, et qui peut souvent fonctionner, surtout dans les sociétés complexes, sans que les individus engagent dans leur rôle organisationnel leur personnalité tout entière. Si vous voulez une traduction concrète de la distinction que j'essaie d'introduire, distinction d'ailleurs banale, entre les relations qui engagent la personnalité totale et les relations entre les détenteurs des fonctions, il vous suffit de songer à la différence entre les relations à l'intérieur de la famille et les relations dans l'activité professionnelle.

De toute évidence, vous vous engagez vis-à-vis des vôtres avec tout ce que vous êtes ; on ne demande pas, dans la majorité des cas, à ceux qui exercent un métier différencié, de s'engager avec leur être tout entier, et très souvent celui qui exerce un rôle professionnel en vous imposant la présence de sa personnalité totale vous embarrasse.

Voilà les trois types d'objectivation qui me paraissent les plus frappants. J'ajouterai, en anticipant sur les analyses ultérieures, que la représentation de la société comme divisée en classes est un mélange du deuxième type et du troisième type. En effet, la représentation marxiste des classes hésite entre la représentation d'une société essentiellement divisée en groupes, dont les individus sont socialement distincts, différents par leurs manières de penser ou d'être, et par les fonctions sociales, et l'idée que la société tout entière comporte une organisation où la classe supérieure exerce, non pas seulement une action d'exploitation, mais de domination sur les autres classes. Et je dirai, en réservant le problème pour la suite, qu'autant il est possible et relativement facile d'appliquer cette distinction des trois sortes d'objectivation à des études partielles, autant, quand on essaie de repenser la société totale, on est amené presque inévitablement à choisir plus ou moins un des types d'objectivation, ce qui conduit à des représentations distinctes de la société globale.

Je vais introduire quelques analyses rapides et un peu plus poussées de ces trois types d'objectivation.

L'objectivation n° 1, celle des langues et des langages, est celle qui jusqu'à présent a permis la science la plus rigoureuse. En effet, depuis Saussure, depuis la distinction de la synchronie et de la diachronie, depuis la distinction de la langue et de la parole, rien n'est plus banal que l'idée qu'on peut étudier une langue comme un système, système phonologique ou sémantique, et que l'étude proprement scientifique doit commencer par l'analyse du système phonologique ou du système sémantique, bien qu'une langue ne se réalise jamais concrètement que dans la parole. La langue ne se réalise en effet que dans la parole ou dans l'écrit, mais elle est à proprement parler un objet scientifique, et l'étude scientifique porte aujourd'hui sur la langue avant de porter sur la parole. J'ajouterai même qu'il est plus facile d'étudier scientifiquement la langue que d'étudier scientifiquement la parole, car la langue révèle à ceux qui l'étudient une structure, et c'est précisément la tâche des linguistes que de mettre en lumière la structure de la langue, la combinatoire des sons, l'usage que fait chaque langue des sons effectifs entre les différents sons possibles. Et la mise en lumière de ce système de sons spécifiques de chaque langue est une partie d'une science qui a atteint aujourd'hui le niveau le plus élevé de scientificité dans les sciences sociales.

Simultanément, la langue nous donne un premier exemple, et l'exemple le plus favorable, de ce que l'on peut appeler la socialisation de l'individu ; elle nous permet en même temps de comprendre comment l'on peut dire tout à la fois que dans la société il n'y a que des individus, et que la réalité sociale est autre chose que les individus. En effet, chacun de nous, sans en prendre conscience, a acquis une certaine compétence linguistique ; nous sommes tous capables d'utiliser l'instrument que constitue la langue française. Nous ne savons pas trop comment nous avons acquis cette compétence ; nous l'avons acquise progressivement, d'abord dans la famille, ensuite à l'école ; nous l'avons acquise partiellement de manière spontanée, sans en prendre conscience ; partiellement aussi nous l'avons apprise par instruction systématisée, c'est-à-dire que nous avons parlé d'une certaine manière avant d'aller à l'école, et qu'à l'école on nous a dit qu'il fallait parler d'une certaine façon et non pas d'une autre. Dans l'acquisition de la compétence linguistique, intervient à un moment donné la grammaire mise en forme par les grammairiens, ensemble de règles qui s'imposent avec plus ou moins de rigueur à ceux qui parlent. J'ajoute que cette instruction systématisée commence, dans les familles bourgeoises, bien avant l'école ; spontanément nous disons à nos enfants et petits-enfants : « on ne dit pas ceci, mais on dit cela » ; sur quoi le sociologue affirme qu'on pourrait aussi bien dire cela que ceci, et que la différence entre ceci et cela tient uniquement à ce que l'un est considéré comme le bon usage, et que l'autre est considéré comme la manière vulgaire de parler.

Le niveau de l'acquisition de la compétence linguistique apparaît donc comme le point n° 2 de mon objectivation sociale. La différenciation des classes et ce que les sociologues de l'éducation mettent souvent en lumière, le rôle de la formation familiale dans le succès scolaire des jeunes, apparaissent effectivement dès l'analyse la plus élémentaire, car on condamne à l'école comme mauvaise façon de parler ou d'écrire des manières de parler ou d'écrire qui sont parfaitement normales ou spontanées dans un grand nombre de milieux auxquels appartiennent ces enfants. En d'autres termes, nous apprenons toujours à l'école une langue étrangère, qui est la langue officielle du pays auquel nous appartenons. En dehors de l'acquisition spontanée de la compétence linguistique et de la socialisation spontanée, s'ajoute une compétence raffinée par celle des grammairiens, considérée par les uns comme nécessaire à l'entretien et à la transmission de la culture, et par les autres comme la forme première de l'oppression capitaliste.

LES TROIS MODES D'OBJECTIVATION

La semaine dernière, après une analyse élémentaire des relations personnelles directes, j'ai suggéré une distinction de trois modes d'objectivation : la langue ou le langage, les collectifs (j'avais parlé de classes, mais on pourrait employer ce terme plus général de collectif), les organisations. Il va de soi que cette distinction provisoire, imparfaite, suggère éventuellement des objections que je rencontrerai peut-être au cours des prochaines leçons. J'indique immédiatement que j'ai laissé de côté les choses matérielles — les choses, les machines ou les outils — qui constituent une des données de la réalité sociale. Dans la mesure où on considère, et à juste titre, que l'objet propre de l'histoire ou de la sociologie, ce sont les actions humaines significatives, les objets ne font pas partie de la réalité sociale en tant qu'œuvre humaine, mais ces actions significatives sont malgré tout rattachées à des objets ou conditionnées par des objets. Par conséquent, on retrouve les objets à travers l'une ou l'autre des formes d'objectivation que j'ai indiquées. Il va de soi cependant qu'il ne s'agit là que d'une typologie abstraite et très théorique, et qu'en fait ces trois modes d'objectivation se trouvent dans toutes les études concrètes.

Je voudrais vous présenter quelques remarques sur la

première sorte d'objectivation dont je vous avais parlé la semaine dernière, celle de la langue et des langages. Cette objectivation me paraît suggérer un certain type de recherche sociologique, et le plus célèbre des sociologues qui pratiquent ce genre d'objectivation est de toute évidence Lévi-Strauss lui-même, qui n'a jamais fait mystère du fait qu'il avait trouvé un modèle dans la linguistique, et que c'est à partir de ce modèle qu'il avait essayé d'élaborer une sociologie scientifique, c'est-à-dire un mode d'objectivation de la réalité sociale comparable à celui que l'on rencontre dans la linguistique. Les relations élémentaires de la parenté ou les différents types de relations de parenté tels qu'il les analyse se prêtent à une mise en forme par modèles, comparable aux modèles de la théorie linguistique. On peut même ajouter qu'il y a une comparaison possible ou une analogie possible entre les relations vécues de parenté et la langue vécue ou parlée. En effet, l'une des questions que l'on peut poser au premier grand livre de Lévi-Strauss concerne la nature des interdictions et des commandements qui, tous réunis, constituent un système de parenté (interdictions de certaines unions ou obligations d'autres unions). On peut en effet poser la question de savoir dans quelle mesure ces commandements sont impératifs ; dans quelle mesure ils sont effectivement respectés ; dans quelle mesure ils sont violés.

D'une certaine façon, il est possible de poser la même question à partir des règles ou des coutumes grammaticales : il y a des manières de parler qui sont régulières, d'autres qui sont irrégulières, et les manières régulières de parler, qui d'une certaine façon constituent des commandements (soit de l'ensemble de la collectivité, soit des collectifs à l'intérieur de la collectivité), peuvent être violées. En un sens, les sociologues (par exemple Bourdieu) veulent que les modèles élaborés par Lévi-Strauss soient extrêmement éloignés de la pratique vécue, réelle, des sociétés qu'il étudie. En d'autres termes, de la même façon qu'on peut construire un modèle des règles grammaticales ou un modèle de la syntaxe, on construit un modèle des règles de parenté, et dans les deux cas le problème se pose de savoir quelles relations existent entre le système de commandements, obligations et interdits, et le vécu — le vécu étant dans un cas les unions effectivement pratiquées, dans l'autre, la parole effectivement parlée.

Du même coup, on retrouve une parenté supplémentaire que je vous ai suggérée à la fin de la dernière leçon, à savoir que les règles de grammaire ou les règles du beau langage sont simultanément des règles sociales qui créent des discriminations entre les groupes. Certaines façons de parler sont considérées comme vulgaires, et il y a pour ainsi dire domination de prestige en même temps que domination de pouvoir en faveur de ceux qui représentent la culture savante et qui, par là même, sont en haut de la pyramide sociale.

Ce type d'objectivation me paraît être caractéristique de ce que j'appellerai l'objectivation de tous les systèmes idéels. En effet, non seulement on peut objectiver la langue, les langages, les systèmes de significations ou de signifiants, mais on peut aussi, de la même façon, étudier les œuvres littéraires ou artistiques comme des systèmes de significations qui émanent de la réalité sociale, qui émanent des êtres socialisés, mais qui ont, en tant que systèmes de significations, une espèce de consistance par eux-mêmes et que l'on peut étudier en tant que tels. Disons que le mode d'objectivation caractéristique de la langue se retrouve dans toutes les œuvres de l'esprit, sans que toutes les œuvres de l'esprit fassent l'objet d'une science aussi rigoureuse que la linguistique. Le mode d'objectivation cependant est le même : on retrouve le même genre de problématique, la problématique de la structure du système idéel ou signifiant d'une part, de la relation entre ce système idéel et le vécu, la parole, l'action ou la création d'autre part.

J'en viens maintenant au deuxième type d'objectivation que j'avais suggéré, et qui d'ailleurs était déjà plus ou moins implicite dans le premier type, ou que l'on découvrait lorsque l'on en poussait l'analyse. En effet, je vous fais observer que si l'on peut construire le système d'une langue, cette langue parlée ou écrite varie selon les groupes sociaux ; par conséquent, on trouve déjà dans l'analyse du langage parlé ou écrit le deuxième type d'objectivation que j'ai mentionné, c'est-à-dire l'objectivation des collectifs ou la mise au jour de la pluralité des modes de socialisation qui entraînent la différenciation des manières d'être, des signes de reconnaissance entre les individus.

Cette différenciation sociale à l'intérieur d'une collectivité peut être décrite de manière impressionniste ou littéraire à la manière de Proust, ou d'une manière plus rigoureuse comme l'a fait Goffman, mais elle peut faire aussi l'objet d'une étude proprement sociologique.

L'objectivation de ces différentes manières d'être aboutit à un concept que Sartre appelle *exis*, que Bourdieu nomme *habitus*, et Max Weber *ethos*. Ces trois termes ne sont peut-être pas rigoureusement équivalents, mais j'ai le sentiment qu'ils essaient de désigner le même objet social ; ils essaient de désigner le fait que des individus, sans y être contraints de l'extérieur, sans obéir à des ordres, agissent ou réagissent de manière plus ou moins semblable dans une situation identique parce qu'ils portent en eux la même sorte de socialisation, parce qu'ils ont développé la même manière d'être ; en gros, parce qu'ils vivent la même condition.

Que suggère le mot *exis* ? Il suggère qu'il s'agit d'une manière d'être pour ainsi dire passive, c'est-à-dire de l'absorption par les individus de coutumes ou d'obligations sociales sans qu'il y ait expression propre de la liberté individuelle dans le fait d'agir conformément à ces coutumes ou à ces obligations. En ce qui concerne le terme d'*ethos* chez Max Weber, il veut désigner quelque chose comme la *moralité objective* de Hegel, c'est-à-dire le comportement moral spontané des individus à l'intérieur d'un groupe donné. Le groupe ou le collectif existe précisément dans la mesure où les différents individus qui appartiennent à ce collectif vivent la même condition et réagissent de façon plus ou moins identique aux mêmes excitations, parce qu'ils portent en eux la même réalité sociale, ou parce qu'ils ont été socialisés de la même manière.

Si nous prenons le terme sartrien d'*exis*, Sartre dira que la classe ouvrière, en tant que collectif ou que série, est composée d'un grand nombre d'individus qui partagent la même situation ou qui vivent la même condition ; il ajoutera que chaque ouvrier est en mesure de vivre librement d'une certaine manière une condition commune, mais que ce qui la constitue comme *exis*, ce qui constitue le collectif ou la série, c'est la situation semblable et la similitude de la socialisation par laquelle les individus sont devenus membres du même collectif.

De la même façon, j'ai le sentiment que Bourdieu veut désigner par le terme d'*habitus* le fait que les individus qui appartiennent à une même classe ou à un même collectif ont progressivement adopté, du fait de la similitude de leur condition de naissance ou de leur condition de vie, le même genre de manière d'être, de manière de réagir, ou, si l'on veut, de système de valeurs ou de système d'obligations.

L'objectivation de ces collectifs est devenue l'hypothèse première ou la règle méthodique pour ainsi dire évidente de la sociologie empirique objective. En effet, quel que soit le domaine de la sociologie que l'on étudie, les sociologues prennent à peu près toujours le collectif comme point de départ, comme variable indépendante qui servira à déterminer les variables dépendantes. Qu'ils étudient la famille, les opinions politiques, ou les jugements artistiques, le dépouillement des enquêtes consiste toujours à différencier les catégories socio-professionnelles ou les différents collectifs, et à essayer de déterminer dans quelle mesure les réponses ou les comportements se distribuent conformément à ces variables socio-professionnelles. Ce qui revient à dire que la sociologie empirique arrive, dans le dépouillement des enquêtes, à retrouver la réalité des collectifs, puisque cette réalité se mesure au degré de similitude des réactions des différents individus partageant la même condition ou appartenant à un même collectif. Pour prendre un exemple simple : une classe ouvrière apparaîtra d'autant plus homogène et les ouvriers d'autant plus membres du collectif « classe ouvrière » qu'ils voteront de la même manière aux élections, qu'ils réagiront de la même manière aux problèmes politiques, que leurs familles présenteront plus de similitudes et se distingueront davantage des familles des autres groupes. En d'autres termes, ce type de collectif, phénoménologiquement, est très facile à définir par la présence d'éléments sociaux qui différencient les groupes ; d'autre part, ils peuvent prendre une espèce de consistance objective par le fait des études empiriques, qui déterminent dans quelle mesure ils commandent effectivement les comportements des individus ou la différenciation des pratiques familiales, économiques, et politiques.

Halbwachs, par exemple, avait fait une étude sur la consommation où il avait essayé de montrer la différence qui existe entre la répartition des revenus selon qu'il s'agit de la classe ouvrière ou de la petite bourgeoisie ; c'est l'exemple même de la manière dont ce collectif, que l'on peut décrire aisément par une méthode phénoménologique, devient une réalité sociale par l'intermédiaire des enquêtes objectives[51].

Il va de soi que si l'on veut pousser un peu plus loin l'analyse phénoménologique de ces collectifs, on pourra distinguer les étapes suivantes :

1. Il y a des manières d'être pures et simples, disons des ouvriers, des petits bourgeois, des habitants de telle ville, des nationaux de tel pays. Dans ce cas, on s'efforce

tout simplement de déterminer jusqu'à quel point ces individus constituent un collectif réel par la similitude de leurs réactions ou de leurs manières de penser.

2. On peut chercher dans quelle mesure les individus appartenant à ce collectif ont conscience de leur manière d'être ; dans quelle mesure ils pensent leur système de valeurs tel qu'ils le vivent ou que l'expriment leurs actes.

3. On peut se demander dans quelle mesure ils sont conscients de leur spécificité, et dans quelle mesure ils veulent affirmer leur différence par rapport aux autres entités. L'un des moyens employés par les sociologues aux États-Unis consiste à demander aux gens dans quelle classe ils se mettent ; méthode qui a été longuement pratiquée et encore plus longtemps discutée. Mais en matière de description pure, il va de soi qu'il y a d'abord la manière d'être pure et simple, la conscience de cette manière d'être, la volonté d'affirmer cette manière d'être spécifique, et éventuellement l'idéologie de la distinction : l'ouvrier peut se reconnaître membre de la classe ouvrière pure et simple, avoir conscience de la distinction de la classe ouvrière par rapport aux autres classes, avoir la volonté d'affirmer la spécificité de la classe ouvrière, et enfin adhérer à l'idéologie marxiste-léniniste selon laquelle la classe ouvrière est opposée en un conflit fondamental à la classe bourgeoise et doit remplir une mission historique. Mais ces quatre degrés ne s'impliquent pas l'un l'autre ; en d'autres termes, des ouvriers, par exemple les mineurs anglais, sont intensément conscients d'être des ouvriers, des mineurs distincts des bourgeois et opposés à eux, et ne sont pas marxistes-léninistes. De même, des ouvriers peuvent être marxistes-léninistes sans avoir au même degré la conscience et la fierté d'être ouvrier ; il s'agit ici de distinctions très élémentaires et d'ordre purement descriptif.

De ce deuxième type d'objectivation, je passe maintenant au troisième : les organisations.

L'opposition entre ce troisième type et le deuxième

ressemble un peu, sans se confondre, à l'opposition sartrienne entre les séries et les groupes. Je pense qu'il y a organisation au sens large du terme à partir du moment où, au lieu qu'il s'agisse d'un collectif comme les groupes sociaux que j'ai énumérés dans l'analyse précédente (collectif qui se manifeste par la similitude d'être et d'agir des individus), l'organisation implique une adaptation réciproque des conduites individuelles les unes aux autres, qui induit à l'origine ou à un moment donné un système de commandement.

Analysons deux cas extrêmes de collectif ou d'organisation. Si nous parlons de la classe ouvrière, le maximum de réalité objective que l'on puisse attribuer à l'ensemble de ceux qui travaillent dans les usines, c'est d'avoir un certain nombre de manières d'être communes. Il est clair qu'ils ne forment pas une unité d'action ; il est clair que les conduites de ces ouvriers ne sont pas adaptées les unes aux autres, et il est clair qu'il n'y a pas un commandement unique qui s'impose à leur conduite. En revanche, si nous prenons une armée, nous avons la forme extrême d'organisation. En fait, on pourrait prendre n'importe quelle bureaucratie dans la mesure où jusqu'à présent toutes les bureaucraties sont, à un degré ou à un autre, autoritaires, mais j'ai choisi l'armée parce que c'est la bureaucratie la plus bureaucratique, si l'on peut dire ; le jour où elles seraient autogestionnaires, ce que je dis deviendrait faux, mais provisoirement, et en fonction de l'expérience historique, toutes les bureaucraties, c'est-à-dire tous les systèmes d'organisation où les individus sont détenteurs de rôles — chacun de ces rôles étant coordonné à celui des autres —, comportent un élément de commandement, ou, si le commandement direct n'est pas visible, ont comporté à l'origine, pour que l'organisation fût créée, une volonté qui impliquait un commandement. J'avais pris l'exemple de l'organisation postale : il est bien entendu que les fonctionnaires des postes ne sont pas soumis directement à des commandements quand ils remplissent leurs différentes fonctions ; mais les conduites individuelles de l'ensemble des fonctionnaires ont supposé à un moment donné une pensée organisatrice, une volonté organisatrice qui a exigé un commandement.

On pourrait d'ailleurs prendre un autre exemple de l'opposition entre les collectifs et les organisations : l'opposition entre les sujets économiques, chacun agissant librement sur le marché, et les décisions planificatrices prises en haut. Dans un cas, le sujet économique réagit de manière libre à son environnement, dans l'autre, la pluralité des sujets économiques est contrôlée par une volonté supérieure. Toute organisation comporte la possibilité d'une objectivation, la forme totale de l'objectivation étant le dessin de l'organigramme. La sociologie ne se contente jamais de l'objectivation de l'organigramme, c'est-à-dire de la détermination de tous les postes ou de toutes les fonctions, mais elle cherche comment, dans la réalité, l'organigramme se transforme en un certain fonctionnement, comment les individus vivent l'organigramme, le respectent ou le violent, quelles sont les relations qui s'établissent entre les individus, les relations formelles étant celles qui sont prévues par les règles de l'organisation, les relations informelles, celles qui, au-dessous ou à côté des règles formelles, déterminent dans une large mesure la manière dont les individus vivent l'organisation. Enfin, de toute évidence, il y a, dans toutes les organisations, un système de pouvoir ou de commandement qui peut être étudié de l'extérieur et est matière à objectivation.

Ces trois types d'objectivation se rencontrent nécessairement à un degré ou à un autre dans tous les domaines, mais on pourrait, me semble-t-il, rassembler les deux derniers types, et on aurait alors la distinction qui me convient le mieux, entre *les systèmes idéels* dont la langue, les langages, les œuvres d'art, la science sont des exemples, et ce que j'appellerai *les systèmes d'action*. Les systèmes d'action appartiennent à deux types extrêmes : les systèmes d'action qui semblent résulter des relations spontanées entre les conduites individuelles, et ceux qui semblent être le fruit d'une organisation volontaire ou d'un commandement. Je dirai qu'inévitablement tous les systèmes d'action réels comportent, à un degré ou à un autre, ce que j'ai appelé des collectifs ou des organisations. Il y a toujours un minimum d'organisation, de collectif; ce qui veut dire que dans le système le plus policier, il y a une part d'adaptation spontanée des conduites individuelles les unes aux autres, et qu'au sein de ces conduites individuelles, on trouve la présence, les restes, les survivances du système d'organisation.

Parsons a essayé de distinguer, dans sa théorie de la sociologie générale, quatre systèmes principaux : le système de la politique qu'il désigne par la lettre G ; le système A, qui renvoie à celui de l'économie (adaptation) ; le système L, système des valeurs qui est le principe du consensus ; le système I, qui est celui de l'intégration ou de la gestion des tensions. Je dirais qu'en gros, les systèmes G, A, et I — la politique, l'économie et le contrôle social — sont des *systèmes d'action*, cependant que ce que Parsons désigne par la lettre L (les systèmes de valeurs) serait un *système idéel* caractéristique d'une société, et que les individus absorberaient au cours de la socialisation[52].

Si cette analyse est exacte, la distinction la plus importante serait celle des *systèmes idéels* et des *systèmes d'action*, distinction qui m'a suggéré de réfléchir à la question de la nature de la réalité, substantielle ou non, qu'il est possible d'attribuer à ces systèmes sociaux, idéels ou réels. Prenons deux cas : une langue morte, c'est-à-dire une langue qui n'est plus parlée par personne, et le système politique d'Athènes.

En ce qui concerne la langue latine — langue morte qui n'est plus parlée par personne, mais que nous connaissons et dont les linguistes font la théorie parce qu'ils possèdent un nombre suffisant de témoignages écrits —, on peut dire que l'objet « langue » subsiste intégralement, et qu'il y a à peine de distinction, aux yeux du linguiste, entre l'étude d'une langue morte et l'étude d'une langue vivante. Bien sûr, il y a certains éléments de la linguistique des langues vivantes qu'on ne peut pas appliquer à une langue morte ; on ne peut évidemment pas faire l'étude du langage politique parlé d'une langue morte, alors qu'on peut faire des études intéressantes sur les différents « parlers » politiques des partis d'un pays, sur les transformations du langage selon les classes sociales, selon les périodes, selon les crises. Mais la langue, en tant que système idéal, demeure un objet de la linguistique, que cette langue soit morte ou non ; il est donc possible de faire la théorie d'une langue morte comme d'une langue vivante. Cela suggère la réflexion suivante : les hommes ont créé un système idéal qui, n'étant plus parlé par personne, reste un objet scientifique, et en ce sens un objet scientifique *réel* ; il a une réalité, qui n'est pas la même que celle de ma parole, mais qui fait l'objet des sciences : c'est le système idéal de la langue qui n'est plus parlée.

Est-ce la même chose lorsqu'il s'agit de la constitution politique de l'Athènes de Périclès ? Une telle constitution n'est manifestement plus vécue par personne, et, dans la mesure où le système idéal d'une constitution est comparable au système idéal d'une langue, on pourrait dire que si on disposait de suffisamment d'informations, il serait possible de reconstruire le système constitutionnel de l'Athènes de Périclès à la manière dont on reconstruit le système d'une langue morte.

Est-ce que cependant la relation du micro-événement individuel au système est la même dans le cas de la langue et dans le cas de la constitution d'Athènes ? Je réfléchissais à cette question, parce qu'au bout du compte le thème qui m'intéresse et me tourmente, c'est d'essayer de penser le plus clairement possible la relation qui existe entre ce qui nous paraît la seule réalité en un certain sens du terme, c'est-à-dire le micro-événement social vécu, et ce que nous étudions dans les sciences sociales, qui en est extrêmement éloigné. Or, dans le cas de la langue, ceci ne fait pas de difficulté. Dans le cas du système de la constitution d'Athènes, nous pouvons également continuer à penser les règles constitutionnelles qui étaient vécues par les citoyens d'Athènes, mais il existe tout de même une différence entre la parole et le système de la langue d'une part, le micro-événement de l'Athénien du Vᵉ siècle d'autre part, et la constitution d'Athènes.

En effet, il serait à la rigueur possible de recomposer le système légal de la constitution d'Athènes dans la mesure où ce système légal existe ; même s'il n'était pas rigoureusement formalisé, on pourrait trouver la manière dont, en fait, se pratiquaient, se vivaient les règles constitutionnelles. Mais tout de même, le degré de séparation du système idéel de la langue et de la constitution par rapport au vécu me paraît sensiblement différent, en ce sens qu'il n'y a pas un système constitutionnel qui présente une structure aussi rigoureuse, aussi logiquement articulée que le système de la langue. D'autre part, le système de la langue peut être analysé abstraction faite de la parole : de son côté, le système de la constitution n'est pour ainsi dire que le système selon lequel agissaient les citoyens d'Athènes, et il n'est rien en dehors de la manière d'agir de ces citoyens ; il semble donc que la relation de la parole au système de la langue ne soit pas exactement la même que celle qui existe entre la pratique du citoyen d'Athènes et sa constitution.

Je vous livre cet exercice de réflexion phénoménologique en tant qu'exercice possible. Quoi qu'il en soit, on pourrait, me semble-t-il, à partir de cette esquisse des types d'objectivation, donner comme définition à la sociologie l'étude à finalité scientifique des systèmes idéels ou des systèmes d'action qui résultent de l'objectivation du social. Ce qui n'exclut pas qu'il y ait une dimension de la sociologie qui soit la description du vécu lui-même, mais la plus grande partie de la sociologie à vocation scientifique s'efforce de mettre au jour, d'analyser, d'expliquer les systèmes idéels et les systèmes d'action.

Quelle est la relation de cette définition avec celles qui ont été données récemment par Lévi-Strauss, qui met l'accent sur l'inconscient social, et par Paul Veyne pour qui, si l'histoire est l'étude du vécu dans sa particularité, la sociologie ne commence qu'avec l'étude des conséquences non voulues des actes humains ? Chacune de ces deux définitions représente une manière de répondre à la question que je me pose, c'est-à-dire la relation entre le micro-événement vécu, intentionnel, et la réalité sociale.

En ce qui concerne la notion de *l'inconscient social*, que Lévi-Strauss utilise souvent, elle ne me convient pas entièrement pour la raison suivante : il y a une philosophie ou une psychologie de l'inconscient collectif ou de l'inconscient social, c'est la psychanalyse de Jung. Dans ce cas, il est légitime de parler d'inconscient social s'il y a, comme le croit Jung, des archétypes collectifs qui remontent au fond des âges et que l'on retrouve dans l'inconscient individuel, c'est-à-dire s'il y a un inconscient social ou collectif présent dans l'inconscient individuel. En revanche, j'ai le sentiment qu'il n'est pas légitime de parler d'inconscient ni pour les structures élémentaires de la parenté, ni pour la structure des mythes, ni pour la structure de la langue. Je veux dire qu'il est illégitime (il s'agit peut-être d'une querelle de vocabulaire) de confondre *inconscient* et *non conscient*. Il est évident que nous appliquons les règles de grammaire sans les thématiser ou les théoriser ; en ce sens, il est évident que dans la majorité des cas, lorsque nous parlons notre langue maternelle, nous sommes incapables de répondre aux questions que l'on pose aujourd'hui dans les écoles aux enfants de douze ou treize ans, car nous avons oublié depuis longtemps ces règles que nous respectons le plus souvent ou que nous violons. Mais, pour ma part, je ne vois aucune raison d'appeler *inconscient* le *non-conscient* de la langue, des règles de grammaire, ou le *non-conscient* de l'ensemble de la culture que chacun de nous porte en lui et qui nous permet de comprendre les œuvres que nous rencontrons, les livres ou les textes juridiques que nous lisons, les tableaux que nous regardons, même si, bien entendu, une bonne partie de ce que les sociologues mettent au jour lorsqu'ils analysent les systèmes idéels était impliqué par notre comportement ou par notre compétence sans être consciemment saisi par nous. En d'autres termes, il y a plus dans notre esprit que ce dont nous avons conscience à chaque instant ; ou encore, ce dont nous avons conscience a pour condition un savoir qui reste *non conscient* sans être *inconscient* à l'instant même où nous vivons.

Il me paraît donc parfaitement vrai de dire que la sociologie a pour fin de saisir ce qui est non conscient chez les acteurs sociaux : les linguistes, bien évidemment, découvrent les règles de formation de la grammaire ou de la syntaxe, qu'aucun de nous n'est capable de concevoir s'il n'est pas un spécialiste de la grammaire générative, et en ce sens il est parfaitement vrai qu'il y a une raison que la raison ne connaît pas. Cela dit, je ne crois pas qu'il faille parler en ce cas d'inconscient. Je pense que je pourrai rendre plus claire la distinction que je veux faire en reprenant une distinction wébérienne : Weber distingue toujours le *sens subjectif*, ou sens vécu, du *sens objectif*. Comme toujours chez lui, cette distinction présente selon les cas un grand nombre de significations, mais il y a une signification simple qui nous suffit. Supposons qu'il s'agisse d'une règle juridique : le sens subjectif d'une règle juridique est le sens que moi, pensant cette règle juridique, je lui donne, ou le sens que l'avocat ou le juge donnent à une règle donnée, à un moment donné, alors qu'ils l'appliquent à un cas particulier ; c'est donc le sens pensé par une conscience. Mais cette même règle peut être replacée dans un système juridique tout entier et apparaître comme ayant un sens déterminé par l'ensemble du système juridique, différent du sens subjectif qu'une conscience individuelle donnerait à cette règle. En d'autres termes, dans un cas, il y a le sens subjectif qui est donné à la règle par la conscience, et d'autre part, un sens qui apparaît dans le système idéel reconstruit par le professeur de droit ou par le spécialiste du droit à une certaine époque. On pourrait naturellement « subtiliser » encore beaucoup, et il y aurait une multiplicité de sens subjectifs et objectifs, mais disons pour simplifier qu'il y a le sens vécu et le sens objectif, l'un déterminé par la visée de la conscience individuelle, l'autre par la structure du système idéel, et que le sens déterminé par la structure du système idéel n'est pas donné à la conscience de celui qui saisit un sens subjectif. Il n'en résulte pas que le sens déterminé par le système idéel soit l'inconscient de la conscience de l'acteur social : il s'agit plutôt du non-conscient, de quelque chose qui peut être expliqué par celui qui est capable de reconstruire le système idéel. Je ne pense donc pas qu'il y ait lieu de parler, en ce cas, d'inconscient ; disons simplement qu'il y a beaucoup plus dans les idées que nous manions que le sens que nous leur donnons, ce qui serait une manière de reprendre en un sens très peu durkheimien ce que Durkheim voulait dire quand il disait qu'il y avait toujours plus dans la conscience collective que dans la conscience individuelle. S'il voulait dire qu'il y a toujours beaucoup plus de richesse dans les idées que nous manions que celle que nous y percevons, il avait effectivement raison, et la fonction de la science juridique ou de la linguistique ou encore de la science politique, c'est précisément de mettre au jour une partie de la richesse implicite contenue dans les idées que nous manions et qui sont normalement, inévitablement, d'une extrême pauvreté.

A mon sens, la notion d'inconscient s'appliquerait tout aussi difficilement aux systèmes d'action. Il est vrai que les membres des collectifs sont rarement aussi conscients de leur *habitus* ou de leur *ethos* que les sociologues ; là aussi, ils vivent d'une certaine manière, et les sociologues prétendent leur faire connaître la manière dont authentiquement ils vivent ou se conduisent. Je laisse de côté la question de savoir dans quelle mesure ces *exis* ou ces *ethos* reconstruits par le sociologue sont la réalité ultime dont les acteurs sociaux eux-mêmes ne sont pas conscients.

Prenons maintenant, pour terminer, la deuxième formule : peut-on dire que la sociologie est essentiellement l'étude des conséquences non voulues ?

Il va de soi que nous connaissons rarement les conséquences ultimes de nos actes, et que nous les connaissons d'autant moins que nous occupons une position plus élevée dans la hiérarchie sociale ; par définition, la majorité des hommes d'État prennent des décisions, et les conséquences de ces décisions sont rarement conformes à leurs intentions. Mais si nous laissons de côté cet exemple trop facile (car c'est l'exemple de ceux qui prennent des décisions déterminant la conduite d'un grand nombre de leurs semblables), si nous revenons aux conduites individuelles courantes, je dirai que l'idée selon laquelle la sociologie étudie essentiellement les conséquences non voulues des actes intentionnels s'applique particulièrement bien au cas de l'économie politique.

C'est en effet à partir de l'économie politique que Paul Veyne a formulé cette idée, et qu'un philosophe et sociologue norvégien, Elster, qui travaille maintenant en France, a écrit tout un livre encore inédit où il prend pour thème fondamental l'opposition entre les réalités sociales qui résultent des conséquences non voulues des actions individuelles, et les réalités sociales qui résultent de volontés (il reprend en gros une distinction assez proche de celle que j'établis avec la notion de collectif ou d'organisation)[53].

L'exemple qu'il utilise, au point de départ, est celui des cycles de prix des produits agricoles : quand le prix d'un produit agricole monte, les agriculteurs sèmeront immédiatement l'année suivante davantage de ce produit dont le prix a monté, mais comme la demande de ce produit est peu élastique, il y aura un excès de l'offre sur la demande et les prix tomberont ; nous aurons, dans ce cas, un exemple type de cycle, c'est-à-dire qu'une certaine situation déterminera une réaction semblable chez un grand nombre d'individus. Cette réaction identique n'a pas seulement pour conséquence d'éliminer la situation qui était au point de départ de la réaction commune, mais elle provoque aussi une réaction de sens contraire : les prix avaient monté parce qu'il y avait insuffisance de l'offre, les paysans ont donc tous planté de l'orge, ce qui a provoqué un excès et donc une baisse de prix. Elster trouve là l'exemple type de la conséquence non voulue des actions individuelles, chacune étant rationnelle : c'est aussi l'exemple type de ce que les économistes étudient. J'appelle ce modèle le « modèle des moutons de Panurge » : c'est le modèle d'une certaine situation qui provoque une réaction rationnelle, mais comme cette réaction rationnelle est le fait d'un grand nombre d'individus, elle devient collectivement absurde. Ce contraste entre la rationalité de la décision individuelle et l'absurdité de la décision collective est d'ailleurs un des objets permanents d'admiration pour celui qui étudie l'histoire : l'économie politique en particulier est remplie d'effets « moutons de Panurge ».

On peut citer un autre exemple, moins grossier et tout aussi parlant que l'exemple des cycles de prix des produits agricoles : celui de l'épargne et de l'investissement. C'est l'exemple keynésien. Jusqu'à Keynes, on raisonnait de la manière suivante : si vous épargnez davantage, si vous vous abstenez de dépenser une fraction plus importante de votre revenu, vous disposez de ressources pour investir ; si vous passez de l'individuel au collectif, vous direz que plus les individus épargnent, plus l'investissement devra augmenter, soit de manière directe, parce qu'ils investiront eux-mêmes, soit de manière indirecte, parce que l'offre de l'argent fera baisser le taux d'intérêt, et que par conséquent le taux d'intérêt fera monter les investissements. Or une des relations qui ont parlé le plus à l'esprit des économistes et des hommes d'État, c'est la démonstration keynésienne que l'augmentation de l'épargne peut avoir pour conséquence une diminution de l'investissement, c'est-à-dire que ce qui, au niveau individuel, paraît évident — l'augmentation de l'épargne entraîne une augmentation de l'investissement — peut avoir, au niveau collectif, s'il s'agit de ce qui se passe dans l'économie globale, un effet contraire. Je laisse de côté la démonstration keynésienne, car, si vous avez lu Keynes, elle est très simple, ou, si vous ne l'avez pas lu, cela ne vous dirait pas grand-chose. L'idée est simplement la suivante : ce qui est vrai au niveau micro-économique peut être faux au niveau macro-économique ; la conduite qui est rationnelle pour l'individu devient irrationnelle pour la collectivité si un trop grand nombre d'individus se conduisent de la même manière.

Ces cycles représentent un cas particulier des systèmes d'action que les sciences sociales ont certainement pour objet d'étudier. Cela dit, le cas de l'économie politique est le cas le plus favorable, parce qu'il s'agit d'une conduite dont on peut à la rigueur admettre la rationalité (ou tout au moins, où l'on peut substituer par hypothèse à un être complexe, avec des passions, des désirs, des humeurs, un être rationalisé ou un acteur rationnel construit), et parce que l'on peut, par l'intermédiaire des prix et de la quantification, supposer une homogénéité entre les moyens et les fins, une homogénéité entre l'*input* et l'*output*, *input* et *output* pouvant être évalués l'un et l'autre en termes de monnaie. Dans un cas de cet ordre, on a une simplification plus grande du système d'action, qui permet d'en pousser la science beaucoup plus loin, mais personnellement je ne considère pas du tout que les exemples types de l'économie, comme celui que je vous ai donné des cycles de prix ou de la réduction de l'investissement global par le fait de l'excès de l'épargne et de l'insuffisance de la demande globale, constituent les seuls systèmes d'action où la réalité, les conséquences ne répondent pas aux intentions. Car si on considère la politique, il y a de multiples raisons différentes qui concourent à produire ce contraste entre la conduite individuelle et la conduite collective ; il y a de multiples raisons pour que les conséquences diffèrent fondamentalement des intentions. Deux notamment sont évidentes : d'abord, c'est que dans la politique, dans les relations internationales, il y a choc ou conflit de volontés, et que, par définition, les adversaires ne peuvent pas tous les deux atteindre leurs fins (ils ne peuvent pas en tout cas atteindre toutes leurs fins) : par conséquent, dès qu'on entre dans l'ordre des relations sociales de conflit, il va de soi que jamais les résultats, jamais les événements ne répondent aux intentions de tous les acteurs ; donc la notion des conséquences non voulues s'élargit démesurément, parce que tout ce qui se passe dans le monde politique ne répond jamais aux intentions de tous. D'autre part, dès que l'on sort du monde économique, il devient impossible d'établir l'homogénéité entre les moyens et les fins par l'intermédiaire de la quantification monétaire des entrées et des sorties. Dans l'économie, vous pouvez aboutir à cette homogénéité, à cette quantification, mais lorsque vous êtes dans l'ordre des relations internationales, et que le moyen pour atteindre vos fins, c'est ici la guerre, il y a hétérogénéité entre le moyen qui est la violence, et la fin qui est un certain résultat non violent. Par définition, si vous êtes révolutionnaire, vous êtes prêt à employer la violence pour arriver à un régime entièrement pacifiste ; vous avez tort ou vous avez raison, mais ce qui est sûr, c'est que dans ce cas il y a hétérogénéité radicale entre les moyens que vous employez et le but que vous visez. D'autre part, le système d'action est ici individuel ou collectif, et présuppose des volontés en conflit. Il faut ajouter également que le modèle « mouton de Panurge », ou le modèle de la réduction de l'investissement collectif à la suite de l'augmentation de l'épargne individuelle, est un modèle beaucoup trop simple, qui s'applique souvent à l'économie politique, mais qui ne peut pas suffire pour rendre compte de tous les systèmes d'action.

Voilà à peu près ce que je voulais dire aujourd'hui sur les systèmes d'action. A partir de là nous pourrons progresser un peu dans le problème autour duquel je tourne, c'est-à-dire la relation entre le micro-événement et les systèmes sociaux d'une part, les spécificités de l'histoire par rapport aux autres sciences sociales de l'autre.

LES ENSEMBLES PRATIQUES
ET LA REPRODUCTION

Les analyses que j'ai développées au cours des dernières semaines sur les trois modes d'objectivation de la réalité sociale, sur ce que j'ai appelé les *systèmes idéels* et les *systèmes d'action* (que j'appellerai plutôt aujourd'hui les *ensembles idéels* et les *ensembles pratiques et d'action*), me permettent d'esquisser une solution des antinomies ou des oppositions que j'avais posées au début du cours de l'an dernier comme au début de celui de cette année.

J'étais parti l'an dernier des trois interprétations philosophiques possibles du marxisme : interprétation humaniste, « hégélienne », ou existentialiste ; interprétation althussérienne, objectiviste, ou structurale ; interprétation marxiste-léniniste orthodoxe.

Dans le premier cas, on prend pour centre la lutte des classes en tant que rapport effectivement vécu par les individus et par les groupes, et on conçoit le déroulement historique comme déterminé par ces conflits vécus, la prise de conscience de ces conflits eux-mêmes par le prolétariat constituant le facteur décisif du passage du régime capitaliste au régime suivant. Si on pense la réalité historique en tant que réalité vécue, on est, de manière évidente, obligé de se référer à cette interprétation concrète, existentielle de la lutte des classes, ce qu'ont fait aussi bien Merleau-Ponty que Sartre, et avant eux Lukács, bien que Lukács l'ait fait de manière plus complète et plus profonde puisqu'il a limité la portée du matérialisme orthodoxe au régime capitaliste.

La deuxième sorte d'interprétation équivaut à penser les idées essentielles du marxisme à partir de l'objectivation de la réalité sociale. Cette objectivation ne se fait pas en utilisant le même vocabulaire que celui des ensembles idéels ou des ensembles d'action ; mais en fait le vocabulaire althussérien, celui des instances, équivaut à la même démarche, à savoir reconstruire tout d'abord les ensembles partiels, puis l'ensemble global de la société comme s'il s'agissait de quelque chose qu'on pourrait regarder de l'extérieur à la manière d'un objet scientifique. En ce cas, il ne s'agit plus de s'attacher aux relations entre les individus et les groupes ; l'histoire n'est plus faite de la lutte telle que la vivent les individus et les groupes, mais elle obéit à une sorte de déterminisme des objets scientifiques, déterminisme qu'on est en mesure d'analyser à partir du moment où on a objectivé les principaux systèmes. J'ajoute que, dans le cas de l'interprétation althussérienne, cette objectivation des ensembles pratiques ou des ensembles d'action ne permet pas d'aboutir à un déterminisme du changement ; comme nous le verrons un peu plus loin dans cette leçon, il ne s'agit, dans le marxisme althussérien, que d'une interprétation de l'autoreproduction permanente du régime capitaliste, le passage d'un régime à un autre étant « surdéterminé », ce qui a un sens philosophique précis, rigoureux et complexe, mais qui signifie de manière pratique que le passage d'un régime à un autre ne résulte pas nécessairement du fonctionnement du régime, mais de l'accumulation de circonstances extérieures au régime lui-même. Si j'emploie le vocabulaire de l'économie politique, je dirai que la révolution n'est pas déterminée par des facteurs *endogènes* au régime, mais par des facteurs *exogènes* ; si vous ajoutez qu'il faut une conjonction de facteurs exogènes, vous avez une définition vulgaire de la formule de la *surdétermination* empruntée par Althusser au vocabulaire des psychanalystes.

La troisième interprétation, la plus vulgaire et la moins rigoureuse, est celle de l'assimilation des lois du devenir historique à des lois naturelles.

C'est à partir de là que j'avais posé cette année une antinomie, qui se trouvait être d'ailleurs le point d'arrivée du cours de l'an dernier, à savoir la contradiction éventuelle entre ce qu'un Hayek ou un Popper appellent *l'individualisme méthodologique* et la volonté des historicistes (et en particulier des marxistes) de mettre au jour des lois de l'histoire globale.

Les individualistes méthodologistes objectent que s'il y a des lois *dans* l'histoire, il n'y a pas de lois *de* l'histoire. Les lois dans l'histoire sont par exemple les lois de l'économie ou de la psychologie qui, par leur action conjuguée, permettent d'expliquer tel ou tel phénomène de l'histoire, tel ou tel déroulement des événements ; les lois de l'histoire seraient des lois qui s'appliqueraient globalement à l'ensemble macro-historique. Les individualistes font valoir que les lois historiques n'ont rien de commun avec les lois scientifiques, et c'est en ce sens qu'il faut voir une opposition irréductible entre les lois *dans* l'histoire et les lois *de* l'histoire.

L'analyse des objectivations permet, me semble-t-il, d'aller un peu plus loin dans la mise au jour des relations entre le micro-événement et les ensembles d'action, et de montrer qu'entre ces deux manières d'appréhender la réalité historique, il n'y a pas de contradiction.

Quelques mots d'abord sur les ensembles idéels, qui sont ceux qui nous intéressent le moins : les ensembles idéels, tels que les langues, sont impliqués dans les manières d'agir, la parole étant également une manière d'agir de l'individu. Cela dit, ces ensembles idéels, quel que soit le degré de structuration, de systématisation qu'ils présentent, ne sont pas présents à la conscience des individus ; il faut une analyse rigoureuse pour mettre au jour cette structure des ensembles idéels ; la langue constitue donc un objet scientifique, la réalité que vise la science. On pourrait, si on avait le goût des réflexions bizarres sur les analogies et les différences, se demander dans quelle mesure la langue est considérée comme la réalité véritable de la parole et si elle est, par rapport à celle-ci, dans la même relation que les molécules, les atomes ou les électrons des physiciens par rapport à la réalité que nous percevons.

Nous ne percevons directement que des objets, des couleurs, des mouvements, des formes ; c'est à partir de ce monde perçu que les savants construisent un autre monde radicalement différent, que nous ne voyons pas, qu'eux-mêmes ne perçoivent qu'indirectement et par l'intermédiaire de leurs instruments, et qui constitue à leurs yeux une réalité aussi authentique ou plus authentique, ou plus réelle, que la réalité sensible perçue spontanément.

Est-ce que les langues sont par rapport aux écrits et aux paroles des personnes vivantes comme les électrons par rapport aux objets perçus ? Je ne répondrai pas : je vous laisse réfléchir à cette analogie. Je me bornerai à une seule remarque : nous pensons tous qu'avant qu'il y ait des hommes sur cette terre, et qu'après, quand il n'y en aura plus, lorsque, dans un nombre respectable d'années, les conditions de la vie sur cette terre auront disparu, il y a eu et il y aura toujours des électrons, que la réalité mise au jour par les physiciens a été et restera la même ; il y aura toujours la Terre, le Soleil tournant autour de la Terre, de la même façon que la Lune, sur laquelle les conditions de la vie ne sont pas remplies, continuera à être réelle et à tourner autour de la Terre. Et les langues ? L'objet visé par les linguistes ? Nous sommes tentés de penser que les langues, bien qu'objet de la science, n'étaient pas réelles avant qu'il y eût des hommes capables de parler ; lorsqu'il n'y aura plus d'hommes capables de parler, que restera-t-il de ces langues ? On peut dire que, même quand il n'y aura plus d'hommes pour parler, il restera quelque part, dans un univers invisible, les langues telles qu'elles ont été créées, mais ces langues, création de la conscience humaine, me semblent ne pas garder après la mort de l'espèce humaine la même réalité que les électrons. Cela dit, si on était tout à fait idéaliste en philosophie, on pourrait pousser plus loin cette analyse qui semble au premier abord n'être qu'une distraction philosophique, et poser d'une manière ironique des questions qui en dernière analyse sont probablement sérieuses.

Venons-en maintenant aux ensembles pratiques ou aux ensembles d'action : l'expression « ensemble pratique » est tirée de la *Critique de la raison dialectique* de Sartre ; l'expression « ensemble d'action » est une traduction approximative du terme diltheyen *Wirkungszusammenhang*, un peu moins précis qu'« ensemble d'action ».

Dans un ensemble d'action, nous pouvons mettre au jour ou bien quelque chose comme l'organigramme de l'organisation (il s'agit de l'objectivation n° 3), ou bien la répartition des individus entre les différentes catégories socio-professionnelles. Ces ensembles d'action sont maintenus tels qu'ils sont par des micro-événements intentionnels, le titulaire d'un certain rôle au sein de cette organisation accomplissant un certain nombre d'actes qui font que l'organisation continue à être ce qu'elle est : il faut des professeurs au Collège de France pour que son organigramme continue à exister en tant qu'organigramme ou organisation effective. L'organigramme d'une organisation ou la répartition des individus entre les catégories socio-professionnelles ne sont pas cependant intégralement créés par des micro-événements ; tout au moins ces ensembles ont une existence distincte des actes des individus : leur existence distincte est celle du maintien de l'organisation ou de la répartition socio-professionnelle. Ce qui signifie que, dès qu'on passe des événements individuels aux objectivations, on arrive immédiatement à la distinction, dominante dans toutes les sciences sociales, entre *synchronie* et *diachronie*. L'organigramme d'une organisation est un schéma qui montre les relations entre les différentes actions, les différentes personnes, les différents rôles, c'est-à-dire la relation de simultanéité ou de dépendance réciproque, abstraction faite du temps entre les variables individuelles, entre les individus et les rôles. La distinction diachronie/synchronie introduit une façon de penser qui n'est pas immédiatement donnée dans la pensée historique. En effet, le récit a joué un tel rôle dans la connaissance historique à travers les siècles que les historiens ne se sont jamais interrogés directement sur le problème du changement ; ce qui était donné pour eux de manière première et pour ainsi dire évidente, c'était la succession des événements, c'est-à-dire le changement lui-même, et le récit était la reconstruction des étapes successives par lesquelles étaient passés une personne, un groupe, une entité, si bien que l'histoire ou la pensée historique est pour ainsi dire directement opposée à la pensée synchronique. Or la sociologie, en tant qu'elle est définie par l'analyse et la reconstitution des ensembles idéels comme des ensembles d'action, a pour point de départ la synchronie et non pas la diachronie.

Cette opposition, qui remonte à la linguistique générale de Saussure, qui est absolument fondamentale dans toute linguistique et qui y est même devenue extraordinairement banale, est aujourd'hui aussi courante dans toutes les sciences sociales. En effet, dans la mesure où j'ai eu raison de montrer qu'une des caractéristiques de la pensée scientifique appliquée à la réalité sociale consistait à passer du vécu individuel à des systèmes, le passage se fait simultanément de ce qui a l'air de changer perpétuellement à ce qui est par nature persistant à travers les siècles ; l'organigramme d'une organisation est en effet une réalité synchronique durable en dépit du changement des titulaires des différents rôles de l'organisation. Dès que l'on passe du vécu au système, on passe donc aussi de l'évidence du changement au postulat ou à l'hypothèse de la persistance, et à la tentative d'explication synchronique, c'est-à-dire à la mise en relation des différents éléments qui constituent ce que nous avons appelé « ensemble idéel » ou « ensemble d'action », l'ensemble idéel pouvant être structuré logiquement comme une langue ou pouvant être imparfaitement structuré comme un système constitutionnel ou comme un système juridique, qui peut lui aussi révéler sa structure par une analyse appropriée.

La persistance des ensembles pratiques, en dépit de la succession des titulaires des rôles, ne représente pas un phénomène mystérieux, et peut être facilement pensée ; il n'y a pas de contradiction entre penser des ensembles comme durant à travers le temps, et ne reconnaître comme réalité, en un certain sens du mot réalité, que les individus.

Prenons en effet la répartition des individus entre les différentes catégories socio-professionnelles. Il n'y a pas de contradiction à dire que la place d'un individu dans une certaine catégorie socio-professionnelle résulte de sa décision plus ou moins volontaire, et que cependant la répartition globale dépend de facteurs extérieurs à chaque individu. Analysons la condition de trois fils d'un petit paysan breton : les trois fils ne peuvent pas vivre sur une exploitation qui, dans les conditions actuelles de l'agriculture, ne peut pas nourrir une demi-douzaine de personnes ; il n'en reste pas moins que les deux qui s'en iront ont théoriquement le choix entre rester à un niveau de vie très bas ou s'en aller vers tel ou tel emploi industriel, s'en aller vers une ville de la région ou vers Paris. Il y a donc une décision individuelle de chacun, et la décision individuelle de chacun n'est absolument pas incompatible avec l'analyse sociologique de la répartition des individus entre les catégories socio-professionnelles et avec un déterminisme de cette répartition. En effet, ce sont les conditions de l'exploitation agricole, renvoyant elles-mêmes aux conditions générales de la société, qui créent une situation dans laquelle (j'emploie un langage sartrien) l'individu choisit librement sa servitude. Il choisit librement en ce sens qu'il a le choix entre diverses options, mais les contraintes auxquelles il est soumis sont telles que finalement on peut dire qu'il choisit librement la modalité de son aliénation, de la même manière qu'un ouvrier dans une entreprise subit la contrainte de la prospérité ou du déclin de l'entreprise et conserve toujours la liberté ultime de vivre dans la révolte ou la résignation, de surmonter les intérêts particuliers de l'entreprise vers l'intérêt collectif de la classe, ou au contraire, d'être étroitement soucieux de préserver son emploi. Tous ces exemples sont l'illustration de la formule selon laquelle on choisit librement la modalité de sa servitude.

A un certain niveau, il y a un déterminisme macro-économique ou macro-sociologique qui ne se trouve absolument pas en contradiction avec ce qui demeure de décision individuelle de la part de chacun. Cela dit, il n'en reste pas moins quelque chose de curieux dans le fait que la sociologie d'aujourd'hui devient, dans une très large mesure, une sociologie de la synchronie ou une sociologie des organisations et de leur reproduction, alors que chacun parle de la rapidité extraordinaire avec laquelle nos sociétés changent. C'est pourquoi je voudrais en passant faire quelques remarques sur les raisons de la popularité actuelle du thème de la reproduction. Les sociologues, en effet, non seulement mettent l'accent à juste titre sur le fait que les ensembles, bien que composés et maintenus par des actes individuels, se maintiennent à travers le temps, mais insistent également sur le fait que ces ensembles tendent à se reproduire eux-mêmes. Pourquoi insiste-t-on sur le thème de la reproduction ? Je pense par exemple au dernier livre de l'équipe Bourdieu-Passeron qui s'intitule *La Reproduction*[54]. Les livres sur la sociologie de l'éducation mettent en effet tous l'accent sur la reproduction de la structure sociale d'une génération à une autre en dépit des efforts prodigués en sens contraire ; de même, le concept de reproduction continue à être fondamental dans l'ordre économique.

La première raison de cette popularité du thème de la reproduction ou de l'insistance, non pas seulement sur la synchronie, mais aussi sur le maintien des ensembles à travers le temps, c'est précisément que la sociologie réagit contre l'idéologie vulgaire du changement incessant et perpétuel. Plus les journaux et les revues ne cessent de nous annoncer que rien ne sera plus pareil dans cinq ou dix ans, plus les sociologues ont tendance à mettre l'accent sur le phénomène contraire de la reproduction. Les livres les plus lus sont les livres sur l'an 2000 qui combinent deux aspects contradictoires et également acceptables par le grand public : l'un selon lequel rien ne sera plus pareil, et qu'il faut apprendre à voir le monde sous un jour nouveau ; l'autre qui ne développe aucune perspective qu'on ne connaisse déjà. Si on arrive à combiner l'annonce que rien ne sera plus pareil avec la banalité dans l'exposé de ce qui sera nouveau, on est sûr d'être bien accueilli, ce qui est d'ailleurs compréhensible, car les gens aiment avoir peur et en même temps souhaitent qu'on les rassure : ils sont ainsi doublement satisfaits.

La deuxième raison pour laquelle le thème de la reproduction est à la mode (et cette deuxième raison est plus importante), c'est que nos sociétés sont essentiellement économiques, et que depuis l'aube de la pensée, en tout cas depuis le XVIIIe siècle et peut-être avant, le thème de la reproduction est inséparable de l'analyse de l'économie. En effet, l'économie, dans la mesure où elle est tout simplement l'étude des relations entre l'homme et son milieu naturel, part du cycle biologico-économique ;

le cycle premier de l'économie, c'est celui du paysan qui sème et attend les récoltes l'année suivante, des récoltes dont il consommera une partie et dont il devra réserver l'autre pour semer à nouveau, de telle sorte que l'essence même de la société humaine en relation avec son milieu, c'est le cycle biologique de la reproduction naturelle.

Si vous voulez avoir un tableau économique fondé sur l'idée du cycle avec une complication supplémentaire, vous n'avez qu'à vous reporter au tableau que vous connaissez tous au moins de nom : le tableau économique de Quesnay. Il s'agit d'un tableau du cycle économique à partir du cycle biologique, avec l'insertion des secteurs économiques extérieurs à l'agriculture. Les cycles marxistes de reproduction du capital dérivent d'ailleurs directement du cycle de Quesnay, auquel Marx se réfère, avec en plus l'adjonction de la conceptualisation de Ricardo. Vous avez chez Marx deux formes de reproduction. D'abord ce qu'il appelle la « reproduction simple », dans laquelle on n'ajoute pas, durant l'année B, à la quantité des investissements ou des moyens de reproduction disponibles — ce qui signifie que ce qui a été produit dans l'année B est ou épargné ou consommé dans la proportion même où existent le capital constant et le capital variable. Il y a de la plus-value, mais la plus-value est soit consommée, soit investie dans le secteur A des moyens de production ou dans le secteur B qui produit les biens de consommation ; ce qui est investi sert uniquement à compenser la partie du capital qui a été insérée dans la production de l'année B. S'il y a reproduction simple, la structure existante de l'économie se reproduit indéfiniment sans croissance ni décroissance : le modèle de la reproduction simple est le modèle de la croissance zéro, si on y ajoute tout simplement la stabilité de la main-d'œuvre. La croissance zéro, aujourd'hui à la mode, et qui est une des formes de la pensée reproductrice, une forme de l'obsession de la reproduction pure et simple, dérive de la « reproduction simple » de Marx ou de « l'état stationnaire » de John Stuart Mill, « état stationnaire » qui arrivait dans sa pensée bien après la phase actuelle.

En fait, la reproduction simple était pour Marx incompatible avec la nature du régime capitaliste, et la reproduction qu'il a analysée dans *le Capital* est, comme vous le savez, la *reproduction élargie*. La reproduction élargie se définit par ceci que chaque année une part de la production est utilisée non pas seulement à compenser la partie du capital qui a été usée, mais est consacrée à accroître le capital constant et fixe, accroissement du capital qui permettra l'année suivante une production supplémentaire. En d'autres termes, la reproduction élargie est le schéma d'une reproduction de l'économie avec croissance, mais — j'insiste immédiatement — une économie en croissance n'en est pas moins dans la pensée marxiste, comme d'ailleurs pour nous aujourd'hui, une économie qui se reproduit elle-même : on produit plus d'année en année, dans la mesure où le capital, ou la productivité du capital, augmente, mais on conçoit qu'à travers cette croissance le régime capitaliste se maintienne, se reproduise. Ce qui nous amène à l'idée que la théorie économique de la reproduction n'est nullement incompatible avec l'idée de croissance ou de changement. En d'autres termes, avec la reproduction élargie, on introduit les changements « intra-systémiques » et les changements « inter-systémiques », pour parler le langage d'Althusser, ou encore, dans un langage plus simple : l'ensemble économique, supposons le capitalisme, peut comporter des changements mixtes — accroissement de la capacité productive par augmentation du capital, édification des moyens techniques de production, élévation de la productivité du travail —, sans qu'il y ait pour autant modification radicale du système et du régime ; le régime se maintient en dépit du changement. Les théories de la reproduction ne sont donc pas incompatibles avec des changements rapides à l'intérieur du régime analysé ou à l'intérieur de l'économie concrète observée ; autrement dit, il s'agit, à propos de n'importe quel ensemble dont on examine la reproduction, de déterminer ce que le savant conçoit comme se reproduisant, quels sont les éléments qui se reproduisent ou qui sont compatibles avec le maintien de l'ensemble que l'on appellera le régime ou le système.

La question en effet se pose dans les termes suivants : quelles sont, dans une économie qui se reproduit, les caractéristiques nécessaires et suffisantes pour que l'on parle de l'autoreproduction du régime ou de l'autoreproduction de l'entité économique elle-même ? La phase ultérieure serait par conséquent de déterminer quels sont les changements qui seraient considérés comme impliquant la modification de l'ensemble, le passage de l'ensemble d'un certain type à un ensemble d'un autre type. La deuxième question serait de savoir si le mode de fonctionnement d'un certain ensemble n'est pas tel qu'il crée lui-même non pas seulement les conditions du changement à l'intérieur de lui, mais aussi les conditions du passage de l'ensemble à un autre ensemble.

On peut dire les choses de la manière suivante : les schèmes marxistes comportent la reproduction élargie, donc la croissance, sans qu'il y ait changement du régime lui-même, mais il y a simultanément dans le tome III du *Capital* une théorie du changement de nature à provoquer le passage du régime à un autre régime. Il y a même deux schèmes de la non-reproduction du capitalisme ou de l'autodestruction du capitalisme. L'un de ces schèmes est celui de la paupérisation des masses, et dans ce cas la paupérisation des masses devient un intermédiaire entre capitalisme et socialisme — l'appauvrissement des masses, en dépit de l'enrichissement de la société, rendant à peu près inévitable la révolution, même si la détermination révolutionnaire dépend des hommes concrets. Le deuxième schème, plus conforme à la volonté scientifique de Marx, est celui de la baisse tendancielle du taux de profit. S'il y avait effectivement, comme il l'a cru, une baisse tendancielle du taux de profit, le moment viendrait où le système ne pourrait plus fonctionner faute d'un taux de profit suffisant.

On peut concevoir aussi, et on le conçoit beaucoup à notre époque, un autre schème d'une autodestruction qui ne serait pas forcément celle du capitalisme mais de la civilisation industrielle. Vous voyez tout de suite à quoi je fais allusion : il s'agit du schème du Club de Rome, du système des équations du Club de Rome. Si l'on suppose que la croissance économique telle qu'elle est aujourd'hui pratiquée, combinée avec l'augmentation de la population, entraîne de manière irréversible l'érosion de la terre, la pollution de l'atmosphère, l'épuisement des biens non renouvelables, il suffit de donner une valeur déterminée aux différentes équations du système du Club de Rome pour arriver, au bout d'une durée qui peut être d'un, deux ou trois siècles, à l'impossibilité de continuer. Disons que le schème marxiste de la baisse tendancielle du taux de profit est l'exemple même d'une explication endogène de l'autodestruction d'un certain régime économique, et que le schème du Club de Rome est la théorie typique de la méthode des systèmes — méthode moderne des systèmes de l'autodestruction d'une certaine sorte de civilisation, les différentes transformations irréversibles produites par le fonctionnement même de la civilisation industrielle aboutissant à des impossibilités radicales.

Dans les deux cas, vous voyez en quoi consisterait une théorie scientifique du changement : ou bien ce serait la mise au jour des facteurs endogènes, liés au mode de reproduction de l'ensemble lui-même, de la destruction de cet ensemble (dans ce cas il s'agit de la destruction d'une certaine sorte d'organisation par la loi de la baisse tendancielle du taux de profit) ; ou bien, ce qui va encore plus loin, ce serait la mise en évidence de la loi de l'autodestruction de l'espèce humaine par maltraitement de son environnement biologique. Dans les deux cas, vous avez l'exemple typique de ce qui serait une théorie scientifique du changement ou une théorie scientifique de l'histoire.

Ces deux exemples vous montrent l'extrême opposé du récit historique tel que je vous l'ai présenté à propos des origines de la guerre de 1914 ; mais le fait qu'il puisse y avoir une théorie scientifique de l'autodestruction de la société industrielle ne prouve pas qu'il peut y avoir une théorie scientifique de même sorte à propos des origines d'un événement. Ajoutons que dans les deux cas vous réconciliez le micro-événement intentionnel avec un macro-déterminisme. Chacun des acteurs des trois semaines qui ont précédé la guerre de 1914 a agi conformément à ses préférences dans une situation donnée, et tous les acteurs réunis ont abouti à un événement énorme et monstrueux que personne n'avait voulu : c'est là le type même des conséquences non voulues des actes intentionnels.

Prenons maintenant le schéma des équations du Club de Rome. Ce macro-déterminisme ou cette théorie du système de la civilisation industrielle n'est absolument pas incompatible avec l'idée que la seule réalité sociale, en un certain sens du mot, soit constituée par les actes individuels. Par exemple, le fait que les pasteurs arabes fassent paître leurs chèvres dans certaines régions constitue une série d'actes individuels, parfaitement rationnels à court terme pour chacun de ces individus ; ce qui n'empêche pas que tous réunis peuvent, avec l'aide de leurs chèvres, créer le désert dans une région — conséquence non voulue d'actes individuels. Vous pouvez prendre toutes les variables analysées par le Club de Rome, et vous pouvez les décomposer en des séries de micro-événements intentionnels de la part de millions d'individus : chacun de ces individus agit de manière éventuellement rationnelle dans une situation donnée, et tous produisent ensemble, par action et réaction, une conséquence que de toute évidence personne n'a voulue.

Ce qui montre en quel sens le problème des relations entre l'individualisme méthodologique et le déterminisme historique ou sociologique me paraît tellement plus intéressant au niveau de l'analyse de ce que font les sciences sociales qu'au niveau terriblement abstrait, théorique ou logique, où se placent les philosophes analytiques. Au niveau abstrait, il n'y a aucune difficulté à dire qu'il y a dans le monde social des actes individuels, des acteurs avec leurs intentions; si on y ajoute la logique des situations, il n'y a aucune difficulté à être individualiste méthodologiquement. Seulement la question est de savoir si, comment, dans quelles circonstances on peut construire des ensembles, analyser leur structure, et éventuellement trouver les facteurs endogènes des changements sans modification de structure, ou bien des changements qui font passer d'un ensemble à un autre. La forme extrême des changements serait le passage de la civilisation dans laquelle nous vivons à la fin des possibilités d'existence de l'espèce humaine sur cette terre, et si nous avions des facteurs endogènes conduisant nécessairement à la catastrophe apocalyptique prévue par le Club de Rome, nous aurions l'exemple parfait des conséquences non voulues des actes intentionnels. Ajoutons immédiatement que, même dans ce cas, on voit la différence entre les systèmes humains et les systèmes non humains, comme par exemple un engin balistique parfaitement programmé, capable, au moyen d'un ordinateur, de se réadapter au surgissement d'une situation ou d'un élément différent de celui qui était originellement prévu. La différence, ici, c'est que, si la programmation comporte la réadaptation à un certain nombre d'événements possibles, cette réadaptation elle-même est programmée au point de départ, alors qu'en ce qui concerne les systèmes humains, les micro-événements individuels et intentionnels constituent la référence ultime. Le Club de Rome nous explique en effet que si nous continuons à faire ce que nous sommes en train de faire, nous arriverons, au bout d'un nombre X d'années, à une impossibilité radicale. Il y a un certain nombre d'hommes qui analysent les équations du Club de Rome, qui en discutent, et qui prennent conscience du fait que sur certains points la croissance exponentielle aboutit effectivement, à plus ou moins longue échéance, à une impossibilité ; d'où la possibilité de reprogrammer le système dans lequel nous vivons pour arrêter l'évolution vers la situation explosive ou l'explosion. Or il en va de même pour l'autodestruction du système capitaliste.

Supposons que Marx ait eu raison de prévoir que le système capitaliste aboutissait par son fonctionnement endogène à des crises de surconsommation ou à des crises provoquées par l'insuffisance de la demande. A partir du moment où il a mis en lumière la possibilité des crises, où l'expérience elle-même a appris aux hommes ce qu'étaient ces crises, rien n'empêche d'en tirer les conséquences et de reprogrammer le fonctionnement du système. Dans une certaine mesure, la crise de 1929-1933 en a fait apprendre davantage aux économistes (avec l'aide de quelques événements subsidiaires) que les spéculations prolongées pendant de nombreuses années sur l'équilibre économique. L'expérience ayant eu la gentillesse cruelle de nous montrer le risque d'une diminution considérable de la production par insuffisance de la demande à partir de certains incidents, les hommes ont appris par la méthode d'essais et d'erreurs à réagir aux crises de manière à en éviter la reproduction, ou tout au moins à en atténuer la virulence. Il serait intéressant de savoir si la crise non programmée, dans laquelle nous sommes entrés depuis quelques mois par suite de l'augmentation du coût des matières premières, aura pour conséquence la désagrégation du système économique international, et si chaque gouvernement essaiera de se tirer d'affaire aux dépens du voisin (ce qui attirerait de manière certaine les pires catastrophes pour l'ensemble), ou si, la leçon des années 1929-1933 ayant été bien apprise, les gouvernements réagiront à la crise actuelle en maintenant entre eux une coopération suffisante pour éviter les conséquences en chaîne d'une crise circonstancielle. Avec mon optimisme ordinaire, je crois à la deuxième hypothèse parce que je m'obstine à croire à la rationalité finale des hommes, et que, si je n'y croyais pas, je n'aurais aucune raison de continuer les activités que je pratique. Je suis donc professionnellement rationnel et optimiste, mais je pense qu'il y a de meilleures raisons que celles que je viens de donner pour penser que la leçon a été suffisamment apprise : la part de compétition, inévitable d'ailleurs dans les systèmes économiques où nous sommes, n'atteindra pas le point où elle mettrait en danger la coopération minimale nécessaire afin d'éviter les pires conséquences pour le système tout entier.

Ces exemples volontairement grossiers mettent en lumière la relation fondamentale entre les conséquences non voulues des actes individuels, le caractère éventuellement systématique du fonctionnement d'un ensemble, les transformations intérieures à l'ensemble, et aussi les transformations qui mettent en question la structure de l'ensemble, étant bien entendu qu'il y a une part d'arbitraire dans la détermination des caractéristiques que l'on considérera comme constituant la structure fondamentale de l'ensemble analysé. Par exemple, dans le cas de l'économie, on peut tenir la propriété publique ou privée des instruments de production pour la caractéristique majeure qui définit un type de régime ou un autre : ce choix comporte un élément d'arbitraire dans la mesure où il n'est pleinement justifié que si la substitution d'un mode de propriété à un autre entraîne des conséquences majeures pour le reste de l'ensemble. Or, en fonction des connaissances dont nous disposons, on peut dire qu'il ne s'agit pas là d'une affirmation évidente. Il est bien entendu que la propriété individuelle ou collective des instruments de production entraîne un certain nombre de conséquences pour le mode de fonctionnement du système. Cela dit, ce n'est pas la seule façon de définir ce que l'on appelle la structure d'un certain régime ; il va de soi que l'état de développement des moyens de production, par exemple, est une variable qui a, sur d'autres variables comme le niveau de productivité, le niveau de vie, des conséquences probablement plus grandes que le type de propriété.

Cette analyse nous donne un moyen de distinguer les deux formes extrêmes que sont l'histoire et la science ou la sociologie des systèmes et des changements. L'exemple le plus typique du récit historique, c'est le récit, que j'ai toujours pris comme exemple, des trois semaines qui ont précédé la guerre de 1914. Il s'agit dans ce cas d'un récit à l'état pur, comparable au récit d'un romancier : les événements sont créés par des actes, des paroles, des écrits, des notes, des échanges, des conversations de personnages individuels, et chacun de ces micro-événements modifie la situation dont la logique détermine plus ou moins nécessairement l'acte ultérieur d'un autre acteur, et ainsi de suite. Là, nous sommes effectivement dans l'histoire au sens traditionnel du terme, dans une forme d'histoire dont, encore une fois, le premier modèle a été pour nous *La Guerre du Péloponnèse* de Thucydide. Et même si l'on considère, ce qui est parfaitement légitime, que la véritable science historique, c'est l'explication par la structure des ensembles du devenir de ces ensembles ou encore l'analyse du fonctionnement de ces ensembles, même si l'on disait que la véritable histoire est là — ce que, pour diverses raisons, je ne crois pas —, il restera toujours un public et même des hommes d'études pour prendre intérêt au récit, et cela parce que le récit de l'historien est la reconstitution de l'histoire telle que vous et moi la vivons. Supposons que les analyses ou les équations du Club de Rome soient vraies : ce ne serait pas l'histoire que nous vivons, mais l'histoire que nous faisons sans en avoir conscience. Or il y a toujours un intérêt pour la reconstitution de la manière dont les hommes eux-mêmes ont vécu l'histoire qu'ils ont faite sans le savoir, et l'histoire, au sens étroit du terme, c'est précisément la reconstitution de l'histoire vécue. J'ajoute qu'il y a aussi une sociologie qui est la reconstitution, non pas de ce devenir vécu, mais des diverses sociétés vécues ou des diverses périodes de ces sociétés vécues : il y a un intérêt pour la manière dont les hommes vivent leur existence sociale ou leur existence historique, intérêt distinct de celui qui prend pour objet les mécanismes non voulus par lesquels les sociétés se forment, se développent, déclinent et meurent, et il n'y a aucune raison d'établir un choix radical entre ces deux formes d'analyse du passé. Disons simplement que les deux formes extrêmes sont l'histoire d'une part, l'analyse scientifique de la reproduction du système ou de la transformation du système de l'autre ; que la sociologie, dans la mesure où elle part du synchronisme, doit expliquer ce qui change et non pas ce qui dure, et que l'histoire au contraire, partant du récit du changement, a éprouvé le besoin d'expliquer ce qui dure. C'est en ce sens qu'on peut voir une dualité, une opposition de curiosités, ou une différence d'orientation entre la tâche de l'historien et celle du sociologue, étant bien entendu qu'à cet égard il y a des historiens qui sont marqués par la sociologie et des sociologues qui sont profondément marqués par l'histoire ; il s'agit, dans cette analyse, de deux tendances abstraites qui ne recoupent pas nécessairement la distinction effective des pratiques.

Après cette analyse globale de l'opposition du micro-événement et des ensembles, je comptais reprendre l'exemple des ensembles interétatiques pour vous donner comme exemple les ensembles faibles, les systèmes faibles, et les opposer aux systèmes forts que sont les ensembles économiques et sociaux, mais je le ferai après les vacances. A la lumière de cette conciliation dialectique entre le micro-événement intentionnel et la théorie des ensembles, je crois que nous pourrons arriver à une conclusion provisoire de cette recherche.

L'EXPLICATION ET LA NARRATION[55]

Au cours des dernières leçons, j'ai esquissé les réponses aux principaux problèmes que je m'étais posés :
— *rapport du micro-événement individuel et des ensembles pratiques ;*
— *les différents modes d'objectivation du vécu social ;*
— *l'analyse des ensembles pratiques ;*
— *l'explication éventuelle soit de la reproduction des ensembles d'action, soit du changement irréversible de ces ensembles ou de leurs conditions de stabilité ;*
— *types différents d'ensembles créés involontairement par des actes intentionnels.*

Les perspectives qui s'offrent à moi à partir de ces considérations seraient celles d'une analyse plus précise des divers types d'ensembles pratiques.
On pourrait se placer à plusieurs points de vue différents :
1. *Premier point de vue : par quels mécanismes les acteurs individuels créent-ils un ensemble susceptible de se reproduire ?*
A) *Organigramme des classes sociales et des statuts sociaux.*

— *Constance des taux de criminalité ou de suicide (causalité macro-sociale, liberté individuelle).*
B) Reproduction du régime politique ou du régime économique.
— *Pourquoi un régime comme celui des États-Unis se reproduit-il ? Parce que les acteurs obéissent dans une certaine mesure à des règles (lois écrites, lois non écrites).*
— *En ce qui concerne les modèles de relations de parenté, quelle est la part des règles qui s'imposent effectivement ?*
— *En ce qui concerne l'ensemble économique, il y a toujours une combinaison entre les résultats non voulus de multiples actions individuelles (avec le risque de l'effet « mouton de Panurge ») et l'action résultant d'ententes entre les individus, depuis l'organisation syndicale jusqu'à l'État.*
2. Deuxième point de vue : par quelles démarches conceptuelles peut-on construire des ensembles d'action ? Je prendrai deux exemples de ce genre de débat, qui est d'ailleurs moins un débat que la diversité des constructions sociologiques.

Premier exemple : *débat entre Karl Polanyi et son école d'une part, Robbins et les marginalistes de l'autre.*
— *Définition formelle de l'économie. L'action économique se définit par le choix entre des biens rares à usage alternatif (rapport logique entre moyens et fin) ; à partir de là, on retrouve le système économique.*
— *Définition substantielle.*
— *Procès institutionnalisé.*
— *Institution.*
— *Rapport de l'homme à son milieu.*
— *Réciprocité ; redistribution.*
— *Échange.*

Deuxième exemple : *reconstruction de la société avec des concepts analytiques.*
— *Résidus, dérivations, Pareto.*
Parsons : *quatre sous-systèmes, chacun défini par une finalité ou une fonction :*
— *G : les prix, la politique ;*
— *A : l'adaptation ;*
— *L : le système idéel et sa transmission ;*
— *I : Intégration.*

On peut en revanche tenter une reconstruction descriptive de l'ensemble social, à la manière de Robbins ou de Polanyi.
L'histoire, reconstitution du passé, utilise légitimement les constructions des économistes, des sociologues, etc.
La distinction porte :
— a) *sur la curiosité et son orientation ;*
— b) *quand il y a* récit, *la distinction est nette ;*
— c) *plus proche du concret ; des concepts empiriques ou simplement généralisateurs.*
*La construction de l'*ensemble global.
On pourrait peut-être combiner ces deux problématiques, montrer la légitimité des théories multiples, la relation entre l'histoire et les sciences sociales.
Je m'en tiendrai aujourd'hui, et pour terminer ce cours, à l'exemple des relations interétatiques que j'ai souvent utilisé. Je vais tâcher de vous montrer pourquoi l'ensemble interétatique n'est un système, si l'on tient à employer ce mot, qu'au sens faible du terme. Du coup, on s'expliquera pourquoi il n'y a pas de théorie des relations interétatiques au sens où il y a une théorie physique ou même une théorie économique.
Pour définir une théorie au sens fort du terme, il faut :
1. *définir l'ensemble par un petit nombre de variables ;*
2. *tracer les limites de cet ensemble en distinguant* variables endogènes *et* variables exogènes ;

3. *déterminer si l'ensemble peut se reproduire lui-même, et par quels mécanismes;*
4. *formuler à titre d'hypothèse les conséquences d'une modification de l'une ou l'autre des variables.*

(Les formules s'appliquent aux théories des sciences naturelles, sauf peut-être la troisième.)

1. *Par quelles variables va-t-on définir les ensembles interétatiques ? On peut utiliser des concepts analytiques et non descriptifs ; le concept d'acteur par exemple, sous lequel on peut subsumer les États, les partis transnationaux, les Nations Unies, les sociétés multinationales.*

Si l'on cherche à caractériser la structure propre d'un ensemble, il faudra bien recourir à des variables relativement concrètes :
— *répartition de la force économique et militaire ;*
— *capacité de la mobilisation ;*
— *nature des alliances et des hostilités ;*
— *relations idéologiques ; principe des États.*

Il est clair que la distinction entre variables endogènes *et variables* exogènes *ne va pas sans difficulté ; la répartition de la force militaire dépend de multiples facteurs.*

2. *Les limites de l'ensemble :*
— *Au sens concret, géographique.*
— *Au sens abstrait, les variables.*

3. *A partir de quelles variables peut-on formuler des hypothèses qui appelleraient la vérification ? Les seuls exemples connus sont : la course aux armements, la relation entre commerce et armement, ou les modèles de la théorie des jeux.*

4. *Autoreproduction des ensembles interétatiques. On peut donner un sens à cette notion :*
— *équilibre européen ; maintien des relations entre les différents États sans monarchie universelle ;*
— *équilibre intra-européen ;*
— *une liberté totale d'alliance.*

Le nombre des systèmes que les auteurs découvrent entre 1815 et 1945 est arbitraire ; tout dépend de la définition des variables. Bien entendu, entre 1789 et 1974 les variables principales de l'ensemble interétatique ont profondément changé. En ce sens, on est passé d'un ensemble à un autre. Cet ensemble peut être appelé système, *au sens faible du terme système, en raison de l'interrelation entre les variables. Mais par rapport aux systèmes programmés, ou avec contrôle central, ou avec rétroaction stabilisatrice, l'ensemble interétatique est à peine un système.*

— *Homéostatique, lorsqu'une variation par rapport à l'équilibre provoque une réaction de sens contraire qui tend à rétablir l'équilibre.*

— *Le système économique n'est pas de ce type ; les variations peuvent devenir de plus en plus grandes, mais il y a possibilité de contrôle central.*

De plus, le système interétatique a toujours comporté le règlement des conflits par la violence ; par suite l'impact éventuel des micro-événements. Le non-voulu prend ici une signification précise : qui a voulu la guerre de 1914 ? Qui a voulu la guerre du Péloponnèse ? Disproportion entre les hommes et les effets de leurs actes. Shakespeare. Tolstoï, La guerre et la paix, *le récit de la campagne de Russie.*

— **Ruse de la Raison.**

— *Contradiction dans l'Europe d'avant 1914. Entre le régime économique et les moyens de guerre.*

— **Main invisible des libéraux.**

— « *Mouton de Panurge* ».

— *Contradictions et Ruse de la Raison.*

L'ensemble interétatique ne comporte ni contrôle central, ni rétroaction négative, ni rétroaction positive. En cas de système d'équilibre, tendance à la rétroaction négative. L'excès de puissance de l'un provoque la coalition des États menacés. Mais ce n'est pas là le trait de n'importe quel ensemble historique ; la plupart des civilisations ont connu des empires.

La théorie des systèmes exigerait que l'on puisse formuler, à partir de quelques variables et de leurs relations, des propositions scientifiques que l'on soumettrait à vérification. Or, à mon sens, nous n'en sommes pas là et peut-être n'en serons-nous jamais là.

L'ensemble interétatique est influencé en permanence par des sous-ensembles.

— Modification des forces militaires.
— Influence des conflits à l'intérieur des États.
— Évolutions divergentes à l'intérieur des sous-ensembles.

On peut substituer des concepts dits analytiques *aux concepts* descriptifs *; il reste à savoir ce que l'on peut dire à partir des variables abstraites ou des situations modélisées.*

COMPLÉMENTS

SYLLABUS DES GIFFORD LECTURES : DE LA CONSCIENCE HISTORIQUE DANS LA PENSÉE ET DANS L'ACTION

PREMIÈRE SÉRIE
(1965)

DE LA CONSCIENCE HISTORIQUE DANS LA PENSÉE : COMPRENDRE LE PASSÉ

Il est courant de distinguer la *philosophie de l'histoire* — interprétation globale du devenir de l'Humanité — et la *théorie* logique, épistémologique ou critique de la connaissance du passé. Celle-là appartiendrait à une phase désormais dépassée de la pensée, celle-ci, prudente et modeste, serait contemporaine de la science et de la réflexion analytique.

Sans nier la validité relative de cette distinction, je ne consentirai pas à séparer radicalement philosophie de l'histoire et théorie de la connaissance historique. En fait, on le reconnaît couramment, chacune des écoles d'historiens est inspirée par une certaine conception du monde et de l'humanité. Chacune des théories de la connaissance historique comporte tant d'implications substantielles qu'elle passe, au moins aux yeux de ceux qui n'en acceptent pas les conclusions, pour solidaire d'une philosophie de l'histoire du premier type. Il est à peine besoin, pour illustrer cette relation réciproque entre l'analyse formelle et l'interprétation concrète, de se référer à l'exemple du marxisme.

Nous voudrions, dans les deux séries de conférences auxquelles nous avons donné le titre de *La conscience historique dans la pensée et dans l'action*, nous situer à la charnière entre philosophie de l'histoire et critique de la connaissance historique : la notion de *conscience historique* contient moins que celle-là et plus que celle-ci. Toute société, toute civilisation a une représentation de son rapport au temps, elle donne un sens aux changements qui l'affectent, au passé qu'elle intègre ou continue comme à l'avenir qu'elle prépare ou qu'elle anticipe. Transformations incohérentes, cycles, progrès, ces termes suggèrent des visions ou des schèmes historiques qui ne comportent pas nécessairement une connaissance détaillée du devenir de l'humanité mais qui pourtant ne se ramènent pas à une simple logique ou épistémologie.

Notre recherche, partant de la conscience historique, tour à tour remontera à la logique et se développera vers la philosophie. Et comme vivre dans l'histoire, c'est se situer par rapport au passé et à l'avenir, et que cette prise de position entraîne l'action (à moins que, inversement, elle ne soit partiellement déterminée par celle-ci), notre recherche mettra l'accent d'abord sur la dimension historique de la pensée, puis, dans la seconde série, sur la dimension historique de l'action.

On a cité infatigablement la formule de Paul Valéry : « Nous autres civilisations, nous savons aujourd'hui que nous sommes mortelles. » A cette formule, inspirée de l'expérience de la Première Guerre mondiale, j'aimerais substituer une formule plus large : « Nous autres, hommes des sociétés scientifiques et de l'âge atomique, nous savons que nous sommes engagés dans l'histoire. » Que signifie pour notre pensée et notre action la conscience *d'être intégrés à une aventure qui nous est à la fois* intérieure et extérieure, qui n'a pas d'autre origine ou d'autre essence que l'humanité elle-même, mais dont aucun homme ne peut dire qu'elle exprime son vouloir ? Vico a peut-être eu raison de dire que l'homme comprend l'histoire autrement que la nature parce qu'il est l'auteur de celle-là, non de celle-ci. Mais à cette proposition incontestable répond, comme un écho ironique, la phrase fameuse : « Les hommes font leur histoire, mais ils ne savent pas l'histoire qu'ils font. »

Leçon I
Philosophie de l'histoire et conscience historique

La première leçon aura pour objet la détermination des *caractères propres de la conscience historique de notre temps.*

Il serait difficile de discerner une philosophie dominante qui pourrait être dite la philosophie de l'histoire de notre temps. Les biologistes ont tendance à compter en dizaines de milliers ou de millions d'années et à mettre l'*homo sapiens* au terme d'un long processus d'évolution, dont les formes de vie les plus simples constitueraient une étape initiale. Les anthropologues, eux aussi, comptent en milliers d'années et voient dans la révolution néolithique un événement pour ainsi dire récent, distant d'une dizaine de milliers d'années, et dans l'histoire des sociétés complexes ou des civilisations dites supérieures, le dernier épisode de cette longue aventure. De cette aventure, les philosophies dans le style de Spengler et de Toynbee donnent une interprétation pluraliste : l'Humanité, au cours des cinq ou six derniers millénaires, a été dispersée

Ainsi s'expliquent les traits spécifiques de la conscience historique de notre temps. L'homme d'aujourd'hui connaît mieux son historicité qu'à aucune autre époque et cette historicité est à la fois *biologique* (l'émergence de l'homme à partir de l'animal) et *sociale* (l'extrême diversité des tribus, sociétés et cultures). En même temps, il a découvert sa propre puissance prométhéenne : l'homme est un animal qui crée son milieu par son travail et se transforme lui-même en transformant son milieu. De ce fait, la conscience historique d'aujourd'hui comporte une sorte de primauté de l'avenir sur le passé. (« L'homme est l'avenir de l'Homme. ») Bien que le XXe siècle ait exploré le passé mieux que le XIXe, on ne dirait pas de notre siècle qu'il est le siècle de l'histoire comme on l'a dit du siècle précédent. Créateur de lui-même en même temps que de son milieu grâce à la science et à la technique, l'homme ne peut pas ne pas retourner sur lui-même et sur ses œuvres sociales et changeantes l'esprit de la science qui lui a donné la maîtrise de la nature. L'homme veut connaître scientifiquement le passé dont il est l'héritier comme le présent qu'il porte en lui. Simultanément, il n'a jamais été aussi curieux et incertain de l'avenir qu'il est en train de forger. Les représentations, roses ou noires, rêves ou cauchemars, de l'avenir que les hommes voudraient prévoir ou faire, sont l'aboutissement inévitable, rationnel en son irrationalité, d'une humanité moins assurée de son empire sur elle-même que de son empire sur les choses.

Leçon II
De la critique de la raison historique

L'idée d'une critique de la raison historique remonte à la fin du siècle dernier, et Dilthey, en Allemagne, est,

513

semble-t-il, le premier à l'avoir conçue clairement. Mais si la formule évoque la phase post-kantienne de la philosophie allemande, le thème lui-même est antérieur et Vico me paraît l'avoir formulé en toute clarté : puisque l'histoire-réalité, c'est-à-dire les sociétés et les idées humaines sont en leur succession l'œuvre de l'esprit humain, celui-ci se retrouve dans l'histoire et il peut connaître celle-ci autrement qu'il ne connaît les phénomènes naturels, opaques du fait même de leur essence étrangère.

Les travaux des néo-kantiens n'ont abouti à rien que l'on puisse baptiser une critique de la raison historique, mais il n'est pas inutile de préciser les causes de l'échec (au moins relatif) et les résultats encore valables de ces analyses.

En premier lieu, le concept de critique de la raison historique est équivoque. Il présente, en effet, une double signification. Ou bien il s'agit d'une prise de conscience de la raison appliquée à la connaissance de l'histoire (c'est-à-dire des sociétés et de leurs œuvres). Ou bien il s'agit de découvrir les expressions multiples de la raison humaine à travers la diversité des connaissances, des croyances et des systèmes sociaux. Ces deux sens se mêlent plus ou moins dans la philosophie de Dilthey, le premier domine dans l'œuvre d'un Max Weber, le deuxième dans celle d'un Lévy-Bruhl (s'interrogeant sur la mentalité primitive) ou d'un Lévi-Strauss (engagé dans une analyse structurale des mythologies).

Tenons-nous-en au premier sens. Il comporte d'évidentes difficultés. La reconstitution du passé, quand elle se veut en quête d'une vérité démontrable, plus encore les sciences sociales (linguistique, économie, sociologie) obéissent et ne peuvent pas ne pas obéir aux règles universelles de l'esprit scientifique. Le fait qu'il y ait une parenté d'essence entre objet et sujet comporte à la fois des difficultés (comment atteindre au détachement nécessaire à l'objectivité ?) et des avantages (les relations entre les faits présentent une intelligibilité immédiate ou spécifique). Mais cette parenté d'essence laisse subsister les exigences propres à toute méthode scientifique. De plus, ce n'est pas au niveau transcendantal que se découvrent les particularités de la connaissance par l'homme des phénomènes historico-humains. Il n'y a rien de comparable, dans les sciences humaines, aux formes de la sensibilité ou aux catégories de l'entendement.

Les néo-kantiens n'en ont pas moins mis en lumière deux idées, à la fois simples et fondamentales. La connaissance historique par excellence est celle d'*événements*, c'est-à-dire, au sens large et vague, de faits localisés et datés, de ce qui s'est passé *hic et nunc*. Or, bien que certaines sciences de la nature (biologie, géologie) tentent aussi de reconstituer les événements, l'intérêt que l'historien prend aux événements humains, la manière dont il les saisit, diffèrent substantiellement de l'intérêt qui, dans les sciences de la nature, s'attache aux événements et de la manière dont ils sont expliqués.

En deuxième lieu, il demeure vrai que l'objet de la connaissance historique, parce qu'il est humain, est *compréhensible* autrement que ne le sont les rapports entre faits naturels. Non que l'historien ou le sociologue saisisse par intuition la vérité des existences étrangères ou des sociétés lointaines. La *compréhension* (le *Verstehen* des Allemands) n'est pas un don miraculeux ou une démarche mystérieuse de l'historien. Historien ou sociologue comprennent leur objet parce qu'ils se retrouvent en lui. L'unité du sujet et de l'objet qu'affirmait à juste titre Vico ne soustrait pas les spécialistes des sciences sociales aux tâches ingrates de l'exploration patiente et de la preuve, mais elle leur donne, au point d'arrivée, la joie d'une intellection spécifique.

C'est à la fois lui-même et l'autre que lui que l'historien, expression d'une certaine humanité, comprend en comprenant les autres humanités.

Leçon III
Critique de la raison historique et critique de la raison dialectique

Les analyses néo-kantiennes, aussi bien dans la pensée de Dilthey que dans celle de Max Weber, avaient conduit à un résultat au fond exactement contraire à celui qui était visé. La critique kantienne, réplique à la critique de Hume, fondait la vérité universelle des sciences de la nature, même si elle excluait la saisie par l'esprit humain de la chose en soi. L'aboutissement de la réflexion critique sur la connaissance historique fut la mise en évidence du rôle actif joué par l'historien dans la reconstitution du passé. L'histoire-science n'est pas et ne peut pas être le pur et simple reflet de l'histoire-réalité parce que celle-ci, chaos apparent d'événements et de personnages, n'est pas d'elle-même ordonnée (sans parler même du passage malaisé des documents aux faits). Mais plus les néo-kantiens insistaient sur la responsabilité de l'historien dans l'appréhension du passé, plus ils élargissaient l'écart entre la science historique qu'ils décrivaient et l'idéal moderne de la connaissance universellement valable.

Par deux voies, la critique néo-kantienne de la connaissance historique débouchait sur une certaine sorte de relativisme (par ce terme, nous désignons le lien entre une certaine interprétation du passé et la position de l'interprète lui-même). Certes, cette critique voyait dans la réfutation du positivisme historique un exemple du renversement copernicien : l'esprit de l'historien ne serait pas asservi à l'objet, mais c'est lui qui constituerait l'objet en l'insérant dans ses formes ou ses catégories. Mais, en fait, la comparaison est superficielle : tout dépend, en effet, du caractère des formes ou des catégories. Si celles-ci n'ont qu'une validité historique et non universelle, cette construction du passé n'atteint pas à l'objectivité (validité universelle) au sens où y atteignent les sciences de la nature.

De plus, le réel historique que les néo-kantiens, Dilthey aussi bien que Max Weber, avaient pour ambition de saisir est l'*expérience vécue*, non pas seulement les systèmes intellectuels ou sociaux en tant que tels, séparés des hommes qui les ont édifiés, mais les hommes eux-mêmes, tels qu'ils ont pensé, agi, rêvé, souffert. Or, plus l'historien vise l'expérience vécue, plus il risque non de manquer à l'impartialité, mais de tendre vers une compréhension comparable à la relation singulière entre le peintre et son modèle, voire entre un psychanalyste et son patient.

C'est à ce point que se situe, me semble-t-il, la tentative d'une *critique de la raison dialectique* par Jean-Paul Sartre. Celui-ci est animé, il est vrai, par des intentions qui ne sont ni purement philosophiques ni strictement scientifiques. Il est soucieux de montrer la conciliation possible entre marxisme et existentialisme. Mais, si nous faisons abstraction de ces mobiles, il reste un « projet » philosophique : le projet d'une compréhension des expériences vécues qui ne serait pas doublement partielle, autrement dit qui ne serait pas la compréhension par un *individu historique* d'expériences historiques *innombrables et dispersées*.

Tentative évidemment condamnée dès le point de départ par sa contradiction interne. Mais tentative révélatrice d'un stade actuel de la problématique philosophique de la connaissance historique. Ou bien on conçoit la connaissance historique comme celle d'un objet radicalement extérieur à la personne de l'historien, mais en ce cas, ne laisse-t-on pas échapper le sens interne, la réalité spécifique de l'histoire humaine ? Ou bien on conçoit la connaissance historique comme la reconstitution par les vivants de l'existence vécue par les générations antérieures. Mais en ce cas, la connaissance historique évite-t-elle un double relativisme : d'une part la reconnaissance de la pluralité des humanités qui se sont succédées à travers le temps, d'autre part le lien entre l'interprétation de ces humanités diverses et la situation de l'interprète ?

Nous chercherons, dans les leçons suivantes, à dépasser cette antinomie.

Leçon IV
L'explication historique et la controverse Hempel-Dray

Depuis que les philosophes anglais et américains, d'inspiration positiviste ou analytique, se sont intéressés à la connaissance historique, un problème s'est trouvé au centre de leur réflexion et de leurs débats : quelle est la nature de l'explication d'une consécution singulière, c'est-à-dire d'une suite de deux événements, localisés et datés ?

Les néo-kantiens allemands n'avaient pas ignoré le problème et ils en avaient maintes fois traité. Mais la plupart des logiciens anglais et américains, issus d'une tradition différente, ignorent cette littérature allemande ou française, et abordent le problème sans référence ou presque à leurs prédécesseurs.

Les néo-kantiens, en effet, cherchaient l'originalité de la connaissance historique dans deux directions : ou bien dans le caractère humain, significatif, compréhensible de l'objet, ou bien dans la singularité, dans la localisation spatio-temporelle des faits. Cette alternative se rattache à deux autres alternatives : ou bien on définit l'historique par la nature de l'objet (Dilthey) et on en déduit éventuellement l'intérêt pour le fait singulier et pour le devenir ; ou bien on définit l'historique à partir du mode de conceptualisation (Rickert) ou de l'intentionnalité de l'esprit et on met en relation les caractères spécifiques de l'objet avec cette intentionnalité. D'autre part, la reconstitution du passé peut avoir pour origine le désir de prendre conscience soit de la diversité sociale et humaine, soit de la suite des événements. Entre les diverses écoles logiques et les diverses philosophies historiques existe une certaine correspondance.

La controverse Hempel-Dray se ramène à l'interrogation suivante : une consécution d'événements n'est-elle expliquée qu'à partir du moment où elle peut être déduite d'une proposition universelle ? A cette interrogation, des logiciens, parmi eux Hempel ou Popper, répondent affirmativement, cependant que d'autres, Dray, Donegan, répondent négativement. A dire vrai, les philosophes continentaux ont peine à comprendre la passion manifestée dans ce débat que les contemporains de Max Weber tenaient déjà pour clos.

Il est loisible de prétendre qu'une consécution singulière n'est scientifiquement expliquée qu'à la condition d'être déductible à partir d'une proposition universelle. Il s'agit, en ce cas, d'une définition de l'explication scientifique. Mais si cette définition est adoptée, il faudra conclure que la plupart des explications des événements historiques ne sont pas scientifiques. Le modèle choisi ou la théorie postulée ne s'applique pas au travail effectif des historiens. Quand l'historien s'efforce d'expliquer la décision d'un acteur, non seulement il ne peut pas la déduire d'une proposition universelle, mais il ne le veut pas : l'essence d'une décision historique, aux yeux d'un historien, c'est précisément qu'elle aurait pu être autre qu'elle n'a été, soit que le même homme aurait pu agir autrement, soit qu'un autre homme, à sa place, aurait agi autrement. Tous les historiens qui, depuis Thucydide, ont raconté les drames des guerres ou des révolutions, ont, en fait, au moins implicitement, reconnu la liberté des acteurs au niveau microscopique. Au reste, pourquoi, si l'avenir est imprévisible, cet avenir aurait-il été à l'avance déterminé ? Qu'une fois accompli, cet avenir soit ce qu'il a été va de soi. Il n'en résulte pas qu'il n'aurait pas pu être autre qu'il n'a été, soit qu'un homme eût agi autrement qu'il ne l'a fait, soit qu'un autre homme se soit trouvé là où la décision fatale a été prise.

Les deux thèses, celle de Hempel d'une part, celle de Dray de l'autre, renvoient à deux sens du concept d'événement. Un événement défini simplement comme un fait physique ou humain qui se produit en un lieu, en un moment donnés (l'eau qui gèle, la maladie provoquée par un microbe, la mort d'un individu), peut souvent être expliqué à partir d'une ou plusieurs propositions universelles. Mais l'événement au sens fort, c'est-à-dire l'accident résultant d'une rencontre improbable de circonstances, appelle déjà une explication d'un autre type : c'est la conjonction des séries, plutôt que la légalité de chacune d'elles, que l'on veut saisir. Mais quand l'accident est une décision humaine, l'idée même d'une explication à partir d'une proposition universelle est contradictoire avec la nature de l'explication cherchée par l'historien. Ou, du moins, si celui-ci cherche à déduire la consécution singulière d'une proposition universelle, c'est en fonction d'une certaine philosophie de l'histoire et à un niveau plus élevé que celui de l'action individuelle.

Leçon V
De l'intelligibilité des actions humaines

L'objection couramment adressée à ceux qui rejettent la thèse Hempel-Popper est que la théorie contraire n'établit pas de distinction radicale entre l'explication historique et l'explication de la vie courante. L'objection n'est pas sans quelque portée, mais elle ne me paraît pas décisive. Toute la question est de savoir si l'historien est en mesure d'expliquer la conduite des personnages historiques autrement que nous n'expliquons celle de nos voisins ou de nos gouvernements, autrement que le psychologue ou le psychanalyste n'explique celle d'un patient ou d'un individu dont il a suivi l'itinéraire depuis son enfance. Pourquoi serions-nous capables d'expliquer la conduite des hommes du passé mieux et autrement que nous n'expliquons celle des contemporains ?

A la nécessité de la proposition universelle, Dray a voulu substituer une nécessité d'autre nature, celle de la rationalité du lien entre les moyens et la fin, ou entre les circonstances et la décision. Pour une part, Dray a retrouvé une thèse que les néo-kantiens avaient déjà présentée, mais il l'a simplifiée et rétrécie. L'explication compréhensive d'une conduite humaine n'implique ni la déduction à partir d'une proposition universelle ni même la rationalité de l'action. Elle exige seulement qu'en fonction des circonstances, du système des valeurs, de la psychologie de l'acteur, la décision de celui-ci nous paraisse intelligible. Une névrose paraît intelligible au psychanalyste sans que celui-ci déduise pour autant le cas singulier d'une proposition universelle.

On tentera d'esquisser ici une théorie de l'intelligibilité intrinsèque de l'action humaine en même temps qu'une typologie des diverses sortes d'intelligibilité. Dans son traité de psychopathologie, Jaspers s'est efforcé de fixer les limites et les caractères propres de ce qu'il appelait la compréhension des expériences vécues et des conduites, en même temps qu'il précisait le sens qu'il donnait à la distinction entre *comprendre* et *expliquer*, distinction qui n'a guère pénétré dans la philosophie anglaise ou américaine, bien que sous d'autres formes (par exemple la distinction entre explication scientifique et explication de la vie quotidienne) certaines des idées qui sont à l'origine de cette distinction s'y trouvent parfois exprimées.

Au reste, les sciences sociales, sociologie, psychologie sociale, économie, même dans les écoles positivistes, pratiquent, elles aussi, ce que Dilthey, Jaspers, Max Weber, Scheler appelaient compréhension, c'est-à-dire la reconstitution et la saisie des relations internes aux consciences des acteurs, relations qui présentent une intelligibilité que ne possèdent pas les suites de phénomènes naturels, mais qui n'en sont pas pour autant immédiatement données à l'observateur et au savant.

Il n'y a pas de différence de nature entre la compréhension à laquelle aspire l'historien et celle à laquelle tendent sociologues ou économistes. La différence entre celle-ci et celle-là a deux causes : d'une part, l'historien est le plus souvent incapable d'accumuler les données ou de pratiquer les expériences accessibles au sociologue qui prend pour objet les sociétés actuelles. D'autre part, les historiens s'intéressent, plus que les spécialistes des sciences sociales, à ce que jamais on ne verra deux fois : soit une civilisation (ou une société) en son être singulier, soit une histoire (au sens où le romancier raconte une histoire) en son déroulement unique.

Il n'en résulte pas pour autant que l'historien s'attache exclusivement soit aux particularités, soit aux événements en ce qu'ils ont d'inattendu ou d'accidentel. Les particularités ne sont intelligibles que par référence à des concepts, les événements que par rapport à des ensembles ou à des tendances. C'est la dialectique de la particularité et de la généralité, de l'évolution et des accidents qui est au cœur de la reconstitution du monde historique par les sciences de l'esprit, pour reprendre l'expression de Dilthey.

Leçon VI
L'événement et le déterminisme historique

Tout fait historique, c'est-à-dire localisé et daté, est un événement, au sens faible de ce terme. Mais, au sens fort, l'événement suggère quelque chose de plus : le surgissement d'un homme, la prise d'une décision, l'explosion d'une guerre ou d'une révolution qui, pour n'être pas sans rapport avec les circonstances antérieures, n'en découle pas ou ne semble pas en découler avec nécessité : à la limite, l'événement est l'accident, ce qui non seulement n'était pas prévisible, mais n'aurait pas dû se produire ou aurait dû être autre qu'il n'a été.

L'événement, au sens fort, est une donnée immédiate de l'observation naïve, non une hypothèse. Quand les historiens *racontent* ce qui s'est passé, ils ne songent pas à éliminer les événements ou à les réduire à une tendance profonde ou à un « déterminisme global ». Mais ici intervient le problème du niveau : au niveau microscopique, l'événement — les grands hommes, les décisions erronées, les accidents — semble régner. Mais, au niveau macroscopique, n'en va-t-il pas autrement ? N'est-ce pas le détail seulement qui est événementiel ; l'ensemble, lui, saisi par le regard simplificateur de l'historien, ne révèle-t-il pas une sorte de nécessité ?

On cherchera dans cette leçon à marquer les divers aspects de cette problématique.

Sur le plan de la réflexion logique, on n'a aucun droit d'opposer le principe du déterminisme à l'efficacité éventuelle des grands hommes ou des décisions imprévisibles. Le déterminisme n'implique pas que seules certaines fractions de la réalité agissent sur le cours de l'histoire ou que les accidents ou événements microscopiques se compensent de quelque mystérieuse façon. Du moins c'est à ceux qui nient l'apparence événementielle de faire la preuve que cette apparence est trompeuse.

En second lieu, la structure même du monde historico-social suggère l'efficacité possible des événements. Le fait est que les sociétés sont organisées hiérarchiquement et qu'un ou quelques hommes sont en mesure, par leurs actions ou leur abstention, de provoquer des conséquences dont on tenterait vainement de prévoir le terme dernier.

En troisième lieu, il ne convient pas de déterminer à l'avance, de manière générale, l'influence que les individus ou les accidents exercent ou peuvent exercer. Selon les époques ou les domaines, cette influence peut être plus ou moins grande sans d'ailleurs que l'on soit en droit d'opposer radicalement, à cet égard, tel secteur de la société à tel autre. L'histoire économique n'est pas exempte d'accidents, l'histoire politique n'est pas une suite de hasards.

Au-delà de ces trois analyses se dessinent d'autres et plus profondes interrogations. A chaque instant d'une guerre ou d'une révolution, l'historien, comme le contemporain, a le sentiment que les choses auraient pu tourner autrement. Mais, quand il regarde en arrière et embrasse en une vue globale l'ensemble d'une crise ou d'une période, l'historien croit saisir un ordre intelligible. Il importe de comprendre qu'il n'y a pas de contradiction entre la vision événementielle et la vision déterministe du devenir. Ou, plus précisément, il n'y aurait contradiction qu'à partir du moment où l'une de ces visions serait présentée comme la seule valable. L'ordre intelligible, que l'historien aperçoit au niveau macroscopique, n'était pas à l'avance déterminé, il est celui qui s'est en fait réalisé, non pas nécessairement le seul qui était à l'avance possible. Les deux visions deviennent compatibles dès lors qu'elles se donnent, l'une et l'autre, à des niveaux différents, comme l'expression de la réalité. Ce n'est qu'en termes de probabilité que l'on peut affirmer après coup que le cours effectif des événements, microscopiques ou macroscopiques, était à l'avance plus ou moins déterminé par l'ensemble des circonstances. Les suites directes ou indirectes de la Première Guerre mondiale ont contribué à provoquer la deuxième. Saisir la logique des réactions en chaîne de la violence ne signifie pas qu'un Hitler est inévitable et une deuxième guerre fatale, dès la signature du traité de Versailles.

Leçon VII
Les ensembles historiques

L'histoire-réalité n'est faite que d'hommes et de choses, d'hommes dans un milieu naturel qu'ils transforment par leur travail, de choses créées par les hommes, maîtres et esclaves de leurs œuvres. Et pourtant, chaque société, chaque époque, plus encore la succession des sociétés et des époques semblent extérieures et supérieures aux individus, sorte d'édifice grandiose ou monstrueux dans lequel ne se reconnaissent pas les bâtisseurs. Ces formules rappellent la dialectique hégéliano-marxiste, aujourd'hui banale, de l'extériorisation qui devient aliénation.

En cette leçon, nous voudrions prendre pour point de départ les enseignements les moins douteux de l'anthropologie et de la sociologie, autrement dit le fait incontestable qu'il y a de multiples manières d'être homme, que chaque société canalise autrement les pulsions fondamentales, leur offre ou leur impose d'autres modes d'expression. De même, le système de valeurs et de croyances est autre de société à société. Au cours de la période dite historique au sens étroit (les six mille années des « civilisations »), la nature biologique, la constitution génétique de l'humanité, ne semble pas avoir substantiellement changé. L'homme d'aujourd'hui, à sa naissance, n'est pas génétiquement différent de ce qu'il était lorsque commença l'aventure de la civilisation. C'est dans la société et par la culture que l'humanité change historiquement. Ce que l'historien tente de saisir, ce sont les caractères propres de chacune de ces sociétés, l'essence de chacune de ces cultures, en d'autres termes il s'efforce de faire leur part respectivement à l'unité humaine et à la diversité historique, d'atteindre le principe d'unité de chaque société et d'en saisir la totalité.

Cette problématique est à l'une des intentionnalités de

la curiosité historique ce que la problématique de l'événement et du déterminisme est à l'autre. Problématique double : quels sont les systèmes sociaux et culturels dont l'historien tâche de reconstituer l'unité ? Comment s'organise la pluralité de ces ensembles ? Nous indiquerons quelques aspects de cette problématique sur les exemples de la politique et de l'économie.

Il n'y a pas une « politique éternelle ». Mais il y a une notion éternelle de la « Politique ». Ou encore, si l'on préfère, il y a un problème, qui nous paraît consubstantiel à l'humanité elle-même, de l'ordre politique, c'est-à-dire des relations commandement-obéissance au niveau aussi bien des entreprises privées ou parcellaires que du Pouvoir exercé par quelques-uns sur l'ensemble de la collectivité. Il n'est donc pas impossible de comprendre les divers systèmes politiques en se servant d'une seule et même conceptualisation ; il est même indispensable, pour comprendre l'unité d'un système et la diversité des systèmes, de disposer de concepts grâce auxquels apparaissent la constance du problème, la multiplicité des solutions, les aspects principaux de tous les systèmes, les institutions fondamentales, caractéristiques de chacun d'eux. De même, à un niveau suffisamment élevé d'abstraction ou de formalisation, une théorie générale de l'économie est possible, théorie qui surmonte la vaine querelle des « lois universelles » et des « lois historiques ».

En tous les domaines, l'effort actuel des sciences sociales est orienté en ce sens : conceptualisation destinée à permettre la saisie et la comparaison des systèmes, à rendre intelligible l'unité (et les limites de l'unité) de chacun d'eux, éventuellement à retrouver les causes dernières de la diversité, soit dans les structures de l'esprit humain, soit dans les contradictions implicites en chacune des solutions.

La théorie des ensembles ou systèmes sociaux est complémentaire de celle des événements pour la simple raison que ces derniers se situent à l'intérieur des systèmes. Mais la complémentarité des événements et des systèmes n'exclut pas la dualité des intentionnalités, la curiosité étant fixée tantôt sur l'*œuvre*, c'est-à-dire le système politique, économique ou social constitué, tantôt sur l'*action*, c'est-à-dire l'homme réagissant aux circonstances, créant le réel pour se projeter vers l'avenir.

L'opposition des événements et des ensembles est, sur le plan des sciences historiques ou sociales, toute relative ; selon le niveau de considération, le IIIe Reich semblera événement ou système. Il n'en subsiste pas moins que l'historien ou plus encore le philosophe de l'histoire ne se satisfont pas de cette opposition, si relative soit-elle. L'histoire humaine (la réalité humaine que l'histoire-science tâche de reconstituer) est précisément constituée de la dialectique, incessamment renouvelée, de la tradition et de l'action, du système et des événements, de la réalité faite et du refus de certains hommes de l'accepter.

Aussi l'analyse des ensembles historiques mène-t-elle à deux problèmes ultérieurs : celui du système total d'une société (et non plus du système limité à un ordre spécifique d'activité) ; celui d'un ordre, s'il en est un, du devenir de ces systèmes globaux.

Leçon VIII
De la totalité historique

Les sciences historiques ou sociales sont à la fois analytiques et synthétiques, analytiques en leurs méthodes et leur cheminement, synthétiques en leur volonté de saisir l'unité globale propre aux systèmes historiques. Le problème de la totalité ne s'en pose pas moins parce qu'il subsiste un intervalle considérable entre les systèmes unifiés qu'atteignent les économistes, les psychologues, les sociologues et la totalité que visent les philosophes de l'histoire.

Qu'il s'agisse de systèmes politiques ou économiques, l'historien dégage des relations réciproques entre les variables (ou les institutions, ou les fonctions). Il dégage éventuellement la variable clef, celle dont la présence ou l'absence entraîne les conséquences les plus importantes. A la rigueur, il reconnaît que n'importe quel système concret, singulier, est plus que la somme des parties, ou encore que l'originalité du système ne se découvre pas pleinement à la pensée analytique ou combinatoire. Mais il ne peut ni intégrer les événements au système, ni intégrer les systèmes en un tout.

Certes, il n'est pas exclu que l'historien des cultures parvienne à une sorte d'intégration des systèmes dans la mesure où il retrouve à l'origine de chacun de ceux-ci une seule et même âme, un seul et même ensemble de valeurs et de croyances. Mais cette sorte d'intégration a un caractère surtout intuitif et l'affinité spirituelle entre les systèmes, la parenté d'inspiration, est aussi facile à suggérer que difficile à démontrer.

Plus ou moins suggestives, ces totalisations intuitives ne posent pas les mêmes problèmes que les totalisations ambitieuses dont la doctrine de Marx offre le modèle. Une telle doctrine exige une détermination des unités historiques que l'on tient pour essentielles, une périodisation de l'histoire universelle ou de l'histoire propre à chacune de ces sociétés (ou cultures), une détermination des facteurs qui commandent cette périodisation.

On tentera, dans cette leçon, d'éclairer la problématique logique ou substantielle de cette sorte de totalisation et de marquer les limites dans lesquelles ces totalisations sont légitimes. On prendra en particulier l'exemple du marxisme, des diverses interprétations auxquelles il a donné lieu et l'on soumettra à la critique (au sens kantien du terme) ces diverses interprétations. Il est possible de démontrer, par le raisonnement et par l'expérience, l'erreur qui consiste à confondre l'unité historique, constituée à partir d'une certaine variable tenue pour essentielle, avec une totalité réelle et à imputer à cette variable, confondue avec la totalité, tous les maux ou événements que l'on déteste. Il est loisible de définir un régime économique par une variable (par exemple, la propriété privée des moyens de production), mais non d'imputer à cette variable la responsabilité des conflits internationaux ou d'expliquer par cette seule variable tous les traits des sociétés qui comportent un tel régime économique. La négation totale du réel, négation dont certains esprits gardent la nostalgie, qui a causé tant de ravages en notre siècle, a pour origine intellectuelle les erreurs d'une fausse totalisation. Que celle-ci se présente sous la forme de prétendues lois objectives du devenir ou d'une prétendue dialectique, elle prête à la même objection : elle méconnaît la spécificité des domaines sociaux, elle confond l'interdépendance de ceux-ci avec une unité réelle.

La totalisation à la Spengler ou à la Toynbee ne prête pas aux mêmes objections ; la première parce qu'elle s'avoue elle-même purement intuitive, la seconde parce qu'elle se borne à tracer certaines lignes maîtresses du devenir et à dégager certains facteurs ou causes de ce dernier. Si contestables que soient ces visions démesurées, elles sont surtout des prophéties, rétrospectives ou prospectives, prophéties qui dépassent notre savoir mais diffèrent, plus en degré qu'en nature, des interprétations courantes.

Une totalisation historique est-elle en tant que telle impossible ? Ce n'est pas la conclusion à laquelle nous souhaitons conduire les auditeurs. Il n'est pas exclu de mettre l'histoire en perspective par rapport à ce qui nous paraît l'essentiel dans l'aventure humaine, il est nécessaire de suivre l'influence que les domaines sociaux exercent les uns sur les autres, la dialectique incessamment renouvelée de l'humanité et de ses œuvres. Mais cette dialectique ouverte ne peut ni ne doit éliminer la pluralité effective des activités humaines, l'imprévisibilité de la réponse que les générations futures feront à la situation créée aveuglément par les générations actuelles.

Leçon IX
De la pensée historique à l'action dans l'histoire

Je n'ai pas abordé explicitement, au cours des leçons précédentes, la question classique, celle qui était au centre de la réflexion néo-kantienne, de l'objectivité historique.

La question ne me paraît pas sans portée, mais elle ne comporte pas, me semble-t-il, de réponse sans équivoque. La réponse dépend, en effet, de la manière dont la question elle-même est formulée. Si l'on se reporte à la pratique des historiens, on constatera tout à la fois les progrès accomplis dans la découverte des faits — progrès comparables à ceux que l'on observe dans les autres sciences — et le renouvellement de la curiosité, des concepts et des interprétations. Selon le contenu propre que l'on attribue à la science historique, celle-ci semblera plus ou moins éloignée du modèle idéal de la science objective, universellement valable.

Logiquement, la question de l'objectivité n'a pas le même sens dans les diverses disciplines historiques. Une histoire qui se veut générale et globale procédera toujours à une sélection qui ne s'imposera qu'à ceux qui partagent les intérêts de l'historien. Une histoire de la philosophie en tant que telle sera solidaire du sens que l'historien lui-même donne à la philosophie, tantôt porté à n'y voir qu'une représentation du monde, tantôt cherchant à y trouver une science rigoureuse, tantôt conscient de la contradiction possible entre la volonté d'atteindre à une vérité universelle et la nature des problèmes traités. Un historien de la culture ou des idées oscille, lui aussi, entre la reconstitution de ce que les hommes du passé ont vécu et l'interprétation du sens que les existences évanouies présentent pour nous. Référence au présent, qui n'est pas un échec de la science mais une expression légitime de l'intention propre à la recherche historique. L'historien manquerait à sa mission si, incapable de se détacher de lui-même, il jugeait les humanités d'hier à la seule lumière de ses propres valeurs. Mais pourquoi serait-il en quête de ce qui ne sera jamais plus, si ces existences à demi effacées ne signifiaient rien pour lui ? La dialectique de la connaissance de soi et de la connaissance de l'autre trace moins les limites de l'objectivité historique qu'elle ne caractérise la nature propre de la curiosité historique, même quand celle-ci devient scientifique.

Cette analyse des problèmes de l'objectivité nous amènera aux conclusions de notre première série de leçons. La connaissance du passé a été et est encore un moyen pour une société de se connaître elle-même, soit par la confrontation avec d'autres sociétés, soit par la reconstitution de ses origines et de son devenir. En ce sens il existe une solidarité entre la conscience qu'une société a de son histoire ou de l'histoire universelle et la science historique, cette science influant sur la conscience spontanée et celle-ci à son tour inspirant la science. Mais cette dialectique de la conscience historique et de la science du passé n'est-elle pas en train d'être renouvelée à son tour par l'ambition prométhéenne de l'humanité ? Le souci de l'avenir ne refoule-t-il pas l'intérêt pour le passé ? Le mode technique de pensée n'est-il pas en contradiction avec le mode historique ?

La réflexion néo-kantienne aboutit, au lendemain de la Première Guerre mondiale, à la crise que l'on baptisa celle de l'*historisme* ou de l'*historicisme*, la prise de conscience du caractère historique de nos valeurs, d'où résulta, dit-on, une sorte de scepticisme ou de nihilisme. Puisque les valeurs sont arbitraires, que chaque société se choisit les siennes, rien ne vaut en soi et universellement : ainsi fut ouverte la voie aux barbares qui choisissaient eux aussi librement le règne de la violence.

Sommes-nous encore dans la crise de l'*historisme* (ou relativisme historique généralisé) ? Ou bien sommes-nous entrés dans une autre phase, celle du *technicisme* ? Faire l'histoire au lieu de la subir, tel a été, tel est encore le rêve prométhéen. Mais qui la fait ? Les techniciens, le parti, le Chef ? Au nom de quelles valeurs ? En vue de quelle société ? Les sciences sociales sont-elles en mesure d'enseigner aux planificateurs les moyens et les conséquences de leur plan ?

Les interrogations annoncent les thèmes de la deuxième série de leçons.

DEUXIÈME SÉRIE
(1967)

DE L'ACTION HISTORIQUE :
LE PRINCE ET LE PLANIFICATEUR

Dans la première série de ces leçons, j'ai déjà introduit les thèmes qui seront au centre de cette deuxième partie. La conscience historique des hommes d'aujourd'hui, qu'ils vivent sous des régimes capitalistes ou socialistes, est tournée vers l'avenir, en une attitude singulière, presque contradictoire : nous cherchons à prévoir l'avenir comme s'il était déjà écrit, tout en nous affirmant capables de le faire selon nos désirs ou de le créer à l'image de nos rêves, comme si nous avions acquis une sorte de toute-puissance sur notre destin. Les formules de conciliation entre l'attente d'un avenir prédéterminé et l'orgueil prométhéen sont multiples, elles pourraient toutes avoir leur part de vérité (reconnaître les contraintes, prévenir les catastrophes possibles, répondre aux besoins à l'avance connus). Cette dualité d'intention n'en subsiste pas moins. Elle constituera pour ainsi dire notre fil directeur. Elle sera présente au point de départ, à titre de fait observé ; au point d'arrivée elle se retrouvera, expression inévitable de la contradiction entre technique et histoire, entre la manipulation des matériaux par l'ingénieur et l'action de l'homme, fût-il ingénieur social, sur d'autres hommes.

La dialectique entre manipulation technique et action humaine est apparue avec l'esprit scientifique et l'application, fidèle ou non, de cet esprit à l'étude de la société en devenir. Ce n'est pas un hasard que Machiavel soit tenu à la fois pour le fondateur de la science politique et l'éducateur soit des tyrans soit des peuples. Le savant, par définition, ne met-il pas son savoir, moralement neutre, au service de tous les employeurs, que ceux-ci soient des oppresseurs ou des opprimés, des criminels ou des saints ? Marx, lui aussi, se croyait ou se voulait savant, au moins dans l'analyse du présent. Or le socialisme scientifique est devenu d'abord la doctrine des partis révolutionnaires, puis l'orthodoxie d'un État impérial, comme si, par un processus inévitable, le savoir à prétention scientifique retombait fatalement dans la connaissance vulgaire, transformé par les hommes ou les groupes qui l'acquièrent en vision globale, nécessaire à l'action mais incompatible avec la science.

En bref, les sciences de l'action qui se développent avec une extraordinaire rapidité, fondent-elles la possibilité d'une action scientifique ? Nos sociétés connaissent-elles l'avenir mieux que celles qui ne cherchaient pas à l'imaginer ? Les hommes, individus ou collectivités, ont-ils un sentiment accru de liberté ou d'impuissance à mesure qu'ils disposent de moyens accrus pour maîtriser le milieu naturel ?

Un auteur américain a écrit que les sociétés humaines avaient eu d'elles-mêmes, successivement, trois représentations, *mythique, philosophique, scientifique*. Il retrouvait ainsi la loi des trois états d'Auguste Comte mais, si l'esprit scientifique, depuis un siècle et demi, a manifestement inspiré des études innombrables, économiques, sociales, positives, a-t-il profondément modifié la conscience que les sociétés ont d'elles-mêmes ? A-t-il changé, en son essence, l'action historique ? A-t-il rendu les hommes, en passe de devenir « maîtres et possesseurs de la nature », maîtres et possesseurs de leur œuvre commune, l'ordre social à l'intérieur des États et entre les États ?

Leçon I
Machiavel et Marx

Nous prendrons, pour point de départ, en cette première leçon, deux penseurs qui continuent d'exercer, à notre époque, directement ou indirectement, une profonde influence, Machiavel et Marx, tous deux inspirés d'un certain esprit scientifique, tous deux témoins et victimes de la dégradation de la science (ou de la pseudo-science) en idéologie.

Le parallèle de ces deux auteurs illustres — l'un plus souvent maudit qu'admiré ou compris, l'autre, un siècle exactement après la parution de son œuvre maîtresse, encore notre contemporain — peut être justifié de multiples manières. L'un est avant tout intéressé par la politique et l'autre par l'économie ; l'un n'a d'autre espoir que de surmonter pour un temps, avec la complicité de la fortune, l'instabilité essentielle des choses humaines, l'autre voit poindre à l'horizon, par-delà les catastrophes fécondes, la réconciliation de l'humanité avec elle-même ; l'un croit à la nature humaine qu'il juge sans indulgence, l'autre croit à l'histoire dont il escompte le dénouement heureux. Le parallèle pourrait être traité de multiples manières. Nous choisirons un mode particulier. Machiavel et Marx seront à nos yeux les représentants de deux acteurs sociaux, de deux personnages symboliques que j'appellerai : *conseiller du Prince* et *confident de la Providence.*

L'opposition de ces deux personnages reproduit, dans le perspective de l'action, celle des systèmes et des événements, du déterminisme et de la contingence, dans l'ordre des interprétations rétrospectives. On retrouve même une antithèse de cette sorte derrière les controverses, en apparence strictement logiques, comme celles de Hempel et Dray.

Le *conseiller du Prince* se donne le monde tel qu'il est, avec les hommes tels qu'ils ont été et tels qu'ils seront, il connaît des conjonctures singulières, des objectifs définis et accessibles : en fonction de l'expérience historique et de généralités plus ou moins nettement établies, il recommande telle ou telle décision à celui qui, en dernière analyse, aura la responsabilité ultime de la prendre. Le conseiller du Prince, de tradition machiavélienne, connaît le train du monde, les similitudes entre les situations, les résultats probables de l'action humaine *hic et nunc*, il ignore l'avenir ou ne l'imagine pas différent du passé. Il ne changera pas le monde, mais parfois il y réussira.

Le *confident de la Providence*, en langage vulgaire, connaît l'ensemble mieux que les détails, il annonce l'avenir en invoquant une connaissance supérieure à celle du vulgaire ou du conservateur. Auguste Comte se réclamait de Bossuet, il était, en ce sens, plus conscient de ce qu'il faisait que Karl Marx. Car Comte et Marx appartiennent à la lignée des *confidents de la Providence*, ils demandent à la science ou à ce qu'ils appellent ainsi le secret de la totalité.

Mais les disciples de Machiavel peuvent-ils se passer du secret de la totalité ? Leur attitude, justifiée par la constance de la nature humaine et l'instabilité des choses humaines, est-elle moins solidaire d'une philosophie que celle des marxistes ? Et ceux-ci, de leur côté, ne se sont-ils pas mis à l'école de Machiavel quand le déterminisme de l'histoire a déçu leur attente ? Un conseiller du Prince ne doit-il pas être plus ou moins un confident de la Providence ? Et un confident de la Providence ne devient-il pas spontanément conseiller d'un Prince, celui-ci fût-il un Prince collectif, classe ou parti ?

Quelles sont, à notre époque, les figures de ces deux personnages symboliques ?

Leçon II
De Machiavel au stratège nucléaire

Machiavel est, par essence, un conseiller du Prince, il possède ou croit posséder un savoir susceptible d'éclairer le Prince, un savoir que nous appellerions aujourd'hui opérationnel, autrement dit propre à être transposé en conseil d'action. Un des deux auteurs du livre célèbre *Theory of Games and Economic Behaviour*, Oskar Morgenstern, imprégné d'esprit scientifique et désireux de conférer à l'action politique la rigueur et l'efficacité de la manipulation technique, constate à la fin de son livre *The Question of National Defence* la pauvreté, l'incertitude de ce que l'on appelle science politique, et il déplore que les propositions suggérées par Machiavel n'aient pas été soumises à un examen méthodique afin d'établir si et dans quelle mesure elles peuvent, convenablement corrigées ou complétées, devenir opérationnelles.

Machiavel, en tant que philosophe critique, est en effet, d'inspiration, un stratège plutôt qu'un savant. En tant que savant, il compare les régimes, dégage les similitudes et les différences entre les uns et les autres, met en évidence les conditions, matérielles, sociales ou morales favorables à la stabilité de chacun d'eux. Mais cette sorte d'étude n'est pas foncièrement neuve. On trouve aussi, à n'en pas douter, dans la *Politique* d'Aristote, des conseils d'action qui se déduisent de la nature du régime. Les moyens de maintenir la tyrannie sont nécessairement aussi détestables que la tyrannie elle-même. L'originalité de Machiavel n'en tient pas moins à la radicalité avec laquelle le problème politique est posé en termes d'action. Le titre du livre fameux de Lénine *Que faire ?* pourrait servir de titre à l'œuvre tout entière de Machiavel. Dès lors que le problème de l'action commande tout le problème de la politique, on s'explique que certains aspects de la pensée machiavélienne aient fait scandale.

L'action se propose des buts : comment ne pas employer les moyens efficaces, même s'ils sont contraires à la moralité, telle qu'elle est couramment interprétée pour les relations entre les personnes ? Ces moyens dépendent de ce qu'est le monde, de ce que sont les hommes. On peut plaider que les aspects les plus déplaisants de la pensée machiavélienne ont pour cause la situation de l'Italie au XVIe siècle. Mais l'extermination de tous les descendants de l'ancienne famille régnante par un Prince nouveau, le choix délibéré d'un bouc émissaire par le Prince obligé à des mesures impopulaires et soucieux de sa popularité, ces sortes de stratégie sont, de notre temps comme du sien, aussi difficiles à condamner qu'à louer.

La cause dernière du débat machiavélien — et peut-être ce débat est-il aussi permanent que l'aventure humaine —, c'est que toute action historique, au sens fort de ce terme, est une stratégie humaine, stratégie d'un ou de quelques hommes à l'égard d'autres hommes. La notion de stratégie, d'origine militaire, a désormais envahi toutes les sciences sociales : on a reconnu l'unité de l'action diplomatique et de l'action militaire, on a discerné aussi la dimension d'incertitude, de pari sur l'avenir et sur les réactions des autres propre à toute décision d'un acteur : on a substitué à la représentation d'une décision, instantanée ou parcellaire, la représentation d'une série, plus ou moins clairement pensée à l'avance, de décisions.

L'acteur social, dans la science politique ou sociale du XXe siècle, obéit à une stratégie ; l'*homo œconomicus*, parfaitement informé et rationnel, avait un intérêt qu'il cherchait à maximiser. La stratégie de l'acteur d'aujourd'hui vise aussi à maximiser une quantité, mais l'observateur n'ignore pas la pluralité des valeurs, parfois incompatibles, et l'entrecroisement, souvent imprévisible, des décisions prises par les partenaires, rivaux, concurrents ou ennemis.

Parmi les stratèges, aussi nombreux que les activités spécifiques de l'homme, il en est un auquel nous consacrerons une étude particulière parce qu'il est le plus machiavélien : le stratège nucléaire, celui qui, tel Machiavel, se met de lui-même dans un monde de violence, soupçonne par principe l'autre des plus noirs desseins et s'efforce de mettre en forme rationnelle l'action qui risque d'être la plus inhumaine de toutes : le recours aux armes nucléaires.

Leçon III
De Marx au planificateur ou à l'ingénieur social

Machiavel passe pour scientifique au sens moderne du terme par la neutralité axiologique qu'il maintient dans ses recherches, par la mise entre parenthèses des jugements de valeur, par l'acceptation du monde tel qu'il est et de la violence comme partie intégrante de ce monde. Marx a voulu être scientifique par l'analyse rigoureuse du régime capitaliste, par la mise en évidence des contradictions internes à ce régime et par la prédiction, sinon la prophétie, de la révolution nécessaire. Et pourtant, l'un comme l'autre, le conseiller du Prince et le confident de la Providence, ont influencé leurs disciples aussi bien que leurs contradicteurs par la *perception du monde historique* qui se dégage de leur œuvre et peut-être aussi de leur personne.

Le rapprochement entre Machiavel et Marx va plus loin encore. Marx, dans la mesure où il fut homme d'action, fut théoricien et praticien d'une certaine stratégie, en fait stratégie de l'organisation ouvrière et de l'action révolutionnaire. Les marxistes, et Lénine avant tous les autres, dès lors qu'au lieu d'attendre l'inévitable révolution ils veulent en hâter ou en provoquer la venue, se transforment en stratèges, techniciens de l'organisation du parti et chefs de la guerre de classes. Il est loisible d'opposer la technique de l'organisation partisane et la conduite de la lutte des classes — celle-là manipulation des hommes comme s'ils étaient des instruments, celle-ci action d'un individu ou d'un groupe face à d'autres individus et d'autres groupes : dans les groupes révolutionnaires de notre temps, la stratégie des révolutionnaires comporte une stratégie aussi bien dans la création de l'instrument, le parti, que dans le maniement de cet instrument.

Le marxiste devient non pas seulement machiavélien, mais machiavélique dès lors qu'il prend au pied de la lettre la formule de la lutte des classes et qu'il attribue à celle-ci simultanément les caractéristiques des guerres civiles et des guerres entre les États. La valeur absolue du but — la société sans classes — justifie et presque sacralise l'indifférence axiologique dans le choix des moyens. Le machiavélien admet l'immoralité possible des moyens nécessaires dans un monde violent, destiné à rester violent. Le marxisme, tel que les marxistes-léninistes l'ont interprété longtemps, ordonne, au nom d'un but absolu et de la moralité supérieure du dévouement au parti et à la cause, le choix résolu de tous les moyens efficaces.

Peut-être Machiavel n'a-t-il pas changé le train du monde en l'interprétant. Marx a confirmé sa formule fameuse : il ne s'agit pas d'interpréter le monde, mais de le changer. Mais il a changé le monde moins par son œuvre scientifique que par la puissance de son prophétisme et la fascination qu'exercèrent sur certains esprits les perspectives qu'il ouvrait. L'œuvre qui se voulait scientifique a exercé une fonction de mythe ou de religion — mythe ou religion d'une époque qui se vante d'être scientifique.

Les temps sont-ils autres ? Un siècle après *le Capital*, les économistes ont-ils découvert le secret de la croissance, continue et orientée ? Même en Union soviétique, les économistes n'évoquent plus guère la catastrophe dans laquelle s'engloutirait le régime capitaliste. D'un côté comme de l'autre, on calcule les produits nationaux à dix, vingt ou trente années d'échéance, on spécule sur les innovations techniques qui bouleverseront les conditions d'existence. On prédit, on ne prophétise plus. On prédit la croissance sans révolution, donc sans violence.

Le planificateur est la figure actuelle du confident de la Providence. Mais vaut-il mieux que les confidents d'hier ? Est-il un ingénieur social ou un stratège qui dissimule ses choix partisans ? En quelles circonstances se borne-t-il à prévoir, en quelles circonstances à forger l'avenir ?

Leçon IV
L'univers du stratège nucléaire

Deux sortes de stratégie ont obsédé les spécialistes de sciences sociales depuis vingt ans : la stratégie nucléaire et la stratégie du développement ou de la croissance, la stratégie qui se donne pour but de ne pas employer les armes nucléaires, la stratégie qui se donne pour but de favoriser la croissance de l'économie, l'une en vue d'éviter la destruction, l'autre en vue d'orienter ou d'accélérer la production. L'une et l'autre sont des stratégies proprement historiques, au sens fort du terme : il n'y a pas de précédent aux armes de destruction massive, mais les rivalités tour à tour belliqueuses et pacifiques entre les États sont aussi vieilles que ceux-ci. Il y a eu croissance de la production à de multiples moments du passé mais jamais une croissance annuelle de quelques pour cent n'a été jugé normale, jamais elle n'a été l'objet d'une volonté consciente, délibérée et rationnelle. L'analyse de ces deux exemples privilégiés devrait nous permettre de saisir l'influence exercée par la pensée scientifique sur l'action historique.

Depuis que deux bombes atomiques, encore primitives, ravagèrent Hiroshima et Nagasaki, des millions de livres et d'articles ont été écrits sur le sujet et la stratégie nucléaire est presque devenue une discipline spéciale, à l'intérieur d'une discipline promue à la dignité scientifique, l'étude des relations internationales. On tâchera, dans cette leçon, de montrer l'élaboration d'un univers intellectuel, comparable à l'univers de la théorie économique, univers dans lequel les acteurs sociaux, supposés réfléchis, agissent selon des calculs rationnels. *L'homo strategicus*, comme l'*homo œconomicus*, est la marionnette créée et manipulée par le savant pour l'aider à comprendre les Princes réels.

Cet univers rationnel peut être baptisé modèle ou théorie ou schème. Il est pour ainsi dire la définition d'un jeu, le plus souvent à deux joueurs (parce qu'il n'y a que deux grandes puissances nucléaires) auxquels l'on attribue tout à la fois hostilité réciproque et volonté d'éviter le pire (la guerre nucléaire), parce que le pire serait une catastrophe pour les deux. Le jeu ne peut être pensé qu'à l'aide de concepts ou de mots désormais entrés dans la pensée ou le vocabulaire des spécialistes (première frappe, deuxième frappe, action contre-force, action contre-villes ou contre-ressources, dissuasion minimale, etc.).

On s'efforcera de mettre en forme rigoureuse les axiomes de la stratégie nucléaire (qui constituent simplement le contenu de la rationalité attribuée *a priori* aux Princes nucléaires par le stratège) et de montrer les limites de l'autorité scientifique du stratège, nouvelle incarnation du conseiller du Prince. Ces limites sont à la fois internes à l'univers rationnel du stratège et imputables à l'écart entre cet univers et l'univers réel. Quelques questions serviront à illustrer les incertitudes de cette théorie rationnelle de l'action. Faut-il tenter d'établir la paix en utilisant, à chaque occasion, la menace monstrueuse ou ne recourir à cette menace qu'en suprême recours ? Sauver la paix ou préserver l'humanité de la guerre thermo-nucléaire en lui laissant d'autres moyens de se battre ? Le choix, en fait, semble avoir été fait : les hommes d'État ont décidé de sauver la guerre (non nucléaire).

Quand la menace de recourir aux armes nucléaires sera-t-elle crédible ? Comment la rendre crédible ? Comment se passer de cette menace sans revenir aux grandes guerres du passé ? Comment brandir cette menace sans être amené un jour ou l'autre à la mettre à exécution ?

Ces analyses devraient nous conduire à des conclusions traditionnelles : la stratégie, diplomatique ou militaire, est éclairée par des raisonnements valables dans l'univers épuré du théoricien, mais, en dernière analyse, c'est le Prince qui décide, avec son jugement, pour le bien ou pour le mal. Il n'y a pas encore de machine ou de machiniste pour se substituer au jugement humain.

Leçon V
La stratégie et la conscience morale

Machiavel et les machiavéliens ont fait scandale à travers les siècles. Les stratèges nucléaires sont les nouveaux venus, ils sont peu connus et mal connus dans la plupart des pays. Seuls les États-Unis, patrie de la discipline nouvelle, connaissent de nombreux spécialistes, partagés en équipes plus ou moins rivales. Et les modernes conseillers du Prince ont soulevé ici et là la même indignation que ceux qui passaient, en d'autres siècles, pour avoir écouté les leçons du Florentin. Le titre de cette leçon est celui d'un livre d'Anatol Rapoport dans lequel le biologiste mathématicien dénonce, au nom de la morale, les stratèges nucléaires.

On tâchera de distinguer, dans cette nouvelle querelle du machiavélisme, les différents niveaux de la discussion, les arguments mal fondés et les authentiques cas de conscience.

Il est incontestable que le stratège nucléaire, à la manière de Machiavel, se met par la pensée dans un monde de violence. Les armes nucléaires sont à la disposition des États et ceux-ci sont ennemis ou, si l'on préfère une expression plus neutre, ils ont maintes fois des intérêts contradictoires. Les stratèges, en ce sens, ont une conception pessimiste du monde, au moins à titre d'hypothèse. Ils acceptent les conflits interétatiques comme une donnée fondamentale, le recours à la force militaire pour résoudre ces conflits comme une possibilité permanente et une éventualité plus ou moins fréquente ; quant à l'existence des armes nucléaires, nul ne peut la nier. Le moraliste est libre de condamner inconditionnellement l'emploi, même diplomatique, de ces armes. Le stratège se demande comment prévenir l'emploi effectif, militaire de ces armes. Des deux, lequel est le plus authentiquement moral ? Lequel a le plus de chance d'être utile à l'humanité ?

Au-delà de cette critique de principe, une autre qui aurait une plus grande portée vise l'élaboration même de l'univers intelligible du stratège. Celui-ci n'est-il pas amené progressivement à se représenter le monde réel à l'image du monde stylisé qu'il a construit ? De même que l'économiste libéral finit parfois par attribuer au capitalisme réel les mérites et les bienfaits du marché concurrentiel, de même le stratège prêterait au joueur auquel il s'oppose toutes les ruses, toutes les intentions perverses, toutes les audaces que l'intelligence conçoit en un ennemi diabolique. Le risque existe, incontestablement. Les marionnettes des économistes et des stratèges sont supérieures aux acteurs réels. En ce cas, le supérieur est plus hostile, plus intelligent, voire plus diabolique.

En fait, la théorie stratégique, aux États-Unis, a eu en grande partie pour origine les inquiétudes morales des savants, physiciens ou chimistes, qui éprouvaient un vague sentiment de culpabilité et qui étaient tout le contraire d'impérialistes ou de bellicistes. Ils étaient des pacifistes et ils ont inspiré la doctrine qui est devenue celle des hommes d'État américains, doctrine de la solidarité d'intérêts entre ennemis nucléaires, de la maîtrise des armements, de la suspension des expériences nucléaires et du téléphone rouge. L'évocation d'une guerre thermonucléaire à laquelle pourtant l'humanité pourrait survivre n'a pas incliné l'opinion publique à une sorte de résignation ou de consentement. Le tabou atomique a été renforcé, non affaibli.

Bien plutôt la critique devrait-elle être de sens contraire. Les stratèges nucléaires ont eu tendance à isoler les problèmes spécifiques de ces armes nouvelles, à traiter ces problèmes en techniciens et à méconnaître les conditions et implications des stratégies qu'ils ont recommandées. Plus soucieux de s'entendre avec leur ennemi (idéologique) qu'avec leurs alliés, de prévenir la prolifération des armes nucléaires que d'assurer la sécurité des États non nucléaires, ils sont suspects à leur tour d'un péché d'idéologie, c'est-à-dire de donner une apparence morale et un mérite universel à une thèse d'intérêt national.

Simultanément, sous prétexte de réduire au minimum le danger de guerre nucléaire, ils ont multiplié les barreaux de l'échelle théorique de la violence. La gradation dans l'emploi de la force apparaissait à la fois rationnelle et morale quand elle était conçue dans le cadre d'une politique défensive comme destinée à tracer une voie moyenne entre le tout de l'apocalypse et le rien de la capitulation. Mais si la politique est offensive, la gradation dans l'emploi de la force prend une autre signification. Et le stratège qui imagine des scénarios de crises ressemble de nouveau à Machiavel, imaginant avec sérénité l'ingéniosité inépuisable des Princes en quête de pouvoir sur les peuples et de victoire sur leurs ennemis extérieurs.

Même si l'on se donne, dès le point de départ, un monde violent, le stratège nucléaire ne peut pas résoudre les antinomies dont la plus simple et la plus décisive a été fondamentalement reconnue par tous : si la paix est fondée sur la peur de la guerre nucléaire, plus on rend la guerre nucléaire improbable et plus on accroît la probabilité d'autres sortes de guerre. Les stratèges ont reconnu l'antinomie, ils ne l'ont pas niée : peuvent-ils la résoudre ?

Leçon VI
La stratégie de la paix

Les stratèges nucléaires, en dépit des apparences et de leurs critiques, ont été et sont encore, non des pacifistes, mais des pacifiques. Ils ont pour objectif de réduire le volume de la violence, avant tout, de réduire au minimum le risque de guerre nucléaire, mais ils ont aussi admis et ils continuent d'admettre la normalité des conflits, la légitimité du recours à la force, la légitimité enfin, pour chaque État, de la défense d'intérêts, matériels ou immatériels, contradictoires avec ceux d'autres États. La doctrine tirée par les stratèges et les Princes qu'ils conseillent de l'univers rationnel de la théorie est étrangement proche de la doctrine traditionnelle. Il ne serait pas faux de dire que les hommes d'État et la science nouvelle ont abouti finalement à une doctrine et une pratique qui peuvent être appelées : *diplomacy as usual*. Les armes nucléaires ont été provisoirement domestiquées, mises au service d'une diplomatie qui permet à l'humanité de poursuivre une histoire violente sans mettre fin à sa propre existence par une violence illimitée.

Cette solution provisoire apparaît doublement insatisfaisante. Combien de temps peut-on limiter la violence par la menace de la violence illimitée ? Peut-on, doit-on se résigner à une violence, limitée par rapport aux moyens de destruction disponibles mais, en elle-même, énorme par rapport au passé ? La stratégie de la paix s'impose dans la stratégie de l'âge nucléaire, elle devient la deuxième étape avec l'objectif positif de la paix, après la première étape, celle que dominaient l'obsession et l'objectif négatif d'éviter la guerre nucléaire.

La théorie scientifique qui fonderait une stratégie de la paix n'existe pas encore. Les conseils que le stratège peut donner au Prince en une conjoncture donnée (Cuba, Vietnam) s'inspirent de schèmes simplifiés, de l'expérience historique, de l'interprétation psychologique de *l'autre*, d'un mode déterminé de perception historique. L'étude d'intention scientifique a fourni aux Princes des instruments conceptuels qui favorisent l'élaboration rationnelle de la décision. Mais la décision ne peut être que raisonnable, faute de mesure des avantages et des coûts des diverses issues possibles, par le fait de l'hétérogénéité radicale des arguments que les conseillers sont contraints d'invoquer pour ou contre une certaine décision, en raison même de la nature de l'action. Toute action est relation entre les hommes, et comment prévoir avec certitude les réactions d'un être capable de préférer ses raisons de vivre à sa vie ?

En l'état actuel de la science, nous ne pouvons ni prévoir ni produire selon nos désirs le système international de l'avenir. On tâchera d'analyser les causes intrinsèques de l'imprévisibilité des relations internationales.

Toute prévision par extrapolation ou par transformation d'un système est marquée d'une incertitude essentielle dès lors que les accidents, au lieu d'être effacés par la loi des grands nombres, sont susceptibles de prolonger indéfiniment leurs conséquences. Un système social dans lequel les décisions prises par un ou quelques-uns déterminent le sort des collectivités sans que ces décisions soient déterminées, de manière adéquate, par l'état de la collectivité globale, est essentiellement aléatoire, si intelligible qu'il apparaisse rétrospectivement, si intelligibles même qu'en soient les problèmes.

La stratégie de la paix est donc ou ne peut être à court terme qu'une doctrine complexe, qui a d'autant plus de chance d'être bienfaisante qu'elle est moins dogmatique et qu'elle demeure conforme à la sagesse traditionnelle, tout en intégrant les enseignements que comporte l'étude technique des armes et en utilisant les schèmes d'interprétation de la stratégie nucléaire.

A plus long terme, la prévision porte sur les ressources économiques des divers États, sans que la mesure de ces ressources équivaille à la mesure du dynamisme diplomatique. Quant à la théorie, elle élabore les modèles de systèmes internationaux possibles (directoire des puissances nucléaires, État universel par la victoire d'un Grand, règne de la loi), elle ne peut annoncer l'avènement d'un système ni encore moins fixer des dates.

La science de l'action diplomatique s'affirme comme scientifique en reconnaissant ses propres limites. On parle de stratégie de la paix parce qu'il n'y a pas de science de la paix et de la guerre qui soit opérationnelle au sens de la maîtrise des relations entre les États.

Leçon VII
De la stratégie de la paix à la stratégie de la croissance

Les Occidentaux semblent mettre au-dessus de tout deux objectifs : la paix et la croissance. Ne pas s'entre-détruire, produire le plus possible : tels sont les buts que les porte-parole des Européens et des Américains, peut-être aussi, implicitement, des pays socialistes, assignent à l'effort des peuples. Sommes-nous arrivés, avec un siècle et demi de retard et à travers des catastrophes apocalyptiques, à la société qu'Auguste Comte baptisait industrielle parce qu'elle se consacrerait à l'exploitation des ressources naturelles et que la guerre, désormais sans fonction, disparaîtrait ?

Nous essaierons de montrer, dans cette leçon, comment s'est constituée la doctrine, aujourd'hui banale, de la croissance et de la société industrielle et dans quelle mesure elle est acceptée, en actes, sinon en paroles, par les dirigeants des pays socialistes.

Les marxistes-léninistes étaient partis d'une vision de l'histoire dans laquelle le développement des moyens de production incomberait au capitalisme, le développement même aggravant les contradictions du régime et conduisant à une révolution socialiste. Cette vision n'a pas été inefficace : elle a formé le mode de perception historique de Lénine et de ses compagnons, elle leur a donné bonne conscience et confiance dans eux-mêmes, dans leur parti et dans l'avenir, mais ils ont pris leurs grandes décisions contre les enseignements de la doctrine. Lénine a été un stratège génial de la révolution sans perdre la foi dans le socialisme scientifique de Marx. Mais, une fois au pouvoir, il a dû devenir un stratège de la construction du socialisme, c'est-à-dire, dans le langage occidental, un stratège de la croissance. Inévitablement la comparaison s'impose aux esprits entre ce que les uns appellent *construction du socialisme* et les autres *croissance*, et ce que les spectateurs intéressés — les représentants des pays en voie de développement — appellent deux stratégies du développement.

Toute gestion, dans une économie moderne, que ce soit au niveau d'une firme, d'une administration d'État ou du budget national tout entier, comporte prévision et même, le plus souvent, prévision quantifiée. La société moderne étant conçue comme condamnée à la croissance, il faut, autant que possible, savoir à l'avance combien il y aura d'étudiants dans les universités, de malades dans les hôpitaux, d'automobiles sur les routes, à cinq, dix ou quinze ans d'échéance. Et pour déterminer, fût-ce approximativement, quelles ressources la collectivité pourra consacrer aux universités, aux hôpitaux, aux routes, il faut à nouveau prévoir quel sera le volume approximatif du produit national. Quantification, programmation, prévision découlent naturellement des caractéristiques propres aux sociétés modernes, urbanisées, riches de moyens techniques sans précédent et assoiffées de bien-être.

Ces sociétés qui, libérales ou socialistes, sont dans une large mesure planifiées, sont-elles désormais maîtresses d'elles-mêmes comme elles croient être maîtresses de la nature ? On tâchera de montrer les limites de la maîtrise que les sociétés occidentales ont acquise de leur devenir, même de leur simple devenir économique. Ce qui commande l'optimisme actuel, c'est la conviction — et seul l'avenir dira si cette conviction est bien ou mal fondée — que les gouvernants sont capables de manipuler la demande globale de manière à éviter des fluctuations trop violentes de la conjoncture et de favoriser (ou de ne pas empêcher) la croissance plus ou moins régulière du produit national. Cette conviction optimiste suffit pour transformer radicalement le climat intellectuel ou idéologique. Car, d'une certaine façon, la situation que Marx envisageait pour le lendemain de la révolution — les évolutions sociales n'exigeant plus de révolution politique

— est réalisée aussi bien à l'Ouest qu'à l'Est. La révolution nécessaire était celle de la modernisation et non pas celle du socialisme.

Les sociétés industrielles, qui prêchent l'évangile de la production et qui veulent orienter un mouvement irrésistible, reviennent par-delà le marxisme aux idées saint-simoniennes ou positivistes. Le devenir des sociétés modernes apparaît aux responsables du destin collectif comme une « fatalité modifiable ».

Leçon VIII
Le cauchemar de la technocratie

Les hommes d'aujourd'hui aspirent à la maîtrise sur la nature sociale mais ils la redoutent. Ils s'indignent contre les injustices qui accablent certaines victimes du progrès, contre l'inégal partage des bénéfices, contre les erreurs de la planification et les imprévoyances de l'administration. Simultanément, ils dénoncent, avec angoisse ou horreur, *the brave new world* dont nous sommes pourtant si éloignés encore.

On tâchera de montrer, dans cette leçon, la validité et les limites de la doctrine courante de la croissance. Le volume du produit national n'est qu'un indicateur de transformations multiples, dans les manières de produire et de vivre. Mais cet indicateur prend une valeur éminente parce qu'on observe, en fait, une certaine corrélation entre le produit par tête de la population et certains phénomènes sociaux et humains que l'on ne peut pas ne pas approuver : allongement de la durée de la vie humaine, allongement de la scolarité moyenne, baisse de la mortalité infantile, saturation des besoins primaires, etc. Comment les gouvernants, dans tous les pays, ne souhaiteraient-ils pas ce qui conditionne bien-être et puissance, un produit élevé par tête de la population, le produit élevé résultant lui-même de la productivité du travail ?

On essaiera de montrer que la croissance du produit national, pour être un objectif qu'impose le contexte historique, ne constitue pas, à elle seule, un critère suprême de notre action, pas plus que la volonté d'éviter la guerre nucléaire totale ne suffit à supprimer l'incertitude de nos décisions et à commander seule l'action diplomatique d'aucun État. Le taux de croissance le plus élevé n'est pas un bien absolu : tout dépend de la manière dont il est obtenu et des conséquences diverses (mobilité, reconversion, etc.) qu'il entraîne. D'autre part, une certaine croissance étant admise comme un but, la répartition des ressources collectives entre les investissements et la consommation, entre les divers investissements, entre les diverses consommations, n'est pas pour autant déterminée. Dès que cette répartition est mise en question, on se demande s'il faut désirer ou craindre la maîtrise des planificateurs.

On montrera que la gestion des sociétés développées demeure pour l'essentiel *stratégie* et non *technique*, qu'elle continue de comporter, dans la plupart des circonstances, une dimension politique, c'est-à-dire partisane : les solutions données aux problèmes de gestion favorisent les uns et défavorisent les autres. Si, très souvent, les gouvernements d'opinions opposées semblent gouverner plus ou moins de la même manière, c'est que certaines méthodes sont d'application plus facile que d'autres et aussi que des contraintes multiples, économiques, sociales, institutionnelles, fixent des bornes à la liberté des gestionnaires. Ceux-ci ne sont pas tout-puissants parce qu'ils manipulent des hommes, non des choses. Les contraintes dites techniques sont souvent l'expression de volontés collectives qui se manifesteraient par des refus ou des révoltes si les planificateurs se voulaient techniciens et non stratèges.

La protestation simultanée contre le cauchemar d'une technocratie imaginative et l'anarchie de l'innovation technique (de l'avion supersonique à la course à la Lune) illustre une contradiction, interne à notre conscience historique. Qu'est-ce qui est fatalité dans le devenir actuel de nos sociétés ? Qu'est-ce qui est modifiable ? Voulons-nous que les individus, par leurs choix, orientent la production ? Ou craignons-nous que les choix, apparemment individuels, ne soient soumis aux pressions des groupes d'intérêt, de la publicité, de la persuasion clandestine ? Les gestionnaires savent-ils mieux que le commun des mortels ce qui est bon pour tous ? Doivent-ils interroger les désirs des consommateurs par le marché, par le sondage d'opinion ? Que se passe-t-il en fait ? La complexité même de la société et la rapidité du progrès scientifique et technique ont-elles finalement pour seule conséquence le fait que le devenir des sociétés industrielles n'est guère plus soumis à une volonté consciente et prospective que le devenir des sociétés traditionnelles ?

On prévoit des chiffres, des quantités globales ; on maintient un certain équilibre des quantités globales : savons-nous quels objectifs nous visons (égalité, participation, libération individuelle) ? Si nous savions nos préférences, saurions-nous quelle stratégie employer pour les atteindre ? Et quels régimes, parmi ceux de notre âge, donnent une meilleure chance aux planificateurs, de meilleures garanties aux gouvernés ?

Leçon IX
Planificateur, ingénieur social, idéologue

Le fait nouveau, dans la conscience historique des Occidentaux, c'est la conviction que la croissance économique est possible sans bouleversement révolutionnaire et que cette croissance a, dans l'ensemble, des effets sociaux et humains favorables. Mais cette conviction qui n'est pas encore partagée par tous les Occidentaux — les marxistes-léninistes continuent à nier qu'il en soit ainsi — ne s'étend pas aux pays que l'on appelle sous-développés. Peut-être la distinction entre les pays où l'évolution sociale semble possible sans révolution politique et ceux où elle n'y semble pas possible offre-t-elle la moins mauvaise définition de ces deux sortes de pays.

Du même coup sont posés trois problèmes, tous trois d'une portée considérable, que nous tenterons d'élucider mais non de résoudre dans cette leçon : quelles sont les transformations socio-humaines qui accompagnent la croissance économique dans les pays développés et dans quelle mesure pouvons-nous les manipuler ou les orienter ? Les régimes ou les idéologies qui s'affrontent historiquement, s'opposent-ils par leurs moyens, par leurs fins, par leurs stratégies, par le pouvoir qu'ils donnent aux gestionnaires ? En quelles circonstances la stratégie du développement est-elle, doit-elle être une stratégie de la révolution ?

Le premier problème nous conduira à une opposition significative : l'économiste est à son aise dans la manipulation des agrégats et, à la limite, du produit national ; l'ingénieur social se méfie des phénomènes globaux (accidents, criminalité, suicide), il est soucieux d'atteindre les individus et leur expérience vécue. Bien plus, il donnerait avec meilleure conscience des conseils pour la construction d'une école ou d'un village que pour l'augmentation ou la réduction de la natalité ou de la criminalité. L'ingénieur social voudrait savoir ce qu'il fait au niveau microscopique, l'économiste, surtout de tendance libérale, est tenté de se satisfaire du maintien des équilibres globaux en laissant à chaque individu la liberté du choix dans l'utilisation de son pouvoir d'achat. L'ingénieur social sait que le contexte social détermine en une large mesure la destinée de chacun, les chances de succès dans les études, il voudrait manipuler les contextes. Il y parvient en quelque mesure, mais seule la connaissance des mécanismes élémentaires satisfait sa curiosité et apaise ses inquiétudes.

En régime socialiste, les deux dimensions — économique et sociale — sont, en théorie, indiscernables, confondues. La construction du socialisme est en même temps formation d'un homme nouveau. On essaiera de montrer qu'en fait, le planificateur soviétique ne possède pas, même dans l'ordre économique, une capacité de manipulation différente en nature de celle du planificateur occidental. Si différentes que soient les méthodes de gestion, les gestionnaires utilisent nécessairement, ici et là, en proportions variables, les deux techniques, l'une d'action directe et indirecte, l'autre d'incitation par modification du contexte en promesse de sanction, positive ou négative. La première technique a une plus grande part à l'Est, mais elle ne permet ni la maîtrise des quantités globales ni moins encore la maîtrise des phénomènes élémentaires et des comportements humains. L'évolution des régimes socialistes témoigne plutôt de la constance, postulée par le machiavélisme, que de la plasticité, postulée par le marxisme, de la nature humaine.

Il ne nous est pas possible de savoir quelle est la marge de variations sociales et humaines que comporte le type industriel de société. Il ne nous est pas interdit d'affirmer que l'homme répond en homme à la persuasion collective comme à la propagande idéologique, c'est-à-dire qu'il ne se laisse pas manipuler comme un matériau : pas plus que la menace des armes nucléaires ne fait capituler l'ennemi qui accepte la mort, l'ingénieur social, si tyrannique soit-il, aussi longtemps qu'il ne recourt pas aux substances chimiques, ne transforme ni les lions en moutons, ni les bêtes en anges, ni les anges en bêtes.

Quant à la stratégie de la révolution, elle conserve aujourd'hui une double signification que deux noms symbolisent : Fidel Castro et Mao Tsé-toung. La violence révolutionnaire, si fréquente soit-elle, n'a plus qu'une portée médiocre sur le plan de l'histoire universelle dès lors qu'elle conduit à la stratégie du développement. Mais la violence des révolutionnaires au pouvoir signifierait le refus du retour à la vie quotidienne, le refus de la résignation à une société stratifiée, pleine d'injustices et d'inégalités, dont se satisfont également les stratèges capitalistes et soviétiques.

Leçon X
De la violence au dialogue et au jeu

Nous avons pris pour point de départ de nos leçons Machiavel et Marx, pour exemples de l'action historique, la guerre et la révolution, deux thèmes qui furent au centre de la méditation philosophique sur l'histoire au long des siècles et que les professionnels de la sociologie inclinent à négliger faute de pouvoir y appliquer leurs méthodes scientifiques, peut-être aussi par espoir que ces événements, actes de naissance et de mort des systèmes sociaux, deviendront de plus en plus rares. Récemment, un auteur anglais écrivait, à propos de la révolution culturelle de Mao Tsé-toung, que l'on assistait peut-être, sur les bords du Yang-tsé, au dernier soubresaut de l'esprit révolutionnaire dont la première explosion sur les bords de la Seine renversa la plus vieille et la plus glorieuse monarchie d'Europe et mit le feu à l'Europe entière.

Il n'est pas dans notre propos de prolonger vers un avenir inconnu nos analyses de la stratégie nucléaire, de la stratégie révolutionnaire, de la stratégie de la croissance et du bien-être. Ces analyses ont porté sur une partie rigoureusement limitée de l'humanité, cette partie qu'Auguste Comte appelait l'avant-garde de l'humanité et qui englobe aujourd'hui les pays capitalistes et socialistes parvenus à un certain niveau de développement. Peut-être cette idée intéresse-t-elle seulement le philosophe en quête de l'idée d'une époque ; sur le plan plus modeste de la réalité historique, le destin de la minorité privilégiée n'est pas dissociable du destin de la majorité plus ou moins déshéritée.

Nous sommes pourtant en droit de prolonger, par une expérience mentale, les enseignements de nos analyses. La stratégie nucléaire a désormais pour objectif premier de prévenir la guerre totale. Le Prince nucléaire devient pacifiste par rationalité. Certes, pour l'instant, la peur de la guerre atomique a pour conséquence de servir d'autres formes de violence. Mais une évolution est non pas nécessaire mais concevable au terme de laquelle les autres formes de violence seraient non pas radicalement éliminées mais réduites à leur tour. Évolution d'autant plus probable que la stratégie de la croissance se substituerait à la stratégie de la révolution. Non que celle-ci ait été historiquement ou qu'elle soit aujourd'hui psychologiquement au service de la croissance. Seul le philosophe hégélien ne verrait dans les passions révolutionnaires que les instruments nécessaires à l'accomplissement de la modernité. Mais il n'est pas exclu que la modernité exerce ailleurs l'influence qu'elle semble exercer en Europe, en Amérique, en quelques pays d'Asie : la violence révolutionnaire, comme la violence militaire, tend à devenir anachronique dès lors que la gestion rationnelle est un impératif commun à tous les régimes.

Cette gestion rationnelle ne débouche pas sur une technocratie inhumaine, sur une manipulation cynique de tous par quelques-uns. En fait, chacun est tour à tour manipulateur et manipulé. La société est trop complexe pour que nous puissions la comprendre pleinement, les contraintes pèsent trop lourdement sur gouvernants et gouvernés pour que les uns et les autres éprouvent le sentiment d'être maîtres et possesseurs d'eux-mêmes ou de la société. Mais ces frustrations sont le prix de l'accession à la maturité : l'homme — individu et groupe — prend conscience de lui-même en découvrant les autres. Aussi longtemps que l'homme ne traite pas l'homme en animal, il rationalise sa stratégie. Il ne la remplace pas par une technique. Le but sera d'atteindre au dialogue des stratèges, ou, si l'on préfère, de donner à la rivalité des États, des classes ou des prétendants au pouvoir le caractère de ce que l'on appelle un jeu de stratégie. Qu'est-ce d'ailleurs qu'une constitution politique, sinon l'ensemble des règles telles qu'elles doivent résoudre les conflits des groupes et les rivalités des personnes ? Que ce soit en Grande-Bretagne ou aux États-Unis, le jeu est souvent rude et l'observateur le juge plus souvent « foul » que « fair ». Mais la politique est par essence domaine de conflit puisque les biens y sont rares (il n'y a pas assez de pouvoir pour satisfaire toutes les ambitions) et que le gain de l'un tend à être la perte de l'autre (le jeu de deux partis est un jeu à somme nulle). Ce domaine, par essence agnostique, ne supprime pas la violence, mais la limite et la transforme en un jeu dans lequel chaque joueur dialogue avec ses partenaires et adversaires et où finalement les armes du discours l'emportent sur le discours des armes.

S'il en était ainsi, où serait le jeu, où serait le sérieux ? Le jeu des intérêts ne le céderait-il pas à l'intérêt même du jeu ? Celui-ci porte en lui la récompense du joueur, gagnant ou perdant. Une politique sans violence, une politique conçue comme gestion rationalisée deviendrait ludique, parce que le plaisir de gagner compterait plus que le profit de la victoire. En revanche, le sérieux existentiel serait transféré vers les activités qui, purement gratuites, exprimeraient des passions désintéressées, voire peut-être nobles. Le jeu — art ou sport — serait le refuge du sérieux ; la politique, jeu du pouvoir et des intérêts, serait dévalorisée par le plus grand nombre, parce qu'elle aurait perdu le tragique de l'affrontement humain sans acquérir la gratuité des créations inutiles.

Après tout, les Britanniques n'ont-ils pas pris beaucoup plus au sérieux la victoire de l'Angleterre dans la Coupe du Monde de football que la défaite diplomatique que leur infligea en 1963 le veto du général de Gaulle ? Déclin historique ou prémonition de l'avenir ?

RÉSUMÉS DES COURS
(Extraits de l'annuaire du Collège de France)

COURS DE 1972-1973

Les deux cours de cette année font suite aux deux cours de l'année précédente. Le premier, intitulé *Théorie de l'action politique*, prolongeait l'analyse de la pensée de Clausewitz dont j'ai rappelé les lignes directrices dans le rapport de l'an dernier. Le deuxième, intitulé *De l'historisme allemand à la philosophie analytique de l'histoire*, appartenait au même ensemble que les deux cours de *Critique de la pensée sociologique*. En d'autres termes, dans un cas il s'agit toujours de la réflexion sur l'action ou sur la stratégie, dans l'autre de l'épistémologie des sciences sociales ou historiques, de l'effort pour définir et préciser la manière dont nous connaissons le monde dans lequel nous vivons et contribuons à le modeler en le connaissant. Comme ces deux cours ne constituent que les moments d'une recherche étendue sur plusieurs années, le compte rendu s'en tiendra à quelques indications, inévitablement sommaires.

J'avais tenté, au cours de l'année précédente, de montrer en Clausewitz non pas seulement un écrivain militaire, ou un doctrinaire influencé par l'expérience des guerres de la Révolution et de l'Empire, mais un théoricien, imprégné d'esprit philosophique, en quête d'un système conceptuel capable d'embrasser à la fois le nécessaire et le contingent, les abstractions transhistoriques et les données singulières. Une théorie de l'action, conformément à l'intention de Clausewitz, ne ressemble pas à ces traités qui ramènent l'art de la tactique ou de la stratégie à quelques préceptes simples, à quelques formules géométriques. Une théorie de l'action ne supprime pas l'essence même de l'action, à savoir la décision, l'engagement, le risque, le pari. Elle n'élimine ni le hasard, ni les frictions, ni l'unicité des conjonctures. Elle vise au contraire à rappeler aux acteurs — chefs de guerre, chefs d'État — les conditions dans lesquelles le destin permanent de l'homme l'oblige à se déterminer, tout en les aidant à se déterminer aussi raisonnablement que possible. La théorie aide l'acteur à la fois grâce à la synthèse conceptuelle (ou, si l'on préfère, grâce à un système de concepts) et par la collecte de régularités, par l'expérience historique.

A partir de cette inspiration, valable pour toute étude stratégique et que résume la formule de Clausewitz : la théorie est *Betrachtung, nicht Lehre*, je suis passé, dans le cours de cette année, de la théorie de la guerre à celle de la guerre civile ou de la révolution — ce qui constituait dans ma pensée une transition vers le cours de l'an prochain, consacré à la politique non violente. Le point de départ de ma recherche fut une comparaison entre les deux plus fameux théoriciens de la guerre, Clausewitz, le Prussien, adversaire et admirateur passionné de Napoléon d'une part, Sun Tzu d'autre part, le Chinois de l'époque des royaumes combattants, dont les écrits authentiques remontent probablement au quatrième siècle avant notre ère. Représentants typiques de deux tendances — la stratégie de la bataille d'anéantissement, la stratégie de la ruse et de la victoire sans choc sanglant —, ces deux théoriciens n'en ont pas moins plusieurs points de rencontre. Pour ne citer que les deux principaux : le souci exclusif de l'efficacité (le machiavélisme au sens vulgaire du terme) et la prédominance de la politique sur la guerre ou du chef d'État sur le chef d'armée. Peut-être l'un et l'autre, par des voies différentes, vont-ils au-delà de l'analyse des armées et des forces matérielles pour s'attacher aux forces morales et au rôle du peuple.

Par ce biais, tous les théoriciens de la guerre deviennent à un degré ou à un autre théoriciens de la politique ou, du moins, de la guerre populaire ou révolutionnaire. J'ai donc traité des diverses modalités de la guerre non conventionnelle, livrée par d'autres combattants que par les armées régulières, cherchant à élaborer un cadre conceptuel, à rendre possibles les comparaisons historiques, à esquisser quelques préceptes praxéologiques, à juger du légitime et de l'illégitime dans ces sortes de conflits. Clausewitz avait inséré un chapitre sur l'armement du peuple *(Volksbewaffnung)* dans le livre VI de *Vom Kriege* qui traite de la défense. La guerre populaire, la participation des soldats sans uniformes, l'action des partisans s'insèrent donc dans la théorie globale de la guerre. Ce chapitre, oublié au XIXe siècle, a été lu, en notre siècle, avec passion : les *guérilleros* espagnols, les partisans du Tyrol et de la Vendée annonçaient les combattants de l'ombre durant la Deuxième Guerre mondiale, les mouvements de libération du tiers monde. Analyse des guerres populaires et des guerres révolutionnaires s'appellent l'une de l'autre et conduisent toutes deux à des réflexions sur la violence et sur la révolution.

Les formes non conventionnelles du combat marquent en un sens une régression du droit international dans son effort séculaire pour circonscrire la sphère de la violence et soustraire les populations civiles aux implications matérielles et morales de l'état de guerre entre les États. Il ne reste plus rien, à notre époque, de l'idée dont Rousseau fut un des plus éloquents interprètes, selon laquelle les États seuls se font la guerre ; les individus qui appartiennent à l'État ennemi, en tant que personnes privées, n'ont rien à voir avec cette hostilité. Il n'y a plus de distinction possible entre personnes privées et citoyens dès lors que ces derniers prennent sur eux-mêmes la responsabilité de leur État et s'engagent dans la lutte.

En théorie et en fait, la guerre populaire ne se transforme pas nécessairement en guerre révolutionnaire. Ainsi en fut-il en nombre de cas (les autorités militaires de l'Union soviétique organisèrent elles-mêmes la guérilla sur les arrières de l'armée allemande). Mais, en certaines circonstances, le glissement devient presque inévitable : le gaullisme voulait animer une guerre populaire contre l'occupant mais, du même coup, il se dressait en rival du pouvoir qui se voulait légitime, établi à Vichy ; il créait donc une situation par nature révolutionnaire, celle-ci étant définie par l'incertitude sur le détenteur de l'autorité légitime, ou de l'autorité qui a mission et droit de désigner l'ennemi. La crise morale des chefs militaires français en novembre 1942, en Afrique du Nord, présente à cet égard une signification exemplaire : amiraux et généraux se demandaient, face au débarquement allié et aux débarquements allemands, qui était l'ennemi et qui avait fonction de le désigner.

Ainsi se découvrait en pleine lumière le lien entre guerre et révolution, l'une selon sa définition étroite conflit entre deux États organisés ; l'autre, conflit entre deux candidats (hommes ou partis) à l'exercice du pouvoir légitime à l'intérieur d'un État. Mais l'exercice du pouvoir légitime comporte le choix de l'ennemi et, à notre époque, celui qui se choisit un ennemi affirme souvent du même coup sa prétention au pouvoir légitime. Ainsi les mouvements de révolte contre la domination coloniale.

J'ai tenté, en conclusion, de rapprocher génie guerrier et génie révolutionnaire. Chacun connaît le chapitre fameux de Clausewitz sur le génie guerrier. Lénine et Mao Tsé-toung fourniraient la matière nécessaire à un chapitre de même sorte sur le génie révolutionnaire, composé, en une synthèse mystérieuse, d'une capacité presque illimitée de méconnaître les contraintes de la réalité dès lors qu'il s'agit des perspectives lointaines, et d'une capacité presque égale d'apprécier les conjonctures historiques, dans lesquelles il faut se décider. Rêve stratégique et présence d'esprit tactique : dissociation qui caractérise le génie révolutionnaire, non le génie guerrier. Bien plus que Napoléon, Lénine et Mao Tsé-toung ont transformé le monde.

Le cours intitulé *De l'historisme allemand à la philosophie analytique de l'histoire* partait de plusieurs intentions. Il constituait une préparation au deuxième tome de l'œuvre sur la conscience historique dont le premier *(Histoire et dialectique de la violence)* a paru cette année. Il m'obligeait à une sorte d'expérience mentale, à un passage incessant d'un langage philosophique à un autre afin de mettre en lumière à la fois la spécificité de chaque problématique, inséparable d'un système conceptuel, et les questions, peut-être communes, implicites dans ces problématiques.

Pour simplifier, disons que les philosophes allemands de la tradition dite de l'herméneutique mettent l'accent sur les caractères distinctifs des sciences de l'homme ou de l'esprit. Philosophies de la conscience, de l'interprétation, de la compréhension. La réalité historique apparaît comparable à un texte que l'on déchiffre, à une œuvre que l'on interprète. Les analystes anglo-saxons, en revanche, partent, implicitement ou explicitement, de la simple question, à leurs yeux fondamentale, de toute logique de la connaissance historique : est-il possible de formuler des jugements vrais sur des événements passés (le mot d'événement au sens banal de *event*, ce qui s'est passé à un point de l'espace, à un moment du temps) ? Comment ne donneraient-ils pas une réponse positive à une question formulée en ces termes et ne seraient-ils pas amenés à ignorer tout simplement ce qui obsédait les Allemands, depuis Droysen jusqu'à Dilthey et Max Weber ? La matière sur laquelle nous formulons des jugements, ce sont des expériences vécues ou les œuvres d'autres hommes. Qu'en résulte-t-il pour la connaissance que nous en prenons ?

Le cours de cette année représente la première phase de cette expérience mentale. Je suis parti du marxisme pour illustrer la thèse que toute doctrine relative à l'histoire prend un sens tout autre selon la philosophie ou l'épistémologie à la lumière de laquelle on l'interprète. De là découle la pluralité des versions du marxisme, hégéliano-existentialiste selon une traduction historiste ou les catégories de l'herméneutique, objectiviste-structuraliste selon les catégories aujourd'hui à la mode, objectiviste-matérialiste selon la philosophie apparente de F. Engels.

Je suis passé ensuite aux textes classiques de l'école analytique (Hempel, Danto), et à la fameuse controverse Hempel-Dray. En dehors de l'école analytique, il me semble que ni les historiens professionnels ni les philosophes d'autres écoles ne se sont passionnés pour ce débat dont il importe cependant de saisir la signification et la portée. Les analystes veulent de manière générale démontrer qu'il n'y a pas de différence substantielle de méthode ou d'épistémologie entre les sciences selon les objets auxquels celles-ci s'appliquent. Ils choisissent donc le micro-événement — telle décision, telle action d'un individu à un instant du passé — et s'efforcent de démontrer que l'explication de cet événement obéit ou devrait obéir aux mêmes règles que toute explication scientifique. S'ils démontrent leur thèse à propos du micro-événement humain, elle serait démontrée *a fortiori* pour l'ensemble de la connaissance historique.

Je me suis efforcé de montrer en quoi consistait le processus par lequel les historiens rendent effectivement intelligible le micro-événement humain. Élaboration d'intelligibilité dans laquelle on parvient, sans difficulté, à retrouver des généralités sans pourtant que la connexion singulière se déduise rigoureusement de la proposition générale pour la simple raison que, dans le cas où la décision nous intéresse en tant que telle, elle nous apparaît aussi comme ayant pu être autre qu'elle n'a été, en d'autres termes, ni la conjoncture ni la personnalité de l'auteur ne la rendaient nécessaire. La référence au récent livre de H. von Wright m'a servi à justifier, sinon à fonder, ma propre théorie.

Le philosophe finlandais, en effet, disciple de Wittgenstein, illustre le passage de la première à la deuxième philosophie de son maître. Du cercle de Vienne à la philosophie du langage, l'analyse peut, dans sa dernière métamorphose, rejoindre la théorie des *Geisteswissenschaften* et la tradition herméneutique (*cf.* K.O. Apel, *Analytic philosophy of language and the Geisteswissenschaften*).

Le cours de cette année, après la discussion de l'intelligibilité du micro-événement humain, a traité de la définition de la connaissance historique, de la narration ou récit selon les analystes, de la distinction entre *story* et *history*, des sens de la causalité selon les historiens. En bref, j'ai retrouvé, dans le langage des analystes, certains des éléments d'une théorie de la compréhension et du rapport inévitable du récit au moment historique du narrateur. Il ne s'agit donc que de la première phase de l'expérience mentale. En effet, qu'il s'agisse de l'intelligibilité du micro-événement ou de la narration, l'historien construit toujours le monde historique, élabore un objet à l'aide de concepts — objet dans lequel s'insère le micro-événement, concepts à l'aide desquels il crée l'intelligibilité macrohistorique. C'est donc cette construction du monde historique que je tenterai l'an prochain d'analyser, sans choisir à l'avance entre le vocabulaire hégéliano-existentialiste et le langage des analystes anglo-américains. L'un et l'autre, finalement, permettent de rendre compte du travail des historiens, sociologues ou économistes.

COURS DE 1973-1974

Le cours du mardi, intitulé *Jeux en enjeux de la politique*, prolongeait les recherches menées au cours des deux années précédentes sur la *Doctrine de Carl von Clausewitz* et sur la *Théorie de l'action politique*. L'objectif demeure le même : élaborer le cadre conceptuel nécessaire à l'appréhension du monde politico-diplomatique dans lequel se déroulent, à notre époque, les rivalités entre les partis et entre les États, interpréter l'une par l'autre la conceptualisation et l'explication de la réalité, mettre en lumière l'apport des notions nouvelles, tirées de la théorie des jeux, à la pensée stratégique, enfin réfléchir sur « les cas de conscience » ou les antinomies que crée l'action à l'ombre de l'apocalypse nucléaire.

Un résumé du cours dont les idées majeures devraient trouver leur forme définitive dans une publication prochaine ne servirait de rien. Je me contenterai de donner quelques exemples des analyses.

La stratégie d'un joueur relève de la pensée instrumentale, celle qui choisit des moyens en vue d'atteindre des fins. L'action rationnelle, caractéristique de nos sociétés, qu'analysait Max Weber, relève de la même sorte de pensée dont Clausewitz s'efforçait de discerner les traits spécifiques dans son traité de la guerre. Du coup, deux sortes de problèmes praxéologiques se posent : comment choisir les fins ? Quelle liberté garde l'acteur dans le choix des moyens ? Je fus ainsi conduit à reprendre la controverse sur la célèbre distinction, opérée par Max Weber, entre morale de la conviction et morale de la responsabilité.

Selon la manière dont le philosophe la présente, la morale de la responsabilité paraît ou bien répondre aux exigences de l'éthique ou bien, tout au contraire, glisser vers le machiavélisme au sens vulgaire du terme. Comment ne pas exiger de l'acteur politique, de l'homme d'État qui accepte d'assumer le destin de tous, au nom de tous, qu'il se décide en tenant compte des conséquences de ses actes, autrement dit qu'il applique les mesures efficaces ? Et comment éviter que les mesures efficaces, en un univers conflictuel, ne violent maintes fois les interdits de l'éthique ? La morale des moralistes a toujours été une morale de paix, de respect réciproque, d'amitié entre les citoyens. Entre cette morale et l'action politique, la contradiction n'apparaît-elle pas insoluble ? Depuis Machiavel, le débat se poursuit, renouvelé en ses éléments concrets mais non en sa structure.

La distinction wébérienne des deux morales permet d'élaborer plus rigoureusement la discussion. La morale de la conviction semble présenter, en effet, deux significations : tantôt elle suggère le choix de certaines fins, tantôt le refus de certains moyens. De la morale de la conviction, Weber prend pour exemple le *Sermon sur la montagne* ou le kantisme avec la théorie de l'impératif catégorique. Or ces exemples suggèrent tout aussi bien une Idée de la Raison, un critère pour juger ce que la société est et ce qu'elle devrait être, qu'un refus inconditionnel de certains moyens. Une morale de la responsabilité, dans la mesure où elle ordonne aux acteurs de ne pas se désintéresser des conséquences de leur action, s'impose à tous ceux qui agissent. En même temps, elle suppose des convictions ou des principes pour déterminer les fins. Ce qui fait problème, c'est, en certaines circonstances, l'engagement inconditionnel, quel qu'en soit le prix, pour soi ou pour les autres. En citant Luther et son mot fameux « *hier stehe ich, ich kann nicht anders* », Weber a suggéré, sans malheureusement l'expliciter, le sens authentique de la morale de la conviction : l'engagement inconditionnel, positif ou négatif, quelles qu'en soient les conséquences.

Or notre époque a créé un cas de conscience, symbole des circonstances extrêmes dans lesquelles la pensée instrumentale entre en conflit avec la morale de la conviction : peut-on menacer un État ennemi de recourir au bombardement par les armes nucléaires ? Peut-on manifester à l'avance l'intention d'exterminer des millions d'hommes au cas où l'ennemi prendrait l'initiative d'une agression, même sans employer des armes nucléaires ? Autrement dit, la stratégie dite de dissuasion est-elle moralement admissible ?

Les déclarations des autorités religieuses et de la plus haute d'entre elles, la papauté, témoignent de la quasi-impossibilité de trancher. D'un côté, si l'acte accompli était en tant que tel pervers, criminel, l'intention de le commettre l'est aussi. On répondra qu'il s'agit d'une intention conditionnelle, qui ne serait mise à exécution qu'au cas où « l'autre » commettrait lui-même une agression. Mais en résulte-t-il que la réplique serait justifiée ? Certes, il n'est pas impossible d'atténuer le caractère dramatique de la décision par une stratégie moins grossière, en substituant la réplique souple aux représailles massives. Les non-spécialistes ont tort d'imaginer qu'il n'y a d'autre choix qu'entre la passivité, la capitulation ou l'apocalypse. Il reste qu'à notre époque la vieille querelle qu'exprimait la formule « n'importe quel moyen » prend une signification précise et comporte moins que jamais une réponse simple ou catégorique.

Un autre thème a fait l'objet d'analyses détaillées : que faut-il entendre par règles lorsqu'on parle du jeu politique ? Dans la lutte entre les partis, à l'intérieur des États, les règles s'expriment d'abord dans la Constitution, puis dans les coutumes qui constituent l'équivalent des règles non écrites. Sans manquer à ces règles, chacun emploie les moyens selon un plan plus ou moins consciemment pensé à l'avance, selon une stratégie. Mais ce jeu conforme aux règles, constitutionnelles ou légales, demeure constamment exposé à la menace de la violence physique qui, interdite par principe, risque à chaque instant d'exploser. C'est que les règles du jeu politique ne satisfont par tous les joueurs. Elles peuvent éventuellement être telles qu'elles favorisent certains joueurs (parti ou classe sociale) au point que d'autres, défavorisés, prennent la résolution de les changer, fût-ce par la violence. Aussi bien les règles elles-mêmes ont été établies par une violence antérieure et il suffit d'étendre le sens du mot violence, de ne plus le limiter à la violence physique ouverte, pour que toute politique, tout ordre social apparaissent en tant que tels violents.

A ce point, je me suis reporté à la théorie clausewitzienne de la stratégie afin de répondre à deux questions : dans quelle mesure le monde à partir duquel Clausewitz a construit son édifice ressemble-t-il encore à celui dans lequel nous vivons ? Dans quelle mesure cette théorie demeure-t-elle valable à notre époque ?

Selon l'interprétation couramment donnée en France à la théorie clausewitzienne, la réponse négative à la dernière question s'imposerait avec évidence. Selon l'interprétation que j'en ai donnée il y a deux ans, la discrimination entre les idées valables et celles que des données nouvelles ne permettent pas de retenir demeure possible. La théorie a comporté deux sortes d'enseignement : ou bien la recherche de la victoire d'anéantissement, de la destruction des forces armées ennemies, ou bien la subordination constante des opérations militaires aux considérations et impératifs politiques. Les armes nucléaires rendent inactuel, au moins dans les conflits entre les grandes puissances, l'enseignement fondé sur le thème de la victoire décisive ; en revanche, elles confirment et donnent un sens nouveau à l'enseignement fondé sur l'idée majeure de Clausewitz que toute épreuve de force est en même temps une épreuve de volonté.

Relu à la lumière des circonstances actuelles, le premier chapitre du livre I se révèle tout autant prospectif que rétrospectif. Il analyse les deux mouvements d'ascension aux extrêmes et de descente vers l'observation armée, le premier inévitable logiquement lorsqu'on se représente les duellistes aux prises, chacun résolu à dicter sa volonté à l'autre et à mettre l'autre hors d'état de résister. Selon le concept pur ou idéal de la guerre, celle-ci se prolonge jusqu'à ce que l'un ou l'autre des adversaires gise à terre, incapable de se défendre. Mais ce type idéal, cette nécessité logique font place à une réalité tout autre dès que l'on substitue aux duellistes des États, avec une population, de l'espace, du temps, des forces armées. Le duel cesse d'être instantané, décisif, final. Chaque État connaît plus ou moins son adversaire, les moyens, les intentions de ce dernier, les risques que lui-même court et les fins qu'il se propose d'atteindre. La guerre absolue laisse la place à un calcul politique, chacun proportionnant ses efforts aux efforts supposés de l'autre, tous deux engageant des forces à la mesure de l'enjeu. A la limite inférieure, il ne reste plus qu'une menace armée qu'accompagnent des négociations.

Il suffit de joindre à cette analyse des deux mouvements, vers le haut et vers le bas, la thèse de l'équivalence entre combats simulés et combats réels ou encore la thèse que les accords sont négociés en fonction des résultats probables des combats qui n'ont pas lieu, pour disposer d'un schéma conceptuel des modes de raisonnement qui dominent, depuis vingt-cinq ans, la pensée des stratèges. Au lieu de s'interroger sur la méthode qui conduit à la victoire décisive, les grands États s'interrogent sur la méthode qui permet d'éviter la destruction réciproque et l'emploi des armes nucléaires. L'emploi diplomatique des armes nucléaires équivaut à la négociation, conformément aux résultats probables des combats simulés. La référence à des scénarios, dans la pensée stratégique, s'explique par le caractère propre de l'épreuve de volonté en l'absence d'épreuve réelle de force. Si la course qualitative aux armements se poursuit, c'est qu'aucun des deux Grands ne veut laisser à son rival un avantage qui se manifesterait au moment d'une crise, dans un des scénarios possibles.

En d'autres termes, s'il est vrai que la guerre nucléaire totale ne serait plus la continuation de la politique par d'autres moyens, il n'est pas moins vrai que les États peuvent toujours recourir à la force (ou, si l'on préfère, à la violence physique) et qu'ils demeurent, les uns à l'égard des autres, en état d'observation armée. Les États dotés d'armements nucléaires, en ce qui les concerne, ont progressivement élaboré des règles non écrites, destinées à réduire au minimum le péril d'une guerre qu'ils préparent pour ne pas la livrer. Entre les puissances secondaires, Israël-pays arabes, Inde-Pakistan, les combats réels continuent d'être livrés bien que les combats simulés des deux Grands contribuent à les limiter ou à les arrêter.

Le monde d'aujourd'hui avec la dissuasion par la menace nucléaire, avec la diffusion de la violence, avec l'action des partisans, avec la rivalité des idéologies et le lavage des cerveaux, diffère profondément de l'Europe de la Restauration, entre 1815 et 1830 — période durant laquelle Clausewitz écrivit *Vom Kriege*, tout en nourrissant l'espoir que l'orgie de violence provoquée par la Révolution française ne représentait qu'une aberration dans le cours de l'histoire européenne, dominée par la tendance à l'équilibre entre les États, capables de coexister et de se reconnaître mutuellement. Si la société des États, élargie aux dimensions de la planète, ne ressemble plus à la société européenne des États que décrivait Voltaire dans *Le Siècle de Louis XIV*, la théorie clausewitzienne ne devient pas pour autant anachronique à la seule condition que l'on maintienne la distinction entre paix et guerre et que celle-ci se caractérise par la violence physique.

Au rebours de l'opinion courante, ce qui différencie la société des États telle que les auteurs américains se la représentent aujourd'hui, de la société européenne des États dont Clausewitz conservait l'image traditionnelle, ce n'est pas que la formule fameuse — la guerre est la continuation de la politique par d'autres moyens — ne s'applique pas dès lors qu'il s'agit de la guerre atomique totale, c'est, tout au contraire, que la paix apparaisse comme la continuation de la guerre par d'autres moyens ou, en d'autres termes, que la violence physique ne soit plus le caractère distinctif de la guerre ou encore que la paix ne soit plus l'absence de violence. En effet, nombre d'auteurs mettent l'accent sur les formes dispersées de violence qui se multiplient en temps de paix en même temps que sur la part intrinsèque de violence que comporte tout ordre établi. A ce moment, la paix deviendrait effectivement la continuation de la guerre par d'autres moyens, inversion non clausewitzienne de la formule clausewitzienne. Non que les États ne puissent, en temps de paix, tendre à des fins semblables à celles qu'ils visent en temps de guerre. Mais, tant que la guerre se définit par la violence, elle ne se prolonge pas durant la paix.

Les schèmes de la théorie des jeux ne s'appliquent que de manière analogique aux relations interétatiques. Il s'agit, de toute évidence, d'un jeu à somme non nulle, les adversaires ayant presque toujours certains intérêts communs, ne serait-ce que celui de ne pas s'entre-détruire. Mais ce jeu ne comporte pas l'équivalent d'un calcul rigoureux, susceptible de conduire à une solution dite rationnelle. En effet, l'enjeu initial se modifie durant la crise ou la guerre ; aucun enjeu ne justifierait probablement l'emploi des armes nucléaires mais aucun des deux Grands ne peut tirer toutes les conséquences de cette disproportion entre le coût éventuel et l'enjeu sans se mettre en état d'infériorité. Le jeu comporte un accord implicite et toujours révocable de limiter la mise (ou les forces et les ressources engagées) afin de respecter le précepte de proportionnalité entre l'enjeu (politique) et le coût (militaire). En ce sens, l'hétérogénéité entre moyen et fin, entre guerre et paix, constitutive de la pensée clausewitzienne, me semble plus que jamais nécessaire pour sauvegarder l'espoir et l'idée d'une société pacifique des États. On peut à la rigueur calculer un prix juste des hydrocarbures en fonction du stock, du coût des autres sources de l'énergie ; moyens et fins homogènes s'expriment dans les mêmes unités monétaires. Dès que l'on introduit le recours à la force physique afin de prendre au lieu d'échanger, un élément radicalement hétérogène bouleverse les données du problème — même si l'on parvient après coup à quantifier le coût du recours à la force. Les règles du jeu sont autres selon que la transaction comporte ou non l'emploi de la force armée.

Que les relations interétatiques tiennent à la fois de l'échange et de l'épreuve de force, ce mixte concret n'exclut pas la différenciation au niveau du concept.

En ce sens, et de manière paradoxale, la théorie classique de la guerre dont Clausewitz demeure le plus illustre représentant supposait une paix qui ne fût pas belliqueuse ; la théorie contemporaine tend à penser une paix en large mesure belliqueuse ; elle reflète une société des États qui accepte les guerres limitées afin de sauver l'humanité de la guerre totale. La dualité des espèces de guerre que la comparaison du XVIIIe siècle et de la période révolutionnaire avait suggérée à Clausewitz revient sous une autre forme.

***

Le cours intitulé *L'Édification du monde historique* prolongeait le cours de l'année précédente, consacré à une confrontation de l'historisme allemand et de la philosophie analytique sur un sujet limité, à savoir les problèmes épistémologiques posés par la connaissance du passé humain. Le titre du cours était emprunté à Dilthey *(Der Aufbau der geschichtlichen Welt)*, mais la recherche devait davantage aux analystes anglo-américains.

Dans les premières leçons, j'ai présenté les arguments qu'utilisent les tenants de l'individualisme méthodologique, en particulier Fr. Hayek à propos de l'économie, Sir Karl Popper à propos de l'histoire et de la philosophie de l'histoire. La conclusion à laquelle aboutit la discussion se présente en gros de la manière suivante : les ensembles historiques, l'État, une crise économique, n'existent pas de la même manière que les individus, les actes, leurs pensées, leur conduite. On ne perçoit pas un État ou une société globale comme on perçoit un individu. Il n'en résulte pas que les institutions, les organisations soient irréelles ou fictives et qu'elles ne constituent pas des objets de science. Le débat entre l'individualisme méthodologique et le totalisme aboutit d'un côté à une controverse métaphysique sur le concept de réalité, de l'autre à une question de vocabulaire : entre les deux, on voit mal pourquoi on refuserait d'admettre les *societal facts* dont traitent les auteurs anglais et américains, même si l'on maintient la réductibilité possible, en un certain sens, de ces ensembles à des micro-événements individuels.

Dans la deuxième partie du cours, j'ai pris l'exemple des relations interétatiques pour analyser, en détail et en profondeur, la dialectique ou la complémentarité des micro-événements et des ensembles. Il va de soi que la même analyse ne vaut pas nécessairement pour tous les secteurs de la réalité socio-historique.

Je suis donc parti des micro-événements dans le cas particulier des origines de la guerre de 1914 ou de la guerre froide et je me suis efforcé de mettre en lumière les démarches propres de l'historien qui veut rendre intelligible (expliquer au sens vulgaire) un fait massif (la guerre 1914-18), apparemment provoqué par une série de décisions individuelles enchaînées. En ce cas, on reconnaît la légitimité d'une des formes les plus primitives de la connaissance historique, la narration, marquée souvent d'un caractère dramatique, nombre de décisions individuelles apparaissant après coup non déterminées à l'avance, tout au plus intelligibles grâce à ce que Sir Karl Popper appelle la *logique de la situation*. De ce fait, la narration au ras des événements singuliers conserve et conservera, pour certains aspects de l'histoire humaine, intérêt et légitimité bien que cette sorte de reconstitution du passé ne puisse d'aucune façon être assimilée à une science dans l'acception rigoureuse de ce terme.

J'ai donc, à partir de la construction du monde historique par le récit (car celui-ci est aussi une construction et non une reproduction), indiqué les diverses directions dans lesquelles on pouvait s'engager pour aller du récit à la science. On peut distinguer d'abord l'orientation vers la sociologie empirique et l'orientation vers les modèles (communication, échange, cybernétique, jeux). On peut distinguer ensuite, à la manière des économistes, les modèles des acteurs, des crises ou des systèmes. On peut distinguer enfin les diverses composantes des relations entre États selon que l'on envisage l'interétatique, l'international (ou rapports entre sociétés) ou le transnational. A l'aide de ces diverses distinctions, il m'a paru possible de classer, d'ordonner en un ensemble complet et cohérent les diverses sortes d'études à intention scientifique et de montrer, dans ce cas précis, ce que la sociologie ou la théorie (dans les diverses acceptions de ce terme, depuis la conceptualisation jusqu'à un ensemble de propositions falsifiables en passant par des modèles éloignés du réel mais dotés de valeur heuristique) apporte d'aide ou de complément à la connaissance historique au sens restreint ; en d'autres termes, j'ai présenté les diverses sortes de construction du monde historique.

Dans la troisième partie du cours, la plus importante, j'ai tenté une analyse d'inspiration phénoménologique de la construction du monde historique à partir de l'expérience vécue des individus et de la vie quotidienne. Je me suis inspiré librement de l'œuvre d'Alfred Schütz en même temps que je reprenais quelques idées exprimées dans mes premiers livres. Il m'a paru possible de différencier trois sortes d'objectivation du social, impliquées dans l'expérience vécue : *la langue ou les langages* sont des ensembles significatifs ou idéels, qui conditionnent la communication entre les individus dans la vie quotidienne, indispensables à l'existence même d'une communauté ; *les classes*, ou ensembles qui s'imposent aux individus comme des réalités extérieures, contraignantes et qui, eux aussi, s'interposent, d'une certaine manière, entre deux individus au face à face ; enfin *les organisations* qui appartiennent comme les classes aux ensembles d'action plus qu'aux ensembles idéels mais qui supposent des décisions conscientes, une planification, une hiérarchie de commandement, une adaptation réciproque des conduites individuelles les unes aux autres.

Cette analyse des trois modes d'objectivation, des trois

sortes d'ensembles sociaux m'a conduit, d'une part, à esquisser les diverses modalités de théorie ou de recherche empirique selon que l'on vise une espèce ou une autre d'objet social, d'autre part, à revenir à l'origine même de ma recherche, dans le cours de 1972-73, à savoir les trois interprétations du marxisme. Le régime capitaliste, soit dans sa réalité historique concrète, à l'intérieur d'un pays ou d'un cadre plus vaste, soit dans son type idéal, constitue un ensemble dont l'économiste ou le sociologue étudie légitimement la structure interne, le mode de fonctionnement, voire le mode de transformation. L'interprétation classique du marxisme, celle que suggérait Marx lui-même, tendait à expliquer le passage du capitalisme au socialisme par les contradictions internes du capitalisme. En d'autres termes, l'ensemble capitaliste se reproduit en créant les causes de sa propre destruction. Dans la version hégéliano-marxiste, le modèle d'objectivation est surtout celui des classes et le devenir résulte de l'action propre à ces acteurs collectifs dans des conjonctures créées par le fonctionnement du régime économique. Dans la version antihistoriciste et antihumaniste, le capitalisme se reproduit indéfiniment lui-même et, s'il disparaît, la responsabilité en incombe à des facteurs exogènes au mécanisme économique sinon au mécanisme social. Ainsi, parti du micro-événement individuel, nous en venons aux ensembles (je préfère ce terme à celui de système qui devrait conserver un sens plus précis et plus limité) et à la construction sociologique ou scientifique du monde de l'histoire humaine.

Au niveau le plus proche du concret, l'histoire raconte, au niveau le plus élevé d'abstraction scientifique, elle expliquerait, à la manière des sciences de la nature, en isolant des systèmes définis par un petit nombre de variables, la reproduction ou le changement de tels ou tels ensembles sociaux. Même quand la science parvient à construire ces systèmes, elle ne supprime pas les micro-événements individuels, elle révèle comment « les hommes font leur histoire mais ne savent pas l'histoire qu'ils font ».

Peu nombreux sont les systèmes construits assez proches de la réalité, assez bien délimités pour expliquer le changement en même temps que la reproduction. Même au niveau macrohistorique, il reste place pour le récit d'une aventure dont les lignes maîtresses ne sont peut-être pas dessinées à l'avance.

Index nominum

ADLER (A.) : 204.
ADORNO (Th. W.) : 312.
ALCIBIADE : 150.
ALLISON (G. T.) : 342-343, 357, 383.
ALTHUSSER (L.) : 37, 46, 51, 52, 82-90, 92-95, 100-102, 105-111, 160, 253, 255, 484, 492.
APEL (K. O.) : 25, 565.
ARIÈS (Ph.) : 38.
ARISTOTE : 537.
ARON (Robert) : 375.

BACHELARD (G.) : 85, 92.
BALZAC (H. de) : 456.
BEAUVOIR (S. de) : 29, 60.
BERCHTOLD (L.) : 360.
BERGSON (H.) : 209, 219.
BERLIN (I.) : 106, 270.
BERTHIER (L.-A.) : 433.
BETHMANN-HOLLWEG (Th. von) : 360, 362.
BISMARCK (O. von) : 156, 165, 177-183, 187-192, 194, 220, 408.

BLACKETT (P. M. S.) : 392.
BLOCH (M.) : 36, 119, 211, 216, 325, 327.
BLÜCHER (G. L. von) : 375, 432.
BOSSUET (J.-B.) : 535.
BOUDON (R.) : 225, 267.
BOUKHARINE (N. I.) : 68-71.
BOULAINVILLIERS (H. de) : 437.
BOURDIEU (P.) : 463-466, 490.
BRAUDEL (F.) : 36.
BREJNEV (L.) : 387.
BRÜHL (M. von) : 197.
BRUNSCHVICG (L.) : 29, 319.
BUCKINGHAM (G. V., duc de) : 218.
BURCKHARDT (J.) : 118, 216, 327.

CALVIN (J.) : 296.
CANGUILHEM (G.) : 40.
CASTRO (F.) : 554.
CÉSAR (J.) : 137.
CLAUSEWITZ (C. von) : 159, 197-198, 202, 205, 388, 431-434, 559-562, 566, 569-573.

COLLINGWOOD (R. G.) : 18, 212-213.
COMTE (A.) : 38, 222, 292, 422, 534-535, 548, 555.
COURNOT (A.-A.) : 125, 127, 212, 239, 328.
CROCE (B.) : 18, 126, 134, 148, 213, 222.

DAMPIERRE (E. de) : 277.
DANTO (A. C.) : 19, 20, 23, 134, 145, 147-152, 215, 217, 219, 303, 564.
DELBRÜCK (H.) : 329, 429.
DERRIDA (J.) : 32.
DESCARTES (R.) : 152.
DEUTSCH (K. W.) : 413-415, 429.
DILTHEY (W.) : 29, 43, 129, 132, 174, 191, 212, 246, 251, 275, 513-518, 521, 563, 573.
DJILAS (M.) : 371.
DONEGAN : 519.
DRAY (W.) : 22, 154-156, 164-169, 174, 177, 180-183, 186, 191, 252, 257-258, 519-521, 535, 564.
DROYSEN (J. G.) : 30, 43, 191, 563.
DURKHEIM (E.) : 225, 266, 299, 476.

ELSTER (J.) : 477-478.
ENGELS (Fr.) : 86, 253, 564.
EVANS-PRITCHARD (E. E.) : 207-210.

FAYE (J.-P.) : 138-139.
FEBVRE (L.) : 36.
FRANÇOIS-FERDINAND (archiduc) : 353, 356.

FISCHER (D. H.) : 237-240.
FLAUBERT (G.) : 204.
FOUCAULT (M.) : 40, 145.
FRÉDÉRIC II : 137.
FREUD (S.) : 67, 204.
FRISCH (K. von) : 465.

GALLIE (W. B.) : 212-214.
GALTUNG (J.) : 416, 420.
GAULLE (Ch. de) : 139, 158.
GNEISENAU (Comte Neithardt von) : 375.
GOBINEAU (Comte J. A. de) : 437.
GOFFMAN (E.) : 452-454, 465.
GOUHIER (H.) : 39, 111.
GROSSMANN (H.) : 91.
GROUCHY (E., marquis de) : 375, 433-434.
GROUSSET (R.) : 38.
GUILLAUME II : 344, 357, 360, 362, 383, 411.

HAAS (E.) : 415.
HALBWACHS (M.) : 467.
HALÉVY (É.) : 137.
HAYEK (Fr. von) : 269-273, 277-293, 298, 306-307, 317-318, 484, 573.
HEGEL (G. W. F.) : 18, 29, 38, 60, 66, 75, 82-83, 111, 131, 134-144, 146, 307, 441, 466.
HEIDEGGER (M.) : 18, 132, 252.
HEMPEL (C. G.) : 22, 154-155, 163-164, 165-170, 173-175, 177-179, 183, 185, 193, 214, 222, 252, 257, 518-521, 535, 564.
HÉRODOTE : 135.
HICKS : 243, 246.
HITLER (A.) : 20, 22, 66, 139,

156, 166, 171, 173, 215, 220, 238, 239, 258, 323, 333, 335, 351, 370, 386, 524.
HORKHEIMER (M.) : 312.
HÖTZENDORFF (C. von) : 360.
HUGO (V.) : 443.
HUME (D.) : 175, 218, 221-222, 516.
HUSSEIN : 364.
HUSSERL (Ed.) : 18, 32, 56.

JACOB (Fr.) : 39.
JASPERS (K.) : 175, 203, 283, 521.
JOBERT (M.) : 381, 387.
JUNG (C. G.) : 474.

KAHN (H.) : 367, 385-388, 392.
KAMENEV (L.) : 68.
KANT (E.) : 29, 41, 127, 217, 276.
KAPLAN (M. A.) : 177, 179, 403-408.
KENNEDY (J. F.) : 343, 347, 357, 384, 426.
KEYNES (J. M.) : 302, 440, 478, 479.
KISSINGER (H. A) : 149, 346, 381, 387.
KHROUCHTCHEV (N. S.) : 67-71, 394.
KOESTLER (A.) : 71-72, 75-76.

LA FONTAINE (J. de) : 275.
LEFORT (Cl.) : 16.
LÉNINE : 91, 102, 412, 416, 537, 548, 562-563.
LE ROY LADURIE (E.) : 329.
LESSING (Th.) : 144.
LÉVI-STRAUSS (Cl.) : 116, 130, 210, 247, 280, 432, 435-440, 463, 474, 514.
LÉVY-BRUHL (L.) : 210, 514.
LIDDELL HART (H. B.) : 327.
LORENZ (K.) : 322, 456.
LOUIS XIV : 218, 402, 451, 571.
LOUIS XV : 451.
LOUIS XVIII : 433.
LUKÁCS (G.) : 59, 66, 106-107, 483.
LUTHER (M.) : 296, 567.
LUXEMBURG (R.) : 91.

MACHIAVEL (N.) : 16, 198, 205-206, 533-539, 542-543, 545, 555, 567.
MANNHEIM (K.) : 30, 104-106.
MAO TSÉ-TOUNG : 554-555, 562-563.
MARCUSE (H.) : 66, 132.
MARITAIN (J.) : 37.
MARROU (H. I.) : 35, 41, 136.
MARX (K.) : 28, 46-49, 52-53, 64-65, 75-77, 83-87, 89-92, 95-101, 103-108, 151, 256, 276, 307, 313, 327, 442, 491-493, 497, 528, 533-535, 538-540, 548-550, 555, 576.
MEINECKE (Fr.) : 14.
MENDEL (J. G.) : 39.
MERLEAU-PONTY (M.) : 37, 46, 51, 55-80, 81-84, 88, 111-113, 253-256, 483.
MICHELET (J.) : 430.
MILL (J. St.) : 106, 175, 492.
MOLTKE (général, von) : 178, 192.
MONTESQUIEU : 407.
MORAZÉ (Ch.) : 38.
MORGENSTERN (O.) : 392, 536.

Napoléon : 37, 159, 171, 173, 197, 202, 241, 335, 375, 432-434, 560, 563.
Nasser (G.A.) : 149, 364.
Neumann (J. von) : 392.
Nicias : 158.
Nietzsche (Fr.) : 146.
Nixon (R.) : 387.

Papaioannou (K.) : 135.
Pareto (V.) : 246, 284, 286, 289, 503.
Parsons (T.) : 316, 471, 503.
Pascal (Bl.) : 316.
Passeron (J.-Cl.) : 490.
Périclès : 137, 472.
Pirenne (J.) : 38.
Poincaré (R.) : 227.
Polanyi (K.) : 502.
Popper (K.) : 13, 206, 260, 269-272, 306-315, 317-323, 441, 484, 519, 520, 573.
Proust (M.) : 452-453, 465.

Quesnay (F.) : 491.

Radnitzky (G.) : 25.
Rapoport (A.) : 410, 543.
Renouvier (Ch.) : 228.
Retz (Cardinal de) : 137.
Ricardo (D.) : 106, 491.
Richardson (L. F.) : 245, 400.
Rickert (H.) : 30, 213, 518.
Ricœur (P.) : 37.
Robbins (L.) : 502.
Rousseau (J.-J.) : 218, 264, 561.
Russell (B.) : 221.
Rykov (A.) : 68.

Sagan (Fr.) : 394.
Samuelson (P. A.) : 149.
Sartre (J.-P.) : 28, 29, 30, 37, 44, 46, 51, 55-65, 72, 77-79, 82-83, 88, 100, 107-109, 111-113, 132, 220, 224, 252-256, 261-270, 275, 308, 458, 465-466, 483, 486, 517.
Saussure (F. de) : 92, 459.
Scheler (M.) : 521.
Schelling (Th. C.) : 385, 388-392.
Schumpeter (J.) : 28.
Schütz (A.) : 120, 122, 200, 246, 575.
Shakespeare (W.) : 63, 144, 505.
Siegfried (A.) : 275.
Sik (O.) : 291.
Simiand (Fr.) : 176.
Simmel (G.) : 29, 212.
Smith (A.) : 271, 278.
Sorokin (P.) : 245, 416.
Soult (N.) : 434.
Spencer (H.) : 316.
Spengler (O.) : 269, 512, 529.
Spinoza (B.) : 88.
Staline (J.) : 69, 333, 351, 370-373.
Stegmüller (W.) : 35.
Stendhal : 159.
Sun Tzu : 560.

Teilhard de Chardin (P.) : 512.
Thierry (A.) : 438.
Thucydide : 43, 130-132, 135-138, 141, 150-151, 158, 162, 327, 335, 499, 519.
Tinbergen (N.) : 456.
Tilly (Ch.) : 331.
Tite-Live : 141.
Tocqueville (A. de) : 240.
Tolstoi (L.) : 158, 505.

TOYNBEE (A.) : 55, 162, 269, 512, 529.
TROELTSCH (E.) : 14, 30.
TROTSKI (L.) : 91.
TRUMAN (H. S.) : 336, 344-346.

VALÉRY (P.) : 275, 435, 510.
VENDRYÈS (P.) : 37.
VEYNE (P.) : 35, 41, 127, 153, 169, 474, 477.
VICO (G.) : 60, 223, 251, 511, 515.
VOLTAIRE : 406, 571.
VYCHINSKI (A. I.) : 69.

WALRAS (L.) : 246, 286, 289.
WALSH (W. H.) : 148, 149.
WEBER (M.) : 29, 135, 148, 167-168, 175, 187, 201, 203-204, 206, 212, 226, 227, 232, 465, 475, 514-519, 521, 563, 566-567.
WELLINGTON (A. W., duc de) : 432.
WHITE (M.) : 19, 215, 217-218, 229, 239.
WINCH (P.) : 24, 207, 259.
WITTGENSTEIN (L.) : 174, 207, 259, 322, 565.
WRIGHT (G. H. von) : 168, 188, 191, 229, 258, 565.

XÉNOPHON : 137.

YORK VON WARTENBURG (H. D.) : 198.

ZINOVIEV (G.) : 68.
ZOLA (E.) : 159.

Notes de l'éditeur

DE L'HISTORISME ALLEMAND
A LA PHILOSOPHIE ANALYTIQUE DE L'HISTOIRE

1. K. Popper, *The Poverty of Historicism*, Londres, Routledge & Kegan Paul, 1957 ; trad. fr., *Misère de l'historicisme*, Paris, Plon, 1956 (la traduction a été établie à partir de la revue *Economica*, XI, 1944, et XII, 1945, où le texte de Popper était d'abord paru sous forme d'articles).

2. Fr. Meinecke, *Die Entstehung des Historismus*, Munich, R. Oldenburg, 1936, 2 vol. ; E. Troeltsch, *Der Historismus und seine Probleme*, Ges. Schr., III, Tübingen, Mohr, 1922.

3. Cl. Lefort, *Le Travail de l'œuvre, Machiavel*, Paris, Gallimard, 1972.

4. R. G. Collingwood, *The Idea of History*, Oxford, Clarendon Press, 1946.

5. A. C. Danto, *Analytical Philosophy of History*, Cambridge University Press, 1965 ; M. White, *The Foundations of Historical Knowledge*, New York, Harper, 1965.

6. Danto, *op. cit.*, ch. V : *Temporal Language and Temporal Scepticism*, pp. 63-87.

7. P. Winch, *The Idea of Social Science and its Relation to Philosophy*, Londres, Routledge & Kegan Paul, 1958.

8. G. Radnitzky, *Contemporary Schools of Metascience*, Göteborg, Akademieförlaget, 1968 (t. I : *Anglo-Saxon Schools of Metascience*, t. II : *Continental Schools of Metascience*).

9. K. O. Apel, *Die Entfaltung der « sprachanalytischen » Philo-

sophie und das Problem der « Geisteswissenschaften », in : *Transformation der Philosophie*, Francfort, Suhrkamp, 1973.

10. *Introduction à la philosophie de l'histoire. Essai sur les limites de l'objectivité historique*, Paris, Gallimard, 1938 ; rééd. par S. Mesure, Gallimard, 1986.

11. Sur l'évaluation des prévisions économiques de Marx, *cf.* J. Schumpeter, *Capitalism, Socialism and Democracy*, New York, Harper and Brothers, 1942 ; trad. fr., *Capitalisme, socialisme et démocratie*, Paris, Payot, 1979 (notamment Première partie, ch. III).

12. *La Philosophie critique de l'histoire*, Paris, Vrin, 1938 ; rééd. par S. Mesure, Julliard, 1987.

13. J.-P. Sartre, *Critique de la raison dialectique*, Paris, Gallimard, 1960.

14. *Cf.* R. Aron, *Histoire et dialectique de la violence*, Paris, Gallimard, 1973.

15. J. G. Droysen, *Historik*, 1937, repr., Darmstadt, Wissenschaftliche Buchgesellschaft, 1974.

16. Sur K. Mannheim, *cf. La Sociologie allemande contemporaine*, Paris, Alcan, 1935 ; rééd. P.U.F., Quadrige, 1981.

17. J. Derrida, introduction à : Husserl, *L'Origine de la géométrie*, Paris, P.U.F., 1962.

18. H. I. Marrou, *De la connaissance historique*, Paris, Seuil, 1954 ; P. Veyne, *Comment on écrit l'histoire*, Paris, Seuil, 1971 (sur cet ouvrage, *cf.* R. Aron, « Comment l'historien écrit l'épistémologie », *Annales, E.S.C.*, 1971, repr. in *Introduction à la philosophie de l'histoire*, Paris, Gallimard/Tel, 1981, pp. 492-541).

19. M. Bloch, *Apologie pour l'histoire ou le métier d'historien*, Paris, Colin, 1949.

20. L. Febvre, *Combats pour l'histoire*, Paris, Colin, 1953.

21. F. Braudel, *Écrits sur l'histoire*, Paris, Flammarion, 1969 ; *Communications*, n° 18, Paris, Seuil, 1972.

22. M. Merleau-Ponty, *La Phénoménologie de la perception*, Paris, Gallimard, 1945 ; *Humanisme et Terreur*, Paris, Gallimard, 1947 ; *Les Aventures de la dialectique*, Paris, Gallimard, 1955.

23. J. Maritain, *Pour une philosophie de l'histoire*, Paris, Seuil, 1957 ; P. Ricœur, *Histoire et vérité*, Paris, Seuil, 1955.

24. *Cf.* P. Vendryès, *De la probabilité en histoire. L'exemple de l'expédition d'Égypte*, Paris, Albin Michel, 1952, ch. IV, pp. 66-96.

25. Ph. Ariès, *Le Temps de l'histoire*, Paris, Seuil, 1954.

26. R. Grousset, *Bilan de l'histoire*, Paris, Plon, 1946 ; Ch. Morazé, *La Logique de l'histoire*, Paris, Gallimard, 1967 ; J. Pirenne,

Les Grands Courants de l'histoire universelle, Neuchâtel, éd. de la Baconnière, Paris, Albin Michel, 7 vol., 1945-1956.

27. G. Canguilhem, *La Connaissance de la vie*, Paris, Hachette, 1952 ; 2ᵉ édition revue et augmentée, Paris, Vrin, 1956.

28. Fr. Jacob, *La Logique du vivant*, Paris, Gallimard, 1970.

29. H. Gouhier, *La Philosophie et son histoire*, Paris, Vrin, 1944 ; *L'Histoire et sa philosophie*, Paris, Vrin, 1952.

30. M. Foucault, *Les Mots et les Choses*, Paris, Gallimard, 1956.

31. R. Aron renvoie à son cours intitulé *Critique de la pensée sociologique*, Collège de France. Dans la leçon du 25 janvier 1972, il dénombrait quatre raisons pour lesquelles la sociologie ne dispose pas d'une telle théorie : « La première raison, c'est le polymorphisme de la réalité sociale. La deuxième raison, c'est le caractère problématique ou l'incertitude de la signification de la construction de l'homme social ou de la nature de la socialisation. La troisième raison, c'est que, dans toutes les théories sociologiques élaborées, il y a implicitement une certaine image de l'homme et de la société qui équivaut à une philosophie de l'homme et de la société. La quatrième raison, c'est que la sociologie empirique est amenée à étudier les phénomènes synchroniques, le système de la société tel qu'il fonctionne à un moment donné, plutôt que la diachronie, c'est-à-dire le passage d'un système à un autre » (Archives Raymond Aron).

32. G. H. von Wright, *Explanation and Understanding*, Londres, Routledge & Kegan Paul, 1971.

33. Postface de la deuxième édition du *Capital*, in : K. Marx, *Œuvres*, Paris, Gallimard, Bibl. de la Pléiade, t. I, 1956, pp. 556-557. Le commentateur russe était I. I. Kaufman, professeur à l'Université de Saint-Pétersbourg.

34. Préface à la première édition du *Capital*, *ibid.*, p. 548.

35. *Préface à la Critique de l'économie politique*, *ibid.*, pp. 272-273.

36. *Manifeste communiste*, *ibid.*, p. 161.

37. *Préface à la Critique de l'économie politique*, *ibid.*, p. 273.

38. J.-P. Sartre, « Les Communistes et la paix », *Les Temps Modernes*, numéros 81, 84-85, 101, rééd. in : *Situations*, VI, Paris, Gallimard, 1965.

39. G. Lukács, *Geschichte und Klassenbewusstsein. Studien über marxistische Dialektik*, Berlin, Malik, 1923 ; trad. fr., *Histoire et conscience de classe. Essais de dialectique marxiste*, Paris, Minuit, 1960.

40. S. de Beauvoir, « Merleau-Ponty et le pseudo-sartrisme », *Les Temps Modernes*, nᵒˢ 112-113, mai 1955.

41. *Humanisme et Terreur*, p. 168.
42. *Macbeth*, Acte V, scène 6.
43. Marx, *Kritik des hegelschen Rechtsphilosophie. Einleitung* (1844) ; trad. fr., *Contribution à la critique de la philosophie du droit de Hegel, Œuvres philosophiques*, t. I, Paris, Costes, 1927.
44. A. Koestler, *Le Zéro et l'Infini*, trad. fr., Paris, Calmann-Lévy, 1945.
45. *Phénoménologie de la perception*, p. 517.
46. *Humanisme et Terreur*, pp. 68-69.
47. *Op. cit.*, p. 71.
48. *Op. cit.*, p. 73.
49. *Op. cit.*, p. 19.
50. *Phénoménologie de la perception*, p. 518.
51. *Critique de la raison dialectique*, p. 420 : « Le libre développement d'une *praxis*, en effet, ne peut être que total ou totalement aliéné. » Sur ce point, *Histoire et dialectique de la violence*, p. 122, note 1 : « En français ordinaire, il aurait fallu écrire : "Le développement d'une *praxis* ne peut être que totalement libre ou totalement aliéné." Tel me paraît du moins le sens de la phrase. »
52. Voir notamment G. Bachelard, *La Formation de l'esprit scientifique. Contribution à une psychanalyse de la connaissance objective*, Paris, Vrin, 1960, pp. 13 *sq.*
53. Voir par exemple G. Bachelard, *Le Matérialisme rationnel*, Paris, P.U.F., 1953, pp. 37 *sq.*
54. L'*Introduction générale à la Critique de l'économie politique* (août 1857) fut publiée pour la première fois par K. Kautsky en 1903, *Neue Zeit*, XXI, t. 1. Ce texte, avec les autres cahiers rédigés par Marx en 1857-1858, a été publié à Moscou, en 1939, sous le titre *Die Grundisse der Kritik der politischen Ökonomie*, 1939-1941 ; trad. fr., *Fondements de la critique de l'économie politique*, Paris, Anthropos, 2 vol., 1967-1968.
55. *Marxismes imaginaires*, Paris, Gallimard, 1970, pp. 268-269 : « Les *Grundrisse* sont au *Capital* ce que *Jean Santeuil* est à *la Recherche du temps perdu* : les thèmes, les idées directrices, l'inspiration s'offrent d'eux-mêmes à l'interprète, du simple fait que l'élaboration rigoureuse dans un cas, l'orchestration artistique de l'autre, n'ont pas encore atteint à leur perfection. »
56. *Introduction générale à la Critique de l'économie politique*, in *Œuvres*, I., pp. 254 *sq.*
57. H. Grossmann, *Das Akkumulations-und Zusammenbruchgesetz des kapitalistischen Systems*, Leipzig, 1929.
58. Voir notamment L. Althusser et E. Balibar, *Lire le Capital*,

II, Paris, Maspero, 1969, p. 110. *Cf. Marxismes imaginaires*, pp. 246 *sq.*

59. *Lire le Capital*, II, pp. 98-100.

60. *Op. cit.*, p. 110.

61. L. Althusser, *Pour Marx*, Paris, Maspero, 1971, pp. 85-128 : « Contradiction et surdétermination ».

62. K. Mannheim, *Ideologie und Utopie*, Bonn, F. Cohen, 1929 ; trad. fr. (partielle), *Idéologie et Utopie*, Paris, M. Rivière, 1956.

63. Voir I. Berlin, *Historical Inevitability*, Oxford University Press, 1954, repr. in : *Four Essays on Liberty*, Oxford University Press, 1986 (notamment p. 87, note 1).

64. *République impériale. Les États-Unis dans le monde*, 1945-1972, Paris, Calmann-Lévy, 1973.

65. M. Bloch, *La Société féodale*, Paris, Albin Michel, 1939.

66. A. Schütz, *Der sinnhafte Aufbau der sozialen Welt*, Vienne, Springer, 1931. R. Aron a publié un compte rendu de cet ouvrage dans les *Annales sociologiques*, Paris, Alcan, 1934, série A, fasc. 1, pp. 113-116.

67. Sur la distinction entre chronique et histoire, *cf.* B. Croce, *Teoria e storia della storiografia* (1916), trad. fr., *Théorie et histoire de l'historiographie*, Genève, Droz, 1968, ch. 1.

68. Voir notamment l'*Essai sur les fondements de nos connaissances et sur les caractères de la critique philosophique*, 1851, ch. XX : « Du contraste de l'histoire et de la science, et de la philosophie de l'histoire ».

69. Sur le refus de distinguer chronique et histoire, *cf.* Danto, *op. cit.*, ch. VII, pp. 112-142 : « History and Chronicle ».

70. G. W. F. Hegel, *La Raison dans l'histoire*, Paris, Plon, 10/18, 1965.

71. *Op. cit.*, p. 26 : « Ce qui compte, ce ne sont pas les réflexions *personnelles* par lesquelles l'auteur interprète et présente cette *conscience* ; il doit plutôt *laisser les individus et les peuples dire eux-mêmes* ce qu'ils veulent, ce qu'ils croient vouloir. »

72. *Op. cit.*, p. 27.

73. Voir sur ce point R. Aron, « Élie Halévy et l'ère des tyrannies », *Revue de Métaphysique et de Morale*, 1939, repr. in : « R. Aron, Histoire et politique », *Commentaire*, février 1985, p. 343.

74. Hegel, *op. cit.*, p. 26.

75. J.-P. Faye, *Les Langages totalitaires*, Paris, Hermann, 1972.

76. Th. Lessing, *Geschichte als Sinngebung des Sinnlosen*, Munich, Mattes et Seitz, 1921, repr., 1983.

77. La classification de Nietzsche est exposée aux § 2-3 de la deuxième *Considération inactuelle*.

78. A. C. Danto, *op. cit.*, pp. 117 *sqq*. L'idée est empruntée par Danto à W. H. Walsh qui, dans *An Introduction to Philosophy of History* (Londres, Hutchinson, 1951, rééd. 1953, p. 31), distingue *plain narrative* et *significant narrative :* dans le premier cas, l'historien se contente d'une exacte description de ce qui s'est passé ; dans le second, intervient également une interprétation ou une explication de ce qui fut.

79. *Cf.* notamment l'Avant-Propos de *L'éthique protestante et l'esprit du capitalisme* (trad. fr., Paris, Plon, 1964, p. 2).

80. Sur ce point, *cf.* W. H. Walsh, *op. cit.*, pp. 32-34. Sur l'analyse des exemples de Walsh, *cf.* Danto, *op. cit.*, pp. 120 *sqq*.

81. Sur les principes de la sélection, *cf.* Danto, *op. cit.*, pp. 132 *sqq*.

82. *Op. cit.*, p. 136.

83. *A Study of History*, Oxford University Press, t. I, 1934, notamment pp. 44 *sq*.

84. Il s'agit de l'incendie du C.E.S. Édouard-Pailleron.

85. Voir C. G. Hempel, *The Function of General Laws in History*, 1942, repr. in : P. Gardiner, *Theories of History*, Glencoe, Illinois, The Free Press, 1960, p. 351.

86. Voir notamment Fr. Simiand, *Le salaire, l'évolution sociale et la monnaie*, Paris, Alcan, 1932. Cet ouvrage est analysé dans l'*Introduction à la philosophie de l'histoire*, rééd. 1986, pp. 269 *sq*.

87. M. A. Kaplan, *On Historical and Political Knowing : an Inquiry into some Problems of Universal Law and Human Freedom*, Chicago University Press, 1971.

88. *Cf.* W. Dray, *Laws and Explanation in History*, Oxford University Press, 1957, pp. 131-137 : « Generalizations and Principles of Action ».

89. G. H. von Wright, *op. cit.*, p. 96.

90. Voir notamment la lettre de Clausewitz à Fichte du 11 janvier 1809, in : H. Schulz, *Fichtes Briefwechsel*, Leipzig, Haesell Verlag, 1925, t. II, pp. 520 *sq*. (trad. par A. Renaut, in : *Fichte, Machiavel et autres récits philosophiques et politiques de 1806-1807*, Paris, Payot, 1981).

91. *La Sociologie allemande contemporaine* (1935), rééd., P.U.F., Quadrige, 1981, p. 93.

92. Cette distinction figure dans le § 3 de l'*Allgemeine Psychopathologie*, 1913, trad. fr., *Psychopathologie générale*, Paris, 1923.

93. Sur la notion de « logique des situations », voir K. Popper, *Misère de l'historicisme*, p. 147.

94. E. E. Evans-Pritchard, *The Nuer*, Oxford, Clarendon Press, 1937 ; trad. fr., *Les Nuer. Description des modes de vie et des institutions politiques d'un peuple nilote*, Paris, Gallimard, 1968.

95. *Op. cit.*, p. 68.

96. E. E. Evans-Pritchard, *Sorcellerie, oracles et magie chez les Azandés (Witchcraft, Oracles and Magic among the Azande*, Londres, Oxford University Press, 1937), Paris, Gallimard, 1972, p. 100.

97. *Op. cit.*, p. 101.

98. W. B. Gallie, *Philosophy and the Historical Understanding*, New York, Schoken Books, 1964.

99. Pour cette leçon, seules étaient disponibles les notes manuscrites de R. Aron. On a imprimé en romain les mots soulignés par R.A.

100. R. Boudon, *L'Analyse mathématique des faits sociaux*, Paris, Plon, 1967, 2ᵉ éd. revue et corrigée, 1970.

101. Sur cette utilisation du principe des « counterfactual conditions » par les historiens américains, voir *The New Economic History*, éd. par R. L. Andreano, New York, Wiley and Sons, 1970 ; trad. fr., *La Nouvelle Histoire économique*, Paris, Gallimard, 1977.

102. Ch. Renouvier, *Uchronie (l'Utopie dans l'histoire), esquisse historique apocryphe du développement de la civilisation européenne tel qu'il n'a pas été, tel qu'il aurait pu être*, Paris, Bureau de la critique philosophique, 1857, réédé. Fayard, 1988.

103. D. H. Fischer, *Historians' Fallacies. Toward a Logic of Historical Thought*, New York, Harper and Row, 1970.

104. Cette leçon est transcrite d'après les notes manuscrites.

105. L. F. Richardson, *Statistics of Deadly Quarrels*, Chicago, Quadrangle Books, 1960. P. A. Sorokin, *Social and Cultural Dynamics*, New York, American Book Company, 1937, t. III.

106. W. Dilthey, *Der Aufbau der geschichtlichen Welt in den Geisteswissenschafte*, *G.S.*, VII ; trad. fr., *L'Édification du monde historique dans les sciences de l'esprit*, Paris, Cerf, 1988.

107. Cl. Lévi-Strauss, *Les Mythologiques*, Paris, Plon, 1964-1971, 4 volumes *(Le cru et le cuit, Du miel aux cendres, L'origine des manières de table, L'Homme nu)*.

L'ÉDIFICATION
DU MONDE HISTORIQUE

1. L'ouvrage de Dilthey évoqué par R. Aron, *Der Aufbau der geschichtlichen Welt in die Geisteswissenschaften*, est d'abord paru en 1910, dans les publications de l'Académie des sciences de Berlin, avant d'être repris, après la mort de Dilthey (1911), au tome VII des *Gesammelte Schriften*.

2. *Critique de la raison dialectique*, p. 61.

3. Ce cours fut prononcé au Collège de France en 1976-1977.

4. R. Boudon, *L'Inégalité des chances. La mobilité sociale dans les sociétés industrielles*, Paris, Colin, 1973 ; nouvelle édition revue et augmentée, Paris, A. Colin, 1985.

5. Fr. von Hayek, *The Counter-Revolution of Science : Studies on the Abuse of Reason*, Glencoe, Illinois, The Free Press, 1952 ; trad. fr. (partielle), *Scientisme et sciences sociales. Essai sur le mauvais usage de la raison*, Paris, Plon, 1953 ; rééd. Plon-Agora, 1988. *Individualism and Economic Order*, Londres, Routledge and Kegan Paul, 1948. K. Kopper, *The Open Society and its Enemies*, Londres, George Routledge and sons, 1945, 2 vol. ; trad. fr. (partielle), *La Société ouverte et ses ennemis*, Paris, Seuil, 1979, 2 vol.

6. Voir *Scientisme et sciences sociales*, Agora, p. 53.

7. Fr. von Hayek, *The Road to Serfdom*, Londres, George Routledge and sons, 1944 ; trad. fr., *La Route de la servitude*, Librairie de Médicis, 1946, rééd., P.U.F., Quadrige, 1985.

8. Cl. Lévi-Strauss, *La Pensée sauvage*, Paris, Plon, 1962 ; rééd. 1983, p. 326.

9. *Scientisme et sciences sociales*, p. 35.

10. *Op. cit.*, p. 42 (exemple de la « loi de la rente »).

11. *Op. cit.*, notamment p. 61 : Hayek distingue « l'explication du seul principe qui produit un phénomène » et « l'explication qui nous permet de prédire des résultats précis ».

12. P. Bourdieu, J.-C. Passeron, *Les Héritiers. Les Étudiants et la Culture*, Paris, Minuit, 1964.

13. J. M. Keynes, *The General Theory of Employment, Interest and Monney*, 1936 ; trad. fr., *Théorie générale de l'Emploi, de l'Intérêt et de la Monnaie*, Paris, Payot, 1949.

14. A. C. Danto, *op. cit.*, ch. II : « Methodological Individualism and Methodological Socialism ».

15. Voir Popper, *Misère de l'historicisme*, pp. 78 sq.

16. Il s'agit du débat dont l'essentiel a été publié en 1969 : *Der Positivismusstreit in der deutschen Soziologie*, Darmstadt-Neu-

wied, Luchterhand Verlag ; trad. fr., *De Vienne à Francfort. La querelle allemande des sciences sociales*, Paris, Complexe, 1979.

17. Pascal, Préface pour le *Traité du Vide*, *Œuvres complètes*, Paris, Seuil, 1963, p. 232.

18. Hayek, *Scientisme et sciences sociales*, pp. 59 sq. Ce texte est cité par Popper dans *Misère de l'historicisme*, p. 134.

19. Popper, *op. cit.*, p. 134 : « J'admets que la première phrase de ce passage indique certaines différences entre la science sociale et la science physique. Mais le reste du passage, je crois, plaide pour une complète *unité de méthode.* »

20. Hayek, *Scientisme et sciences sociales*, p. 60.

21. Popper, *op. cit.*, p. 147.

22. M. Bloch, *Les Rois thaumaturges. Étude sur le caractère surnaturel attribué à la puissance royale, particulièrement en France et en Angleterre*, Strasbourg, Istra, 1924, rééd. avec une préface de J. Le Goff, Paris, Gallimard, 1983.

23. B. H. Liddel Hart, *History of the second World War*, Londres, Cassell, 1970 ; trad. fr., *Histoire de la Seconde Guerre mondiale*, Paris, Fayard, 1974.

24. H. Delbrück, *Die Geschichte der Kriegskunst im Rahmen der politischen Geschichte*, Berlin, Georg Stieke, 4 vol., 1920-1921.

25. E. Le Roy Ladurie, *Les Paysans du Languedoc*, Paris, Flammarion, 1966.

26. Ch. Tilly, *The Vendée. A sociological Analysis of the Counterrevolution of 1793*, Cambridge (U.S.A.), Harvard University Press, 1964 ; trad. fr., *La Vendée. Révolution et contre-révolution*, Paris, Fayard, 1970.

27. Gr. T. Allison, *Essence of Decision. Explaining the Cuban Missile Crisis*, Boston, Little Brown, 1971. R. Aron a consacré une longue note à cet ouvrage dans *République impériale*, p. 132.

28. L'allusion est à R. W. Fogel, *Railroads and American Economic Growth : Essays in Econometric History*, Baltimore, The John Hopkins Press, 1964.

29. Robert Aron, *La Victoire à Waterloo*, Paris, Albin Michel, 1937.

30. La question avait été posée par R. Aron dans un article de la revue *Survival*, publiée par l'« Institute for Strategic Studies », Londres, janvier-février 1963, p. 40.

31. H. Kahn, *On Escalation, Metaphors and Scenarios*, Hudson Institute, 1965, p. 23. Cet ouvrage a été traduit en français dans la collection « Liberté de l'Esprit », dirigée par R. Aron, Calmann-Lévy, 1966 *(De l'escalade. Métaphores et scénarios)*. Pour une

analyse, voir R. Aron, *Penser la guerre, Clausewitz*, II, pp. 152 *sq.*, et l'article « Remarques sur l'évolution de la pensée stratégique (1945-1968) », *Archives européennes de sociologie*, IX, 1968, repr. in *Études politiques*, Paris, Gallimard, 1972, pp. 530-559.

32. Th. C. Schelling, *Arms and Influence*, New Haven et Londres, Yale University Press, 1966, pp. 69 *sq.*

33. J. von Neumann et O. Morgenstern, *Theory of Games and Economic Behaviour*, Princeton University Press, 1944.

34. P. M. S. Blackett, « Critique of some contemporary defense thinking », *Encounter*, avril 1961.

35. Sur le dilemme du prisonnier, voir notamment A. Rapoport et A. Chammah, *Prisoner's Dilemma*, Ann Arbor, University of Michigan Press, 1965.

36. L. F. Richardson, *Arms and Insecurity*, Chicago, Quadrangle Books, 1960.

37. M. A. Kaplan, *System and Process in International Politics*, New York, 1957. Ce livre est analysé dans *Paix et guerre entre les nations*, Paris, Calmann-Lévy, 1962, notamment pp. 138 *sq.*

38. Voir notamment, K. W. Deutsch, S. A. Burrell *et al.*, *Political Communauty in the North Atlantic Area : International Organization in the Light of Historical Experience*, Princeton University Press, 1968.

39. E. Haas, *Beyond the Nation-State and the Uniting of Europe*, Stanford University Press, 1968.

40. P. A. Sorokin, *Social and Cultural Dynamics*, New York, American Book Company, 1937, t. III : *Fluctuation of Social Relationships, War and Revolution*. Cf. *Paix et guerre entre les nations*, pp. 328 *sq.*

41. *Cf.* notamment J. Galtung, *A Structural Theory of Revolutions*, Rotterdam University Press, 1974.

42. Michelet définit l'histoire comme « résurrection de la vie intégrale », *O.C.*, éd. P. Viallaneix, Paris, Flammarion, 1974, t. IV, Préface de *L'histoire de France*, p. 12.

43. Cl. Lévi-Strauss, *La Pensée sauvage*, Paris, Plon, 1962, rééd., 1983, p. 341.

44. Sur ces deux récits de la campagne de 1815, voir R. Aron, *Penser la guerre, Clausewitz*, Paris, Gallimard, 1976, t. 1, p. 60.

45. *Cf.* P. Valéry, *Le Discours de l'histoire*, 1932, in *Variétés*, IV, Paris, Gallimard, 1938.

46. Cl. Lévi-Strauss, *op. cit.*, p. 344.

47. *Op. cit.*, p. 346.

48. *Ibid.*

49. *Op. cit.*, pp. 346 *sq.*

50. E. Goffman, *Asylums*, New York, Anchor Books, Doubleday and Company, 1961 ; trad. fr., *Asiles, études sur la condition sociale des malades mentaux*, Paris, Minuit, 1968. *The Presentation of Self in Everyday Life*, Edinburgh, The Bateman Press, 1956 ; trad. fr., *La mise en scène de la vie quotidienne*, Paris, Minuit, 2 vol., 1973.

51. M. Halbwachs, *La classe ouvrière et les niveaux de vie. Recherches sur la hiérarchie des besoins dans les sociétés industrielles contemporaines*, Paris, Alcan, 1912.

52. Sur ce point, voir T. Parsons et N. J. Smelser, *Economy and Society. A Study in the Integration of Economic and Social Theory*, Londres, Routledge and Kegan Paul, 1956, notamment p. 53.

53. J. Elster, *Logic and Society. Contradictions and Possible Worlds*, New York, John Wiley and sons, 1978.

54. P. Bourdieu et J.-C. Passeron, *La Reproduction. Éléments pour une théorie du système d'enseignement*, Paris, Minuit, 1970.

55. Pour cette dernière leçon, seules étaient disponibles les notes manuscrites de R. Aron.

DU MÊME AUTEUR

La Sociologie allemande contemporaine, Paris, Alcan, 1935 ; nouvelle édition Paris, P.U.F., Coll. Quadrige, 1981.

Introduction à la philosophie de l'histoire. Essai sur les limites de l'objectivité historique, Paris, Gallimard, 1938 ; nouvelle édition 1986.

Essai sur une théorie de l'histoire dans l'Allemagne contemporaine ; la philosophie critique de l'histoire, Paris, Vrin, 1938 ; réédition Paris, Julliard, 1987, sous le titre *La Philosophie critique de l'histoire*.

L'Homme contre les tyrans, New York, Édition de la Maison française, 1944 ; réédition Paris, Gallimard, 1945.

De l'armistice à l'insurrection nationale, Paris, Gallimard, 1945.

L'Age des empires et l'avenir de la France, Paris, Défense de la France, 1945.

Le Grand Schisme, Paris, Gallimard, 1948.

Les Guerres en chaîne, Paris, Gallimard, 1951.

L'Opium des Intellectuels, Paris, Calmann-Lévy, 1955.

Espoir et Peur du siècle. Essais non partisans, Paris, Calmann-Lévy, 1957.

La Tragédie algérienne, Paris, Plon, Tribune Libre, 1957.

L'Algérie et la République, Paris, Plon, Tribune Libre, 1958.

La Société industrielle et la guerre, suivi d'un *Tableau de la diplomatie mondiale en 1958*, Paris, Plon, 1958.

Immuable et changeante, de la IVᵉ à la Vᵉ République, Paris, Calmann-Lévy, 1959.

Dimensions de la conscience historique, Paris, Plon, 1961.

Dix-huit leçons sur la société industrielle, Paris, Gallimard, Coll. Idées, 1962.

Paix et Guerre entre les nations, Paris, Calmann-Lévy, 1962.

Le Grand Débat. Initiation à la stratégie atomique, Paris, Calmann-Lévy, 1963.

La Lutte de classes, Paris, Gallimard, Coll. Idées, 1964.

Essai sur les libertés, Paris, Calmann-Lévy, 1965.

Démocratie et totalitarisme, Paris, Gallimard, Coll. Idées, 1966.

Les Étapes de la pensée sociologique, Paris, Gallimard, 1967.

Trois Essais sur l'âge industriel, Paris, Plon, 1966.

La Révolution introuvable, Paris, Fayard, 1968.

Les Désillusions du progrès, Paris, Calmann-Lévy, 1969.

D'une Sainte Famille à l'autre. Essais sur les marxismes imaginaires, Paris, Gallimard, Coll. Essais, 1969.

De la condition historique du sociologue. Leçon inaugurale au Collège de France, Paris, Gallimard, 1970.

Études politiques, Paris, Gallimard, Coll. Essais, 1972.

République impériale, les États-Unis dans le monde, 1945-1972, Paris, Calmann-Lévy, 1972.

Histoire et dialectique de la violence, Paris, Gallimard, 1972.

Penser la guerre, Clausewitz, t. I. *L'âge européen*, t. II. *L'âge planétaire*, Paris, Gallimard, 1976.

Plaidoyer pour l'Europe décadente, Paris, Laffont, 1977.

Les Élections de mars et la Vᵉ République, Paris, Julliard, 1978.

Le Spectateur engagé. Entretiens avec Jean-Louis Missika et Dominique Wolton, Paris, Julliard, 1981.
Mémoires, Paris, Julliard, 1983.
Les Dernières Années du siècle, Paris, Julliard, 1984.
Sur Clausewitz, Bruxelles, Éditions Complexe, Collections historiques, 1987.
Études sociologiques, Paris, P.U.F., 1988.
Essais sur la condition juive contemporaine, Paris, Éditions de Fallois, 1989.
Les Articles du Figaro, tome 1 : *La Guerre froide, 1947-1955*, Paris, Éditions de Fallois, 1990.

La bibliographie scientifique complète des œuvres de Raymond Aron a été publiée aux Éditions Julliard en 1989.

Table

Présentation, *par Sylvie Mesure*................. 5

DE L'HISTORISME ALLEMAND A LA PHILOSOPHIE ANALYTIQUE DE L'HISTOIRE

De l'historisme allemand à la philosophie
   analytique de l'histoire....................... 13
Le marxisme et la métascience.................. 33
Le marxisme existentialisé..................... 52
Le marxisme objectivé......................... 75
Du marxisme objectivé à l'analyse 95
Qu'est-ce que l'histoire ? 114
Chronique et histoire.......................... 134
L'explication historique 155
Explication historique et compréhension 174
Compréhension et narration.................... 195
Story and History 217
De l'analyse causale 221
Transition 243

L'ÉDIFICATION DU MONDE HISTORIQUE

Le thème	251
L'individualisme économique	274
L'individualisme méthodologique	294
Popper et la philosophie de l'histoire	312
Histoire et théorie des relations internationales	334
Responsabilité, culpabilité, intention	356
De la narration à la science	378
De la narration à la science *(suite)*	398
Histoire et sociologie	420
Micro-événement et ensemble	441
Les trois modes d'objectivation	462
Les ensembles pratiques et la reproduction	482
L'explication et la narration	501

COMPLÉMENTS

Syllabus des Gifford Lectures : De la conscience historique dans la pensée et dans l'action	509
Résumés des Cours (Extraits de l'annuaire du Collège de France)	559
Index nominum	579
Notes de l'éditeur	585
Du même auteur	597

Dans Le Livre de Poche

Extrait du catalogue

Histoire des idées

Armand Abécassis. *La pensée juive*
1. *Du désert au désir.*   Inédit. 4050.
2. *De l'État politique à l'éclat prophétique.*   Inédit. 4051.
3. *Espaces de l'oubli et mémoires du temps.*   Inédit. 4052.

Première présentation aussi minutieuse et aussi complète de *la pensée juive*. Armand Abécassis détaille la lettre des transformations subies au fil du temps et analyse le noyau conceptuel, formé par la trilogie Peuple-Texte-Terre.

Du milieu du IVe millénaire au Xe siècle avant J.-C. Trois valeurs fondatrices radiographiées. La Terre, montrée comme l'espace de l'Enracinement et le lieu de la Promesse. La Famille ensuite, structure originaire à partir de laquelle s'inventera l'architecture du collectif. Le Peuple enfin, désigné comme la valeur étalon, le creuset où se forgent les différences et la notion de responsabilité.

Du Xe siècle à l'an 587 avant J.-C. (déportation en Babylonie). Une investigation approfondie qui révèle le rôle des prophètes face aux politiques et aux religieux, et montre comment se profilent les notions de justice, d'amour, de paix et d'alliance....

Pierre Ansart. *Proudhon.*
Textes et débats   Inédit. 5009.

« La propriété c'est le vol », « Dieu c'est le mal »... Formules désormais célèbres d'un penseur dont le travail aura largement contribué à bouleverser les idéologies du XIXe siècle. Les grands axes d'une réflexion, les grands débats qu'elle a suscités : Pierre Ansart nous offre un exposé concis et clair.

Jacques Attali. *Histoires du temps.*   4011.

Une généalogie de nos appareils à mesurer le temps : de la clepsydre à l'horloge astronomique. Où l'on apprend que les transformations des moyens de comptage de la durée révèlent les grandes fractures sociales et caractérisent « la trajectoire de chaque civilisation ».

Jacques Attali. *Les Trois Mondes.*   4012.

L'économie contemporaine et la crise. Après avoir vécu dans le monde de la *régulation*, puis dans celui de la *production*, nous sommes entrés dans celui de l'*organisation*.

Jacques Attali. *Bruits.* 4040.

« Le monde ne se lit pas, il s'écoute. » Jacques Attali se livre à un étonnant exercice : percer à jour les mystères de l'histoire des sociétés grâce à la compréhension de l'histoire de leur musique. Comment la maîtrise des sons explique la structure du pouvoir.

Jean Baudrillard. *Amérique.* 4080.

Les dessous d'un continent fabuleux. Un autre univers, un autre temps, un autre horizon. Une utopie étrange qui, sans cesse, oscille entre rêve et réalité. Avec Baudrillard comme guide.

Georges Benrekassa. *Montesquieu, la liberté et l'histoire.* Inédit. 4067.

Montesquieu notre contemporain. Pour découvrir un philosophe de la liberté aux prises avec l'intelligence de l'histoire et comprendre à quelles conditions les vérités du libéralisme sont acceptables.

Cornélius Castoriadis. *Devant la guerre.*
Nouvelle édition revue et corrigée 4006.

Cornélius Castoriadis examine l'actuel état des forces des deux grandes puissances qui dominent la planète : U.S.A. et U.R.S.S. Pour l'heure, l'avantage est en faveur de l'Union soviétique. Devenue « statocratie », la nation laisse le militaire l'emporter sur le politique.

Guido Ceronetti. *Le Silence du corps.* 4089.

Le corps dans tous ses états. Corps biologique, corps social, corps nature... Peu de penseurs ont parlé avec tant d'intelligence de nos douleurs, de nos maladies, de nos sensations, de nos plaisirs comme de nos fantasmes.

Régis Debray. *Le Scribe.* 4003.

La figure de l'intellectuel sous la loupe de l'historien des idées. Des origines à nos jours, les mille et une métamorphoses du scribe. Une vaste fresque qui traverse siècles et civilisations.

Laurent Dispot. *La Machine à terreur.* 4016.

On ne peut comprendre les phénomènes de la violence politique contemporaine si l'on ignore ce qui s'est joué avec la Révolution française. La logique des hommes et les systèmes de la violence.

Umberto Eco. *La Guerre du faux.* 4064.

Une chronique raisonnée de nos nouvelles mythologies. Blue-jean, football, télévision, terrorisme, hyperréalité, phénomènes de mode... L'univers quotidien de notre siècle finissant méthodiquement déchiffré.

René Girard. *La Route antique des hommes pervers.* 4084.

A travers un commentaire stimulant du texte le plus étrange que contient la Bible, *Le Livre de Job*, René Girard nous convie à une formidable méditation sur le fonctionnement social. La Violence, l'Innocence, le Religieux, le Totalitarisme, le Sacrifice...

André Glucksmann. *La Force du vertige.* 4024.

Le pacifisme revu et corrigé. André Glucksmann continue son dépoussiérage des idées reçues et en appelle à une véritable révolution des consciences. Vouloir la paix au siècle de la bombe atomique cela signifie d'abord que l'on dispose d'un armement au moins équivalent à celui de son adversaire potentiel.

Yves Lacoste. *Questions de géopolitique L'Islam, la mer, l'Afrique.* Inédit. 4087.

A travers une série d'analyses percutantes, Yves Lacoste nous montre la nouvelle physionomie de la planète et nous aide à débrouiller des questions aussi complexes que celles de l'Islam, des mers et de l'Afrique.

Claude Lefort. *L'Invention démocratique.* 4002.

Non, le totalitarisme n'est pas une fatalité. Et à qui sait entendre, des voix jaillies des profondeurs de l'oppression racontent le roman de sa disparition. Une très grande leçon de philosophie politique.

Bernard-Henri Lévy. *Les Indes rouges.*
précédé d'une Préface inédite 4031.

Le livre s'ouvre sur la décennie 70. En Afrique, en Amérique du Sud, en Asie, les pays qui subissaient la tutelle colonialiste de l'Occident secouent leur joug. *Les Indes rouges* est le récit de l'une de ces guerres de libération : l'histoire du Bangla Desh.

Bernard-Henri Lévy.
Questions de principe deux. Inédit. 4052.
Questions de principe trois. Inédit. 4123.

Une réflexion à l'œuvre, un engagement qui s'affirme.
Questions de principe deux et *trois* sont un prisme où miroitent les enjeux de notre siècle finissant.

Jean-Jacques Marie. *Trotsky.*
Textes et débats Inédit. 5004.

Le stratège, l'économiste, le philosophe, l'idéologue, le politique : toutes les figures de l'intellectuel sont soigneusement présentées.

Philosophie

Jean Baudrillard. *Les Stratégies fatales.*   4039.

Un livre à lire comme un recueil d'histoires. Il y est question d'amour, de séduction, de plaisir, des formes inouïes de l'obscénité moderne... Jean Baudrillard brise les clichés. *Les Stratégies fatales* est la chronique désabusée d'un philosophe à la recherche de la nouvelle cohérence qui régit son époque.

Jean-Claude Bonnet. *Diderot.*
Textes et débats   5001.

Diderot dans tous ses états : polémiste, humaniste, encyclopédiste, philosophe, politologue, moraliste. Une œuvre à découvrir et à redécouvrir, une réflexion libre et stimulante.

Cahier de l'Herne. *Mircea Eliade.*   4033.

Appréhender l'homme à travers ses manifestations les plus singulières. Saisir les mystères de l'esprit, les raisons de ses fascinations pour le merveilleux ou l'inexplicable. Définir des réalités aussi étranges, aussi impénétrables que la conscience ou l'imaginaire. Telles sont les voies sur lesquelles s'est engagé Mircea Eliade.

Cahier de l'Herne. *Martin Heidegger.*   4048.

L'œuvre philosophique la plus considérable de ce siècle est indéniablement celle de Martin Heidegger. La métaphysique, la pensée de l'Être, la technique, la théologie, l'engagement politique : rien ne manque au tableau de ce Cahier de l'Herne exceptionnel. Des intervenants prestigieux, des commentaires judicieux.

E.M. Cioran. *Des larmes et des saints.*   40.

« Il y a dans l'obsession de l'absolu un goût d'auto-destruction. D'où la hantise du couvent et du bordel. "Cellules" et femmes de part et d'autre. Le dégoût de vivre croît aussi bien à l'ombre des saintes que des putains. »

Jeannette Colombel. *Jean-Paul Sartre, 1.*
Un homme en situations.
Textes et débats   *Inédit.* 5008.

Dans ce premier volume, Jeannette Colombel met l'accent sur le Sartre théoricien du « sujet », le penseur de *L'Être et le Néant*.

Jeannette Colombel. *Jean-Paul Sartre, 2.*
Une œuvre aux mille têtes.
Textes et débats   *Inédit.* 5013.

Second tome qui présente le philosophe de la liberté. Sa vision de l'Histoire, ses conceptions de la morale, sa passion de l'écriture, son sens de l'injustice, son refus des oppressions. Tout Sartre, de *La Nausée* à *L'Idiot de la famille*.

Armand Cuvillier. *Cours de philosophie, 1.*   4053.

Les questions fondamentales de la philosophie sont abordées dans des exposés rigoureux et précis. Toutes les notions, tous les concepts. Une superbe introduction à l'univers philosophique.
Problèmes de la conscience et de l'inconscient, de l'espace, du réel, de la mémoire, du temps, de l'intelligence, du langage, de la raison, de la connaissance, de l'esprit scientifique, de la biologie, de l'histoire, de la métaphysique, etc.

Armand Cuvillier. *Cours de philosophie, 2.*   4054.

Thèmes psychologiques, moraux et politiques. Le désir, le plaisir, les passions, le moi, la personnalité et le caractère, autrui, l'art, le Beau, la création, l'expérience morale, le devoir, le Bien, les grandes conceptions de la vie morale, la famille, le travail, l'État, la nation, la liberté, les théories politiques, etc.

Jean-Toussaint Desanti. *Un destin philosophique.* 4022.

Un philosophe, parmi les plus importants du moment, revient sur lui-même. Les questions cruciales de notre siècle y sont débattues sans artifices. Marxisme, stalinisme, violence, morale et engagement de l'intellectuel. Pour apprendre ce que penser veut dire.

Jacques D'Hondt. *Hegel.*
Textes et débats   *Inédit.* 5006.

« Ici et là, on veut encore brûler Hegel, cent cinquante ans après sa mort ! Les passions éveillées par la publication de ses idées et par leur succès équivoque ne s'apaisent pas. Cette longévité qualifie les grands penseurs. »

Élisabeth de Fontenay. *Diderot*
ou le matérialisme enchanté.   4017.

Élisabeth de Fontenay rompt le fil de l'exégèse traditionnelle pour faire apparaître un Diderot excentrique, rebelle, chantre de « la matière, de la nature et de la vie », qui, mieux que nul autre, aura « musiqué » la philosophie.

André Glucksmann. *Le Discours de la guerre,*
suivi de Europe 2004.   4030.

La guerre dans les têtes. Aujourd'hui, comme hier, présente au quotidien. Un horizon indépassable. Comment la penser à l'âge nucléaire ? Quels sont ses enjeux ? Quelle fin peut-on lui assigner ?

Michel Henry. *La Barbarie.*   4085.

Premier diagnostic du nouveau malaise dans la civilisation : la révélation du fossé qui se creuse entre savoir et culture. Michel Henry énonce avec force les vraies questions de la modernité.

Angèle Kremer-Marietti. *Michel Foucault, Archéologie et généalogie.*
Nouvelle édition revue, corrigée et augmentée 4036.

Lectures de Michel Foucault. Un parcours qui, de *La Naissance de la clinique* et *L'Histoire de la folie* aux derniers volumes de *L'Histoire de la sexualité*, explore méticuleusement le système Foucault. On visite l'inconscient politique occidental, on descend aux racines des valeurs, on entend la vérité des institutions sociales...

Emmanuel Lévinas. *Éthique et Infini.* 4018.

Emmanuel Lévinas dialogue avec Philippe Némo et passe au crible les thèmes forts de sa philosophie. La responsabilité, la relation avec l'Autre, le Mal, l'Amour, la Liberté : autant de problèmes essentiels dont l'élucidation aide à vivre aujourd'hui.

Emmanuel Lévinas. *Difficile liberté.* 4019.

Un texte qui appréhende la tradition hébraïque sur fond d'exterminations nazies et montre qu'elle porte en elle les paroles d'une sagesse éternelle. Sobrement, Emmanuel Lévinas nous raconte le grand roman de l'Homme. Décisif.

Emmanuel Lévinas. *Humanisme de l'autre homme.* 4058.

L'humanisme est toujours actuel, dit en substance Lévinas, et c'est grâce à lui que l'on peut apprendre à considérer l'« autre » dans ce qu'il a d'unique, et donc d'inestimable.

Emmanuel Lévinas. *Noms propres.* 4059.

Lire ses contemporains. Débusquer dans l'entrelacs des mots le travail de la pensée. Ou encore : le philosophe et ses « affinités électives ». *Noms propres* est un livre unique dans l'œuvre d'Emmanuel Lévinas. Le seul où le penseur désigne aussi clairement la teneur exacte de son environnement intellectuel.

Bernard-Henri Lévy. *La Barbarie à visage humain.* 4032.

Contre le bel optimisme des idéologies progressistes, *La Barbarie à visage humain* préconise une réhabilitation du travail philosophique, redéfinit les fonctions du philosophe dans la Cité et formule une critique radicale des illusions révolutionnaires.

Composition réalisée par C.M.L., Montrouge

IMPRIMÉ EN FRANCE PAR BRODARD ET TAUPIN
Usine de La Flèche (Sarthe).
LIBRAIRIE GÉNÉRALE FRANÇAISE - 6, rue Pierre-Sarrazin - 75006 Paris.

ISBN : 2 - 253 - 05689 - 8 ◈ 42/4136/0